泉州文庫

选中题

（清）張汝瑚 著

閻海文 點校

匏野文集

泉州文庫整理出版委員會

商務印書館

前　言

　　泉州建制一千三百多年，爲中國歷史文化名城和古代海外交通的重要港口。"比屋弦誦，人文爲閩最"，素稱海濱鄒魯、文獻之邦。代有經邦緯國、出類拔萃之才，歐陽詹、曾公亮、蘇頌、蔡清、王慎中、俞大猷、李贄、鄭成功、李光地等一大批傑出人物留下了大量具有歷史、文學、藝術、哲學、軍事、經濟價值的文化遺產。據不完全統計，見載於史籍的著作家有一千四百二十六人，著作多達三千七百三十九種，其中唐五代二十九人三十二種，宋代二百人三百九十一種，元代二十一人四十種，明代五百三十六人一千五百八十五種，清代六百四十人一千六百九十一種；收入《四庫全書》一百一十五家一百六十四種，《四庫全書存目叢書》五十六家七十四種，《續修四庫全書》十四家十七種。二〇〇八年國務院頒布第一批國家珍貴古籍名錄，屬泉人著述、出版者十三種。

　　遺憾的是，雖然泉州典籍贍富，每一時代都有一批重要著作相繼問世，但歷經歲月淘汰、劫難摧殘，加上庋藏環境不良，遺存至今十無二三，多成珍籍孤本。這些文化遺產，是歷史的見證，是泉州人民同時也是中華民族的寶貴文化財富，亟待搶救保護，古爲今用。

　　對泉州地方文獻的搜集與整理，最早有南宋嘉定年間的《清源文集》十卷，明萬曆二十五年《清源文獻》十八卷繼出，入清則有《清源文獻纂續合編》三十六卷問世。這些文獻彙編，或已佚失，或存本極少。二十世紀四十年代，泉州成立"晉江文獻整理委員會"，準備整理出版歷代泉人著作，因經費短缺未果。八十年代，地方文史界發起研究"泉州學"，再次計劃編輯地方文獻叢書，可惜後來也因爲各種條件的限制，其事遂寢。但是這兩次努力，爲地方文獻叢書的整理出版做了準備，留下了珍貴的文獻資料和書目彙編。

　　二〇〇五年三月，中共泉州市委、泉州市政府決定將地方文獻叢書出版工作列爲國民經濟和社會發展第十一個五年規劃的一項文化工程。翌年，正式成立"泉州地方典籍《泉州文庫》整理出版委員會"，着手對分散庋藏於全國各大圖書館及民間的古籍進行調查搜集，整理出《泉州文庫備考書目》二百六十七家六百一十四種，以後又陸續檢索出遺漏書目近百家一百八十餘種。經過省內外專家學者多次論證，最後篩選出一百五十部二百五十餘種著作，組成一套有一定規模、自成體系、比較完整，可以概括泉人著作風貌、反映泉州千餘年文化發展脉絡的地方文獻叢書，取名《泉州文庫》，二〇一一年起陸續出版發行。

整理出版《泉州文庫》的宗旨是：遵循國家的文化方針政策，保護和利用珍貴文獻典籍，以期繼承發揚中華民族優秀文化傳統，增進民族團結，維護國家統一，提高民族自信心和凝聚力，加强社會主義核心價值體系建設，增强文化軟實力，爲泉州的物質文明和精神文明建設服務。

《泉州文庫》始唐迄清，原著點校，收錄標準着眼於學術性、科學性、文學性、地域性、原創性、權威性，具有全國重要影響和著名歷史人物的代表作優先。所錄著作涵蓋泉州各縣（市、區），包括金門縣及歷史上泉州府屬同安縣，曾在泉州任職、寄寓、活動過的非泉籍人氏的作品，則取其內容與泉州密切相關的專門著作。文庫採用繁體字橫排印刷，內容涉及政治、經濟、歷史、地理、哲學、宗教、軍事、語言文字、文化教育、文學藝術、科學技術等領域，其中不乏孤稀珍罕舊槧秘笈，堪稱温陵文獻之幟志。

值此《泉州文庫》出版之際，謹向各支持單位、個人和參加點校的專家學者表示誠摯的感謝！由於涉及的學科和內容至爲廣泛，工作底本每有蛀蝕脱漏，加之書成衆手，雖經反復校勘，但限於水平，不足或錯誤之處還是難免，敬請讀者批評指教。

泉州地方典籍《泉州文庫》整理出版委員會
二〇一一年三月

整 理 凡 例

一、《泉州文庫》(以下簡稱"文庫")收録對象爲有關泉州的專門著作和泉州籍人士(包括長期寓居泉州的著名人物)著作,地域範圍爲泉州一府七縣,即晋江(包括現在的晋江市、石獅市、鯉城區、豐澤區、洛江區)、南安、惠安(包括泉港區)、同安(包括金門縣)、安溪、永春、德化。成書下限爲一九四九年九月以前(個別選題酌情下延)。選題內容以文學藝術、歷史、地理、哲學、政治、軍事、科技、語言教育等文化典籍爲主,以發掘珍本、孤本爲重點,有全國性影響、學術價值高、富有原創性著作優先,兼及零散資料匯總。

二、每種著作盡量收集不同版本進行比較,選擇其中年代較早、内容完整、校刻最精的版本爲工作底本,并與有關史籍、筆記、文集、叢書參校,文字擇善而從。

三、尊重原著,作者原有注釋與說明文字概予保留。後來增加者,則視其價值取捨。

四、凡底本訛誤衍漏,增字以[ ]表示,正字以( )表示,難辨或無法補正的缺脱文字以□表示,明顯錯字逕直改正,均不作校記。

五、凡底本與其他版本文字差異,各有所長,取捨兩難,或原文脱訛嚴重致點讀困難,或史實明顯錯誤者,正文仍從底本,而於篇末校勘記中説明。

六、凡人名、地名、官名脱誤者,均予改正,訛誤而又查不到出處之人名、地名、官名及少數民族部落名同異譯者,依原文不予改動。

七、少數民族名稱凡帶有侮辱性的字樣,除舊史中習見的泛稱以外,均加引號以示區别,并於校記中説明。

八、標點符號執行一九九六年實施的國家《標點符號用法》。文庫點校循新版二十四史及《清史稿》例,一般不使用破折號和省略號。

九、原文不分段者，按文意自然分段。

十、凡異體字、俗體字、通假字，如非人名、地名，改動又無關文旨者，一般改爲通用字；異體字已經約定俗成、容易辨認者不改。個別著作爲保持原本文字語言風貌，其通假字則不校改。

十一、避諱字、缺筆字盡量改正。早期因避諱所產生的詞彙成爲習慣者不改正。

十二、古籍行文中涉及國家、朝廷、皇帝、上司、宗族等所用抬頭格式均予取消。

十三、文庫一般一册收録一種著作，篇幅小的著作由兩種或若干種組成一册，篇幅大的著作則分成兩册或若干册。

十四、文庫採用橫排、繁體字印刷出版。每册前置前言、凡例。每種著作仿《四庫全書》提要之例，由編者撰寫《校點後記》，簡略介紹作者生平、著作内容及評價、版本情況，説明其他需要説明的問題。

泉州地方典籍《泉州文庫》整理出版委員會辦公室
二〇〇七年二月五日

序

歲丙寅，晉江張夏鍾先生，以其所選有明八家之文授使者，謁余於邸第，余受而卒業，知先生之所取，皆以文而衷乎道者，其標旨遠而命意微，非苟而已。

今年冬，復自武林以《匏野集》寄示，則原心性之離合，明道德之精微，辨學問之同異，如程子之析心為二，張、朱之析性為二，與夫慈湖之以弟累其師，白沙之以師累其弟，皆有卓識，非淺學可至。蓋先生於經學、史學、理學深造而自得之，其來舊矣。而後磨礱乎事業，奮發乎文章，宜其根柢性命，刊華就實，至於斯極也。嗚呼！今之學者，能自力於古文辭者鮮矣，□能衷於道乎！衷於道者既鮮，又況其窮極天人，於經學、史學、理學靡所不求其至者乎！於是知張子之學，直追有宋諸子於數百載之上，而非徒文字之謂矣。

余向者典山左試，與長樂高紫虹先生共事。紫虹之尊甫毅寰公，為先王父太常公丙午典試所得士，相與序述先世，唏噓感歎，因相視莫逆如同胞。今張子之祖五孳公，亦先王父所得士，迨五孳公丙辰成進士，而先王父已歿。崇禎壬午，張子舉於鄉，余世父仔安府君亦於是歲舉南闈。先世父嘗為余道太常公闈闈得士之盛，暨五孳公宦遊所樹績，津津不去口。

今先世父之歿且三十五年，而張子方以文章、理學克自樹立，著不朽於後世。追惟先業，感念疇昔，存歿盛衰之際有餘痛焉。讀張子來書，亦惓惓於通門之誼，迴環循諷，觸緒關情，不能自已，亦猶昔者在歷下與紫虹先生序述先世，唏噓感歎時也。因書之以報張子，即以題其集云。

康熙三十年冬十二月既望，年通家世侍生翁叔元拜題。

序

韓昌黎嘗曰："學者必慎其所道。道於楊、墨、老、莊、佛之學，而欲之聖人之道，猶航斷港絶潢，以望至於海也。"夫聖人之道，自有宋閩、洛諸儒表章辨定，昭昭然如揭日月，後世士君子有志於學者，莫不以道爲言。然借道以爲名者多，而聞道者卒寡。惟以其文章視之，則其人之淺深邪正，有不得而揜矣。文章者，載道之器也。文晦而澀，其中必闇；文剽而浮，其中必囂；文支離流漫，其中必游移而無所守。凡道不足而強言者，未有能工於文者也。近世之士，或目文章爲小技。大道無不在，庖丁之解牛，傴僂丈人之承蜩，輪扁之斲，養叔之射，技也，亦道也，而況於文乎！

晉江張夏鍾先生，學道而工文，嘗取有明宋金華、劉青田、王華川、方正學、王新建、王遵巖、唐荆川、歸震川八先生之集，録其合於道者，爲"明八大家"，以繼唐、宋韓、歐諸公之後，余嘗得而讀之。今年先生來遊平湖，又以所著《匏野文集》示余，其中多考究心性，辨論學術，以上溯閩、洛而得其宗，又知先生之入乎道者深，不獨有明八家之菁英取而爲己有也。

夫文以明道，而世之庸人不能文者，務爲閉藏，以飾其弇淺，反目文爲害道之具。觀是集所載，詞明義精，洋洋洒洒，一洗晦澀、剽浮、支離、流漫之弊，此其中之所得爲何如哉！以此告天下，使知文之與道，相爲表裏，而庸人不得用固陋以自文，其有功於聖人之道也大矣，豈止爲一家之言而已乎！

康熙辛未長至，錢塘弟高士奇頓首拜撰。

序

"天不生仲尼,萬古如長夜。"此語得之郵亭壁上,遂爲萬世定評。愚則以爲,天不生濂溪,則孔、孟之道,決不能皎然如日月之在天,秩然如川岳之在地。此明顧端文先生直以孔子比之也。由是而二程子接其統,張子、邵子躡其學,至紫陽朱子則起而集其成,是千古理學之傳,至趙宋而已定。而有明以來,紛紛聚訟,或朱或陸,或禪或儒,究無定説。愚昧如余,亦知尊朱而詘陸,尊儒而詘禪,而中無卓見,猶豫兩可,蓋由於義理之未熟,而世俗之見拘之也。

今讀夏鍾先生《匏野集》,而知先生持論確、命意嚴,而不爲世俗之見所拘牽者無他,義理熟於中,而於古人之書,無不融貫而出之也。如太極、無極之論,理、氣之分,道、器之説,心、性之別,一陰一陽之解,與夫宋、明諸儒之辯,無一不歸於正,而不肯稍爲疑似之説。至其最得力處在讀《易》。余於童年,即喜讀《易》。今年已學《易》,而求義理則遺象數,求象數則略義理,大道茫茫,無一會心之日,是可慨也。

余向於燕臺讀先生所選明大家文,有李、王諸子,心竊疑之。今讀《匏野集》,知先生之棄取,原一衷諸道,而不沾沾以文字爲。然後知先生之蘊藉者深,而非可以管窺而蠡撞也。嘗誦明文成之言曰:"滿街皆聖人。"嗚呼!滿街皆聖人,而求一爲賢人,亦未易數數見,則當我世而有淡然於勢利之途,日取古聖賢之書而較售焉,是即仲尼之徒也夫。則先生諸集,其颺颺然救世之苦心,天下後世共見之矣。

康熙乙亥夏六月,同學弟浙西臧眉錫撰。

序

禮曰："詞苟足以達，義之至也。"聖人曰："詞達而已矣。"達之之説，惟如其義而止。蓋有少一語而失之晦，多一語而失之支者，此非讀書窮理之至，未易以與於斯也。不讀書則詞不足以給意，不窮理則意不足以役詞，此猶淺之乎見也。若夫不讀書，則於古今得失之故、事變之宜，罔所周知，而欲以方隅之見，行其固陋之文，言之雖長，其爲礙窒者多矣，庸有達乎！讀書而不窮理，則見解爲章句所牽，志趣爲先儒所阻，其爲文也，依經旁傳，不能自出一語，襲古人之陳言，遵大家之矩矱，是其言非己之言，而人之言也。己無其言，達於何有！是故學者亦求明理而已。理明則識定，識定則氣壯，洋洋灑灑，自我言之，不求合於古人，而古人之言自合。惟其理合也，恃理以往，固有多一語不得，少一語不得者，又何斤斤古人之是法哉！漢、唐、宋諸家之文傳者，未有不由此也。

予客鄂渚，見張子夏鍾所爲明大家文序曰："文所以明道也。古之聖人，急於明道，不得已而有文。其道明，文雖未至，無害乎其傳也。其道未明，文雖至，無益乎其傳也。"予爲擊節者久之。蓋道明而後有言，是其達非以爲文，以爲道也。故張子於漢、唐、宋諸家之文，皆有異議焉。其所謂道一本於宋四大儒，而非諸家之所爲道也。觀張子之文，殆欲以韓、歐、蘇、曾之筆，詮程、周、朱、張之理，斯則所爲達也。而吾則謂程、周、朱、張自有其文，韓、歐、蘇、曾自有其理，至於達則一也。吾主窮理，而張子主於明道，道一而理殊，則予猶存乎文之見也，予不及張子遠矣。

皖城錢澄之撰。

序

　　文者,天之所甚珍惜也。天無一物不予人,獨不輕與人以文,銖施兩較,惟恐人多取之。得之稍多者,反若爲其所困,不使有一日快意,此理絶不可解。程、朱之在當時,不惟不克大用,且不免於陋。天之所以處賢人、君子者,千古如一轍也。

　　余友張夏鍾先生,方舞象即能爲古文辭,下筆數千言,有韓潮蘇海之目。故明蔣、黄兩相國極推之,謂異日當以古文名世,知人哉!夏鍾故名家子,圖書園亭之勝,差足自娱。一行作吏,家日以落,今其貧至於賦斯饑。余嘗慰之曰:"此天之意也。孔門弟子貧莫如顔子,孔子賢之,此孔氏之家法也。"夏鍾令清源,給牛墾蕪,築堰濬渠,悉出己貲,襄民不逮。其佐安陸,辭例金以千計,奇士艱於泮,曲爲援例者數人。郡邑有水旱,爲民請命,必得請乃休。余每逢晉、楚士大夫,談夏鍾治行之美,與夫著述之富,未嘗不三嘆也,此豈可强而致哉!

　　性嗜書,自少至今,雖三伏盛暑,晝夜不輟卷。購求明代遺文三百餘家,各有評隲。所選八大家、十二名家,久衣被海内,惟《明文確》登梨僅十一二耳。所著有《賢賞堂集》、《匏野集》、經學、史學、理學。

　　余既讀而卒業,因爲序曰:昔劉子威之序王元美曰:"元美集有于鱗,有獻吉,有往哲,而又自有元美。"當時以爲知言。由今觀之,于鱗、獻吉姑勿論,子威所云"往哲",毋亦《左》、《國》、《國策》、班、馬、六朝諸人耶?元美集之所有盡於此,此未足爲往哲也。吾之所謂"往哲"者,必六經、四子、濂洛關閩之書而後可。元美集之有無未可定,觀其自言曰:"吾讀書萬卷,未嘗從六經入。"又曰:"吾雖未聞道,然此念不敢忘。"元美豈故自貶與?夏鍾於元美所有者擇而有之,其所無者兼而有之。《易》曰"擬議以成其變化",夏鍾有焉。然則夏鍾之得於天者既多,又奚怪天之困之,不使之一日得志也?余故曰:"此天之意也,而亦孔子之家法也。"夏鍾可自慰矣。

康熙三十年辛未春正月壬寅,年家眷弟鄭重頓首拜書。

序

晉江匏野張先生之令清源也，璧方爲諸生，先生於侗人中獨辟呀詔璧曰："舉業如是則必售。"既而璧屢困公車，先生憂形於色曰："盍變而奇哉？"丙辰之役，璧雖不能奇，然視前稍放膽矣。時先生在楚，屢書相戒曰："慎勿作令。"蓋先生前後之教璧如此，璧其敢忘乎哉！

方先生之未至源也，源賢書報罷已四科矣。先生至，晨夕與諸生劇切。丙午得二人，璧其一也。尤奇者，己酉春，先生大會諸生於梗陽書院，鄰邑聞風至者屨相錯。首題"先有司"三句，先生諄囑諸生加意揣摩。每可一卷，務令潤色再三，期可入彀而後已。是科汾、潞二郡皆脫榜，源彈丸之邑，雋者四人，城南比屋居，闔省稱異。自此以後，或二三人，或一人，至今不脫，且有掄元者，皆先生平日首拔士，其興賢如此。

先生在源，異政不勝述。其最著者，莫如革里役一事，源世世受福。又如羅郭、羅白二都，故有永濟渠逶迤三十里，歲久淤塞，被鄰封豪右占耕百餘年，莫敢問者。先生稽之邑乘，請之上臺，勞怨不避，毅然復之，旱潦得以無患。東於、高白、水屯營三鄉，源之沃壤也，自萬曆初年災水，地荒民竄，彌望白茅、黃葦。先生集流亡，給牛種，躬自督墾，不三年黍稷彧彧，人慶更生，至今尸祝不敢忘。

康熙七年，恩詔賜高年米肉布有差，先生奉行惟謹。源多壽耈，八十、九十以上者不下二百人，百歲加二者二人，雖在窮谷，必迎而致之，與之坐，躬袒割飲之。山中民有至老不知肉者，大喜過望而去，一時稱快。嗚呼！今之爲政者多矣，有能如先生之用心矣乎？

時督撫兩臺欽簡滿洲，如莫如阿，如羅如達，敬重先生，不以屬視，有"兩省循良第一"及"三晉儀型"之匾。緣行取之例久格，抱鬱且七載。尋以盜案掛誤,百姓驚惶失恃,兩詣行在保留,竟格於部議報罷。先生在源候代,囊無一文,薪水悉民供之,仍釀金贈行。去之日,父老遮道號泣,先生亦泣,鄰封之人皆爲墮淚。余又聞先生在楚代庖漢東甫三月,一州之弊盡清,去時士民泣送,亦如源云。予鄉故大司寇蔚州魏公聞先生掛吏議,徬徨至廢寢。比按者覆,無點塵,而擠先生者竟坐臟敗,魏公憮然曰:"公道尚存。"嗟乎!先生之見重於大賢如此,一官得失,奚足論乎!

　　小子璧別先生久,今春公子來京,以大集見示,且命爲序。璧固陋,無能窺先生竅奥,但舉先生向日在源治行之美,與士民至今思慕之忱以爲言,而文未暇論也。必欲論文,則錢飲光云"以韓、柳、歐、曾之筆,詮周、程、張、朱之理"二語,略盡大概,而亦不能盡也。公子歸,敬書數行以復,先生得毋嫣然笑曰:"子誠知我哉!身既隱矣,焉用文爲?子但言往事,不尤愈於誚吾文矣乎?"是爲序。

　　康熙三十年仲秋既望,晉陽受業高聯璧頓首拜書。

目　　録

序 ………………………………………………………… 翁叔元　1
序 ………………………………………………………… 高士奇　2
序 ………………………………………………………… 臧眉錫　3
序 ………………………………………………………… 錢澄之　4
序 ………………………………………………………… 鄭　重　5
序 ………………………………………………………… 高聯璧　7

匏野文集卷一 ……………………………………………………… 1
　序 ………………………………………………………………… 1
　　六經心源序 …………………………………………………… 1
　　五經疑問序 …………………………………………………… 2
　　明八大家總序 ………………………………………………… 3
　　宋文憲先生集序 ……………………………………………… 5
　　劉文成先生文集序 …………………………………………… 6
　　王忠文先生集序 ……………………………………………… 7
　　方正學先生集序 ……………………………………………… 8
　　薛文清先生讀書錄序 ………………………………………… 10
　　李文正先生集序 ……………………………………………… 11
　　岳蕙亭先生楚江集序 ………………………………………… 12
　　李空同先生文集序 …………………………………………… 13
　　莊定山先生文集序 …………………………………………… 14

1

  湛甘泉先生文集序 15
  王文成先生文集序 17
  王遵巖先生集序 18
  唐荆川先生集序 19
  王弇州先生集序 21
  李滄溟先生集序 22
  江南溟先生集序 23
  茅鹿門先生集序 24
  歸震川先生集序 25
  李文節先生集序 26
  艾千子先生文集序 28
  廬陵張真實先生集序代 29

匏野文集卷二 31
 序 31
  王恥古先生恥躬堂集序 31
  孝昌相國熊老先生學統序 32
  臧喟亭先生棲賢集序 34
  丁雁水先生問山文集序 35
  江度遠先生文集序 36
  洪暉吉先生治性編集序 37
  朱喬三先生仕學編序 38
  朱喬三先生自知齋詩序 39
  王卜子先生四書傳稿序 40
  任戴仁詩序 41
  江漢詠化詩序代 42
  公門陰騭錄序代 43

州泉積善録序	44
募脩吳山五義廟序	45
醫歸序	45
歷科程墨準繩序	46
擬墨自序	48

匏野文集卷三
序
奉祝宮贊果亭徐老先生六裹兼祝大司寇東海老先生壽序	49
奉賀大總制沁州吳老先生六裹壽序代 其一	50
奉賀大總制沁州吳老先生六裹壽序其二	52
奉賀大中丞三韓年公老先生壽序	53
奉賀大中丞退菴楊公六裹華壽序	55
賀大中丞念齋洪老先生壽序	56
封宮贊周舟菴先生偕配太安人七裹雙壽序	58
奉賀太史姚華曾先生典試湖廣還朝兼祝嶽誕序代	59
奉賀大觀察星聚王老公祖壽序	60
奉賀湖廣參藩厚存莊老先生壽序	62
奉賀湖北驛鹽道洙翁張老先生壽序	63
奉賀武昌郡守朱纘菴先生壽序代	64
奉賀大師相沁州吳老夫子榮膺枚卜序	65
賀大總制三韓李公蒲翁老夫子華壽序	67
奉賀大總制李公蒲翁老夫子華壽序代 其二	68
奉祝漢陽太守黃文華先生壽序代	70
三韓董太公八裹壽序	71
羅隱君七十壽序代	72
黃軫明隱君七十壽序	74

賀張母吳太恭人八袠壽序代 …… 75
　　歐陽孺人張母七十壽序代 …… 76
　　誥封淑人蔣母七袠壽序 …… 77
　　送大中丞關西楊公榮調撫楚序 …… 79
　　送少參錢陶雲先生榮歸序 …… 80
　　送觀察賈可齋先生之任秦中序 …… 82
　　送觀察衛凡夫先生之任潼商序 …… 83
　　送徐邑侯之任惠安序 …… 85

匏野文集卷四 …… 87
論 …… 87
　　論理氣 …… 87
　　論河圖洛書 …… 89
　　論河圖洛書二 …… 90
　　論連山歸藏周易 …… 91
　　論無極太極 …… 92
　　論用九用六 …… 94
　　論互體卦變 …… 95
　　論先甲後甲先庚後庚 …… 96
　　論一陰一陽之謂道 …… 97
　　論陰陽之義配日月 …… 99
　　論大衍之數五十其用四十有九 …… 100
　　中行狂狷鄉愿論 …… 102
　　論周子二程子張子邵子朱子 …… 103
　　告子陸象山王姚江 …… 105
　　陸象山楊慈湖陳白沙湛元明 …… 106
　　論朱陸異同 …… 108

論子家駒叔孫舍宋公佐 109

匏野文集卷五 111

讀 111

　　讀堯典 111

　　讀舜典 112

　　讀大禹皋陶益稷三謨一 112

　　讀大禹皋陶益稷三謨二 113

　　讀禹貢 114

　　讀甘誓 115

　　讀咸有一德 115

　　[讀]說命上 116

　　讀說命中 117

　　讀說命下 118

　　讀高宗肜日 118

　　讀金縢 119

　　讀多方多士 120

　　讀君奭 121

　　讀文侯之命 122

　　讀費誓 123

　　讀秦誓 124

匏野文集卷六 125

讀 125

　　讀易 125

　　讀乾坤兩卦 126

　　讀乾卦 127

　　讀乾卦辭 128

讀乾六爻象 ································ 129

讀乾初九爻象 ···························· 130

讀乾九二爻象 ···························· 131

讀乾九三爻象 ···························· 132

讀乾九四爻象 ···························· 132

讀乾九五爻象 ···························· 133

讀乾上九爻象 ···························· 134

讀坤卦 ·· 134

讀坤卦辭 ···································· 135

讀坤六二六五兩爻象 ················ 136

讀坤六二爻象 ···························· 137

讀坤六三爻象 ···························· 137

讀坤六四文言 ···························· 138

讀坤六五爻象 ···························· 139

讀屯卦 ·· 139

讀屯六三六四二爻象 ················ 141

讀屯九五上六二爻象 ················ 141

讀蒙大象 ···································· 142

讀需卦 ·· 142

讀訟卦 ·· 143

讀師卦 ·· 144

讀師六四爻象 ···························· 145

讀比卦 ·· 146

讀小畜卦一 ································ 147

讀小畜六四爻象 ························ 148

讀履卦 ·· 149

讀泰否二卦一	150

匏野文集卷七

讀

讀泰初九九二九三否初六六二六三爻象	152
讀泰九二六五否六二九五四爻象	153
讀同人卦	154
讀大有卦	155
讀謙卦	155
讀謙九三爻象	156
讀謙六五上六兩爻象	158
讀謙六五爻象	159
讀豫卦	159
讀隨六二六三兩爻象	160
讀隨六三爻象	161
讀蠱卦	162
讀蠱九三爻象	162
讀蠱六五爻象	163
讀蠱上九爻象	164
讀臨卦	165
讀觀卦	166
讀觀六二爻象	167
讀復卦	168
讀無妄卦	169
讀無妄九四爻象	170
讀大畜卦	170
讀頤卦	171

讀大過	173
讀大過九二九五兩爻象	174
讀大過九四爻象	174
讀坎離二卦一	175
讀關雎	176
讀卷耳	177
讀螽斯	178
讀兔罝	179
讀汝墳	179
讀麟趾	180
讀草蟲	180
讀羔羊	181
讀小星江有汜	182
讀何彼穠矣一	182
讀何彼穠矣二	183
讀騶虞	184
讀邶鄘衛三風	185
讀柏舟	186
讀綠衣	186
讀燕燕	187
讀谷風	188
讀簡兮	188
讀北門	189
讀二子乘舟一	190
讀二子乘舟二	190
讀柏舟	191

讀定之方中	191
讀竹竿	192
讀河廣	193
讀木瓜	193
讀王風	194
讀鄭風	195
讀緇衣	196
讀清人	196
讀魏風	197
讀園有桃	198
讀唐風	198
讀蟋蟀	199
讀揚之水	200
讀無衣	200
讀秦風	201
讀陳風	202
讀衡門	203
讀檜風	204
讀羔裘	204
讀曹風	205
讀侯人	206
讀鳲鳩	206
讀豳風	207
讀七月	208
讀鴟鴞東山破斧伐柯九罭狼跋六篇	209
讀鹿鳴	210

讀常棣	211
讀庭燎	211
讀鶴鳴	212
讀祈父	213
讀我行其野	214
讀節南山	214
讀正月	215
讀小旻小宛	216
讀小弁	216
讀何人斯	217
讀谷風	218
讀四月	218
讀北山	219
讀鼓鐘	220
讀楚茨信南山甫田大田	221
讀桑扈	222
讀賓之初筵	223
讀魚藻	223
讀思齊	224
讀抑	224
讀崧高烝民二篇	225
讀魯頌	226

匏野文集卷八 ………… 228
讀 ………… 228
祭伯來 ………… 228
鄭伯克段于鄢 ………… 228

伯姬歸于紀　叔姬歸于紀　紀季姜歸于京師　紀季以酅入于齊
　　紀叔姬歸于酅 ·· 229
杞侯來朝　入杞　伯姬歸于杞　杞伯姬來朝其子　杞叔姬來歸
　　·· 230
考仲子之宮初獻六羽 ·· 231
宋人執鄭祭仲突歸于鄭鄭忽出奔衛　鄭伯突出奔蔡鄭
　　世子忽復歸于鄭鄭伯突入于櫟 ································ 232
夏單伯逆王姬秋築王姬之舘于外 ··································· 233
恒星不見星隕如雨 ·· 233
虞師晉師滅夏陽 ··· 234
禘于太廟用致夫人 ·· 235
晉人執衛侯歸之于京師衛元咺自晉復歸于衛　衛殺其大夫元咺
　　及公子瑕衛侯鄭歸于衛 ·· 236
伯姬歸于宋三國來媵 ··· 237
公孫于齊　公如晉 ·· 237
宋衛陳鄭災 ·· 238
有鸜鵒來巢 ·· 239
叔孫州仇帥師墮郈季孫斯仲孫何忌帥師墮費　公圍成公至自圍成
　　·· 240
於越入吳　於越入吳 ··· 241
公會齊侯于夾谷公至自夾谷齊人來歸鄆讙龜陰田 ··············· 241
讀咸艮二卦 ·· 242
讀咸卦一 ·· 243
讀咸卦二 ·· 244
讀恒卦一 ·· 245
讀恒卦二 ·· 246

11

讀遯卦 ··· 247

　　讀遯上九爻象 ································· 248

　　讀大壯九二爻象 ······························ 249

　　讀大壯九三爻象 ······························ 250

　　讀晉卦 ··· 251

　　讀明夷卦 ······································ 252

　　讀明夷大象 ··································· 253

　　讀明夷六五爻象 ······························ 254

　　讀家人卦 ······································ 254

　　讀蹇卦 ··· 255

　　讀蹇六二爻象 ································· 256

　　讀蹇九三爻象 ································· 257

　　讀解卦 ··· 257

　　讀損益二卦一 ································· 258

　　讀損六五爻象 ································· 259

　　讀益初九爻象 ································· 260

　　讀益六三爻象 ································· 261

　　讀益六四爻象 ································· 262

　　讀夬九四爻象 ································· 262

　　讀姤彖辭 ······································ 263

　　讀姤六二九四兩爻象 ······················· 264

　　讀姤九五爻象 ································· 265

　　讀萃卦 ··· 266

匏野文集卷九 ··· 268

　讀 ·· 268

　　讀升卦 ··· 268

讀升九三六四六五三爻象	269
讀困井二卦	270
讀困卦	270
讀革卦	271
讀鼎卦	272
讀震卦	273
讀艮卦一	274
讀艮六二爻象	275
讀漸卦	275
讀歸妹卦詞	276
讀歸妹六爻象	277
讀歸妹六五爻象	278
讀豐卦	279
讀旅卦	280
讀巽九二上九兩爻象	281
讀兌卦	281
讀兌九五上六二爻象	282
讀兌九五爻象	283
讀節卦	283
讀中孚卦	284
讀小過	285
讀既濟未濟二卦一	286
讀未濟上九爻象	287
讀儀禮禮記一	288
讀儀禮禮記二	289
讀月令	290

讀明堂位 ……………………………………… 291
匏野文集卷十 …………………………………… 292
　讀 ……………………………………………… 292
　　讀太極圖説 …………………………………… 292
　　讀周子通書 …………………………………… 293
　　讀西銘 ………………………………………… 294
　　讀小學 ………………………………………… 295

校點後記 …………………………………………… 297

匏野文集卷一

序

六經心源序

天以至理示人，側批：起句聳秀如山。《河圖》、《洛書》是也。聖以至理示人，六經是也。六經者，聖人所以自寫其心之精，而即以寫天地之心之精者也。六經莫先於《易》，孔子繫《易》曰："易有太極。"側批：劈開五大段，一段一經，仍以諸經貫串，奇極。太極者，萬象萬理之源，非獨《易》有之，即諸經莫不有之也。何言之？側批：開人不敢開之口，理透而膽壯，故云。《易》曰"形而上者謂之道"，道爲太極。《書》曰"惟皇上帝降衷于下民"，帝爲太極。側批：句本薛文清（清）。《詩》曰"夙夜基命宥密"，命爲太極。《春秋》書"春王正月"，王爲太極。側批：此句更奇。《禮記》"大樂必易，大禮必簡易"，簡爲太極。側批：四句讀破萬卷。分而言之，一經各一太極；合而言之，六經共一太極。此周子以《易》爲五經之源，而邵子又云"畫前有易"是也。

雖然，《易》雖古于《書》，伏羲有畫無文，文辭實自《書》始。千古聖賢言天、言命、言心、言性、言道、言德、言聖、言神、言誠、言敬、言善、言一之類，其理雖具于《易》，而其微言奧旨，側批：誰人曉此？則皆《書》首發之也。嗚呼！《書》豈易言哉！若夫《詩》，孔子所刪，首《二南》，然在唐、虞之世已有矣。敕天之歌，正大小雅之權輿也。《五子之歌》，變風變雅之權輿也。説者謂《詩》之教，自《書》開之，君子讀正風正雅則心樂，讀變風變雅則心不樂者，無他，好善惡惡之真情也。且夫好惡之嚴，側批：好渡。孰有如《春秋》者乎？《詩》有美與刺，《書》有賞與罰，《春秋》則有刺無美，有罰無賞，此非聖人不能作也。不特此也。

六經，載道之書，言之無文，則行之不遠。惟《易》、《春秋》不然。試觀六十四卦三百八十四爻，側批：此乃真文字，千古具眼。有文字氣否？二百四十二年之間所紀行事，有文字氣否？筆則筆，削則削，一循乎天理之自然。斯游、夏之所不能贊，而亂賊雖欲去之，不能者也。故曰"《春秋》，萬世之書也"。然則禮樂何以獨亡也？側批：好渡。先儒謂：禮之亡也，周衰諸侯爲之。至于樂，則有詩有舞而無書，自古已然，非秦火之故。昔韓宣子聘魯，見《易》象、《春秋》，嘆曰："周禮在魯矣。"季札請觀周樂，爲歌《二南》、《國風》、《雅》、《頌》，札得因《詩》以知樂。夫《易》象、《春秋》，側批：可與論古。非禮也，而宣子以爲禮；《二南》、《國風》、《雅》、《頌》，詩也，而札以爲樂，此真知禮樂之原者。然則禮樂之亡，猶未盡亡也。嗟乎！學者患不知治經耳。知治經矣，而不知反求之心，其弊也，至于經自爲經，心自爲心，此《六經心源》之所爲作也。是爲序。

　　伏羲八卦，萬世文字之祖，可見六經各有太極，又共一太極，奇論，亦正論。通篇膽識俱二十分。

五經疑問序

　　五經之在天地，雖有時而或晦，側批：包舉千萬年以立言，二義不朽。其理未嘗不明也，講習之焉可耳。五經之在人心，雖有時而或閟，其體未嘗不行也，辯析之焉可耳。夫學必有講焉，必有辯焉，如彼兩磨，比比相戛，而道斯出焉。孔子以學之不講爲憂，孟子以好辯爲不得已。孔子之講，孟子之辯，孰有大於五經哉！側批：孔子雅言《詩》、《書》、《禮》，《孟子》"好辯"章全是《尚書》、《春秋》。五經者，古聖人繼天明道之作，孔子之所刪述，而門弟子之所受也。不一二傳，而燼於秦，蝕於壁，亥豕魚魯於傳寫，當此之時，五經之不絕者如縷耳。於是漢、唐、宋諸儒，咸有所訓故，以修明殘缺。然其合者皆以傳而證經，側批：二語斷盡傳註得失。其不合者或篩經以從傳，初學之士有惑焉。

　　今夫人生而不識日月者，教者以手指之，曰此日也、月也。其人不視日月，而惟指之視，其能見日月者乎？世之治經者，不求之聖人之經，而惟傳註之求，其能見聖人之經者乎？且自有傳註以來，作者無慮千百矣，經學之不大明，其失果安在哉？毋乃推尋者或病於臆決，側批：漢、唐、宋諸儒皆有流弊。考驗者未免於強合。此同彼異，而傳習有不一者與？抑亦廢興全憑乎時代，側批：《春秋三傳》。章句互異於南北，側批：南得精華，北窮枝葉。甲可乙否，而好尚有不齊者與？若此者非經之失也，解經者之失也。雖然，有説焉。談名物度數之精詳，則宋不如唐，側批：妙論，亦公論，未經人道。唐不如漢。論道德性命之奧蘊，則漢不如唐，唐不如宋。無他，漢儒去古近，故其見聞必真；宋儒研理熟，故其探索獨至。時有不同，材有各別，其勢然也。奈何世之學者，不能真得古聖賢之用心，依違附和，無所發明，則胡不取有明烏程姚承菴先生《五經疑問》而熟玩之也！

或曰：孔明之讀書也，不求記焉。淵明之讀書也，不求解焉。先生之疑問，得毋支乎？愚曰：不然。君子之學，毋論聖經與賢傳，要在審之於心。側批：讀經傳要訣。衆皆以爲是，苟求之心而未會焉，未敢以爲是也。衆皆以爲非，苟求之心而有契焉，未敢以爲非也。先生不屈經以徇傳，不貶漢以伸宋，訛者正之，疑者剖之，惟其是而已。蓋自先生《疑問》之書出，而諸儒之爲穿鑿附會者，俱怳然失也。先生《五經》之外，有《四書疑問》、《性理指歸》、《史綱》、詩文若干卷垂世，讀者驚河漢焉。子若孫先後以文顯於朝者比比。三楚文衡，陟三公，其曾孫也。用經術模楷楚士，士皆嚮風焉。

汝瑚沐公教久，公出先集示瑚，且命爲序。瑚弇鄙下士，無能蠡測一二。然不敢辭，聊志數十年願學之忱云爾。

　　尚論千載聖賢，若與同堂。剖斷群儒經解，如與面談。滿屋散錢，貫以一條索子，真乃慧心慧手。

明八大家總序

文所以明道也，古之聖人急于明道，不得已而有文。側批：扼要之論。其道明，文雖未至，無害乎其傳也。其道未明，文雖至，無益乎其傳也。韓非、商鞅、呂不韋之徒，其文奇矣，其道則非。莊、周、列禦寇、揚雄、王通于道似有得矣，而

3

其文爲弔詭、爲艱深、爲僭妄，均非其至者。自周、秦以降，上下數千年間，側批：只此數句，判盡數千年立言本末。文至而道或不至焉有之，道至而其于文反不至焉無矣。世之惑者，徒見前世之文傳，以爲學者文而已，故愈勤而愈不至。方希直先生云："求學術于三代以後，宋爲上，漢次之，唐爲下。"所謂"宋爲上"者，指周、程、朱、張四子言也。六經、《語》《孟》之道，得四子而始大顯。然自明至今，士之好周、程、張、朱之文常不勝夫好韓、柳、歐、蘇、王、曾之文者，是可慨已。側批：真咄咄怪事。今夫韓、柳六君子之文，至矣，無以復加矣。然其文之所述，有純有駁，有是有非，側批：不欺古人，不誣古人。固求道者之所不可不講也。講去其非以存其是，則道于此乎在焉。

退之《原道》一篇，漢、唐以來絕調也，尊孔、孟特至。其餘諸篇，與子厚、永叔輩所引孔子、孟子，至與荀卿、屈原、揚雄、李斯並稱，永叔且先荀後孟，晚年作《本論》，方知荀說之謬。子由亦云："晚而始讀《孟子》，然後縱觀百氏而不亂。"先儒謂韓、柳諸君子知孔子，不知孟子。蓋爲學而不知孟，則其知孔非真知也。側批：絕妙之論。兩漢之文，賈、董爲上，退之絕口不道；所亟推者，司馬相如、太史公、班固耳，其去取何偏也！明允以山林而談兵，曰《權書》、曰《衡論》，其命名已非。至其論諫，則曰："龍逢、比干無儀，秦之術，不獲稱良臣。"子瞻以湯、武爲篡弒，伊川爲姦邪，荀或爲聖人之徒。安石上仁宗書曰："先之以征誅而後得意。"且援文王、孔子爲証，而又以佛、老爲聖人。諸如此類，皆儒者所不敢言，亦不忍言。側批：此種議論，皆人不能解，人不敢道。蘇氏、王氏獨言之而不忌，甚矣！言之難純也。六君子且然，而況其下者！苟徒取其文之奇妙，而不復議其理之是非，則是文自文，而道自道也，其可乎！

夫韓、柳六君子之文，未知孰與周、程四子之文？嘗竊比之，聖門顏子，未敢輕擬，周、程、朱、張，庶幾冉牛、閔子善言德行者乎？韓、柳、歐、蘇、王、曾，則宰我、子貢善爲說辭也。孔子曰："以言取人，失之宰予。"又曰："是使賜多言也。"然則二子之言，亦孔子所不滿者乎？側批：妙，妙。

尚論有明之世，其能爲古文辭者，不下千餘。若其質之程、朱而不謬，繩以韓、歐而不悖者，吾得八人焉，曰宋景濂、王子充、方希直、王伯安、王道思、唐應德、茅鹿門、歸熙甫。之八君子者，節義事功，俱未暇論，觀其著書，無一言之不合于道者，不亦彬彬乎游、夏之選與？王道思序應德文，以應德比子游，當時未有非之者。余進八君子于游、夏之列，其亦可無媿也。嗚呼！文之美惡，人之好惡存焉；人之好惡，道之廢興寓焉。余非故抑韓、柳六君子，而揚宋、王八君子也，道與文之所在，自不可誣者。余又聞先儒陸象山之言曰："宰我、子貢其才智俱高游、夏一等。"則余于韓、柳六君子未爲抑也，側批：更奇。余豈好辯哉？余不得已也。

鹿門先生評唐、宋八大家，固已前無古，後無今。匏翁以明八大家敵之，難乎繼矣，惟從道與文所在，一一較量出來，是非純駁，有毫不可掩焉，遂覺後來者居上。此種識解、膽力俱足二十分，豈尋常經生能彷彿一二！

匏翁徑欲駕宋、王八君子于韓、歐六君子之上，其膽識可謂奇絕。篇中所論斷，俱人不敢開之口。然真理甚正，並非荒唐。使六君子復生，亦不敢怨。此序直可千古。

宋文憲先生集序

古之言學術者，側批：原原本本之論。必進考其師友之淵源，與其鄉學之統緒，而後可尚論其人，以知其學之所由來，不可涯涘也。金華自呂成公之後，歷何、王、金、許四先生，代有文人。宋公景濂生於其鄉，亦既羹牆在望矣。初受業立夫吳氏之門，既復私淑正傳吳氏、子長張氏。吳氏長于經，張氏長于史，公兼二氏之長，更因許氏門人，討論道學之旨，而究其極，公不亦恢恢有餘師哉！婺有兩大儒，待制柳公道傳、侍講黃公晉卿，學者尊爲北斗。公負笈從之遊，兩先生辟呬詔之，咸歎服公文，以爲必當名世。蓋公之於師也，取之若東海若之蹄涔，日乞而日不厭有如此者。嗚呼！師道廢久矣，側批：感慨好。後世之士不能望見古人之萬一者，豈不以此歟？

公起布衣，遭遇明高皇，拔居禁職，操觚秉制，悉稱上旨。寵靈所被，溥博汪洋，前古所未有也。昔武帝之于司馬相如，神宗之于蘇軾，徒歎賞其文耳，史氏且艷之。若夫始稱爲君子，終許爲賢人，高皇于公之外無聞焉。傳曰"知臣莫若君"，信夫！公自以受知于上深，精白一心，以承休德。凡可以獻替者，咸無隱情。上有所問，雖瑣屑必以實對。嘗曰："君猶天也，猶父也，其可欺耶？"夫君以恩逮下，臣以誠事上，上下之間，交盡其道，倚歟休哉！古之君子，一時之事業，側批：精瑩無比。天爲之，人不能期之；一代之文章，人爲之，天不能限之。公在朝十九年，坐論日久，其績載旂常，功施社稷者，更僕未易數，當在山中時，詎意其有此耶？至于生平著作，由其氣充而學富，遇觸即發，有叩必應，側批：不讀公全集，不知此數句之確。所爲主六經而奴百氏者。吾嘗操彼之柄以役之，而不受彼役。蓋自公之文一出，而百世之上，百世之下，無不在其範圍中。嗚呼！何其盛也！

余又聞故元歐陽文公之言曰："余在翰林久，海內之文無不寓目者，求如宋君，蓋甚鮮也。"夫翰林所讀者，金匱石室之藏耳，廼至海內人士之文而亦逼觀焉，此其虛懷好道爲可尚也。側批：此真不易得。余序公文，側批：收局好。既遡其師友之源流，復美其君臣之一德，并述歐公之言如此，蓋欲使讀公文者，得以論其世，庶幾有以得公之實也。

　　立論有源有委，行文有波有戀，泓深蘊籍，置之濂溪集中，如出一轍。此真振靡式泓之手，今人無此涵養，無此筆力。

　　凡作古人序文，無知人論世手眼，決不可輕置一言。濂溪集序頗多，此文出，諸序皆可廢矣。

劉文成先生文集序

天生一代偉人，必有過人之才，過人之智。始而畫策定計，人咸以爲誕。既而制勝成功，人咸以爲神。徐而究之，則非誕非神，而悉本乎道，側批："道"字一篇主意。顧人弗之察耳。司馬徽之論人才，以爲儒生不識世務，識時務者在乎俊杰。夫世未有不達乎時務而可以爲儒者，亦未有號爲俊杰而非儒者，徽之言謬矣。三代而下，人才之卓犖者，莫如子房、孔明。漢高祖以子房與蕭、韓並稱三傑，固已。然而子房鴻冥鳳舉，繒繳不及，非蕭、韓所能比，陳壽之徒，又以蕭何比孔明，其辱孔明更甚。何者？子房、孔明，蓋知道者，而何不知也！子房、孔明並以山林徒步爲帝者師，奇謀祕計，轉敗爲成，二人亦略相當。而孔明之不幸則天也，非才不及子房也。

尚論明劉文成先生具擇主之哲，與子房同；懷撥亂之志，與孔明同；每遇急難，勇氣奮發，計畫立就，亦與子房、孔明無異。然愚以爲如先生者，人但知其有過人之才與智，不知其有過人之學，但疑其爲誕爲神，而不知其皆本乎道也。嘗聞高皇之稱先生也，曰："每于閑暇之時，數以孔子之言導余，是以頗知古意。"又曰："入則每匡治道。"又曰："言非儒造，實已誠之意。"夫以先生之引君當道，勤勤懇懇如此，此又子房、孔明之所未有也。先生一日侍高皇于謹身殿，高皇以文學之臣爲問，先生對曰："當今文章第一，輿論所屬，實在翰林學士臣濂，次即臣基，不敢他有所讓。"嗚呼！先生之自信者，乃其不敢欺君者也，側批：妙！妙！非知道而能若是乎？今讀其《犁眉》、《覆瓿》、《郁離》、《寫情》諸篇，或傷今悼古，牢籠百態，或托興微婉，優游閒雅，大非淺學之士所能及。先生序蘇平仲文，其持論以理爲主，黜司馬相如、揚雄而崇賈、董、韓、歐，愚故曰："先生儒者也，非術數之學也。"

　　以子房、孔明比文成，可謂擬人必于其倫者。篇中所言，不特爲文成擡價，并可爲武侯吐氣。

　　評論三君子品格，如水中觀石，壘壘可數。匏翁真具知人論世手眼。

王忠文先生集序

　　余讀華川王先生集，輒撫卷而歎曰：自古文章節義，造物所珍惜而不輕畀人者，獨至先生則兩畀之而不少靳也。先生與濂溪宋公生同鄉，又同受業黃文肅公之門，百里之內，喬木相望，如二室二華之穹然而莫軒輊也。兩先生所著述，皆温潤典雅，成一家言。其源委雖皆本之黃公，而其深造自得之妙，即兩先生亦各有其所至也,側批:善讀兩先生之文。以故兩先生之名,巋然並重。天下之人,讀其文者,譬之璆琳琅玕、大玉夷玉,雜然陳之于前,識者知爲至寶,終莫敢優劣也。善乎明太祖之言曰:"學問之博,禕不如濂;才思之雄,濂不如禕。"遂爲千古定評。側批:確。嗟夫!先生之文,傳至于今,評者無慮數什伯家,有能易雄之一字者乎?

雖然,先生不特其文雄也,其膽與骨皆雄矣。側批:妙。史稱先生爲人剛直,不肯苟附,以取謗毀。官起居注,遇事敢言無諱,爲胡惟庸所忌。洪武五年,滇猶恃險不下,先生之使滇也,胡惟庸爲之也。側批:鐵案。當時朝士大夫,僉謂先生文士不宜往,先生受詔不顧,毅然而行。至則以天命人心,從違吉凶之道,反覆開諭。其人初已嚮服,會有倔強拒命者,先生奮義死之。嗚呼!小人當國,側批:千古同恨。視正人如仇,摧折之,貶斥之,斯已過矣。乃至名爲使之,而陰擠之于死,如盧杞之于真卿,胡惟庸之于先生,不亦大可憾哉!

夫抱皦皦之節,兼卓越不儷之萩,而欲求通亡害者,此于勢固難也。物毀而道逾光,身捐而名逾揚,此其情甚可悲,而其節足尚也。先生爲《文丞相像記》曰:"宋用科目取士,三百餘年,道德文章,至炯爛矣。及其亡也,文丞相以忠節大義爲之殿。"余謂明三百年,文章節義,代不乏人,而尤莫盛于遜國之際,實先生以一人爲之倡,故聞風而起者比比也。然則先生與文丞相,詎不先後同揆也歟?夫先生之節,不待文而顯,然讀其文可概知其心。先生之文,亦非有意于傳,而重其人,則其文章,不容不與大節並傳也。孰謂天于先生不兩有以私之哉?

華川公死滇難至七十年,始得謚忠文。明代報忠之典,如此其遲,豈不可歎?○鮑翁以忠文公之死爲明代三百年忠義之倡,可謂知人知言。

鮑翁序濂溪文極肖濂溪,此序華川文亦極肖華川。鮑翁集百家大成,而其摹擬某家文,又極變化渾融,得其神而略其迹,古文至鮑翁,能事畢矣。

方正學先生集序

金華宋公送方先生還天台序曰:"古者重德教,非惟弟子之求師,而爲師者得一英才而訓迪之,未嘗不喜動顏色。無他,天理民彝之不能自已也。"側批:四字好。旨哉,宋公之言乎!蓋師與君親並也。側批:一篇主意。宋公是時,實操文章之柄,以開引天下之俊杰,當世號能文章者,其出宋公之門,十居八九,而先生爲之冠。先生始謁宋公於金陵,公異之曰:"子吾徒人也。"舘置左右,與談經,歷三時乃去。明年,宋公致政還浦陽,先生往卒業,凡四載,悉得其蘊奧。所爲文,多經宋公所指授。亡何,宋公徙蜀,先生欲往省不果,爲文籲天,願輸己壽以延師齡。嗟乎!先生於師弟如此,側批:妙解,無人能道。則其激切於君父之際可知矣,先生殆至性人也。

先生以聖人爲必可學,以三代之禮樂政教爲必可行。知信乎古,而不知合乎時。知志乎道,而不知同乎俗。先生又勇者也。聖門稱大勇者,莫如顏子,次莫如曾子。顏子一聞克復之目,毅然請事而不辭,有不善未嘗不知,知之未嘗復行也。其自言曰:"舜何人也?予何人也?有爲者亦若是。"曾子嘗聞大勇於夫子,其學以弘毅爲主,曰:"仁以爲己任。"又曰:"臨大節而不可奪也。"蓋非有天下之至仁,不能成天下之大勇。曾子雖未及顏子,若其志仁,則與顏子同。孔子論述比干、伯夷之事,不美其忠其清,而許其仁,蓋仁者,忠之至也,清之至也。故愚以爲先生之學,顏子、曾子之學;先生之心,比干、伯夷之心也。側批:四語可盡先生生平。古之君子所以養其心者,必正必清,必虛必明。惟正也,故氣之至,正者入焉,清也、虛也、明也亦然。而是氣者,忠臣得之以爲忠,文士得之以爲文,皆是物也。先生没三十年,天下始敢舉其名。又五十年,天下始敢誦其文。而先生之名與文,於是乎萬古矣。夫先生之文,得宋公而益粹;宋公之教,得先生而益顯。師弟子之間,交相成也,亦交相重也。然則師之與君親並也,豈偶哉!

方先生死忠之操,亘古未有已。即不怨,人亦代爲之怨。然而求仁得仁,又何怨!夫子此言,若爲千載下方先生而發也。此序一一道着,闡幽抉髓,入木殆三寸矣。

"先生之學,顏子、曾子之學。""心爲比干、伯夷之心。"此兩句千古不刊。通篇以師教立意,是全讀宋、方二公集而有會者,非同泛談。

薛文清先生讀書録序

曹子桓有言:"年壽有時而盡,榮樂止於其身,未若文章之無窮。"夫文章何能無窮?文章而言心性、言道德、言天人治亂、聖賢君相,百世而下,誦其言者,欣然有得,斯無窮也。側批:總括一部《讀書録》。彼子桓之徒,烏知無窮之義哉!

河東薛文清先生,其學以復性爲本,以主敬爲要。擬諸聖門,沉潛近乎顔,篤實近乎曾。蓋周、程、張、朱之羽翼,而許衡之流亞也。《讀書録》一編,先生以思而得之。側批:無人理會及此。心性道德之秘,天人治亂之幾,聖賢君相之業,有味其言之。其言愈繁,而其旨愈約。側批:兩句深知文清。以是存於己,亦以是訓於人,此先生與人爲善者也。先生於五經靡不究研,而《易》獨闡其微;於先儒諸書靡不探討,而《太極圖》尤抉其奥。及門之士至衆,惟王瑛、白良翰獨知其深。王之言曰:"先生之學,造乎太極、無極之妙。"白之言曰:"太極之道,不外乎中正仁義而已。欲知先生之道者,當觀之太極可也。"嗟乎!世之知先生者多矣,有能如二子之深者乎?古之聖賢,能成人所不能成之德,側批:此一段足盡文清生平。則必有能忍人所不能忍之情。是故存其心至於飯糗茹草,若將終身,而其心爲已純矣。側批:精練之至,一語當人百語。勵其志至於三公不易,白刃可蹈,而其志爲已堅矣。

考先生立朝始末,不折節于權門,不謝恩于私室,不屈法于貴近,不懾志于生死。直閣僅五月,屢起屢躓,而薑桂之性如故。此其大節,視古人何如也!蓋嘗觀明一代宰輔,其賢而才者固多,即其卓然成一家言者亦不少。求其理學之粹深,踐履之篤實,如先生者,蓋絶無而僅有也。若其剛毅之氣,則岳公文肅似之;狷潔之操,則李公文節似之。文肅入閣,來請教,先生曰:"凡事且緩。"又曰:"英氣太露誤事。"文肅不久得貶,曰:"吾負先生矣。"文節爲相,甫三月,即乞休,前後一百三十餘疏不止。嘗曰:"臣學瑄足矣。"嗚呼!若文肅、文節二公者,真不愧先生後進矣。是編也,在先生之潛修,側批:收足全篇之勢,文復跌宕。若無意於世人之知,而以先生之與人爲善,則惟恐其知之不盡也。在先生之篤行,若無俟乎後世之傳,而以先生之垂訓百世,則惟恐其傳之不遠也。然則文章之無窮,豈不信哉!

《讀書録》"以思而得之","其言愈繁,其旨愈約","誦其言者,欣然有得"。此數語非熟玩《讀書録》深且久者,不能爲此。

文清公一生學問氣節,盡于此序。匏翁每作先正序,必將其人始終本末透說,而又將同時或同道者比照一番,真乃知人語世手。

李文正先生集序

明代稱博學者,必以李文正、丘文莊、楊升菴、王弇州、李本寧五君子爲最。此五君子之博,未知優劣。要其所爲文,或自爲古,或能用古,或爲古用。夫文正、文莊,自爲古者也;升菴、弇州,能用古者也;本寧,爲古用者也。文正先生比文莊高一層,升菴比弇州高一層。若本寧食古不化,視弇州好盡意而工引事,又不及矣。夫載籍者,古人之陳迹也。吾儕爲文,貴不泥乎載籍,而亦不離乎載籍。側批:深知讀書作文之法。譬淘金於沙,非不知沙之汰而去者且十九,然不能舍沙而別有淘金之法也。先生同時以詩文相摩切者,丘文莊而外,有楊公石淙、程公篁墩、謝公方石三君子,制作焜燿於天禄、石閣之間,實與先生頡頏,而先生深遠矣。

余小子服膺《懷麓稿》二十年,口誦心維,莫能窮其妙。嘗聞先生之序葉侍郎文莊也,曰:"公之文,博取深詣,而得諸歐陽文忠者爲多。公雖未嘗自言,然觀其紆徐委備,詳而不厭,要知爲歐學也。"嗚呼!余小子無能序先生,請即先生之序葉公者而序先生,可乎?夫自元、明以來,世之學爲歐者衆矣,余以爲得歐之神而詣其至者,二人而已,一爲先生,一爲遵巖先生。余又怪遵巖、荆川、震川、鹿門諸公,評明代作者,未聞盛推先生。遵巖於元、明諸人,少所許可。余讀遵巖之集,以爲遵巖獨心領神會於先生之文,側批:文心委折□矣。特遵巖不以語人,而世未之識耳。余年友王昊廬先生語予曰:"陳溧水極服先生文,以爲宋金華後一人。"知言哉！

　　或又謂河東爲相，並無展布，易名文清，議者嫌其未盡。先生當國，史稱其保全善類，隨事應變，潛消默奪，使天下陰受其福，其有功如此，天下反以易名稍過而訾議之。側批：不言劉瑾而言諡，然有深意。嗟乎！向使先生不諡文正，其議論未必如是之多也，諡其可輕哉！李溫陵曰："爲文正者實難，知文正亦不易。後之學者，慎無容易草草論文正。"余小子何敢輕有置論！因序先生之文，而重爲先生惜也。

　　救廷臣是文正本心，容劉瑾亦是文正本心。凡行事不肯違其本心，此三句太難爲文正矣。斯序末段含蓄，不甚露，得《春秋》爲賢者諱之意。

　　使當日文正與劉、謝並去相權，他屬不知流禍何極！李溫陵曰："爲文正實難，知文正亦不易。"此二語未必非定案也。

岳邁亭先生楚江集序

　　今人多易言詩，詩可易言乎哉？古者《雅》、《頌》之什，皆聖人大賢之所爲，如周公、召公、尹吉甫、召穆公、衛武公、史克諸人，其表表者。至于《風》詩，則多男女各言其情，太史採而貢之天子，被諸管絃，固甚重也。孟子曰："王者之迹熄而《詩》亡，《詩》亡然後《春秋》作。"蓋嘆王政之不行，而傷《詩》之亡也。當時列國卿大夫，若季札、韓宣子、子產、子太叔、子皮輩，皆博物君子，當聘問燕享之際，不自作詩，但賦古人之什以見志，何其謙也！側批：大豁人心目。孔子萬世之師，立教杏壇之上，日訓門弟子以學《詩》，而未嘗自作詩。側批：千古妙諦。三千之士，無一能詩。賢如商、賜，亦但許其言《詩》而已，此曷故哉？孔子身在布衣，《雅》、《頌》非其職。周天子不採詩，又不敢作詩以獻，此所以志在《春秋》也。側批：此豈經生之談！夫詩者，古聖人大賢之不敢輕作者，今人輒冒焉爲之，此大可怪也。雖今詩非古詩，而亦豈宜如是濫耶？

　　陽羨岳邁亭先生，以名進士敭歷中外，有賢聲。甲戌之年，奉簡命督學三楚。楚固多材，先生用經術模楷之，楚風日益競。汝瑚謂今天下之官，獨督學稱皇華使者,得以循行郡縣,省方設教,雖不採詩而採文無異採詩。側批:奇思。孔子所謂"可興"、"可觀",而又"可群"者,惟督學有焉。先生額試士錄以"崇雅",雅之名始于《詩》。側批:詩、文俱當崇雅。孔子雅言《詩》而其惡鄭特甚,以其亂雅也。愚謂鄭之亂雅,非特《詩》有之,文亦有之。側批:妙。理學之弊而二氏也,古文之弊而六朝也,先輩之弊而虛翻倒提也,皆鄭也,側批:妙。皆崇雅者之所必黜也。先生自爲詩文甚富,雖不拘拘於李、杜、韓、歐,而其融貫經史,諧協宮商,讀者無不心賞其爲真李、杜,真韓、歐也。先生在楚四載,瑚僅一晤,頗以瑚爲獨行之士,屬序其詩。瑚不知詩,然細讀先生之詩已年餘,側批:此歐、曾嫡派。悠然有會于心,雖不敢以周公、召公相諛,擬之尹吉甫、召穆公、衛武公、史克諸君子,何多讓焉!瑚序先生詩如此,且以告世之爲詩者,必如先生而後可否,則夫差未能爲冠而言冠,不可笑乎?是爲序。

　　韓宣子、季札輩不自作詩,但賦古人之詩見志。孔子教弟子學詩,不教之作詩,自亦不作詩。此古今一疑事,匏翁特地拈出,且説出不自作詩之故,心眼高絶。

　　篇中奇思叠涌,如不採詩而採文;孔子雅言《詩》,惡鄭特甚;鄭非特詩有之,文亦有之,俱匪夷所思。通作純乎歐、曾,今人無此手筆。

李空同先生文集序

　　凡古人文章,所以能高出百代者,須是文字外別有一物主之。如退之之文,原於精誠;側批:光芒射人。少陵之詩,本於忠孝。太白妙處有輕天下之概,而所爲一物主之者,又不能無所托,而托之乎氣。人能養其氣,則其神全,神全則當大事而不亂,臨大節而不變,然後發而爲文,可以上追千古之軌範,下掃一世之卑靡。噫!亦已難已。吾求之成、弘之間,而得一人焉,曰北地李獻吉先生。

　　先生手探象緯,口吐霞霧,雕錦匠之奇,洩造化之窟。年少登朝,爲主事,慷慨上書,指斥皇親逆閹無所避。一日孝廟召大學士劉健、李東陽、謝遷,問李夢陽如何,健叩頭對曰:"夢陽狂直,不足深罪。"遷從容對曰:"夢陽雖狂,然其心無他，實欲盡忠於陛下。"孝廟曰："謝先生言是。"委曲全之，無奈群閹不休，羅以他事，復械至京。其友人武功康海，見瑾曰："獻吉天下士，殺之恐失天下學者望。"至是瑾亦知慕，欲用之選部，先生固辭不能。康力爲再請，迺得免。當是時，側批：峻峭絕倫。中外士大夫莫不人人指先生爲威鳳、爲祥麟，衆莫得而攀躋之，而污之者，猶謂其附寧庶人，有是理乎？今夫江漢淮海，非不浩汗，然而由地中行，至黃河則從天而下，堆滚瞑眩，衡鬻横來，不知紀極。人不畏江漢淮海，而獨畏黃河者，畏其氣也。然則先生之人之文，詎有異乎？先生嘗曰："秦、漢以後無文，六朝以下無詩。"壯哉！斯言也。先生秦人也，季札聞歌秦曰："此之謂夏聲。"能夏則大。夫聲，未有能自大者也，抑亦氣之爲乎？

空同先生文學先秦，匏翁此序氣格直逼先秦。

先生奏疏有賈太傅之風，但其人傲睨太過，多得奇禍，論者惜之。

莊定山先生文集序

君子生聖賢之後，毅然以斯道自任，與其盡信于天下，不若真信于一二人。側批：名言。道固自在，學亦自在，天下信之不爲多，一二人信之不爲少。況當出處辭受之際，而可漫然應者乎？是故必有三公不易其介之志，側批：大有身分。而後可以言出；必有遯世不見知而不悔之學，而後可以言處。若者吾於故明江浦莊定山先生見之。

先生在成化朝，授檢討，不奉詔，作《鰲山詩》。上疏剴切，廷杖謫判桂陽，尋入爲南行人司司副，久之以二艱去。巡撫王公恕訪之，欲以白金十五鎰理其廬，卻之。居定山三十年，累薦不起。學士瓊臺丘公濬嫉之，曰："引天下士夫，背朝廷者，衆也。使吾當國，必不利之。"及丘入閣，薦者又累至，特旨取用。先生曰："此與部檄不同，吾若不出，禍不免矣。"遂行。大學士徐公溥，語邵二泉寶曰："當復翰林，乃愜公論。"又語學士西涯李公東陽曰："定山君之故人，君宜留意。"及赴吏部不跪，題復行人司副。西涯語吏部曰："留都根本地，定山宜官此。"遂遷南吏部驗封郎中，未幾以疾告。明年考察，南冢宰青谿倪公岳，坐以罷軟,乃先生去已改歲矣。

或曰:先生之出處,未易明也。其始也懼之于瓊臺,其中也乘之于西涯,其終也敗之于青豀。夫此三君子者,側批:讀此段不禁三嘆。皆負當世之望,以推賢進能爲事者也,而其陋先生如此,其去冒嫉以惡之者,有幾哉?嗚呼!白古氣節之士,常恨其堅臥不出,出矣而不使竟其用以去,去矣而又不留其身後之名如先生者,天若有以困之使然者,豈盡諸人之過哉?先生知己不乏,其始終同道者,惟白沙陳公、一峰羅公二人。先生題白沙詩有曰:"才力凡今吾與翁,側批:兩先生之詩如一人。百年端許自知公。橫渠老筆須終勁,周子通書自不同。"蓋以周子謂白沙,而以橫渠自謂也。白沙之詩亦曰:"千練不如莊定山。"蓋尊定山也。又曰:"不及陳無己,能無賞自然。"蓋自道也。後之君子,觀于白沙之詩,斯知定山矣;觀于定山之詩,斯知白沙矣。定山之詩文,根極乎理道,非太極則鳶魚,非鳶魚則乾坤,其文而載道者耶?然則白沙、一峰、定山,若是同與?曰:白沙狂者也,定山狷者也,一峰狂狷之間者也,其於斯道,豈不均有賴哉?

白沙不仕,一峰、定山均以諫謫官,三先生氣節相似。孔子曰:"殷有三仁焉。"吾於三先生亦云。

與其盡信于天下,不若真信于一二人。若三先生,真相信矣。世稱白沙、定山詩雙絶,乃知詩言志不誣也。

湛甘泉先生文集序

古人之爲學,明其道而已。側批:起語高聳而又深透。不得已而後有言,言之恐其不傳也,不得已而後有文。文與言古人不得已而爲之也。昔明大司馬湛元明先生,理學之嚆矢也,前後文二百若干卷,及門問答之篇,十居六七,其言至賾,讀者驚爲河漢云。

然先生之學,以體驗天理爲主,以勿忘勿助、無絲毫人力爲功。嘗欲無言矣,欲不作文矣,以此知先生之言與文,側批:妙。皆非得已也。嘗作《心性圖》示人,大旨從《中庸》"中和位育"悟來。學者觀于《中庸》,斯知圖矣;觀于圖,斯知《中庸》矣。不特《中庸》爲然，六經、《語》、《孟》皆古聖賢發明心性之所爲作也。余小子展誦先生圖説，與其門弟之註，未嘗不嘆先生無言之教入人之深也。世疑先生動靜合一、體用合一、知行合一之言，與孔、孟之旨稍異，不知先生憂語動之離乎靜也，憂語靜之離乎動也，故曰動靜合一。此本濂溪"動靜無端，陰陽無始"之言而出之也。憂語體之離乎用也，憂語用之離乎體也，故曰體用合一。此本伊川"體用一源，顯微無間"之言而出之也。憂語知之離乎行也，憂語行之離乎知也，故曰知行合一。此本明道"學者纔知得是，便行將去"之言而出之也。夫先生之言，其合于周、程如此，則其不謬于孔、孟可知矣。

余又聞先生師白沙陳公，亦師整菴羅公。白沙之學，整菴之所不與也。非獨整菴，同時如丘仲深、胡敬齋、章楓山諸君子，亦莫之與，以故人謗之者多。先生聞人謗白沙，則痛切于心，辨之必力。且曰："聞謗師者，如聞君父之謗，擊之斥之可也。"嗚呼！師弟子之教不明，側批：此段迫真昌黎。末世之士聞人謗師、嘲師，隨聲附和者有之，笑而不辨者有之，又安望其擊之斥之，曰吾師也爾，奈何謗之？此其患將不止于爲陳相而已也，必且有不操戈入室不休者。噫！世有若人，聞先生之風，其亦赧顏汗下者矣。或曰：白沙禪者也，謗之可也。余曰：不然。先生不以白沙爲禪也，側批：此句多少含蓄。嘗語人曰："佛氏以理爲障，白沙之學主天理，豈得爲佛？"又曰："白沙以自然立教，聖人只是自然，佛氏强制其心，何曾自然？"此二言則既辨矣，然其書，滿口佛喝，何與？倘所謂用其言，側批：善爲先賢回護。而不用其意者非耶？世之禪白沙者，且波及于先生。先生有《非老子》、《楊子折衷》二篇，其闢邪衛道甚力。又有《學》、《庸》二測，更訂二禮、小學，釐正大小序諸書，有功經學非淺。《大全集》中無一字佛喝，而以爲禪，可乎？愚請有以別之曰：白沙之于佛氏，側批：透盡元明白沙之學。用其言而不用其意；元明之于白沙，用其意而不用言，未知是否？

　　　　白沙、元明兩先生之學，未易明也。此文於白沙寬中嚴，嚴中寬；於元明揚中抑，抑中揚。尚論古人之學，其難如此。

　　　　罵盡世間聞人毀師，而不發憤之人，痛快極矣。然此議亦本湛公，固知湛公忠厚之至也。

　　白沙、甘泉、陽明三先生之學，余探討頗熟。此序與陽明先生序，及陸、楊、陳、湛一論，較量三先生學問源流，絲毫不爽。試起三先生于地下，安知不躍然曰，汝塼知我者！不直則道不見，吾三人其敢怨焉！自評。

王文成先生文集序

昔弘、正間，陳白沙、湛甘泉、王陽明三先生，抗顏而講心性之學，於時從者如雲。陳之教曰"致虛"、曰"自然"，湛之教曰"體認天理"，王之教曰"致良知"，宗旨雖殊，而理則一。側批：源委分明。蓋白沙之學，本之周子之主静，程子之無欲，而惜其流于禪也。甘泉之學，本之白沙，而微異于白沙。陽明之學，自爲一家，而亦有同于白沙、甘泉者。三先生之學，與朱子稍別。然而白沙、甘泉，未嘗敢議朱子也。議朱子者，獨陽明先生耳。側批：斷案。

先生具絶世之資，嘗以聖人爲必可學而至，側批：妙。薄宋儒不屑爲。不知周子、程子、朱子地位儘高，去顏子、孟子不遠。朱子集群賢群儒之大成，側批：聖學之統宗滙源也。孔子以後一人而已。生平爲學爲教，恪守孔子家法，乃孔子孝子。議朱子與議孔子無異，側批：斷案。此先生一大病處。不得已而創爲晚年定論之說，欲以文其過，反使天下後世之人，以先生之惜朱子者惜先生，亦已惑矣。

或曰：先生禪者也，非禪胡以言無善也？或曰：先生非禪者也，先生大節凜凜，始擊逆瑾，繼擒寧藩，遇變則奮勇直前，聞謗則引罪不辯，種種施爲，如飽煖寒燠之在身，必求自慊而後已。夫禪也，而有此作用乎？余曰否。君子之論學也嚴，側批：陳同甫之筆。而論人也恕。論學嚴，故其人雖千萬言之皆儒，而或一二言之近禪，則君子必嚴焉，以爲此一二言之足以亂吾儒，而不稍假借也。論人恕，苟其人爲天下國家生民所恃賴之人，而其言有一二之不醇，則君子必恕焉，以爲此一二言者，非其學之未至，則其意見之稍差，而不必苛求也。先生嘗曰："吾講學亦多誤人，側批：先生自知之明。惟'致良知'三字無病。"又曰："他日結廬山中，得諸賢聚會商議，將聖人要緊之言，發揮一書，其餘悉焚之，勿以惑人。"噫！先生之不欺如此。後之學者，芟其瑕疵，側批：善讀先生書。錄其精粹，庶毋負于先生矣乎！

不特此也。先生實負《大學》同體之仁，口譚無善，身則無須臾不爲善。側批：善爲先生回護。自謫居龍場，以至治兵瘴地，滿腔惻怛，無入而不自得者，正其無入而非學也。知宇宙之爲我，然後可語心性。知千聖之要旨，不外乎"唯精唯一"，側批：可見三先生之學，不外周、程二子。舍周、程二子，別無聖學。而盡于孟子之"勿忘勿助"，然後可語聖學。余三復先生書，得其用心而爲之序如此，不特先生之學明，而白沙子、甘泉子之學亦明矣。

白沙、甘泉、陽明，是一派學問。鮑翁不特融會陽明全書，并白沙、甘泉諸書，俱透徹胷中，故言之親切如此。理學如鮑翁，吾無間然矣。

陽明先生書，攻之者半，尊之者半。此序平心較量，不諛不刻，小疵大醇，一一標見，而先生之人與學，于是乎有定論矣。他人有此見識，無此筆力，亦發揮不出。鮑翁真古文巨手也。

王遵巖先生集序

吾晉江自唐歐陽詹，始以古文辭破荒，史稱其文洞泏明辨，與韓愈、李觀、崔群輩爲雁行。宋、元迄明，理學疊興，後先相望。其能爲古文辭者，不下百餘家，獨遵巖先生秀出，有名於世。與毘陵唐荊川，狎主齊盟，一時有韓、柳之目。

先生年少登朝，丰采奕奕，如太阿出匣。與羅峰、桂洲兩執政齟齬，故投戟獨早，視塵世勳名利禄，毫不能動其念，一意專精古文，務求六籍之旨，而詣其至。積書萬卷，無所不觀，而亦未嘗再觀，蓋食其精，不食其粗者也。已迺取早年規模秦、漢之文，一切焚之，而惟廬陵、南豐之學是攻。蓋自北地樹幟後，世之爲古文者，或篩詞，或使事，獨先生以意爲主。故論其人也，曖乎如可親；述其事也，恍乎如目睹。若其布置開闔，首尾該貫，曲折關健，紆徐自得之妙，雖先生亦不能自言其所至，而世何足以知之乎？無何，而李于鱗起，其言袷秦、漢而祧唐、宋，以北地爲嫡子，而以晉江、毘陵爲支庶不與祭之列。且云："寧失之理，毋失之詞。"夫理也，侧批：妙。而可失乎哉？一時同調諸君子，互相標榜，甚且取晉江、毘陵之業而弁髦之，土苴之，不知彼之所尊奉而哆一尊者，侧批：説透可以息群喙。乃先生之所棄置勿復道者也。夫于鱗爲先生首拔士，乃其排先生如此，不可笑耶？不數年，而向之附和歷下、瑯琊者，固已烟消雲滅，影響不可復尋，而獨先生之文，如日月復旦，亘萬古而不夜也。嗟乎！文章在天地間久，侧批：頓挫又有感慨，極妙。則公論自明，豈能以一二人愛憎變易之與？

先生在江右時，與歐陽南野、羅念菴、鄒東廓諸公，劇切心性之學。及其林居也，又益精焉。昔蘧伯玉六十而化，先生年甫及艾，聞道之早如彼，爲文之妙如此，豈不爲速化與？是則可惜已。

先生殁十數年，有何穉孝先生者理學史才，騰前邁後，所著《名山藏》及曆、昌、啓、禎諸集，膾炙海内，不減先生當年。故相國黄東崖先生嘗語余曰："吾邑數年來，無復有遵巖、穉孝其人者。"相對歎息不已，蓋以自況也。余近以公事入竟陵，竟陵多相國門士，因與譚灌村太史、吳既閑孝廉，謀梓相國之集。相國于穉孝爲見知，于遵巖爲聞知，其文雋古澹折，有二先生之風，余將由相國以溯何，侧批：收盡一篇，如常山之蛇。由何以溯王，由王、何以遡歐陽，其亦可乎？古人維桑與梓，必恭敬止，矧文章品望如諸先生者，雖不能至，心嚮往之矣。

遵巖文首尾開闔，起伏照應，毫不肯苶，而又委折不窮，曲盡其妙，此序似倣遵巖而爲之者。

蘊籍含蓄，包括無際，更饒感慨跌頓，令讀者意遠。古文惟晉江能繼韓、歐，今又于匏翁見之矣。

唐荆川先生集序

士之欲爲不朽之業者，貴乎志向之專，侧批：一篇主意，渾含而又該括。術業之純，而亦必賴師友之講説，以底於有成也。聖如孔子，由志學而立不惑，猶於師友之間兢兢焉，曰："擇其善者而從之，其不善者而改之。"蓋必擇之審，而後可從與改也。今之學者，亦嘗有志古文矣，然不能傾心請益，少被指摘，輒赧然不能堪受。故人亦曲意奉承，相與爲諛。至於人之病痛，亦與爲遮飾，不敢直言。蓋其心惟恐人之報以直言而已，亦無所躲避也。且夫人之患，莫大乎自是而好勝，側批：古今學問人通病。自是則不能見己之非而內自克，好勝則不能見人之是而思與之齊。斯其人雖或有名於世，然而其理未明，其文必不能傳，傳亦不遠也。

武進唐荊川先生，嘉靖間以理學名，其學則周子、程子之學，其文則歐陽子、韓子之文也。林居三十載，不爐不扇，痛自磨鍊，直欲掃去枝葉文飾，從根本上著力。余觀近代士大夫用心專而用功苦者，未有如先生者也。然猶自遜曰："吾制義德方山，詩文德遵巖，學問德龍溪。"甚矣，友之不可不擇而從，與改之不可已也。夫先生之文，遵巖嘗序之，推先生以上溯季札、言偃之統，謂吳有文學三人焉，其言亦不爲過。至遵巖之文，先生逡巡不敢序者數年。且曰："俟吾學稍進，方敢爲之。"究竟先生集中，無序遵巖之作。此其小心敬慎，不輕序名公之文，又非後人能及也。今夫歷下、瑯琊，世所號爲秦、漢之學者也，其絕世之資，亦與晉江、毘陵無異。然而不免乎自是而好勝，側批：深中王、李膏肓。故其所就亦遂不同焉。假令歷下、瑯琊生不同時，又或同時而意向牴牾，互相譏笑，歷下未必不稍變其倔強窘澀之態，而瑯琊亦且大悔所爲，還而就晉江、毘陵之學，則古人所謂"勇撤皋比，一變至道"者，豈不易如反掌者哉？然則朋友之間，未可盡以同聲相和者爲貴，側批：名言可垂。亦顧所學何如耳。

余序先生文，嘉先生之幸而遇遵巖，得以共進於道，又歎弇州之不幸而遇于鱗，過相標榜，至於末年，而始以未聞道爲恨，亦已晚矣。側批：高談可驚四筵。嗚呼！今之爲古文者，有能學先生之學，余將執鞭焉，然而我未之見也。

荊川幸而遇遵巖，弇州不幸而遇于鱗，此種議論得未曾有。匏翁每一篇文，定有一篇主意，皆從書卷融會得來，非同尋常敷衍。

"自是好勝"四字，不特當時談古文者之弊，亦當時談理學者之弊。匏翁凡作先輩序文，俱就當時人品學問評論，不爲膚泛之談，正恐讀者未理會及此耳。

王弇州先生集序

昔李于鱗先生所爲古文辭,世無識之者。婁江王元美先生爲同舍郎,一見異之,曰:"吾奈何從國人大夫知于鱗哉?"于鱗亦急元美甚,曰:"不可當吾世失元美也。"一桴一鼓,交驩無間。然愚以爲于鱗有待於元美,元美無藉於于鱗也。側批:不易之論。于鱗鞭箠百家,蹴蹂千古。詞有不能工,寧失之理;語有不能奇,寧近于拙。側批:此數句足以蔽于鱗之文。以故世之雌黄者,曰杜撰、曰剽竊、曰怪僻。甚有因其不可句,而付之祖龍者矣。嗚呼!不有元美,將無難于鱗哉?愚故曰:"于鱗有待於元美也。"

元美包絡萬象,馳鶩八極,于書無不讀,于體無不備。其禽受也,如渤海之納百川也;其裁剪也,如鄧林之最群材也。今讀其前集,雄健雋古,姿態橫出,間有一二鈎棘,乃其習于鱗者,側批:妙評。此固先生病處。續集稍奔放,惟經、史、序可媲王、曾,表、序直追班、馬,前集未有也,毋亦文章老自神乎?大抵先生之文,氣脈從子瞻來,稍潤飭以莊、韓、賈、馬,更雜以六朝,自謂得之《國策》,正是子瞻所祖耳。側批:的確之評。論者又謂北地、歷下,無漢以後語。不知北地碑誌多摹韓、柳,歷下間用唐人僻句,使人不覺,此又歷下巧處。先生心所喜者,宋而外故避之。側批:説著弇州心事。晚年序長公外紀云:"吾于四家初不相入,久而稍安。"然則文章之嗜好,亦自有其時哉!惟其處于若漢若宋之間,以故世之艷慕者多,謠詠者少。當是時雖無于鱗、元美,亦當自雄。愚故曰:"元美無藉於于鱗也。"且夫于鱗之高,不能當元美之巨;元美之雄,可以敵獻吉之超。用修能短而不能長,伯玉能密而不能疎,才各有至,不可強也。側批:此數語盡以盡嘉、隆諸君子之勝。善乎子威之言曰:"元美集有于鱗,有獻吉,有往哲,而又自有元美。廣大變化,不能測其所至。"斯言也,足以盡先生矣。雖然,先生特文人已哉!

先生自尚書郎,歷卿長四十年,條論國家大計,有賈誼、劉向之風。所至以文發吏術,摘伏若神。人但知其觸分宜,不知其與新鄭、江陵亦不合,屢起屢躓,而終不能涅緇其純素。向使先生稍自委蛇,早居政地,其勳業當益進,而其著述未能若斯之富也。余又聞先生之言曰："吾讀書萬卷,未嘗從六經入。每欲牽衣廊廡之末,而有所避忌。吾雖未聞道,然誦法一念,迄死不敢忘。"側批:應有此悔。嗟乎!此又非于鱗之所能及也。

弇州四部,鮑翁無一部不經點評。此序說著弇州學問本領,好處、病處并其心事,絲毫畢露。孟子曰:"不知其人可乎?"必如鮑翁,方免此病。

鮑翁文議論極大,局面極闊,而其中開闔關鎖,首尾照應,分毫不亂。古文中有見識、有力量,而又有法度,三者能兼,吾于鮑翁無間然矣。

李滄溟先生集序

文章之興,有一人唱之,則必有三四人起而和之。嘉靖之代,倡爲秦、漢之學者,歷下李于鱗先生也,時則有王元美、汪伯玉、劉子威三君子爲之和。然而世之彈射先生者,不以三君子之爲羽翼而少恕先生。即三君子中如元美、子威者,亦不以平日之兄事先生而遂無一言直先生者,則先生好奇之過也。先生之言曰:"會當成一家言。"夫所謂"一家言"者,必自己出乎?將合諸家而成之乎?如合諸家而成之,則不得爲一家言矣。側批:説倒于鱗先生矣。夫言之不能無所因,即旁綴之何害?若乃剪綵爲花,聚腋爲裘,援左入史,牽經附傳,乃使議之者有合之兩傷之譏,雖工奚取焉?至其所自撰者,又奚必曰古語有之乎?側批:此亦先生病處。世之攻先生者以此,然則先生將不得爲名家乎?余曰否否。

今夫天有惠風和日,則有揚沙走石;側批:有吞河倒峽之勢,真文章巨觀。地有平原廣野,則有懸崖絕壁;江海有平波展鏡,則有觸浪奔雲。假令于鱗不得爲名家,則揚沙走石不可爲天,懸崖絕壁不可爲地,觸浪奔雲不可爲江海。且也,《豳風》非《詩》,《盤庚》非《書》,《月令》、《檀弓》非《禮》,《考工記》非《周禮》,《老》、《莊》、《離騷》、《夏小正》、《汲冢周書》、《山海經》、《穆天子傳》諸篇,皆不可傳之千古矣。譬學書者徒悦今文之簡易,而以古籀篆隸爲非書,其可乎?且當時所號"七子"、"十子",亦惟先生雄耳。他不具論,元美閎博奇麗,靡體不備,然其格平,不及先生之高。子威沉鬱窈杳,游神物表,然其體碎,不及先生之渾。伯玉組經織史,翩翩雅致,然其調靡,不及先生之宏。夫三君子猶不能當于鱗如此,側批:韓、柳得意之筆。而況其餘者乎？吾聞齊之先,有伏生受《尚書》,公羊受《春秋》,語多艱澀,不可讀。先生生長其地,亦或聞其風而興起者與？然則謂先生和而非唱,亦可也。

弇州以"萬古"二字評于鱗,真可噴飯。而東鄉又以庸腐目之,亦屬太過。其實于鱗去其倔強之態,艱澀之句,亦可名家。世之受人毀譽失實者頗多,不獨一于鱗然也。

匏翁盛稱宋、王、歸、唐八家,而不抹殺李、王一派,亦云"存此一派爲秦、漢地步",政恐矯枉過正,不能保李、王之不復見于異日。此其持論甚公,而其用心,亦甚苦矣。

江南溟先生集序

余最愛屠長卿、孫月峰、余君房三先生評論古文,自十三經而下,迄於明代何、李、汪、王諸君子之集,反覆辨難,無慮數千言,比之漢賢良文學與御史大夫爭論鹽鐵,鋒觸激射,不是過也。其參伍低昂,不無異同,要以三先生於諸君子,蓋不獨深嗜之,而又能精治之,故足嘉也。夫何、李、汪、王之不可語於晉江、毘陵,固已,就何、李、汪、王數君子而論,才亦有至不至,要之空同第一,于鱗、弇州、槐野、大復次之,伯玉又次之,此自當日定論。月峰推服槐野,欲駕空同之上,則過矣。弇州曰:"文繁而法且有委,吾必曰于鱗。文簡而法且有致,吾必曰伯玉。"是李、汪並稱,弇州之言已然。長卿曰:"弇州以無所不法爲法,伯玉以有所不法爲法。"是王、汪並稱,長卿之言亦然。而世之學者,未全窺先生之豹,漫謂先生不得與李、王埒,然乎？否乎？

今夫法至六經而極矣。六經無文法,非無法也,文則言,言皆法也。先生嘗言:"六經如丹,一秬黍而可成千萬黃金。"余謂:"自周以降,側批:數解。百家之文皆從經出,先生上遡六經,次及《三傳》、《語》、《策》、屈、宋、老、莊、列、荀、韓、呂、司馬、班、范,靡不擷其華而茹其英,大段規模《左》、《國》,而其餘以次綴屬焉。蓋先生不惟工於法也,側批:汪先生知己。而且工於辭;不惟善於擇也,而且善於用。金從沙揀出,此善擇者也;點鐵可以成金,此善用者也。"噫!先生其殆兼之乎?

先生嘗云:吾服膺弇州,不知其從入。且欲與之眩博。不知博正弇州病處,側批:説着弇州病根。何乃效之耶?人各有所長,先生自當以善擇勝矣。蓋余躊躇於信陽、成都、左輔、長洲之間,而竟無能易先生也。余又獨怪虞山錢公,以詞壇宗匠,品隲今古,乃其傳先生也,述弇州晚年之言曰:"吾心薄伯玉之文,爲江陵所脅,不能正其訛,此吾生平一大違心事。"嗟乎!弇州何如人也,而有是言乎?側批:好論斷。嘗聞李、何故相歡,卒以名高爲敵國,而王與汪則有不同者,余故論而存之,以明先生無忝於李、王,而虞山之所述,未可盡信也。

錢虞山貶伯玉太過,賴匏翁此序平反之,伯玉有知,當感泣九泉之下矣。

匏翁每序一家文,輒將各家比擬,衡量高下,不爽毫髮,此等識解,真是超人數等。嗟乎!談古文舍匏翁,其舍(誰)與歸?

茅鹿門先生集序

自昔能言之士衆矣,要以言其自得者爲至。側批:妙。六籍四子之書,勿論已,老、莊、申、韓、管、商、屈、宋諸子百家,雖其奇正、高下、純駁之不同,而莫不各言其自得。若乃句櫛字比,頭蓋尾竊,傍人藩籬,拾人咳唾,反以號于天下曰,吾《左》、《國》,吾秦、漢,毋論其不能《左》、《國》、秦、漢也。即如《左》、《國》、秦、漢,亦優孟衣冠耳,所謂自得者,側批:妙。安在哉?昔嘉靖間,諸君子之治古文者,晉江、毘陵以唐、宋鳴,歷下、瑯琊以秦、漢鳴,既立壁壘,勢同操戈。然而晉江、毘陵無言也,歸安茅鹿門先生,獨發憤争之,至比北地、歷下于草莽偏陲,項籍以下之流,甚且指之爲鬼燐。噫!亦甚已。

先生論文,必以六經爲主。側批:好主意。爲文而不本之六經,譬學醫者,不讀《黄帝》、《素問》,鮮有不背而馳者矣。今夫夫子之業富矣,其同堂受業,通六藝者,七十二人焉,諸君子間世而一出,儼然壇坫自命,奔走人如鶩,而六藝之未通,烏在其能不朽也?故夫以草莽偏陬譏二李,二李不能無言;以六經繩二李,側批:壓倒二李。二李其何辭焉?先生嘗自言:"古文中逸氣,始自司馬子長,千餘年得歐陽子,又五百年得茅子。"夫所謂"逸氣"者何?自得是也。大抵先生之才,可以鞭笞雷霆,噴薄日月,故其爲文奇崛魁壘,如河津吕梁,觸石而走萬里。至于往復淋漓,一唱三歎,能令人喜,能令人怒,能令人悲,斯乃得之于内,不可得而傳也。先生才既高,不能自下,一登仕籍,三忤執政,出判廣平,旋僉府江。先生以其遷謫佗傺之氣,盡發之于文,沈鬱頓挫,有悲歌慷慨之風。嘻!亦雄已。世人皮相先生爲文士,不習吏事,不知兵。乃先生在丹徒,有救荒、留漕諸善政;在府江,以鵰勦爲大征,費省而效奇,先生蓋實有其文武焉。以才若彼,以遇若此,豈不難哉?

　　蓋余觀于嘉、隆之間,名公鉅卿,旅進旅退,無芥蒂于中,未有如先生者。先生不拙于用世,世自拙于用先生,使一代名人終老林麓,側批:古今同歎。可惜也。古稱老而好學,莫如衛武公。先生修然鶴峙,耄耋益健,以文追年,日以不倦。世人年益進,文益退,嗜飲食以娛老,以視先生,不大媿耶?余又聞先生既放後,側批:太史公得章筆。山中惟弈一局,古今墳典、百家言數千卷。間有攜金買文者至,則呼兒囊之,入市沽酒擊鮮,與之醉,先生殆無入不自得者耶?嗟乎!此先生之文,所爲不可及也。

　　以鹿門先生之才情筆力,敘先生之文,不啻水乳之孚。孝昌相國云:"匏翁,今之茅鹿門也。"信然!

　　磊落英多,匏翁少年時,文字往往如此。今又三十年,精悍之絶,猶見胸宇間,此豈人所能哉?

歸震川先生集序

　　當嘉靖世,諸君子之以文鳴者,或出其卓犖峭勁之才,或騁其灝瀚澎湃之氣,各以所長相攻所短,側批:八字盡當時習氣。跨凌一代,聞者皆廢。歸先生者,兀坐安亭江上，獨以其冲静之性爲文，側批：敘歸先生如畫。不爲恢奇可喜之論，而自叙其境于古，蓋無意于工，而自工者也。廼其名日益盛，而未嘗出一言，與諸君子角，側批：歸先生不可及。久之，諸君子中如弇州者，反歎息以爲不可及，豈不曰文章有定論？蓋必持之久，而後其論始定，側批：明一代之文，盡于此兩句。固不在乎一時之争也。金之堅也，玉之潤也，絲竹之清且越也，此數物者，皆未嘗自言，而人莫不知其堅其潤其清且越者，信著乎其體也。噫！觀此可以論先生矣。

嘗聞宋儒評宋諸公文曰："歐文雖平淡，其中却自有美麗，有好處，有不可及處，不是闒茸無意思。南豐文更峻潔，雖議論有淺近處，然却正平好。到得東坡，便傷于巧，議論有不正當，後來到中原見歐公諸人文字，方稍平。荆公文却似南豐，但比南豐亦巧。黄魯直、李太伯，亦有巧處。"由此言之，先儒論文尚平正，所刺譏者巧耳。余謂先生文，大率似歐之平淡，曾之峻潔。東坡云："絢爛之極，乃歸平淡。"柳子厚評《史記》，一則曰"峻"，一則曰"潔"。然則所謂"平淡"、"峻潔"者，非先生未敢輕許也。

余又聞先生生平重知己，側批：此一段尤妙。茶陵張文隱之殁，哭之慟，其孺人亦泣曰："君自此無知己矣。"後十餘年，文隱改謚文毅，適先生在舘閣與其事，喜不自勝，曰："吾藉此以酬知己萬一耳。"夫以先生之文，天下之人，莫不知之，而汲汲于文隱公一日之知，没世不忘，然則先生之人之文，雖千百世尸祝可也，于諸君子何多讓焉！

　　匏翁以"平淡""峻潔"評震川之文，余欲取此四字評此序，可乎？或匏翁擬震川之作，未可知也。

　　不特嘉、隆諸君子之文，權衡此序中；即有宋諸君子之文，亦權衡此序中矣。此種文，斷非近手能作，當是臨川、南豐、太僕復見今日。

李文節先生集序

憶幼時，先君子數引汝瑚至文節先生門，曰："此大學士宅也。"高僅没項，廣不容車，無異揩大屋。先生抗疏乞骸，角巾布履，徒步里門，有事肩輿不辟人，人不知爲閣下也。稍長，從蔣、黃兩相國遊，兩相國談邑中先哲事蹟甚悉，至先生尤娓娓，曰：先生廉不劌，清不刻，且負經濟才，非一味冰蘗者。爲少宗伯，釐定宗藩條例，當時奉爲蓍蔡。其以留銓攝户、工二篆，核倉庫，繕城工，歲省金錢十萬許。創官舍以居後人，意在養人之廉也。側批：好意。或勸先生旦晚且相，宜勿親俗事，先生曰："有俗人，無俗事。側批：有學問人語。天下國家事，何言俗也？"嗟乎！君子之心，無間於事之大小，一盡百盡，側批：千鍾百鍾而出。一玩百玩，大《易》所以小利貞也。先生所惡者利，嘗因災異，請罷鑛税，其言以克己最難，利之一念，尤爲難克。臣每見利，輒有以禁之，曰："將陛下知而斥臣，臣畏陛下，不敢也。"又曰："將人知而賤臣，臣畏清議，不敢也。畏陛下而不敢者，爲位也；畏人而不敢者，爲名也。此二者，臣所以却利之方也。今陛下保大位、留大名於萬世，利孔四出，上累聖德，乞早罷以回天變。"又嘗語友人曰："財多了一分，人便減了一分。側批：名語。不聞孟子欲知舜與蹠之分者，利與善之間之語乎？"先生入以告其君，出以告其友，側批：先生責難于君，責善于友□□□□始。惟絕利爲兢兢，無他已，不可須臾不克。君與友不可須臾不爲舜，吾身不可須臾入於蹠也。側批：令人汗下。

先生嘗誦諸葛孔明表，至"臣死之日，不使内有餘帛，外有贏財，以負陛下"之句，爲之三歎，蓋以自勉也。先生殁，囊無一物，郭外數畝不毛之地，不能供子孫饘粥，真不媿孔明矣。當時彈射先生者，或以爲矯，或以爲僞，甚者目之爲王介甫，先生一切不辨，但求去而已。使聖明之世，不能留一直亮端潔之輔臣，側批：可歎，亦可笑。説者謂"明之天下，壞於言官"，兹非其一驗也與？

先生在舘閣，與福唐葉公文忠、江夏郭公文毅相友善，所爲文，必質之二公而後定。其文取材《左》、《國》，而時出以董醇、賈茂，故能典不累野，麗不傷浮。大抵亦從百鍊中來，與《公車草》無異。福唐謂"其辭修而體得"，知言哉！予小子序先生文，歎里中名賢淪喪，非特先生之高風峻品，邈不可追，即以蔣、黃兩相國之節義文章，側批：廬陵得意筆。亦患於揚扢之無力，爲可悼也。

程子曰："克己最難。"李先生曰："利之一念，尤難克。克己從利念克起,則無念不可克矣。"李先生凡事從難處用力,不特其文百鍊,其人亦百鍊矣。

沉刻懇摯,善爲李先生寫照。

艾千子先生文集序

古之君子,其身未嘗一日當天下之任,側批:嘆艾子之遇,而原其心。一起超特。而其心惟恐天下之文章,有一日之不治,則千百世受其禍而不止,諤諤然欲障狂瀾而東之,事至偉矣。今夫二典之不能不三代也,秦、漢之不能不六朝也,唐、宋之不能不元、明也,世日益降,文日益弱,如上灘之舟,側批:妙喻,沁人心脾。屢失屢下,力挽而不能前。若此者,非其文之失也,主持斯文者之失也。

善乎東鄉艾子之言曰:"嘉、隆以前,姚江之書雖盛行,士子舉業,尚謹守程、朱,無敢以禪竄聖者。自隆慶戊辰《論語》程義,首開宗門,此後濫觴,無所底止。近復佐以諸子百家、管商雜伯之説,故其背道愈甚,浸淫至於末造,封疆大故,宮府大議,成心意見,皆由此出,世道之憂,良可深歎。"嗚呼!艾子之言如此,豈不大可畏也哉?艾子論制義,則崇程、朱而黜佛、老,論古文則尊韓、歐而斥王、李。蓋自艾子之集行,而世之學爲佛、老與學爲王、李者,如太陽一出,而魑魅盡消也。艾子之功,顧不偉與?

或曰:"陳、羅、章、艾,四子之文一也,子選大家,獨推艾子,何也?"余曰:四子之文,皆本廬陵、南豐、臨川,而陳與羅與章,稍雜以魏晉靈俊之語,未得爲大家。艾子則班、馬、曾、王,合而爲一,此其所以尤勝也。抑余又因之有感矣。今夫婁之有受先、天如,雲間之有彝仲、臥子,百里之內,壇坫相望,莫可軒輊矣。余獨怪受先、天如生於瑯琊之里,其所論著,側批:議論壯闊,識見高絶,不特文之長江、大河已也。原本經術,絶無瑯琊隻字染其筆端,則是瑯琊者,受先、天如之所不屑爲也。受先、天如之不屑爲者,彝仲、臥子獨取而爲之,且并北地、歷下而亦爲之,此曷故耶?夫北地、瑯琊、歷下,學秦、漢者也,學秦、漢而不至不失爲王、李。彝仲、臥子,學王、李者也,學王、李而不至不免爲六朝。語曰:"取法乎上,僅得其中；取法乎中，斯得其下。"可不慎與？嗟乎！彝仲、臥子之人如彼，其文如此，是則可惜也。

余尚論明一代文，往往數十年一變，其間爲秦、漢，爲唐、宋，爲六朝，如三曜四序之相代，而不能以並進。甚者至爲魍魎之言以惑衆，艾子所謂"文妖"者也。若夫宋文，則不然。自開國至南渡，作者無慮數百家，其言雖有高下淺深之不同，而莫不粹然一出於正。識者以爲宋一代之文，如出一人之手。側批：善讀宋文。嗚呼！此明文之所以不逮宋也與？余序艾子之文，因旁及婁東、雲間四君子，更縱論明文與宋之不同如此，而益以嘆艾子主持斯文之心，爲獨苦也。

當時古學之盛，莫如豫章、婁東、雲間。雲間爲六朝所誤，古文遂不傳。斯篇抑揚予奪，曲盡其妙，不特爲東鄉揄揚已也。

陳、羅、章、艾均以古文爲時文者，人但知時文之妙，以大士爲第一；古文之妙，以千子爲第一。不知羅、章二公之詣力，非大士、千子不能匹也。撫今思昔，不能不于江右三致歎云。自評。

廬陵張真實先生集序代

夫人莫不喜爲名人之子孫，不知爲名人之子孫，其難尤百倍於爲常人之子孫。側批：此論極是。何者？爲常人之子孫，蹈常襲故，苟倖無過，足以無疚於前人。若爲名人之子孫，苟非刻躬厲行，紹聞衣德，或發舒其未竟之志，或闡揚其已著之蹟，鮮有不爲前人之所吐者矣。昔孔子大聖人也，平日之教其子者，與其教門弟子無異。伯魚被服《詩》、《禮》，媲美游、夏，惜其先孔子歿，不能大得孔子之傳。其孫子思，始克傳授心法，《中庸》一書，皆聖人之微言篤論，側批：現前妙解，無人參到。其推尊孔子，至與天地、日月、四時、堯舜、文武並，亦云至矣。然終春秋世，孔子之道，尚不能大著。孟子私淑子思，願學益切，而後孔子之道，如日月復旦，亘萬古而不夜也。然則孔子之聖，不能不待子思以顯，尤不能不待孟子以大顯也。

廬陵文學張真實先生者，耐菴夫子之大父也。夫子以名孝廉，製錦建德，有能聲。辛酉分較南闈,得士八人,某忝其一。夫子進諸子教之曰:"人不可以無恥,尤不可以無信。先大父以此自勉,且以勉先君子騂騂公。先君于學已成而蚤逝,不佞幼孤,先大父以不佞爲子,不佞以先大父爲父爲師。不佞雖沾一命,而位卑祿薄,不能表章,幸有二三子,不佞可無憂矣。"於是以狀屬華子宗源,而以序屬某。嗟乎!騂騂公類伯魚,夫子無愧子思,獨是某等二三子,不敢望孟子萬一,爲可愧耳。雖然,不能辭也。

大抵先生於經史百家,靡不探討,而《易》尤抉其奧。於聖賢格言,靡不書紳,而"恥"與"信"兩字,尤深其戒。生平不妄許人交,所交必得天下士,亦其自命然也。今去先生之世遠,側批:迫真廬陵得意筆。士相率爲儇薄詭異之行,不復知廉恥忠信爲何物,俗日以漓,人日以僞,如上灘之舟,屢失屢下,力挽而不能前。若此者,非特人心之不古也,即其學術有大可議焉者矣。

抑某更有説焉。先儒伊川氏,釋誠字曰:"無妄之謂誠。"晦翁增以二字,曰:"真實無妄之謂誠。"夫無妄足以盡誠矣,而必加以真實者,何也?蓋無妄以理言,真實以心與事言。側批:性理名言。然則先生之自號真實也,意在斯乎?某非能知先生者,但細繹先生原本之學,與其自號之旨,而爲此言,以竊比於孟子願學之意,未審夫子以爲然否?

此文無一筆不是廬陵,不特貌似,而且神肖。世謂遵巖公全學南豐,余謂匏翁全學廬陵,古文能□定以閩中爲第一。

孔子之學,得子思而大顯,得孟子而益大顯,不易之論。此文借來形容祖孫師弟,匪彝所思。

匏野文集卷二

序

王耻古先生耻躬堂集序

都諫王耻古先生，世所稱耻躬之學者也。先生耻躬之學，本于乾所劉公之鞠躬；劉公鞠躬之學，本于淇澳孫公之止躬。側批：衣缽分明。躬何昉乎？昔堯告舜，側批：奇妙。首闡躬義，至與曆數並言，而又繼之以允執其中，明中爲躬之中也。《易》之《艮》四曰"艮其身"，《象》曰"止諸躬"，《象》曰"止其所"，明躬爲止之所也。《中庸》雖□□□而戒慎恐懼，兩指其所，即《易》之"止其所"也。止其所而執其中，側批：未剖。躬之奧義，莫大乎是。蓋天下惟中無對，惟躬無對，《論語》言鞠躬、言耻躬，又言躬自厚，古之聖人，無不以躬爲學者。側批：精妙。《記》曰"君子莊敬日彊，不使以其躬僛焉如不終日者"，是也。

先生與先府君吉園公同研盟，汝瑚兄弟，因受業焉。先生數講躬字，時瑚尚稚，弗省也。稍後，從先生公車遊，略曉一二。晚得讀孫公《困知》、《慎獨》兩編，始知先生之學有自也。先生一言一動，常耻此身不爲聖賢。側批：如畫。在諫垣六載，凡有陳奏，非關君德朝政、國計民生，不以補牘。如靖海、慎刑諸疏，開人不敢開之口，有味乎言之也。葉福唐有云："孫宗伯嘗力請分封事，語予曰：'此事不了，某與師，皆當拚一死。'予曰：'何至是，去可矣。'宗伯曰：'去何足以塞貴（責）？'宗伯凡事認真，不顧利害如此，其于止躬之學，必真有得者。"瑚讀先生請留教職疏，幾幾欲拚一死矣。又如貢途冒濫疏，當時有議其刻者，假令先生今日尚在，其激切又不知如何也。嗟乎！自古忠諫之士，側批：賈長沙一派。代不數人，人不數言，言又不數用。今先生之言，十且八九用；其不用者，特一二耳,先生不以左遷而有邑邑,豈非使□□□主聖臣直者耶?

　　然則先生未爲不遇也,先生□□儒諸書,喜讀《西銘》。生平急人之難,不啻若己。使粵則急粵之難,假閩則急閩之難。清察一案,先生大聲疾呼于當道之前,閩省紳士,得別白無恙。諸如此類,未易指數,是真能以天地萬物爲一體者,謂非有合于儒先之旨,不可也。瑚猶記鼎革後,先生偕瑚及林子鐵崖,執贄故相國東崖黄公之門,相國數舉孫公止躬之學,並高忠憲、顧端文二公語録相勉,言猶在耳。又嘗語瑚等曰:"吾從遊不乏,如子等三人,異日當以古文名。"瑚等遜謝至再。今先生之集既行,與《甌安舘集》先後掩映,獨惜鐵崖以遷謫餘生,放浪于六橋之間十五六年,杭人得其片言,如同拱璧。鐵崖没,所撰著頗富,其家人持以易米,百無一存。瑚序先生之文,不能不爲鐵崖三嘆息也。

　　鞠躬、耻躬、止躬三先生,學問淵源,歷歷如睹。"躬"字奥旨,得未曾有,尋常序文,乃根極理奥,豈非著作巨手?

　　通篇氣脉都從西漢、北宋得來,非苟作者。

孝昌相國熊老先生學統序乙丑年稿。

天之生聖賢甚難,側批:一句立一篇之勢。其生之也難,故其託之也重。而爲聖賢者,念夫天之託我重,兢兢焉不敢自逸其身。既以其學立千萬世之統宗,而又博求天下之賢人以廣其傳,而引其緒于不墜。其求之而得,則大幸也;求而不得,則著書立言,以待乎後之人,亦聖賢之不得已也。夫孔子者,天所生之以知覺萬世者也。彼其闢室作壇,聚徒講學,猶以爲未足,皇皇然環車轍于天下,隨地而講,因講以擇士,側批:妙。至于從者三千,而不以爲多。蓋舉一世之人,無時□□□高下,而皆與共學焉。周遊既久,始信四方所□□無踰及門之英,乃發歸與之歎,退而删述六經,得其傳者,顔、曾之外無聞焉。孔子殁百餘年而得孟子,側批:上下數千年學統,盡此數語。又千四百年而得周子、程子,二子之後,又復百年而得朱子。蓋聖賢之生,其難如此,此以見學之關乎氣運,非偶也。或者疑孟子序道統,不及周公、顔子;朱子序《大學》、《中庸》,以二程接孟子之統,不及周、邵、張三子。夫文、周以父子爲師弟,側批:正論亦旁論。孔、顏以師弟爲父子,父子無異道。故言文王,可不言周公;側批:恰是如此。言孔子,可不言顏子也。《大學》、《中庸》雜于《禮記》中,經千載無人識者,得程子表章之,其書始顯,而三子無與也。至于《太極圖》、《通書》,則尊周子;于《西銘》、《正蒙》,則述張子;于《易》,又主邵子。夫其有詳有略也,而非有去取也;有先有後也,而非有牴牾也。且夫斯道之在古今,豈一二人之力,所能爲哉?《易》曰"同聲相應,同氣相求","雲從龍,風從虎",言以類相從也。

孝昌熊敬修先生,學者稱爲泰山北斗。所著《學統》,斷自孔子始,其間得乎統之全者爲正統,得乎統之半者爲翼統、爲附統,不可不並進也。其或竊吾統而陰相淆者爲雜統,亂吾統而顯相敵者爲異統,不可不並絕也。夫孔子,譬則唐、虞也;側批:大見識,大手筆。顏、曾、思、孟、周、程、張、朱,譬則夏、殷、周也;閔、冉諸賢,秦、漢而下,以逮元、明□□,譬則由漢而唐而宋,間及西蜀、東晉,或爲偏安,或爲播遷,語所謂"寢微寢昌,不絕如帶"是也。百家二氏,老、莊、荀、楊、墨之徒,譬則草莽偏陲,項羽、曹操以下是也。

嗟乎!代固有盛衰,人亦有高下,論學者未嘗不三歎息焉。今夫學者既學聖人,則當以聖人之教爲主,四子、六經、濂、洛、關、閩之書具在,舍此而言學,非正學也,俗與禪也,俗之害小,禪之害大。側批:數語括盡俗學、禪學之弊。儒而流于禪之害淺,禪而冒爲儒之害深。《傳》曰:"差之毫釐,謬以千里。"況所差非特毫釐哉!側批:妙解。奈何自誣其學不止,又欲以誣後之學者?嗚呼!其亦不仁矣,甚于作俑矣。

先生之言曰:"孔子惡鄉愿,孟子距楊、墨,程子闢佛、老,朱子非象山,羅子詆姚江,皆是志也。"天之生先生也,側批:應。亦必有意矣。既大用先生,而又不竟其用,其凝而爲道德,衍而爲著述者,固其宜也。先生願學朱子,朱子立朝僅四十九日,先生視之差久,然而先生遭逢者,堯、舜之君,非朱子可比,先生豈能久不出哉?先賢有云:"相業自大學、經學中來者深,側批:爲宰相者,不可不知此義。自史學、俗學中來者淺。"先生爲其深,不爲其淺,《學統》一書,其至矣乎?夫繼孔子之統者,孟子也;繼孟子之統者,二程也;繼二程之統者,朱子也;繼朱子之統者,元有魯齋,明有敬軒、虛齋,本朝有先生,豈非天哉?豈非天哉?

此等文如日月經天,江河行地,而布帛、菽粟之不可一日廢也,必傳無疑。此毛會侯先生之評也。

題最壓手,非先生劈畫巨手,不能發揮明快至此。《總中》、《性理》、《語錄》、《大全》諸書,爛熟胸中,故縷縷乎言之,余欲以此序與昌黎《原道》並傳,識者當不河漢余言。

臧喟亭先生棲賢集序

文與詩孰古?側批:一起突兀。三墳、五典之書,皆古文也,詩不知何始?唐、虞之代,方有詩。詩之次於文,舊矣。夫詩特古文中什之一耳,秦、漢以來詩、文遞爲齊、晉,而詩終不敵文。側批:千古定論。雖然,亦視在上者之轉移何如耳。國家定鼎中原,五十餘載,聖天子聰明天縱,尊儒重道,日以詩文風天下,左右侍從,率皆鴻碩之彥,宜乎家李、杜而人班、馬矣。然而薄海內外,聞聲響應者,詩每多於文。説者謂詩易文難,夫詩亦匪易矣。昔孔子雅言《詩》,曾子、子思、孟子,亦數引《詩》,然孔子雖教門人以學《詩》,側批:得未曾有。未嘗教以作詩,三千弟子,不聞一人工詩,側批:爲之絕倒。賢如商、賜,且能言,不能作,詩其果難乎哉?千古聖賢能文者多,能詩者惟周公爲著,謂:"非周公之才之美,不可也。"古詩所載文王、孔子之詩真偽難辨,側批:《蟋蟀吟》固非,即《猗蘭操》亦不真。或好事者爲之乎?愚謂古之聖賢,豈真不能詩哉?蓋其所急者,側批:如見聖賢心事。在於仁義道德之祕,而詩有不暇也。唐以詩取士,故詩勝於文。宋、明則文勝於詩,元亦詩勝於文。明之鉅公如宋金華、茅歸安、歸太僕、陳臨川,詩僅寥寥數首,而其不能詩者尤多也。本朝詩學滿天下,士大夫每專力於詩,且其填詞,往往超出元、明之上,云極盛矣,至於古文,鮮有兼焉。屈指前後作者,能兼者,不滿三十人,何其少也!夫詩者,古人之所難,而今人易之;文者,古人之所易,而今人難之,此曷故哉?蓋今之詩,非古之詩;側批:此數句是寔話。而今之文,無異古之文,此其難易之不同也。古文且然,況理學乎?愚謂士君子不可一日不讀書,不讀書,則不明理,聞人談身心性命之奥,不以爲迂,必以爲妄。嗟乎!堯、舜之精一,孔、孟之仁義,側批:大有關係之言。周、程、張、朱之誠敬,中曷可一日不明於天下哉?

直指臧喟亭先生,深於心性之學者,平日詩文最富,久弁冕詞壇。今讀其《棲賢集》,奏議剀切,可方賈、陸。傳記書序雜說,奇態百出,莫可名狀。其尤著者,如程、朱、劉子遺言三序,及與太冲、潛菴、稚黄誡子諸書,語語從先賢血脉骨髓透出,非淺學能知。《書》曰:"爾有嘉謀嘉猷,則入告爾后於内。"古之大臣,嘉謀嘉猷,都從心性中得來,側批:如讀漢疏。如《皋陶謨》《伊訓》《説命》諸篇至矣,可以修身,可以事君,可以治世,先生持此以往,朝言而夕可行。古人有云:"宰相須用讀書人。"舍先生其誰?然則詩文特先生之緒餘耳。

詩文遞爲齊、晉,詩終不敵文。及今詩非古詩,今文即古文;孔子教人學《詩》,不教人作詩,古聖人非不能詩,乃不暇作也。此種議論,俱極透切,言人所未曾言,令人心目頓豁。

丁雁水先生問山文集序

序曰:世之治一。側批:起手清超。先生之言者,往往局于所見,而不能以旁通,非惟詩與文之不可兼,即文之或爲秦、漢,或爲唐、宋,亦判若蒼素之不相入。夫秦漢、唐宋,二者未嘗不可並用也,然而卒至于相詆者,何耶?古之文人若退之、子美、子固之流,其出乎人也遠矣,而猶才有能有不能,則信乎兼之之難也。側批:廬陵得意筆。

雁水先生生于名德世家,幼以能詩名,壯復屬志古學,以古文稱。蓋其王父大司寇先生實風之,而亦其才有過人也。余嘗評論明代諸集,不下千餘家,求其詩文悉敵者,蓋指不多屈也。其間詩勝于文者,十常六七;文勝于詩者,十只二三,他不具論。側批:大議論,大手筆。吾鄉王遵巖先生長于文,然遂以文爲詩,側批:妙眼。真不易之論。故詩不逮文。曹能始先生長于詩,然遂以詩爲文,故文不逮詩。無他,狃于用長之過也。且夫文之必以宋爲嫡派,猶詩之必以唐爲嫡派也,尊宋者之必黜秦、漢,猶尊唐者之必黜宋、元也。不知退之學《左傳》,子厚學《國語》，永叔學《史記》，蘇氏父子學《國策》，是先秦、兩漢、唐、宋人且先我而學之矣。側批：透切之言，文極肖眉山。吾學唐、宋人，而忘唐、宋人之所學，是知父而不知禰也，不可笑乎？然而排宋者，必真秦、漢而後可。非真秦、漢而詆宋，先生且吐之矣。先生之詩純乎唐，其文以韓、歐爲經，班、馬爲緯，故時或雄渾麗則，時或澹宕俊逸，不可一轍測。至其蘊藉而含蓄者，又如唐一代詩人，其中無所不有也。甚矣，先生之文，側批：淡宕。有似于詩也。

雖然，先生特工詩文已哉？先生爲楚臬，明允之聲大著，楚人頌慈母焉。在昔唐、虞之世，司空、司徒、工虞、秩宗之屬，各有官名，獨皋陶以士名職，意刑官非文人不可。側批：至論。今讀其謨，曰宣曰嚴，由三德而躋六德，以至九德，皋陶古好學人也。側批：具眼。先生政事之暇，留意經史，繙閱至漏下不倦。且其資性，在九德中，得寬柔、愿恭、溫塞居多，而時濟以敬義強直，乃卒歸之于中和，故其爲詩文，與其居官無以異。古之君子，側批：西京之文。根本道德，行于深微，而出之以誠。然皆不欲苟取一時之譽，以自餒其氣，而天下之譽卒歸焉。

先生集成，周子星公、錢子飲光、毛子會侯咸序焉。彼三子者，皆知言者也，豈欺天下之人哉？余從諸君後，無能贊一辭，但援引吾鄉前代名碩，以相發明，復遠遡虞廷賡襄之盛，爲先生異日左券。嘗聞孫月峰先生之言曰："《史記》可與杜詩同看，《漢書》可與李詩同看。"然則先生之文，與先生之詩，同看可也。

　　作一家序，不特明代諸公奔會尺幅間，連秦、漢、唐、宋俱在抑揚吞吐中，可稱奇觀。

江度遠先生文集序

昔人稱三不朽，德爲上，功次之，言又次之。德者行道而有得于心之謂，夫所爲（謂）有得于心者，心得而存之，口不可得而言之。故凡有得而可言者，皆不足以言得也。側批：析理如析秋毫。孔子嘗曰："默而識之。"又曰："予欲無言。"《繫辭》曰："默而成之，不言而信，存乎德行。"夫其德之成也，亦惟其默之熟焉耳。側批：細妙之極。孔門七十二子，能默者，亦不多見。顏氏之子，夫子嘗與言，終日不違矣。曾晳之志,非夫子扣之再三而不置,側批:妙論,出人意表。亦未嘗肯遽以告人也。薛文清曰:"爲學不在多言,顧力行何如耳。"實本申公"爲治不在多言"之旨,而互發之。蓋以默爲學,至學也;以默爲治,至治也。側批:一部《性理》。廣漢、延壽之倫,世所稱能吏,然闇于學術,不能正己格物,而務爲一切,以求愉快。試使理學之士,程功利,課殿最,誠不若廣漢、延壽,然明道正誼,使天下回心嚮化,固在此而不在彼也。聖門論君子、小人之道,曰闇曰的;論君子、小人之心,曰義曰利。嗟乎!君子之與小人相去遠矣,側批:跌宕生情。而其分乃在闇與的、義與利之間,斯不亦可畏之甚與?

余友江度遠先生,善于默者也,其學以主忠信、主敬爲要,其治尚寧謐。蓋令餘干時,有契于胡敬齋之學,而甘貧亦如之。刺史安陸已四載,敝衣糲食,貧日益甚。始人猶疑之,久乃翕然信之,蓋信之于其學也。今夫周子、程子,大賢也,其授受之旨,曰:"尋仲尼、顏子樂處所樂何事。"當其時,弟子不問,師亦不言。今去孔、顏、周、程之世,或幾千歲,或幾百歲,未有能明言其所樂者,側批:讀之欲舞。第令人想像其疏食曲肱、簞瓢陋巷之趣,而悠然神遠已耳。嗟乎!塵習驅人,譬之波濤洶湧中,無駐足之地,所恃屹然其間,惟豪杰耳。然世之豪杰,而未聞道者,往往有之,徒知外物之累心,而未免出入于俗學之中,則其失亦均耳,孰有如先生者,學聖賢之學,而又卓然不移如此耶?夫先生之文,雖其宏博澹宕之不同,而其境之爲梅巖,爲蘭臺,與情之因梅巖、蘭臺而發者,不亦甚深而有致哉!然則先生之足于德而又工于文者,其終有得于默也夫,其終有得于默也夫。

理則周、程、張、朱之理,文則韓、柳、歐、曾之文,淺學人無此見解,粗心人無此手腕。

匏翁潛心《綱鑑》、《性理》諸篇已久,每拈一文,性理名言,絡繹筆下,令讀者既驚其河漢,復愛其布帛、菽粟而不能去也,名世何疑!○極類荊川先生文。

洪暉吉先生治性編集序

四明洪子暉吉,余同門友也。甲寅春,與余握別燕市,迄今十六載,始獲重遇于吴門舟次，兩人意况蕭瑟，形影堪憐，既而接襟焉，披心腎，則又爽若自失，忘其旅之困也。洪子移尊過余，余亦出瓜菓共噉，兩人飲稍稍，顔已酡。洪子且唫且歌，意若有大拂鬱于中者，謂余曰："吾《治性編》，需子序甚亟，吾不願子之長言也，短言足矣。"嗟乎！君之文至矣，即悉數之，不能罄也，況短言乎？雖然，贈言者不言人之已能，而言人之未能。君之不能者性也，其所不能者命也，側批：兩語喝破。請置性而言命，可乎？

《魯論》記子罕言命矣，然其自序，則曰"知天命"；其論君子，則曰"畏天命"，而又曰"道之將行與、廢與，命也"。孟子學孔子者也，其言命至精，一則曰"俟命"，再則曰"立命"，而又曰"得之不得曰有命"。然則命之所在，雖聖賢亦無可奈何與。古之君子，惟能知命，側批：名言如珠。斯能畏命；惟能俟命，斯能立命。若以爲不可奈何，而安之若命，此特莊、列之知命，非孔子之所謂知命也。昔者舜受命者也，湯、武俟命者也，孟子立命者也。側批：如談《定性》等篇。《易》曰："窮理盡性，以至于命。"夫至命則與天爲一，超乎受與俟與立之外矣，孔子是也。嗟乎！君雖困陑不得志，側批：太史公手筆。而其孳孳好學，以求聞乎聖人之道者，未衰也。君將爲其安命者乎？抑爲其畏命與立命者乎？河上丈人有言："同病相憐。"余既爲君解嘲，而因以自解其嘲也。若夫君之文，天下之人，皆知其爲不朽也，奚假余序？

    從治性生出立命來，極大見識，文更高古絶倫。
    短短數行耳，許多帝王聖賢學問都在其中，奇妙奇妙。

朱喬三先生仕學編序

《魯論》所記聖門政事、文學，原分兩科。太史公于儒林、循吏，亦各爲之傳。仕與學，固有不能迸而爲一者。故學而馳情於仕，則二三其行，無成德矣；仕而分心于學，則罄挩其猷，無成業矣。雖然，冉有、季路，夫子許其爲果與藝矣，野哉之歎，非吾徒之責，不少恕焉，由、求之不足于文固已。子游、子夏稱《詩》說《禮》，恂恂儒者，似不習爲吏，然而愛人易使之對，仕優則學、學優則仕之論,千載而下,味其言者,側批:風韻好。莫不曰游、夏之精于學如彼,其精于仕又如此。然則政不能兼文,而文乃能兼政,謂仕之可以無學者,真俗人之言也。余讀喬三先生《仕學編》而益信矣。

先生之治舉業也,不以舉業爲舉業,而以古文詞爲舉業;其治古文辭也,不以古文辭爲古文辭,而以經濟爲古文辭。先生之才與志如此,豈猶局于仕學二者,而不能以相通哉?先生在孝感,孝感治;在江寧,江寧治。環視而立效,不啻符券然。無他,學使然也。古之君子,未有無具而空言者也。或身所跋履,側批:光芒萬丈。手所擘畫,不忍其湮没不章,書之于策,引而被之天下之民,如《禹貢》、《周官》,管氏《乘馬》、《地員》等篇,一代之文章、百世之事業係焉,考古之儒,讀其文而知其政,睹其政而知其學。政出于學,有本之政也;側批:精語不刊。文出于學,有用之文也。余又觀虞廷卿士,皆有日宣日嚴,用能稱其職。今先生之學既優,先生之仕則如川之方至,而未有極也。以言乎政,尚有大張弛焉;以言乎文,尚有大制作焉。由三德而躋六德,以至于九德,胥于是編爲權輿矣。嗚呼!仕烏可以不學乎哉?

　　溫文爾雅,迫真西京風味。此調不彈久矣,不意今日復聞正始之音。

　　意味深長,風流蘊藉,此種文今人不能爲,非不屑爲也。

朱喬三先生自知齋詩序

天下之最苦心者莫如詩。心不苦,則入理趣不深,太苦則其真境亦不見。而今人作詩之苦,其患有二:一在求肖乎古之人,而不得肖也;一在求異乎今之人,而不能異也。余謂詩非有肖乎古人不可,而有意以肖之,亦不可;非有異乎今人不可,而有意以異之,亦不可。側批:四語妙極,可以教人作詩。詩莫盛于唐,唐之詩,李自李,杜自杜,韓自韓,白自白,孟郊、賈島自孟郊、賈島,不一體也,不一法也,何必古人,何必不今人。惟其所學之深,則其發之爲言,自有不同者矣。

喬三朱先生,海内奇才也,所爲古文辭,不襲古,不蹈今,自成其爲朱子之言而止。而于詩亦然,其思淵以深,其格峻以遒,其辭典以麗,其致秀以逸。蓋無意于古,而自合于古;不求異于今,而自非今人所能到也。余又聞之先輩曰:"韓昌黎古詩,奇字奇句,多學《三百篇》。宋諸公長句之法,亦有祖昌黎者,而王荆公、蘇長公尤甚。諸公各自得意,側批:知人論世之手。各不自言,而音響臭味,自有不得而掩者。"先生之詩,其或有類于是乎?且夫今與古,無定名也。自唐、宋視漢、魏,則漢、魏古而唐、宋爲今;自漢、魏視《三百篇》,則《三百篇》古而漢、魏爲今,安知今之非古,古之非今乎?又安得謂古之詩皆可法,而今之詩皆不足法乎?詩之理無盡,由人之心思無盡也;人之心思無盡,由天之生材無盡也。人豈有今古,詩亦豈有升降之殊哉?余序先生之詩,嘉先生能自爲古,尤願海内同志之士,知今詩即古詩,毋太苦其心爲也。是爲序。

"人豈有今古,詩亦豈有升降之殊",可以壯今人作詩之膽。

語多沉摯,而局勢又復疎宕,此豈粗心貌古者,能彷彿一二?

王卜子先生四書傳稿序

談制義者之必尊明先輩也,猶談詩者之必尊唐也。然世之學詩者,尊唐愈甚,去唐愈遠,何也?則襲其音調,而忘其性情之謂也。世之學先輩者,擬先輩愈肖,合先輩愈舛,何也?則得其形似,而遺其神理之謂也。螟蛉之子,殪而逢蜾蠃(蠃),祝之曰"類我類我",久則肖之矣,此得其形似之謂也。從來命世之士,以修明絶學爲己任,惟恐先輩之道,一日不明于天下,兢兢焉循其轍,不滯其軌,存其神,不拘其貌,如慈谿王卜子先生者,豈非先正之嫡派,後生之模楷哉?

卜子之文,衣被海内三十餘年,余嘗合其前後諸刻而評論之。其初刻也,峻潔而明肅,則守溪、鶴灘、思泉、具區似之;其二刻也,沉静而雄特,則文潔、石簣、荆川、子遜似之;其三刻也,宕往而疏越,則鹿門、萊峰、太僕、臨川似之。取材于不窮之藪,馳步于無畛之域,不名一家言,乃成一家言。吾以爲,此非卜子之似先輩,而先輩之似卜子也。

或曰:"文章乘時,代自爲運,而人自爲古,斤斤焉先輩之是尚,不疑襲乎?"余曰:"不然。"徐偉長曰:"六籍者,群聖相因之書,非惟賢人因乎聖人,聖人亦相因而聖也。"黃山谷曰："李、杜作詩，退之作文，無一字無來處。後人讀書少，便謂韓、杜自作此語耳。"子張問善人之道，夫子告之曰："不踐迹，亦不入於室。"此二語爲子張言之，而不但爲子張言之也。夫世固有不踐迹而入于室者之人矣，亦有雖踐迹而不入于室者之人矣。予觀卜子之文，其踐迹而入于室者歟？此聖人之所取也，其度越善人何遠耶？

予與卜子爲忘形交，卜子之歿五年矣，撫斯篇，不禁愴然，於其令子之請，而爲之序。

"人知卜子先生之文擬先輩"，不知"循其轍，不滯其軌；存其神不拘其貌"，"不名一家言，乃成一家言"，此數句可稱卜子知己。

起手兩仗"尊唐愈甚，去唐愈遠"，反末幅解"不踐迹"數句，精妙匪彝所思。

任戴仁詩序

古詩三千，孔子十刪其九，而獨《南陔》、《白華》，其辭久缺，而其篇名並列而不廢，此其故何也。序言《南陔》之詩，孝子相勉以養，或孝子之所自作；而《白華》之詩，乃稱孝子之潔白，時人美之，而賦是詩。豈非孝之所關至大，即亡其辭而有其義，猶存之而不忍削，況乎其辭並著者耶？側批：得讀書之法。漢制博士掌五經，《儒林傳》當時言《詩》者，首申公，文帝以爲博士，教授弟子千餘人。但口說其旨，而不爲傳。然漢儒于詩論義而不論聲，夫固有所重也。嗟乎！詩道之中衰久矣。世人號善鳴者，往往流連于風雲月霧、草木花魚之間，濫觴者至流爲艷詞新曲，而於民彝物則，側批：此古今詩大不同處。反笑之以爲迂焉，狥其名而忘其實，毋怪乎詩之不古若也。載考禮于生子曰"詩員"，于祝嘏曰"詩懷"，詩之爲言承也，情動于中，而言以承之，故曰詩。噫！知此可讀戴仁之詩矣。

戴仁爲余同年松翰先生季子。先生庭訓最嚴，詩文呵詔無虛日，戴仁得之意承者既真。先生仕途坎坷，而又苦貧，戴仁北走燕，南走吳、楚，遍告尊甫平昔交遊，以急尊甫之難，愛結于心，憂形于色，視養有加焉，戴仁可謂能孝矣。今讀其詩,秀而不入於纖,麗而不傷于浮,戴仁非特孝子,而又詩人也。昔湯惠休評謝詩如出水芙蓉,顔詩如錯采縷金,而顔頗不滿湯評,至相報復不休。今余將合二評以評戴仁,戴仁其許我乎？雖然,戴仁孝者也,余爲《南陔》、《白華》之説,側批:逼真王、曾手筆。將以進戴仁于古,而大異乎世人之所爲。戴仁歸,其以余言質之尊甫先生,當不河漢也。

古人之詩,草木花魚,客也;民彝物則,主也。今人反以客爲主,毋怪詩之去古遠甚。此序還詩正面,婉轉深摯,令讀者意遠。

其旨遠,其色蒼,其音宏,是善説詩者,非同泛作。

江漢詠化詩序代

古者採詩之時,得之周南者,係之《周南》;得之召南者,係之《召南》。周、召者,二公所分治之國也。召公之詩,列于本國;周公之詩,不列本國,而散見于《豳》與《雅》,蓋詩之義例不一如此。江漢之間,二南之地,詩之所起在于此,側批:妙義得未曾有。故仲尼删《詩》,首《二南》焉。且夫周公、召公,古之大臣也,以一身任天下國家之事,功伐至無比矣,雖其遭際有順有逆之不同,而其得民之心,係民之思,則二公如一也。召公告老,周公諄諄然留之,其民指其所樹之棠而思焉。周公居東二年,東人愛之,比其歸也,一則曰"公歸無所",再則曰"公歸不復",而終之曰"無以我公歸兮,無使我心悲兮"。蓋古之大臣,其去留係人之思如此其懇至也大。

司馬徐公總督三楚,即古二南地。公之來也,值楚凋殘之後,一切與民休息,刑以不苛爲平,兵以不殺爲威,吏以不貪爲良,將以不虐爲武,默默有所轉移于不動聲色之中。及臻厥成,四境謐如,公之所以保釐三楚者大矣。今一旦致其事而去,三楚之民,悵然如有失,士謹于庠,農謹于野,商賈謹于市,懸幟塞垣,相率詣闕以留,而竟不能也。或謂周公以姬室之宰,側批:一宕尤見古筆。故得以留,召公齊人,無宣王之命,故遂以擯于孤子,留亦豈易言乎？雖然,公心不忘楚,而未嘗以位爲樂,故其謝政,無幾微不平之色。且言此邦民物之樸,習尚之淳,而深媿無以謝長老賢士大夫。郡邑有司之來謁者,諄諄以善愛吾民爲囑。嗚呼!公之厚道如此,楚之士民焉得而忘公哉?

小子某行吟澤畔,已六七年,蒙公垂問至再,然終守庶人不見之義,未嘗敢謁公。今讀士民留公之詩,而惻然有感也。其詩體裁各出,律調不同,而歸于勤而思,怨而不怒,縉紳先生,其亦不爲彌于文,而技于言者矣。異日采詩者譜之,《二南》之後,奚媿焉?側批:感慨無限深情。然某又以悲楚人之不能留公,而徒托之詩,以見志如東人所云也。

氣格高騫,聲情婉摯,沐浴于風雅者深矣。

清爽如秋水兼葭,翱翔如雲霞出海。

公門陰隲録序代

今士大夫家,多刻《太上感應篇》、《文昌帝君寶訓》勸世,有志之士,又從而援經引史,稽古証今,以衍其義於無窮。然而篇帙浩繁,詞旨奧深,可爲知者道,難與俗人言也。余少嘗治《易》矣,先儒謂:"《易》爲君子謀,不爲小人謀。"余竊以爲不然。《否》之六二曰:"小人吉,大人否,亨。"《觀》之初六曰:"小人無咎,君子吝。"《遯》之九四曰:"君子吉,小人否。"《革》之上六曰:"君子豹變,小人革面。"聖人之爲人謀,側批:可與謀《易》。不問君子、小人,皆忠也。況《否》、《觀》二卦,聖人明以吉無咎許小人矣,是聖人之欲進小人而爲君子,側批:聖人心事如見。比於爲君子謀,尤亟也。

余筮仕有年,每念勸人爲善,莫如公門至切,嘗欲採《迪吉》、《陰隲》諸篇,删繁就簡,以示公門而未遑也。今春友人持吳門蔡忠襄公《公門脩行録》示予,予讀而喜之。其書半飽蠹魚,不憚愚陋,纂補殘缺,仍手加評注,欹厥成帙。逮予代庖枲篆,持以勸戒吏胥,且告之曰:"《易》雖以陽爲君子,陰爲小人,然如大小《畜》、大小《過》諸爻,不可指其孰爲君子,孰爲小人。"側批:迫真廬陵手筆。今人往往以品定人,亦太拘矣。孟子曰:"人皆可以爲堯、舜。"苟一旦改過遷善,則小人而君子矣,況又有吉祐之隨其後者乎?是爲序。

《易》爲君子謀,并爲小人謀,論奇而文又超。

州泉積善録序

先儒謂《西銘》胸襟極大,民至衆也,認爲吾同胞;物異類也,認爲吾與;天下殘疾鰥寡之人,認爲兄弟之顚連無告者,此與程子所云"仁者以天地萬物爲一體","認得爲己,何所不至"之意無異。惜乎!二子之言,世之知者既少,知而能行者尤少也。側批:宛轉入情。

語水吴孟舉先生,博極群籍,沉心性理,海内膾炙《天蓋樓》諸書,多出手定。余忝通門後輩,每造謁,先生輒辟咡詔之,受益良多。今又得竊觀《州泉積善録》,見先生所行善事甚多,不覺憮然曰:"先生豈特文人、才士已哉?蓋張、程二子之功臣也。"余向者浪遊晉、楚,曾有日記,如先生録中,所載救災施藥、助葬助聘、完人骨肉、代贖身諸事,時亦有之,以視先生,特土壤耳。歸田以來,此事便廢,未嘗不嘆貧吏之不可爲,側批:西漢手筆。而傷善念之不克終也。余又聞荆川先生曰:"世間富人,惜財如惜血,苟出其囊中棄餘,亦足以活宗戚里間無限垂絶之命。乃錙銖不忍,以爲生財之道宜爾,蓋財生而心死焉久矣。"側批:不忍讀。每誦斯語,爲之骨竦。昔謝上蔡十年學道,去不得一矜字。余謂去矜易,去吝難。側批:切時名言。今人病痛,大段只是吝上,若先生者,可謂善去吝者矣。

或曰:"先生不求名,不求福,不求人知,孳孳爲善,惟日不足而已。"余曰:子言誠是。雖然,孔子之贊大舜也,曰"必得其名",又曰"君子疾没世而名不稱焉",又曰"求爲可知"。《詩》曰:"求福不回。"古之聖人,未嘗逃名辭福,惡人之知也。至于惟日不足,此固先生之心。雖然,君子之行善,又安有足期乎?先生需次既久,一出而霖雨天下,雖欲避名與福,不可得矣。然則《西銘》"胸襟極大"之句,移以贈先生,其亦可乎!

以曲筆運其渺思,以摯語發其深情,韓、歐品格,波瀾□□。

"惜財如惜血,財生而心死",二語深中富人膏肓,如聞晨鐘,發人深省。

募脩吳山五義廟序

吳山擅東南勝概，山色清幽，湖光明媚，崇巖峻嶺，奇石怪樹，參差相望。高人韻士，俠客義夫，賦詩倘佯其下。山之巔，有三茅寧壽觀，巍然爲魯靈光者，數百年於茲矣。循觀而下，則有五義廟焉，據山之腰，與觀相俯仰，廟祀漢先主暨關、張、諸、趙四君子。山川扶輿磅礴之氣，神無在無不在，此豈渺茫恍惚之謂哉？歲久弗修，榱桷僅存，無以妥神之魄，而肅人之瞻。新安戴太恒君，持齋禮佛，力行善事，思有以重葺焉，而力未逮也。乃延道人妙昇，廣爲募化，而徵詞于余。余聞而嘉之曰："此盛舉也，其敢靳一言乎？"乃言曰：

昔孔子尚論古聖人，至微子、箕子、比干、伯夷、叔齊，未嘗不太息也。此數聖人者，或去或奴，或諫而死，與夫始而遜國，既而首陽，其忠肝義膽，皎然與日月爭光，人莫不曰，此夫聖人而義者也。側批：妙論豁人心目。然而孔子直以一言斷之曰仁，蓋言仁則義在其中，而義可不言也。當漢之季，劉先主奮起西蜀，關、張、諸、趙四人，分則君臣，情同父子，矢心滅曹，百折不回，真所謂"造次顛沛必於是"者，此豈非君子而仁者乎？然而天下後世，毋論知與不知，群而稱之曰義，蓋言義則仁在其中，而仁可不言也。或曰："關、張諸君子之以義稱，固無言矣；獨孔明襲取劉璋，似乎有妨於義。"不知此正孔明之所以爲義也。側批：妙。夫興復大計，劉璋盜據漢土，於義自是當取，孔明豈得以小信妨其大義者乎？側批：妙。嗟乎！士生千載而下，聞五君子之風而興起者，詎無人哉？

是役也，依故宇而重新，託湖山以表建，碧血偕清波永潔，幽馨並蘭沚俱香。登臨之下，感慨興亡；洄溯之餘，留連忠義。抒遙集之思，存俎豆之烈，其在斯也夫。爰引片言，俾妙昇齎以告諸同志者。

出入歐、曾，追步班、馬，絳（繹）其義理，更得儒先妙諦。

發論曉爽，一掃陳氣，真令五君子生色。

醫歸序

醫何昉乎？古聖人如神農、黃帝，首先創制，爲功萬世。下逮三代、秦、漢、唐、宋、金、元,莫不代有名醫,照耀紀載。《周禮》一書,周公所以治天下者,無一事之不備,至於醫師,特令上士爲之,不輕命人。以是知百家技藝,皆聖人之所創立,民生之不可一日無者,而醫尤甚。其參贊化育之功,幾欲中分吾儒之權,蓋本以精於藝,而因以達於德,所謂由委而遡源也。侧批:深言可味。昔孔子有味南人之言,而嘆醫之不可無恒,恒之不可不占也。夫占者,豈必揲蓍布卦,始爲占哉?但此心惺惺常存,即是占無時不占,斯無時不恒矣。雖然,雷風天下之至變,聖人以之象恒者,何故?蓋萬古此雷風,即萬古此恒觀,侧批:妙解。恒者自萬古觀,非自一日觀。聖人之久於道也,豈其膠固而靡所變通哉?神而化之,侧批:此窮變通久之理。使民宜之,此聖人之恒也。噫!知此可知醫矣。丹溪不云乎,"古方新病,安有能相值者,泥是且殺人"。余謂醫之有譜,猶弈之有譜,師心者廢譜,拘方者泥譜,其失則均。假令朱、劉、張、李同處一堂之上,其論不能皆令(合),其方不能無異,要其有濟於人則一也。

余宗兄路玉氏,崑之望族,故明光禄烈愍公之嫡姪也。少治《易》,於象占多所發明。稍壯,勵志岐黄,遂擅一時,萬診萬効,所活人無數。生平博採古方,加意討論。迨乎晚年,汰粗存精,歛繁歸約,不忍獨秘,梓而行之,將以教天下者數萬世焉。蓋兄不惟善於《易》也,而且善於醫。不膠一説以明象,此善《易》者也;不執一方以治病,此善醫者也。嗟乎!使世之師心者讀是書,可以不煩思索,而坐得其標本緩急之理;世之拘方者讀是書,方且樂乎其新,忘乎其故,漸漬其中而不自覺也,豈不爲有功杏林與哉?昔鍾伯敬先生有云:"選古人之詩,侧批:援引恰好。而名曰歸,非以古人之詩,必以吾選爲歸,庶幾吾之所選,以古人之詩爲歸。"然則兄之以歸名其書也,得毋有類於是耶?

　　雷風以變爲恒,以况醫之不可奧,出人意表。拘泥古方,堅解深。
　　觀恒者自萬古觀,非自一日觀,識解非常。

歷科程墨準繩序順治丁酉年作,已刻《貲賞堂初集》。

余讀歷科程墨,而歎文章之變,未有甚于啓、禎,以迄今日也。洪、永而下,隆、萬而上，大略所爲變者，篇法有廣狹，句法有肥瘠，要以理必本乎傳註，詞必尚乎典雅，蓋二百餘年如一日也。側批：三句已見大意。自章句之道衰，而經史大家，遞起而操其勝。白首書生，有目不睹《大全》爲何書者，流至諸子百家、稗官野乘之語，並入制義，浸淫丙戌、丁亥兩科，年代既更，濫觴未已。于是戊子、己丑諸主司，奮然復古，相與疏其壅閼，闢其茀蕪，領其玄致，標其洞涉，而章句之理復明。壬辰會闈，行磨勘之法，言有悖于傳註者，名已登榜，在所必黜。天下之士，相戒非《大全》之書不讀，非先輩之法不講，固宜制義一途，遠駕王、唐，近軼歸、胡。而所見午未房行諸藝，多不逮乎古，何與？

　　蓋今之崇尚《大全》先輩者，無異向之崇尚經史大家也。今之崇尚《大全》先輩，而棄經史大家不讀者，無異向之崇尚經史大家，而束《大全》先輩不觀者也。側批：説得極是。且夫《大全》傳註之與經史大家，其理互相發明，其途並行不悖也。觀成、弘、嘉、隆諸先輩，命意選言，有一不從六經中出乎？運局布格，有一不從《史》、《漢》及唐、宋大家中出乎？且今之號爲先輩者，皆非真能如先輩者也。先輩之文實，側批：古今文不相同，大抵如此。而今文虛；先輩之文厚，而今文薄；先輩之文體格高峻，而今文卑弱；先輩文每句題，必有正講，不雜旁意，而今文多蒙繞上下，亂題本位；先輩全章全節文，循首迄尾，如累丸貫珠，而今文但知挨講，支離破碎，不成鑪錘。茅靡波流，其今日之文之謂耶？

　　余久慨于中，用有《四書制義準繩》之刻。遡自洪、永，泊今午、未，而篇帙浩繁，授梓匪易。先以十三科程墨問世，仍額曰《準繩》，大約以旨合聖賢、語尚體要、虛實相生、質文並茂者爲至。審其所重，則所輕者可知也；施其所救，則所病者可知也。人亦有言，巧生于法，世之爲工者，苟能秉規執矩，錯準引繩，則巧同于倕也。夫倕爲規矩準繩以遺後工，側批：一掉饒有士意。余非倕也，而欲使天下人循成法以同巧于倕，不亦惑乎！

　　匏翁操選政廿餘年，每科房稿程墨，及《歷科大題確》、《歷科程墨準繩》，家傳户誦，奉爲金科玉律。但有閩嶺之隔，其書只行之閩、粵而止，不至江浙，亦一憾事。惟史立菴、徐立齋兩先生得讀之，嘆爲文定待復出，觀此序，便知其手眼之不同也。

匏翁云："前代選本，以艾爲最，如韓如湯如楊如錢如張，俱次之。"匏翁手眼直與諸君子匹敵，非近代選手所能彷彿一二，故服此序之遒勁。

擬墨自序

余浪遊晉、楚十七八年，遇彼都人士，輒好與之談文。每三年大比，毋論與棘闈不與棘闈，必有擬墨以質都人士，士之信者半，疑者亦半。其疑者曰："公之所擬程也，側批：固是寔話。非墨也；亦古文也，非時文也。小子不能學，亦不敢學。"余聞之愧甚，私謂兒輩曰："若之所言，非諛吾以程也，側批：亦是寔話。誚吾之不能墨也；非奉吾以古文也，譏吾之不能時文也。"

今甲子之秋，又當大比，余尚滯武昌不得歸，郢中諸子數過余，余笑曰："今年擬墨，必無一字一句不爲時文，無一字一句不可爲墨而後已。"諸子笑而退。余擬墨既成，買舟東下，舟次池陽，聞江浙各省題，復援筆爲之，不敢僭妄爲古文、爲程，但求爲時文、爲墨而已，欲携以示郢中諸子，且以教吾兒也。

匏翁擬墨，不必論其爲程、爲墨，爲古文、爲時文，但一字一句，俱人思想不到。匏翁時文、古文，真堪推倒一世。

此序寥寥數語，意義匪夷所思，大士、千子、大力諸君子能爲之，他人不能也。

匏野文集卷三

序

奉祝宮贊果亭徐老先生六袠兼祝大司寇東海老先生壽序

小子汝瑚向以治《易》受知於前中允錫餘徐先夫子，夫子羲壇名宿，好與門弟子講《易》，汝瑚每造謁，談《易》累日不倦，言猶在耳。大司寇東海公昆季，夫子之猶子也，瑚以世誼交最早，大相乙未同門，尤相暱。未幾，司寇昆季日益貴重，瑚又頻廢，跡稍疏，然獨相念不置。瑚遨遊吳門屢困，宮贊公時時饘粥我，誼至渥也。庚午十月日，大司寇花甲初週，瑚在閩，遠不能祝。今壬申六月日，則宮贊干支始浹也。是冬，瑚至吳，將脩燕詞以祝宮贊，且以祝大司寇。而末學淺陋，無能揚扢一二，姑即先夫子所教者，而微闡之，可乎？乃言曰：

昔聖人序《易》，上篇次《謙》於《大有》，側批：大道理，大議論。而曰有大者不可以盈。次《豫》於《謙》，而曰有大而能謙必豫。然而《謙》爻皆吉，而《豫》則否者何？蓋《謙》輕而《豫》怠也。下篇次《益》於《損》，而曰損而不已必益。次《困》於《升》，而曰升而不已必困。然而《損》則元吉，而《困》亦亨者何？蓋損德之脩，而困德之辨也。此蓋造化消息盈虛之理，人事往復通塞之幾，古之聖人每兢兢焉。側批：妙。關子明曰："履之而不處者，其周公與？需之而不進者，其孔子與？"側批：千古名言。夫周公之業盛矣，孔子之德至矣，而其慎如此，謂非有得於《易》不可也。

且夫人臣進而任天下之重難，既任矣，得以自委其重，而釋然以退，尤難。大司寇以股肱元臣，當謨明之盛，堂陛之歡，洽於《卷阿》；夙夜之節，亮於篤棐。而且金匱石室之間，勤勞尤著。先儒有言："唐虞之世，側批：妙。道在皋陶。"司寇有焉。廼勳業未究,忽遭忌口,造物妬全,今古一轍。司寇年未至而乞身,精誠所格,天子亦若不得已而許之。鴻冥蟬蛻,卷舒裕如,論者未嘗不嘆聖主之遇大臣有禮,而司寇之進退合乎道也。宮贊特立之行,純白之衷,皭然不受世之埃垢。汝瑚嘗私擬其人,以爲類明之章文懿、羅文毅、莊定山三君子。然三君子者,其初起家金焉,僅跬武耳,尋以言事左遷,則其遠引固宜。宮贊之秩既顯,側批:純是漢文。天子之寵靈,又甚駸駸乎柄用矣,而養重息力,恬退乃爾,豈不爲難得也哉?

在《易》,二與四,同功而異位。二遠君故多譽,四近君故多懼。譬之月然,遠日則光滿,近則光微,其勢然也。司寇居多懼之位,宮贊處多譽之地,此其微不同耳。大抵司寇之學主震,震,動也,動莫如雷。雷在天上曰壯,壯則非禮弗履;雷在地中曰復,復則脩身下仁。是能動者,未有不能靜者也。此司寇之以知而兼仁也。宮贊之學主艮,艮,止也,止莫如山。山下有火曰賁,賁則文明以止;山上有木曰漸,漸則其進不窮。是能靜者,未有不能動者也。此宮贊之以仁而兼知也。然則動與靜非難也,動中見靜,靜中見動,斯爲難耳。今天子寤寐求舊,丹書之問,蒲輪之召,旦夕兩下,司寇、宮贊並起而膺舟楫鹽梅之任,其所設施,視昔更當有進者,瑚亦安能測其津涯所至哉?

或曰:"子之以知仁祝兩先生,有説乎?"曰:有。孔子曰"仁者壽",以其似山也,《詩》所云"南山不騫"是也。又曰"知者壽",以其似水也,《詩》所云"如川方至"是也。或又曰:"山可言壽,側批:愈出愈奇。雷亦可言壽乎?"曰:可。雷風恒恒者久也,則壽之至矣。"然則震亦可言水乎?"曰:可。天一生水,側批:又奇。震一索,故亦可以言水。吁!此先夫子之言也,而壽之理也。

削盡一切浮詞,獨從造化消息盈虛、大臣進退出處大道理發揮。篇內十六卦渾融一片,尤見匠心。

奉賀大總制沁州吴老先生六袠壽序代 其一

壽之言,見於載籍者,莫詳乎《詩》。《詩》之言壽,凡二十有八,而爲君父言者二十有七，其義何居？蓋周之盛時，君臣上下相與之情，不啻家人父子之歡。上壽其下，下亦壽其上，上之壽下不爲狎，下之壽上不爲諂，側批：此真盛世氣象。猗歟盛哉！或謂上下之分嚴，下不宜壽其上。若然，則《鹿鳴》、《天保》諸詩，古人可不作，側批：《鹿鳴》，上壽下；《天保》，下壽上。今人可不讀，豈所以鳴説豫而申禱祝者乎？

歲丙子三月初一日，大總制吴公，干支始浹，文武各屬，無敢躋公堂者。某忝宇下，敬效詩人下壽上之義，拜手颺言曰：宇宙三不朽，立德、立功、立言。古之大臣，鞠躬事主，惟知有德而已。側批：大議論。不得已而有其功，臣之功，皆君之功也；不得已而有其言，臣之言，代君之言也。請觀之《書》，禹、皋、稷、契諸謨，《伊訓》、《説命》、《無逸》、《君奭》諸篇，皆言也，皆功也，則皆德也。功者德之發，言者德之彰，亦何從分別其孰爲上，孰爲次，而德與功與言判，不復合者乎。知此，可以壽公矣。

夫公者當世飲冰茹蘖之大臣，側批：一挈氣象萬千。在内内重，在外外重，光乎前而裕乎後者也。弱冠登第，起家確山令，廉名振一時。徵入銓曹，總核流品，不差毫髮，有清通簡要之譽。迨乎由選郎而陟卿寺，復由卿寺而進御史臺，而少司馬，百弊釐而庶官飭，九列之長貳，諸曹之大夫，莫不奉之如督，而事之如師，公不亦在内内重也哉？天子稔公才，授公楚北節鉞，時烽火甫息，公至而披其荆榛，登之袵席，駸駸乎有成效矣。未幾，以憂去。天子念公之功未竟，湖督需人，復起公田間，畀以全楚。服闋之任，忠孝兩全，聞者艷焉。由是任益大，責益重，心日益小，日夜告誡文武諸屬，惟以潔已奉公、愛民恤士爲念。雖三楚芄萑無警，水旱不侵，然而《豳風》垂未雨之戒，大《易》著衣袽之占，公未嘗不凛凛也，公不亦在外外重也哉？

不特此也。公晉人也，晉自聖門卜子夏設教河汾之上，千古談文學者首稱焉。越數百年而後有王文中，又數百年而後有薛文清，立言之君子，何厪厪也！側批：晉固多才，三君子固文學之冠。公生三君子之邦，獨博搜而遠紹焉。公之令子，長者少年成進士，二、三、四皆有文名，輝煌正未有量，公不亦光前裕後也哉？蓋

51

天下服公之才，不知其原於德；服公之守，不知其出於誠。德也，功也，言也，一誠之所爲也。《中庸》曰："至誠無息。"不息則久。夫壽者久也，至誠者與天地同其悠久者也。請以是壽公，可乎？公曰："老臣何功德之有？老臣之功德，皆天子之功德也。《詩》不云乎，'虎拜稽首，天子萬年'。老臣將以子之言壽天子，亦竊比詩人下壽其上之義，以明老臣之心焉耳。"

議論壯闊，詞采高華，却無半點俗豔得染筆端。鮑翁之文，都從經術發出，瑣瑣庸流，烏足感其方寸哉？

有起有伏，有開有闔，有呼有應，一篇之勢，委宛如龍，可稱古文樂事。

奉賀大總制沁州吳老先生六袠壽序其二

今天子御極之三十五年，三月朔日，大總制吳公花甲初周。公性嚴峻，誕日轅可羅雀。小子汝瑚旅人也，逡巡十餘日，始敢謁公。且言曰："公所拒者，幣帛酒醴也，豈有言而可拒乎？"公笑曰："子何言哉？"小子乃言曰：詩人言壽，多取象于山，如岡陵山阜之義，繁且瀆矣。至於水，僅一言之，側批：妙。曰"如川之方至"而已。然且廣譬于日月、松柏、杞李，獨未有言雷風者，愚以爲雷風亦可言壽。側批：奇妙。《易》曰："雷風恒。"恒者久也，天地之道，恒久而不已也。此壽之理也。側批：妙。或曰："雷風至驟，何以言久？"說《易》者曰："萬古此雷風，側批：奇妙。三聖人觀恒，自萬古觀，側批：奇妙。不自一日觀。"此雷風可以言壽也。蓋壽莫如乾、坤，乾、坤之功用，莫神于六子，而六子必以震、巽爲首。震、巽者，乾、坤之長子，猶督撫者，大君之宗子也。乾、坤以震、巽爲雷風，大君以督撫爲雷風，其義一也。今夫動萬物者，莫迅乎雷，乃雷言動，側批：洗發得所未曾。風亦言動，《書》曰"四方風動"是也。潤萬物者，莫潤乎水，乃雨言潤，風亦言潤，《易》曰"潤之以風雨"是也。古之大臣，受命于天子，取法于天，凡其發號施令、與奪刑賞者，或法日星，或法雷電，或法風雨，無非效天之所爲，以報天子耳。

今天下言制府之剛方峻潔者，必首公；言直省文武百執事之奉公畏法，罔敢越尺寸者，必首三楚。人曰此公之善用震，善用雷，有以懾服吏民之心志，而使之悚然懼，惕然驚也。不知公雖善用震，側批：純是韓、歐。未嘗不兼用巽；雖善用雷，未嘗不兼用風也。夫風者，天之號令也，亦天之善氣也。公曰："吾自入楚來，其於文武各屬，蓋不徒一震，而且再震矣。苟不優游漸漬，以俟其自化，則人將苦于法之難勝，而無以適于爲善之路，故宜用風也。《記》曰：'知風之自。'夫風必自上始矣，所謂'君子之德風'是也。"吁！此公之言也。昔季札觀風上國，十五國皆有風，而楚獨無，千載有遺憾焉。側批：出入意表。今公之風肆好如此，異日輶軒之使至楚，楚其有風矣。

或曰："子之祝公至矣，而未及乎天子之知公，與公之所以報天子者。"則小子又有鶴之説在。《詩》曰："鶴鳴于九皋，聲聞于天。"此言臣之誠，上達於君也。《中孚》九二曰："鳴鶴在陰，其子和之。我有好爵，吾與爾靡之。"此言臣孚君，君亦孚臣也。夫臣之孚君易，君之孚臣難。側批：西漢筆意。若公者，可謂君孚臣矣，豈不盛哉？豈不盛哉？嘗聞鶴算千年，公以萬年祝天子，小子以千年祝公，其亦可乎？公笑曰："子言誠辨，吾不能拒子矣，左右爲吾加爵。"

其理則《易》、《詩》之精髓也，其文則韓、歐之膏血也。回視瑯琊、雲杜諸篇，真堪噴飯。

壽文盡驅浮詞，獨研精理，此匏翁之開山也。此篇愈出愈奇，令人吐舌三尺。

奉賀大中丞三韓年公老先生壽序

莫壽於天地，側批：奇兀如山。山水者，天地之肖子，故其壽與天地等。聖人作《易》，於《乾》曰"不息"，於《坤》曰"無疆"，此足明天地之壽之理矣。而又於下經之《恒》，合而言之曰："恒，久也，天地之道，恒久而不已也。"大《象》又曰："雷風恒，君子以立不易方。"夫雷風，天下之至動至變也，然而萬古雷風如故，側批：真名理。觀恒者於其至動至變，而觀其恒，則真恒矣。此之謂"立不易方"。雷風如此，況山水乎？艮爲山，山體本靜，靜中有動，故曰"動靜不失其時"。坎爲水，水性本動，動中有靜，故曰"行險而不失其信"。是故君子之學，無間於動静。然而周子《太極圖説》既曰"動極而静,静極復動,一動一静,互爲其根",又曰"主静",曰"無欲故静",何也?蓋必體立而後用有以行,苟非此心寂然而静,則亦何以酬酢事物之變,而一天下之動哉?若者小子汝瑚於大中丞年公見之。

公之學,周子主静之學也。公自幼不爲經生呫嗶,雅屬意古今理道之要。弱冠筮仕,日搜羅掌故遺牒,明習當世之務,乃根源於静。率究其所學,以爲一代名碩。公之在銓曹也,參商彼此之見不存,高下甲乙之倫悉照,識者以爲巨源復出。及其爲御史,正直本於忠厚,不苟同沽名賣直之輩。天子鑒其誠,拔置詞垣,累遷以至閣學。侍講帷十餘載,日忱恂於九德,雖啓沃功多,視之淡如也。比晉秩司空,以省事之心集事而事集,賦不虚出,役不虚籍。或曰:"公主静者,乃動無不宜如此耶?"未幾,晉撫需人,在廷咸推轂公,天子曰:"此朕股肱臣也,明於國家大體,宜在左右,不宜外。雖然,楚疆重矣。"遂命公行。嗟乎!天子之知公至矣,愛公亦至矣,公其何以仰副之耶?公至楚,不假聲色,不露威嚴,施爲措置,誠若無事者。然而楚之吏民,視公紀綱,若山岳之不可摇;遵公憲條,若雷霆之不敢犯。蓋山岳惟静,則望之者益重;雷霆惟不輕發,則仰之者益畏。此理之自然,勢之必至也。大抵公之精神,無所不注,而亦無所甚役,不得已而用,故用嘗不勞。宋儒尹和靖言於伊川曰:"静中觀萬事,皆平等無礙。"伊川曰:"須是動中有此氣象始得。"和靖之所主在静,伊川之所主在動。静固難也,動亦不易。試由公生平敷歷而遡其學問,則亦何媿古聖賢哉?

歲甲戌正月三日,屬公懸弧辰,楚能言之士,觴詞以百計,小子汝瑚沐公知最深,其何以爲祝耶?昔孔子既以山水、動静、樂壽,分觀知仁矣,他日又曰"知者壽",何也?删《詩》至《小雅·天保》諸什,一則曰"如南山之壽",一則曰"如川之方至",此所謂"静亦壽,動亦壽","一動一静,互爲其根"。"動静合一"之道,天地之真恒也。公輙然笑曰:"《詩》不云乎,'虎拜稽首,天子萬年'。如子所言,天地之壽,乃天子之壽也。不佞宗子家相,但爲山水之壽足矣,其爲不佞舉一觴。"

以性理爲壽文,此匏翁創體。通篇起伏照應,純是北宋人手筆。

天地、山水、動静、樂壽，此常調也。一入匏翁之手，便自不同，此真能化朽腐爲神奇者。

奉賀大中丞退菴楊公六裒華壽序

世人祝壽必稱《詩》，《詩》之言壽不一。然其所罕譬，至于岡陵、日月、松柏，而其義已盡，此不足明壽之理也。側批：妙。蓋壽莫如天地，而言天地之壽者，莫深于《易‧恒》之卦詞曰："剛上而柔下，雷風相與。""天地之道，恒久而不已。"夫恒久不已，則壽之至矣。《繫辭》曰："生生之謂易。"夫生生，則壽之理又至矣。側批：通篇從"生生"二字著解，自首至尾，無一筆放下。聖人于乾曰"大生"，于坤曰"廣生"，乾父坤母，而人生其中，凡天下之人，皆天地之子矣。《西銘》云："大君者父母宗子，大臣則宗子之家相也。"旨哉言乎！人知父母之爲父母，不知天地之爲大父母也；側批：《西銘》妙理。知天地之爲大父母，而不知大君、大臣又天下一國之大父母也。蓋天地以生物爲心，側批：一部《性理》。故常壽；大君、大臣以生天下之民爲心，故天地與以壽。側批：如夏雲多奇峰。古之聖人如文王、周公，常以其壽與人，或與其子，或與其兄。兩聖人之壽，世莫及焉。逮乎成、康之世，下壽其上，上壽其下，上之壽下以政，下之壽上以心，持以相易，如售物于市。然此雖非古，而固已合于禮矣。今天子如天之仁，大生天下，天下頌萬壽無疆焉，而又慎選大僚，俾各生一國。

關西退菴楊公，弱冠舉進士，自爲縣令、御史、督學，以迨京兆尹，所至烜赫卓犖，宇内人豔説之。未幾，晉大中丞，撫吳上江，旋又撫楚，皆出特簡，公不亦宗子之家相也哉？公之撫楚也，其心倍苦于撫吳，無他，繼亂與繼治不同也。且夫楚之大患有二，水也，火也。公曰："無慮也，豈不聞天一生水，側批：大議論，大名理。地六成之；地二生火，天七成之者乎？此剛柔相濟之義也。夫惟剛柔相濟，而後水火之于人，有利而無害，有生而無殺。孔子序《易》至《既濟》、《未濟》之卦，未嘗不三復也，曰：'斯《易》之生生不窮者乎？'"然則公之以《易》治楚也，可謂深知楚者矣。公又具文武才，其所躬蒞，羔羊素絲之操，輕裘緩帶之風,當與漢之丙、魏,宋之韓、范無異。而且政事之暇,論文賦詩,登山臨水,蕭然有物外之致。吁!此又非知道者不能也。昔明道先生窗前有草,側批:此二事,他人不敢著想。或勸之芟,曰:"不可。欲觀造物生意。"又嘗置盆畜小魚,時時觀之,或問其故,曰:"欲觀萬物自得意。"嗟乎!使今之爲大吏者,皆如明道先生之存心,天下豈有不治矣乎?

歲己巳六月八日,公花甲初週,吴、楚能言之士,躋公堂者以千計,小子汝瑚閩人也,遠不能企,謹述平日所欲言于公者而郵祝焉,以補前日之所未備。主爵者以小子之辭進,公試覽焉,得毋輾然曰:"辨哉!張子之言壽也。不以《詩》而以《易》,不以容成、偓佺諸仙而以明道、橫渠諸子,側批:妙論,可以解頤。此不佞之所願聞也,不佞胡勿舉觴?"

《崧高》、《閟宫》諸套,不知消歸何處。最奇者,在末幅引明道庭草、盆魚二故事,凡手無此見解,亦無此膽力。不意壽文中,乃有灑脱神化如斯者,至矣,吾無以名之矣。

所見既高,發論自極崇偉,不特爲《天保》之翻案,又足以補《西銘》註疏。

賀大中丞念齋洪老先生壽序

天下可欲之物,側批:一起清超絕倫。天皆樂以予人,惟壽則不輕與焉,豈天之所珍惜者,果在壽耶?不然,何其難之若是也?古之君子,知壽不可以智力求,而惟積其誠敬,厚其德行,以上結乎天心,使天眷其德,如慈母之保其赤子,而不忍釋。且夫天之與人以壽者,非以逸豫人也,必將有所以用之。在昔殷之六臣,姬室之周公、太公、召公、畢公,世所稱"黄耇鮐背"者也。然其壽愈高,側批:原本經術之言。天下之責乃愈重,未嘗以壽爲樂也。聖如孔子,雖有加年之願,亦惟學《易》爲兢兢,豈以年爲可喜,側批:妙論。而漫焉以求之者哉?

歲六月六日,大中丞念齋洪老先生覽揆之辰,先生荆名進士,筮仕自司李、縣令、御史,以至副御史臺,素絲之操,始終無異。天子熟先生才,而以三吴節鉞授先生，先生至吴，所奏請寬卹大小數十條，所釐剔奸弊，綏輯士卒，數十善政，吴之大夫國人，張而被之管絃，盛矣。汝瑚旅人也，乃效大夫國人之言，不已佞乎？無已，請言先生之梗概，與其存心可乎？

先生之撫吴也，恭儉爲德，于法不苟失尺寸以害政，于民不苟拔一毛以傷廉，而其凝重恢廓，鎮定茹納，撼之不驚，激之不怒，用能正以持法，孫以行正，外不忤于物，而内得達其志，斯已偉矣。先生又冰蘖居心，吴多珍奇古玩，先生一切謝絶，不以寓目。即粗而米魚酒脯之屬，悉辦自楚，而不問之吴民。然則先生雖撫吴，而所飲者，楚之水也。郵使過吴，無張宴，無修贐，無遣津護人，過者亦不敢以望之。或謂先生隘。側批：兩小比凡手無此見識，亦無此筆力。孟子之論伯夷也，一則曰清，一則曰隘。夫先生清矣，焉得而不隘也？或謂先生介。孟子之論柳下惠也，一則曰和，一則曰介。夫先生和矣，焉得而不介也？雖然，伯夷未嘗隘也。孟子願學孔子，自孔子視伯夷，則夷爲隘耳。今夫夷之清，惠之介，孟子皆以爲聖人，又皆以爲仁，可見天下至清、至介之行，必仁者而後能之。苟不出于仁，則其清與介，一節之美耳，豈得謂之聖哉？孔子曰："仁者壽。"夫以仁言壽，自孔子始；然而孔子之言，言天之心也。嗟乎！秦、漢以來，側批：純乎歐、曾手筆。學神仙者相望，而長生久視之人，何寥寥也？即有之，亦自壽其身云爾，于天下無與，是豈足以答天哉？夫惟仁人君子，以天地萬物爲一體，視天下休戚如己休戚，必求所以安全之而後快，其始若以爲迂而寡效，及其德盛化神，造化在我，躋一世于仁壽之域，如取諸寄，然後知天之所眷惟德，而年之不可徒享也。雖然，孔子言"仁者壽"，而必先之以静，何也？先儒云"無欲則静"，又云"静中觀萬物，皆有春意"，此静之説也，而即壽之説也。側批：一部《性理》盡此數言。夫先生之心静矣，仁矣，静且仁，則國與天下皆壽矣，奚但一身？先生嫣然笑曰："《詩》云：'他人有心，予忖度之。'子之謂也，執彝者其舉以觴我。"

亹亹乎陳言之務去，清機與妙理相暢，宏論與精義並引。中間夷惠兩小比，尤出人意表，不特文勢瀁蕩，波瀾老成已也，歐、曾風軌，復見今日。

題忌俗，文却雅醇。題忌板，文却洒脱。題忌勦襲雷同，文却匠心獨運,如此手筆,真可橫行一世。

封宮贊周肙菴先生偕配太安人七裘雙壽序

今人言天命者,大抵理義、氣數並言。夫《中庸》首言天命,而繼以率性修道,謂理義也,俟命受命,疑兼氣數。然而俟必居易,受必大德成德,則又專主理義也。"維天之命,於穆不已",疑理義、氣數渾言。然曰"文王之德之純",曰"純亦不已",則亦專言理義,而未嘗兼氣數也。夫所謂"不已"者,何也?豈非理義之純而無息,而氣數亦為之用者哉?《中庸》明道,他聖人不詳,側批:奇想若自天降。而獨於舜與文王數數焉。闡性命之秘者,惟《中庸》;合《中庸》之至者,惟舜與文。舜受命者也,故曰"必得";文俟命者也,故曰"無憂"。今夫天子受命於天,士受命於君與親。子之身,與親之身,一本也;子之心性,與親之心性,一本也。《記》曰:"身體膚髮,受之父母,不敢毀傷。"夫身體膚髮,猶不敢毀傷,而況於心性乎?故存心養性焉,孝之至也,壽在其中矣。君子之事親也,常自度於其心。心之精神通於親,亦通於君;通於君,亦通於天。夫人苟能詣其心性於天,則壽其親也,寧有極哉?

毘陵周肙菴太翁,深於心性之學者也。以明經歷陳留、容縣、陽江三邑令,不持一錢歸。其歸也,為令嗣宮贊蓉湖先生既貴也。使恒情處此,方求進不休,太翁獨勇退以俟後命,此非得于乾之易,不能也。太安人為故漳守忠節金公女,既歸太翁,克勤克儉,事尊章,孝謹特至。太翁仕而貧,太安人無慍色。宮贊先生貴而顯,太安人無矜色。此非得于坤之簡,不能也。宮贊先生文章德器,雅重詞林,聖天子所寵異,兩奉衡文之命,太翁、太安人諄諄戒之曰:"必無屈一士。"先生之心,常如臨深履薄,又如鑑空衡平,公明之譽,朝野無間言。嗟乎!先生之不敢屈一士以負君者,乃其不敢屈一士以違親者也。夫古今道脉,惟易與簡。乾以易知,坤以簡能,此萬世知能之祖也。側批:可補《性理》。而易以知險,簡以知阻,知險知阻,則其視千萬年猶旦暮也。《乾》象曰:"天行健,君子以自強不息。"不息則久,久則無疆。夫無疆,惟乾獨也,而坤之德,有以合之,故亦曰"無疆"。噫！知此可以壽太翁、太安人矣。

雖然，有疑焉。昔者孔子大聖也，孟子大賢也，側批：此段議論，從無人曉得。叙述古帝王卿相之美，以及列國大夫、門人弟子，苟有一善，輒喜談而樂道之，獨無一言及其父母者，側批：妙。何與？豈以父母之德，至不可得而名而已，亦不敢輕有言與？然而天下萬世，莫不知孔孟父母之聖與賢者。或其當時門人實繁有徒，交口贊美，以傳于無窮者耶？未可知也。今先生之門人衆矣，其爲岡陵、日月之祝者無算。汝瑚獨以理義之説進，而不及氣數，得毋迂乎？太翁輾然曰："至哉！君之言也。吾父子無他學，惟'性命'二字爲兢兢。昔衛武公年九十五，猶作《抑》詩以自戒，且令國人交警焉。君之勉余至矣，余二人可不觴焉？"

湛甘泉先生爲程舜敷太史尊人雙壽序，以乾坤易簡立論，當時艷之。今讀其文，全寫《繫辭》，殊少意味。鮑翁此序，用其意，不用其辭，精奧絶倫，覺後來者居上矣。

立意措辭，一一根極理奧，匪彝所思，崧高、蓬萊套語，不知銷歸何處。

奉賀太史姚華曾先生典試湖廣還朝兼祝嶽誕序代

不佞讀詩，至《既醉》、《假樂》、《卷阿》諸篇，輒喟然嘆興曰：自古詩人頌美其君，側批：解詩可匹歐陽本義。福禄壽考之盛，未有不本於興賢育才之雅化，而克成焉者也。《既醉》之詩曰"君子萬年，介爾景福"，而繼之以"朋友攸攝，攝以威儀"。《假樂》之詩曰"受天之禄，干禄百福"，而繼之以"百辟卿士，媚於天子"。至於《卷阿》，則其辭加詳，而意加厚，曰"茀禄爾康，純嘏爾常"，而究歸於"藹藹王多吉士，維天子使"。由斯以觀，賢才之生，有關於天下國家之盛，豈偶然哉？或曰：唐、虞以上，取人以德，無才德之分，如皋陶之九德，皆才也。舜舉八元、八愷之才，皆德也，有德則才在其中矣。乃《詩》稱"有馮有翼，有孝有德"，冠孝于德之上者，何也？蓋孝者德之本，側批："孝"字是一篇骨子。而百行之原也。古人求忠臣於孝子之門者，無他，忠孝無異理，臣子無異心也。若者不佞於姚太史華曾先生而益信矣。

太史龍眠鼎族，世以文章顯，海內艷之。戊辰以名會魁，讀書中祕。值尊人羹湖先生間關回里，請假侍養，旋有風木之痛。服闋，念祖父宦遊各省，遺澤碑誌咸存，走四方省覽，以當孺慕。《南歸十詠》，讀者如聞其涕泣之聲焉。若太史者，可爲能孝矣。還朝之日，士大夫咸重之，以爲史館有光。

丙子歲當大比，天子命太史偕戶尚書郎山左趙公，共典楚闈。兩先生矢公矢慎，惟恐屈一士。榜發，所得七十子，並一時名俊，錄文奇正不一，皆簇簇出新，典雅絕倫，比前丙子尤勝云。七十子感其知遇，九月廿二日，值太史嶽降之辰，不遠三千里，馳使丐不佞言爲壽。

不佞聞而喜之曰：弟子之於師也，猶子之於父母，臣之於君也。子有善必歸之於父母，側批：藹惻入人心脾。臣有善必歸之於君，七十子之頌美其師也，忠臣孝子之行也。雖然，太史之得此於七十子也，亦寧有逾于孝乎？《詩》曰："孝子不匱，永錫爾類。""不匱"云者，孝之爲道，始焉盡之于心，行之于身，施之于家，而終焉推之于國，而達之天下，安有所窮極焉？故曰"孝子不匱"。惟其孝之不匱，所以轉相教化，以錫其朋類也。古之君子，側批：純是歐、曾之筆。與天下之賢才，以事其君，未有不愛其同類者。至其所識拔之人，尤其情之不容已者。太史識拔之士，亦既彬彬矣。異日布列在位，相率以媚天子者媚其師，太史之心，不太慰矣乎？余既嘉太史之能得人，又嘉七十子之能頌美其師，以爲有合於詩人之義焉，故不敢以不文辭，而爲之序如此。若太史者，所謂詩人而孝子者也，可以爲師矣。

湛心經術之文，無一筆不是歐、曾，無一句不是歐、曾，此惟王遵巖、歸震川兩先生集中有之，他集不能也。

通篇以"孝"字作骨子，從太史《南歸草》立論，移易他人不得，故立言必視其人也。

奉賀大觀察星聚王老公祖壽序

歲丙子三月朔八日，大觀察王公覽揆之辰，楚北屬吏，筐篚陳於庭，公却弗顧，然而塗歌巷舞之聲，接于耳，公不能禁也。汝瑚行吟澤畔，辱公肺腑知，將脩酌者之辭以獻。或曰："公起家大理，累遷至觀察，中外敭歷，大抵明罰勅法之爲也。昔孔子之告陽膚，有得情勿喜之言，後之頌法吏者，惻怛憫恤之意多，歌詠歡樂之情少，子其何以爲祝耶？"某曰：不然。嘗考之《書》矣。舜有臣五人，禹、益、稷、契、舜，側批：奇想從天而下。未嘗與歌也，所與歌者，獨汝作士之皋陶耳。皋陶若不知己之爲士也，亦相與歌焉。觀舜之歌曰："股肱喜哉，元首起哉！"何其與孔子之言相反也。蓋孔子之所謂"勿喜"者，側批：妙論解頤。其心也；大舜之所謂"喜"者，其效也。然則謂法吏之不可以歌辭進者，不已謬乎？

公才諝優長，弱冠隨征入閩，大將軍以公名將子，勤撫機宜，悉以諮公。公算無遺策，歷著功績，軍中所獲男婦耕牛，悉啓大將軍放還，且捐贖甚衆，閩人至今祝公曰："王公活菩薩也。"旋刺史汀州。汀在萬山中，寇氛未息，公至，勞來安集，有德于汀孔厚。六年而擢山右副憲，又三年而擢左江參藩。晉與粤，雖豐瘠不同，公之廉潔自矢，則一也。會楚有潢池之警，天子特簡公陳臬，公星馳赴楚，一以活人爲心，諸獄多所平反。然淹留五六載，中丞之纛未建。或謂公宜稍調劑，公曰："吾素位而行，求盡職分之當然而已，他何知焉？吾異日者倘蒙天子寵，側批：全得廬陵之神。而建中丞纛，無異今日之觀察也；吾今日之觀察，無異向日之二千石也。"彼其視勳名祿位，澹然若固有之，而奚取于躐等鬥捷，如世俗所爲者耶？抑又聞公嘗以伯爵讓其弟，有泰伯、季札之遺風。設使公而生春秋之時，側批：波瀾老成。聖人猶將喜談而樂道之，況在今日，豈得不爲輿論所莊誦，縉紳所儀型也哉？

然則某何以壽公？曰：公之署，距黃鶴樓僅百步，樓之旁有仙棗亭，世傳棗千年一實，大如瓜，食之成仙。今亭與棗俱不可問，側批：點染入古。而公之亭有梅有棗有桃，而桃尤盛，熟時，公數出以啖某，甘脆異常。嘗聞黃鵠磯上有呂公賣桃跡，武昌小吏竊其桃飛昇，豈即此桃乎？若某者無待于竊，庶幾食公唾餘，爲公執鞭者乎？然則公爲王子安、費文褘，某爲武昌小吏可也，請以是爲公壽。

都從廬陵、南豐脫胎出來，得之壽文尤奇。匏翁之集，無一筆不歐、曾也。

　　壽文多膚，此則深；壽文多俗，此則雅；壽文多板多腐，此則靈宕，才分固不同人。

奉賀湖廣參藩厚存莊老先生壽序

　　汝瑚少時曾讀杜補闕上宣州高大夫書，側批：起手便不猶人。極言世家子弟之多賢而欣然也。其言曰："自堯以下，側批：奇秀之句。聖人、賢人率多子弟。舜臣五人，禹、稷、契，皆黃帝之裔，而堯之弟也。殷六臣以父子顯，周八士以兄弟顯。春秋列國良臣，多出公族，及卿大夫子孫，如魯之季友、季文子、孟獻子，宋之華元、子罕，衛之史魚、寧武子，齊之晏嬰，吳之季札，鄭之子展、子皮、子產、子太叔，楚之鬥囊、子庚，皆公子公孫也。由此觀之，世家子弟，豈不多賢哉？"

　　江南故多名族，毗陵莊氏尤盛。如湖廣大參藩厚存莊公者，五世進士，烜赫特冠一時。嘗按公一生宦跡，令于晉，司牧于滇，並以治行卓異聞于朝，擢刑部副郎，隨遷正郎。天子稔公有才指，兼嫻于辭，俞大司寇之請，以纂修律例屬公。校讎潤色，咸出公手，蓋大司寇倚之若左右也。會榆林中西二路需員，遂有分巡之命。彝情叵測，難免窺伺，公謹守筦鑰，逆折其奸，閫外藉爲司命，邊陲以寧。未幾，楚藩之旨又下矣。值天子車駕幸邊，公得蒙召問，寵靈所被，溥博洋溢，前此所未有也。公至楚，移其治晉、治滇與治秦者以治楚，蓋雖繁簡、大小、難易之不同，而其默運于方寸，則一也。公治楚甫六月，雍容于表率拊循之地，而爲下吏者，不待察而服公之丰采，其民諭公之德意，而孚其威信，可不肅而自治。然則公之治楚也，殆易于治晉與滇與秦者矣。雖然，世所稱公，以謂其才足以踰人者，側批：蜿蜒如龍。殆其緒餘土苴耳。乃疇昔祖若父之垂訓，佩服罔斁，以有今日者，人或未之知也。比年以來，側批：此段文情疽，似王遵巖。吏道雜而多端，里巷之子，隨世而取功名者實繁有徒，風人所爲刺赤芾也，彼其身且不可問，況祖若父乎？若其以甲第發身，而又出于巨室名族之子若孫，澧水有源，天下思汲焉，豈不爲顯融也哉？

歲三月三日,屬公生申之辰,汝瑚誼忝通門,媿無以祝公,但叙述其家世之美,與其歴歴之蹟如此。公之令子六,長者省堂君,丁丑名進士,餘皆蔚有文望,將騰躍而起。《既醉》之詩曰:"其胤維何?天被爾禄。君子萬年,景命有僕。"請爲公加爵。

上半篇奇秀絶倫,如先秦諸書;下半篇則委婉百折,如韓、柳名篇,古文能事畢矣。

匏翁壽文落筆,便不猶人,其中意義愈出愈奇。此篇極類王遵巖先生。

奉賀湖北驛鹽道洙翁張老先生壽序

祝壽非以年也。側批:奇作。古人相見,必前爲壽,側批:今人以誕日爲壽,錯矣。於其所尊,則捧觴爲壽,起舞爲壽。蓋居常祝之矣,不獨以年也。載籍所紀,諸藝林名家文章所論著,其由生辰而作者,邈無聞焉。至近代往往有之。然亦必其人之耆壽,乃用是爲祝,未有方在盛壯之年,而遽以黄耇台背之詞進者。汝瑚又讀《小雅》諸什,以諸侯而祝天子,以大夫卿而祝諸侯,必曰"萬年"、"萬壽"者,豈必其天子、諸侯之皆已耆壽,而後祝之耶?側批:可與説詩。抑亦其愛戴願望之情有如此也?推此而言,人子之於父母,僚屬之於上官,里閭交遊、姻戚之於其長輩,但有其願,皆可爲祝,不必論其年至而後壽也。

湖廣驛鹽道洙公張公,弱冠舉孝廉,名噪雞壇,由部曹而擢外藩,年甫三十餘耳。前後參憲,已歷一紀,纔踰強仕有二,此《詩》所云"如日之升","如川之方至"也。公爲河東公令子,河東公以名御史,出參晉藩,亦未及強仕,父子皆以盛年豈厭仕,中外望之如景星、慶雲之不恒見。汝瑚向待罪晉陽,習聞河東公治狀甚悉,大約以廉潔之操,運精明強固之政,三晉半壁,倚爲長城。時公方垂髫,承歡官舍,河東公辟咡詔之,無虚日。公今在楚,諸所經畫,如輕車熟路,無一足難公者。嘗自言曰:"吾之所管轄者,商人也;所奔走者,驛吏也。然非吾之商人、驛吏也,天子之商人、驛吏也。吾奉天子之命而蒞楚,而於商人則輕之,於驛吏則賤之,又從而尅削之,使之愁然無以自樂,豈所以仰承天子之德意者乎？侧批：迫真仁人之言。且吾聞之，愛親者不敢惡於人，敬親者不敢慢於人。古之君子，脩其孝弟，内以事其親，外以宜其人民，其心一而已矣。吾二人朝夕之訓在耳，其敢或渝乎？"公之言如此。故其視商人也，則曰："吾子弟也。"其視驛吏也，則曰："吾赤子也。"撫之以恩，馭之以法，灌溉之以真誠。作好作惡之念，不萌於胸中。故凡登公之堂者，莫不噢然如春，油然如雨，恬然如在光天化日之下，而毫無不均、不平之嘆。昔人謂"太和元氣在成周宇宙間"，非公其誰乎？

嘉禾錢子鳳文曰："君之言公信矣，然則何以祝公壽？"汝瑚曰："詩人之言壽，曰'如山如阜'，'如岡如陵'，此爲年之既至而言也。若公則年之未至者，柳子厚曰：'無若大山之麓，止而不得升也。'其惟川之不已乎？《詩》曰：'滔滔江漢，南國之紀。'請以江漢爲公壽。"錢子曰："善。"遂張之以侑觴。

一段真摯愷惻之衷流動楮墨間，文之生乎情者。

奉賀武昌郡守朱纘菴先生壽序代

從來論學術者，侧批：一起超卓不倫。自孔子而下，必推考亭朱子。朱子之道德，雖視孔子稍有間然，而章甫縫掖之士，不可一日無朱子，猶其不可一日無孔子也。由漢以來，諸儒無慮數百家，至朱子爲之折衷，而衆言始定于一。蓋六經之功臣，而孔子之孝子也。按朱子年譜，仕于外凡九考，而後入爲龍圖學士，自一命至立朝，所規畫建白，皆真純惻怛之實心，而無一毫粉飾文具之爲。嗟乎！世之學古入官者，有能及朱子之萬一者乎？

武昌郡守纘菴朱使君，考亭夫子之後裔也，自爲諸生，攻苦力學，惟恐有忝前修。筮仕中翰，洊歷户、兵二部，明習國家之典故，而克勤其職。武昌需人，使君奉天子之命而來，吏民望其顔色，曰："此召父、杜母也。"下車甫踰年，仁心善政，盎然四出，不可枚舉。其不忍以法律繩愚民，即平陽侯之不擾獄市也；其于僚屬庠序，游處如師友，即平陽侯之所共爲歌呼也。不佞嘗過其門，肅如也；登其堂，寂如也。亦嘗爲具召我，數簋而已，若不知有郡伯之貴者。噫！亦異已。

不佞竊觀夫世之爲内翰、侧批：此段議論入情，非俗筆能到。爲部署者，寂寞邸舍，紆迴十餘年之久，屈指而數遷期，未嘗不慨歎也，曰："吾何日出守郡國，得以為所欲為也？"其高者務自見其材，指一切與民更始；其卑者因循苟且，利己而已。二者雖清濁不同，其未聞道一也。今使君廉靜自好，前後如一，不為臙仕改度。然則使君之為郡守也，與其為內翰部署，無以異也，豈非賢哉？豈非賢哉？

不佞嘗聞朱子之學，以持敬為宗，以主一為要，近溯孔門克復之旨，遠證虞廷精一之傳，可以為學，即可以為治，斯其復然莫尚者矣。使君生數百年之後，獨能闡昔人之遺篇，用以檢束身心，經緯庶務。是故使君之學，朱子之學也；使君之政，朱子之政也。側批：四句真切不浮。異日者聖天子倣漢故事，旌郡守為三公，必首使君矣。

維茲孟夏之吉，使君生申之辰，江夏周君等，將為使君舉觴。以不佞辱肺腑親，委以觴詞，不佞媿無以祝也。雖然，不佞遊襄久，襄之均州有大嶽焉，其壽莫可紀極。嶽七十二峰，神仙所窟宅，世之祈長生者，必致虔焉。請以是為使君祝，可乎？周君曰："善。"

使俗筆為之，不知數盡龔、黃循吏，畫盡《天保》九如，令人欲嘔。此獨一切洗去，從考亭立論，可云清真絕倫。

沉摯而復軼宕，純是北宋手筆。

奉賀大師相沁州吳老夫子榮膺枚卜序

蓋聞三代以上之君，側批：便具論世大手眼。其才每勝其臣，羲、軒勿論已，堯、舜二帝，豈非千古精一執中之聖人哉？當時臯、益、稷、契諸臣，皆聖人也，然以方之堯、舜二帝，則邈乎不能及矣。三代以下之君，其才恆遜其臣，湯、武勿論已，啓、甲、成、康四后，豈非千古徽柔懿恭之令辟哉？當時伊、傅、周、召諸臣，亦聖人也，若以比之，啓、甲、成、康四后，則居然出其右矣。夫君勝其臣者，可無藉乎其臣；君遜其臣者，必有資於其臣。假令堯、舜之世，不生臯、益、稷、契，堯、舜之聖自若也。側批：俱獨闢之解。啓、甲、成、康之代，苟非伊、傅、周、召，則太甲、成王且不得爲中材之主，況致治刑措乎？乃世之論者曰："伊、傅、周、召，能輔其君爲太甲、成王，不能輔其君爲堯、舜，似臣德之有未優。"不知堯、舜不世出，太甲、成王之爲中興令辟也，側批：得未曾有之言。天也，雖伊、周亦無如何矣。載稽漢、唐、宋、元諸君，其賢者或可步啓、甲、成、康之後塵，湯、武不敢比，側批：奇論。況堯、舜乎？其臣之賢者，或彷彿伊陟、臣扈、吉甫、仲山甫之流風，伊、周不敢並，況臯、益乎？何幸我皇上聖神武文，遠邁萬古，堯、舜、湯、武合爲一人。至於用人行師，悉出睿斷；救災禦患，如響應聲。在廷諸臣，安能更有籌畫，仰贊高深萬一乎？雖然，舜之時，天下已治已安矣，舜之憂民至矣，而禹之勉舜曰："后克艱厥后，臣克艱厥臣。"且通篇只言"后艱"，側批：具眼。不言"臣艱"，意者后之艱，側批：妙論。即臣之艱乎？他日又戒舜曰"無若丹朱傲"，何其言之不倫耶？蓋愛君之至也。側批：妙論。嗟乎！後之大臣，觀乎禹、益、臯陶之勉舜、戒舜如此，則其臣之克艱，亦可知矣。

　　小子汝瑚嘗覽觀歷代名相行事，未嘗不三嘆也。大抵潔己之相固難，側批：評論古今名相，盡此類語。匡時之相尤難；弼違之相固難，格心之相更難。夫所謂"格心"者何也？誠是也。古之大臣，惟能見己過，斯能見君過；惟能繩己愆，斯能繩君愆。不敢以己之所不能者責君，側批：言如貫珠。亦不敢以己之所易恕者恕君，況其所謂格者不格之於事，而直格之於心！是於念頭上精一，側批：深奧之論。《中庸》未發之中，大《易》不遠之復，率是道也。蓋忠臣之格心，如孝子之養志。側批：妙。古之大忠大孝，側批：妙極。皆於本原之地加意如此。薛河東有曰："相業自大學、經學中來者深，自史學、俗學中來者淺。"明初三楊，相業至彪炳矣，而丘文莊不滿之，豈非以其事業不從心性中流出乎？

　　大師相沁州吳公，生平所學，格致誠正之學也。居官自縣令以至大司寇，不受一文，其爲政以蕩平正直爲尚。聖天子特達之知，爰立作相，鳳凰鳴矣，于彼高岡，四海實拭目焉。小子汝瑚辱剪拂最深，不敢以三代後之相業望公，而必以三代上之相業望公，故爲格心之論如此。若以爲未足，則有《泰》之九二"不遐遺"，"得尚於中行"，《豫》之九四"勿疑，朋盍簪"二義在，公得毋留意否？

語語從二典、三謨精蘊鈎出，方是三代以上名相的本領。漢人《聖主得賢臣頌》，只是皮膚之談，視此奚啻霄壤！

董江都《天人策》、陸宣公《奏議》有此深摯，無此精醇，其惟程、朱、真三大儒乎？

賀大總制三韓李公蒲翁老夫子華壽序

大司寇沁州吳公之總督三楚也，有羔羊素絲之風，天子嘉之，甫浹歲，遂拜御史大夫。去之日，父老攀轅遮道不得行，蓋惜其去之之遠，側批：通篇多深入之言。而慮夫繼者之難其人也。未幾，三韓李公奉天子特簡，由河南巡撫，來總楚憲。楚人喜之曰："是向爲吾楚藩司，不持一錢歸者也。"側批：如讀公羊氏文。公閥閱華胄，世襲伯爵，子孫咸以貂蟬，布列在位。公之伯氏，舊亦總督湖廣；仲氏爲浙滇名監司，小阮已在三事之列，何其盛也！大抵公敭歷中外三十餘載，精白之操，凛如冰霜，端介之守，確如金石，固無遜於吳公。然而法令之嚴明，紀綱之整肅，與夫訓將練士之勤且勞，視吳公加愍。世之頌二公者，或以爲蕭、曹，側批：文氣蜿委如龍，且又入情。或以爲韓、范，蓋前後如一人焉。向之悵然於吳公之去何速者，今且悵然於李公之來何暮也。甚矣，二公之善得民也！聖天子神威遠播，三歷邊塞，盪平妖氛，武功千古無兩，雖在戎旅之間，未嘗一刻不在民生也。

日者鑾蹕回宮，行祭告之禮，頒示天下，封疆大臣，方撰萬年之表，爲國家賀太平。時維六月，適公嶽誕之辰，楚之吏民將士，式歌且舞，踵轅而呼嵩者，趾相錯也。小子汝瑚叨公舊屬吏，躬逢斯盛，其何以矢歌乎？蓋汝瑚讀《詩》至《鹿鳴》、《天保》諸什而有感也。《鹿鳴》之詩，君之所以燕其臣，必曰："視民不恌，君子是則是傚。"《天保》之詩，臣之所以祝其君也，必曰："群黎百姓，徧爲爾德。"古君臣相與燕樂之際，其不忘百姓之心，如此其至也。不特此也，《卷阿》之詩，前一章曰"媚于天子"，後一章曰"媚于庶人"，夫稱媚天子於前，側批：跌宕入情。而隨稱媚庶人於後者，何與？豈非以媚天子之道，固不外乎媚庶人者哉？嗟乎！聖天子之所甚重者民耳。公今日者，不必求所以媚天子也，側批：藹惻之情，形乎紙上。媚庶人即以媚天子也。藩、臬二司郡縣百執事，不必求所以媚公也，媚庶人即以媚公也。公以媚庶人者媚天子，而天子之心慰矣；郡縣有司以媚庶人者媚公，而公之心亦慰矣。

公之令子三，長公才略冠世，入侍禁衛；次公謙厚練達，爲池州司馬，有賢聲；季君聰穎能文，《詩》所云"君子萬年，永錫祚胤"，公其兼之乎？

丁丑之夏，雨稍愆期，公與中丞年公，恤民特甚，虔誠步禱，甘霖立沛，如響應聲，今黍與與，而稷翼翼矣。諺云："三楚熟，天下足。"豈惟楚之赤子，含哺而祝公壽，兩粵、江浙之衆，群起而壽公矣。是爲序。

戛戛乎陳言之務去，獨以真理靈氣來往尺幅間，讀之沁人心脾。此壽文之僅見者。

從愛民立論，極爲切中事情。篇內何嘗不用《天保》、《卷阿》諸詩，但俗手用之，令人欲嘔，此則簇簇生新矣。

奉賀大總制李公蒲翁老夫子華壽序代　其二　戊寅年稿

不佞嘗讀大、小《雅》諸篇，而嘆周一代君臣相與之誼，至優渥也。《菁莪》之什，天子之所以燕諸侯也，其詩曰："既見君子，樂且有儀。"何與？蓋天子喜諸侯之來，側批：秀色可湌。不惟愛之，而且敬之也。《彤弓》之什，天子之所以醻諸侯也，其詩曰："我有嘉賓，中心貺之。"何與？蓋天子錫諸侯之福，不惟以物，而且以心也。天子之嘉與諸侯如此，然則諸侯何以報天子？曰：天子之所愛者民也，《天保》之詩不云乎，"群黎百姓，徧爲爾德"，蓋諸侯受天子之托，而育此民，苟一夫之不獲，側批：古大臣心事。則無以答天子也。猗與，盛哉！

雖然，有疑焉。彼諸侯之祝其天子也，一則曰"天子萬年"，再則曰"萬壽無疆"，情也，分也。乃天子之祝其諸侯也，亦惟壽，爲致意，不曰"令德壽豈"，則曰"遐不眉壽"，得無太過乎？曰：不然。君之於臣也，側批：神韻猶夷歐、曾手筆。苟其咸有一德，亦欲臣之多歷年所，以保乂王家，如殷之伊、傅、伊陟，周之召公、畢公,其棐恭弼亮,至歷三世、四世而不替,豈不稱黃髮台背,身與國俱壽,爲天子之所喜樂也哉?

今天子憫念元元,優禮封疆大臣,督撫之請陛見者,或俞或否。三楚制府李公,爲天子勳舊世臣,特允所請,得以趨蹌闕下,天子溫問有加,晝日三接。陛辭,賜朝衣、弓箭、撒帶,蓋異數也。公所條奏不一,最大者如湖南均賦一事,上不虧國,下不累民,此萬世之良策也。蓋自俞旨一下,而湖南之黃童白叟,歡聲如雷矣。且夫古之大臣,側批:氣象魁昂,賈、董嫡派。毅然有所建白,非才與誠合,則不能成天下之大功;非天與人合,則不能除百年之大患。無他,虛談與實事不同,救偏與反正無異也。公之是舉,所謂才與誠合、天與人合者,非耶?至於嚴課吏,勤練兵,却饋遺,除雜派,革私鑄,禁外糴,曠然與吏民更始,則湖南北之所同也。嗟乎!三楚之民,何幸而得此於公哉?

歲戊寅六月念六日,爲公攬揆之辰,楚北藩臬閫司諸君子,馳一介乞不佞言侑觴。不佞與公爲雁行,且聞公善政甚悉,其何敢辭!然則不佞其何以壽公?不佞閒覽職方氏紀載,天下名山大川,奇物畸人,莫雄於楚。太岳以神皋據上游,泰衡賓四岳而當席,岑崟參差,日月蔽虧,交錯糾紛,上干青雲之狀,千萬載而弗震弗騫,以爲壽莫如楚山。則又有三澨七澤,岷峨導波,匯爲洞庭,黏天浩瀚,大浸弗溢,大旱弗涸者矣,以爲壽莫如楚澤。則又有產於物者曰冥靈,以五百歲爲春,五百歲爲秋;產於人者曰龐公、老萊子、申公、子亶之徒,行年甚高,不知紀極,以爲壽莫如楚之奇物畸人。不佞以是壽公,可乎?然而公所爲壽,其上壽國、壽君,其次壽民,其次壽身,與殷之六臣,側批:照應好。周之召公、畢公媲美,他不足論也。公之哲嗣三,長公、次公,才猷敏練,敭歷中外,有令聞;季子穎悟超群,木天雋品。餘繩繩未艾。《詩》所謂"子子孫孫,勿替引之",公其兼之矣。是爲序。

起手說《詩》,與俗筆不同,以其婉而秀也。中間提喝運掉,有似賈、董處,有似歐、曾處,所謂"神而明之",存乎其人,非耶?

壽文難在疏宕,難在韻折,此作兼有其勝。

奉祝漢陽太守黃文華先生壽序代

　　頌人之美者，側批：起手令人心目頓豁。必足以增重乎其人；頌人之美而不足以增重乎其人，則無貴於頌矣。祝人之壽者，必足以取信乎其人；祝人之壽而不能以取信乎其人，則無貴於祝矣。余素不能爲頌祝之詞，近益謝筆墨，戒閽人勿通。一日，漢陽別駕時君邑侯張君，馳一介至京，以太守黄公治行之美，敷陳數千言札予，且曰："七月初一日，爲公攬揆辰，乞予言侑觴。"予初謝之，既而喜之曰："予久知黃公賢，微二君請，予亦當有祝也。"黃公之言曰："漢陽好訟之國也，民方繁訟，而吾以急持之，是與之争也。古之人，弄丸而難釋，閉閤而訟銷，吾知所以治漢矣。吾惟專拊循牧養，闊略一切，與民更始而已。"嗟乎！公之言如此，豈不可敬也哉？

　　余聞公自下車來，臨下怡然，未嘗作聲色、懷忮怒，而悚然以振之也。涖事恬然，未嘗行督責、多譙訶，而迫遽以趣之也。用法曠然，未嘗施鉤鉅、設鍛鍊，而文致以內之也。然而諭下下從，趨事事集，按法法平，有不知其然而然者，此則謝太傅之以安靜而鎮俗，齊太公之以簡易而近民，率是道也。矧公生平畏慎，擇地而蹈，其奉身如玉，惟恐其有失墜；其勵志如水，惟恐其有染污。蓋其所自立者，有本故也。未幾，黃守需人，督撫兩臺，遂借公箸焉。黃之難治甚於漢，然而公之治黃，一如其治漢者，何也？孔子刪《詩》，側批：奇崛如天半峨嵋。首《二南》，於《漢廣》江永三致美焉，而獨不言黃。他日作《春秋》，始屢言黃人，其言每多不足意。漢、黃之在周時，風化微有不同，而今日之黃，詩書文物之盛，冠於三楚。此公之治黃，所以無異於治漢也。先是，公嘗監督浙海關，政清賦足，爲諸海關第一。又嘗監督大通橋，一年輓運漕糧二百萬無誤，公可不謂克勤厥職與？

　　不特此也。公在内閣中書，爲《明史》收掌官，爲方略館收掌官，爲《實錄》館繙譯官，纂脩皇上《武功方略》，又纂脩太祖文皇帝《實錄》，慎愍有加，同列咸嘆服不置。皇上親詣乾清宮，考試各部院官員《竹賦》，又在内庭考八旗漢軍策論,公均在選中。公之文事,亦既彌中彪外矣。皇上幸景山,又幸較場,考驗八旗文武各官馬步箭,公又在選中。公之武事,亦且左宜右有矣。《傳》曰:"絳灌無文,隨陸無武。"公其兼之乎?

然則予何以祝公壽?或曰:"古人年至而後爲壽,公年甫强仕,而遽以黄髮台背之説進,得無早乎?"予曰:不然。《詩》大、小《雅》諸什,以諸侯而祝天子,_{側批:讀之不覺起舞。}以卿士而祝諸侯,必曰"萬年萬壽"者,豈必其天子、諸侯之皆耆壽而後祝之哉?夫亦其愛戴願望之情,有不能已也。《天保》之詩曰"如川之方至",此不待年至而爲壽也。古今惟川之流最長久,不知紀極,公坐晴川樓上,漢、黄二郡之邑大夫,與紳士耆民,更迭而壽公,公其加爵焉,毋謂不佞徒爲頌祝之詞已也。

壽文忌鋪張太盛。此文幾于鋪張矣,賴起手超特異常;中副(幅)删《詩》一段,出人意表;末幅更覺靈宕。故作文靈宕,則板滯之氣自除矣。

出風入雅,爲海爲潮,洵古文樂事。

三韓董太公八襃壽序

今上御宇之三十三年八月某日,三韓董太公稱八襃之觴於鄂云。太公令子天申君,以高才屈而丞江夏,上官多器之,每劇邑需人,則借令子箸往代之,所至廉聲如雷。太公誕日,令子方代監利,諸與令子善者,以逮鄂紳士父老,將考鐘伐鼓,旅進爲壽,而以觴詞屬予。其言曰:"太公閥閲世胄,起家維揚守戎,約束明而防禦密,兵無敢譁於市,賊無敢窺於掫。尋遷西蜀遊府,值蜀寇正熾,太公躬先士卒,大小百餘戰,掃穴盪巢,蜀遂底定。當事奇其功,欲題太公專閫,太公遜謝至再,遽乞身以歸,人莫測其意。甘自恬淡,日課督兒孫成立,以無忝祖父家風。年雖八十,而飲啖步履,無踰少壯,可不謂難得焉?"

余聞而壯之,喟然曰:斯非師尚父遇文王於渭濱之年乎何?_{側批:可發一噱。}師尚父登庸之始,而太公則已優游泉石十餘載也。余每嘆太公之才且勇,_{側批:此段筆意在龍門、廬陵之間。}可當建鉞登壇之寄,使究其用,即師尚父,不是過也。

世未嘗棄太公，而太公顧恬退乃爾，坐令賢者有不盡展之才，而當世又無録舊起廢之典。噫！甚惜之。已而思焉，世之縉紳先生，奔走膻途，漏盡不休，其能自免去者幾人，能自免於世未見棄之日，而飄然遠引者又幾人。今於介胄家，而得太公。然則太公之所以爲重，又自有在，不必於盡究其用也。余聞張子房嘗授書圯上老人矣，老人蓋黄石公，其書蓋即《素書》。子房出其餘，以運籌於帷幄之中，漢初定天下，而即從赤松子遊，何其高也！李長源少遊嵩、衡間，亦嘗間遇異人矣，既又出而參與軍機密議，以匡佐四朝，而後登真脱屣。人或言黄石公教子房以煉氣輕身，又教以應機權變。長源之志，在鳴珂以遊帝都，又在絶粒以昇天衢，前後若兩人。然今觀太公，豈有慕於二者而爲之乎？

太公猶子參議公，時方控制衡永。衡嶽七十二峰，神仙之所窟宅也。參議公先期遣使迎太公至衡，遊諸名勝，效長源故事。太公謝曰："老人不敢妄攀神仙，但求恬淡自適而已。恬淡即神仙，昔人嘗言之矣。若欲尋仙，側批：收有逸致。黄鵠磯頭丹竈尚在，老人將近而問之，他日有得，當以告吾子。"然則予之所以壽太公者，詎能有加於此耶？

許多感慨磊落之氣，百折不窮，得之壽文爲難。

一以爲《史》、《漢》，一以爲韓、歐，情景、議論兩擅其勝，讀者莫能定其品格。

羅隱君七十壽序代

孔子曰"仁者壽"，先儒釋之曰："天地之生物曰仁，惟天地之壽最久；聖人之仁如天地，亦惟上古聖人之壽最久。"至哉言乎！今夫聖人不可學，由聖人而下，則有君子、善人有恒，其品格視聖人不可道里。然均禀天地清淑之氣，與聖人中分生人生物之責者，皆有聖人之一體，而聖人之所與也。孔子論人，於君子、善人，幾幾乎不可必得，但曰"得見有恒者，斯可矣"，蓋思有恒之至也。《易》曰："恒，久也。""天地之道，恒久而不已也。"夫恒，天地之所貴，而況人乎？聖人於《恒》六爻，側批：拈有恒得所未曾。每慎重而不輕許。初也，三也，上也,皆于恒有愧;四也,五也,恒矣而非中,均不可爲恒。惟九二之恒,恒于中,故象以能久中美之。甚矣,恒之難也!

武林羅育純隱君,世之所謂有恒者也。少負奇才,勤學好問,思欲振興祖業。值本朝鼎革,自甘肥遯,有志未逮。生平慕陶弘景、孟浩然一流人,胸際浩浩落落,而氣誼真摯,與人交,必示肺腑。嘗築別業於城南,臺榭池沼,花木竹石,皆出己意布置,與俗迥別。客至,出園蔬佳饌,盡醉乃止。議者謂隱君豪者也,達者也,不知其貌似豪而中實有以自守其迹,類達而内實有以自好,隱君殆有恒者也。隱君于古人書,靡不覽記,尤留意黃帝、岐伯之言,用自尊其生,而因以衛人之生。側批:與首幅生人生物照應。畜百驗之方,以待四方之求者,求則與之,與之無不效。善貸而不取其貲,多施而不責其報。吳越之人,因隱君得不以疹傷其生者,不知幾千人。然則隱君非特有恒而已也,其仁之至矣乎?元配楊孺人,唱隨偕老,内政寬而肅。舉丈夫子二:長某以例入太學,官州二守;次某聲籍黌序間。家庭豫順,孝友特聞,有萬石君家風。噫!可以風矣。

今八月中秋,隱君七十初度,長公大畏君,介余友某,請予言爲壽,余叨莫逆,其敢以不文辭?予惟古之爲祝者,側批:純是曾南豐。將以著教而達情於禮則然。然或其子弟願焉,而姻戚族黨則否,非所以爲歡也。今隱君之壽,合越水吳山之人之歡以爲祝,不獨姻戚族黨已也,於以祈無疆而錫難老,蓋必有益矣。雖然,有進焉。隱君道術高妙,吐氣成虹,嘗獨處亭中,雷雨大作,一龍從池中起,望空飛去,隱君色不爲變。又嘗丙夜晏坐,鼻中有物躍出,長三寸許,頭有小角,首尾俱動,投之水中,盤旋久之,倏不見,人皆以爲小龍,可不謂奇焉!古有豢龍氏,側批:奇思縹渺入雲。其事不可考,而好怪者,以豢龍爲畜龍,尤不可信。今隱君無求于龍,而龍常即之,則古所云豢龍畜龍者,又烏在其不可信也。或曰:"子以恒爲祝,固已。今曰龍,龍變化之物也,於恒得毋不侔乎?"余曰:"否。"《易》之言龍德也,曰:"不易乎世。"夫不易,則恒矣。又曰:"君子體仁,足以長人。"夫體仁長人,則壽矣。是龍未嘗不可爲壽也。側批:愈出愈奇。《詩》曰"爲龍爲光",請以是爲隱君祝。

發議則浩渺若河漢,用筆則夭矯若蛟龍,能令讀者神清氣爽。壽文有此,真邈焉寡儔矣。

首幅拈有恒講,人皆能之,難得如此深細。末幅就豢龍還照有恒仁壽,則漆園之奇幻,不是過也。

黃軫明隱君七十壽序

予曩者公車過吳門,則聞吾漳有黃軫明隱君者,蓋有道而俠者也。或曰:"隱君身不出闤闠之外,名不上賢良之籍,逍遙市肆間,日與賈人伍,駔會而牟利耳,烏睹所爲有道而俠者與?"予曰:不然。人顧賢不肖何如耳,何論市不市哉?予觀世所號隱君子者,身雖山林而心則市者也。側批:可笑。若隱君者,身雖市而心不市也。隱君少讀書,識大指,稍長棄去,從其兄翼明君汗漫遊,結廬吳境,致四方賈客,輻輳其中。漳之縉紳孝廉,來往吳門,必主焉。家不饒而輕財喜施,不侵然諾,周人之急,至傾囊無悋色。其他諸行甚高,而輒自閉絶,人無知者。予之知隱君,蓋得之昔友王穀子、柯又鄒兩先生云。兩先生不妄許可,而其賢隱君不啻口,必有以當之,而無愧者也。亡何,隱君遭回祿之災,數年拮据,一瞬頓空,遠聞逖聽之人,疑天若有以譴隱君者,而與隱君習者,則深明其不然。隱君不以天之有爽報,而益修其德不倦。蓋至於今,而益信天之篤隱君爲至厚也。

今年月日,隱君七十誕辰,閩之姻戚客吳門者,相率賦詩陳幣,而觴隱君。其猶子某乞予言爲壽。予惟古之人,所以貴壽者,爲其積德體道,身率行義,足以式鄉人而示四方。故播爲文辭,見之歌咏,所以形容其德美,用垂永久,使觀風者有采,紀傳者有述,非徒以相慶之情爲樂已也。且今之言壽者,必曰仙。予覽傳記,見陶朱公變姓易名,之陶致富,後之人,遂從而仙之。吾以朱公非能仙也,彼以其身脫迹於五湖之遊,而終不忘乎熙熙攘攘之行,始有意於求名,終有意乎求利。然則朱公非能仙也,必如隱君者,不求名而名至,不求利而利集,善息之道,休於不休,爲於無爲,乃可謂能仙耳。嗟乎!世之所謂神仙者,側批:

此文章中海市蜃樓也。豈必在海上閬州方丈之處,遠不可致。所謂不老長生者,豈必噉王母之桃,吞安期之棗,辟穀而立於獨? 蓋即闤闠譁囂之區,車馬輻輳之地,苟有一二老成長者,能杰然以古風篤行,卓立於後生儇薄之中,所謂身雖市而心不市者,雖欲不謂之仙,不可得也。

隱君年七十,而聰明強健,無異少壯,從此而八十、九十以至滿百,國人矜之,有司禮之,天子且召而問之,豈特邦家之光,桑梓之慶已哉?《詩》曰:"淑人君子,胡不萬年?"請以是為隱君壽。

身雖市而心不市,仙不在海上而在闤闠,皆見道之言。

賀張母吳太恭人八裘壽序代

康熙二十五年六月念二日,貴陽太守特人君母恭人壽登八裘,郡縉紳先生,及姻戚族黨,將相率為觴,先期以序言屬不佞。不佞誼不敢辭,乃颺言曰:

夫謹中饋,勤女紅,皆內德也,世稱恭人或以此。然以頌里婦可耳,非臧母、敬姜之懿也。世德之家,禰以內,無非禮法。恭人之所以相夫子,與其訓督子若孫者,皆薦紳之行業。若徒使羹于釜,絲于杼也,即謂婦德母儀無餘焉,得乎? 聖人之繫《坤》曰:"無成而代有終。"既曰"無成",而又曰"代有終",明乎夫與子之事,皆婦人之所宜代終也。今夫陟岵之詩,人子之思侍其母也;《閒居》之賦,人子之樂侍其母也。二者常患不得兼,恭人之二子,則有以兼之。長文學君,朝夕膝下,伺顏色惟謹,為色養;次太守君,宣力四方,為志養,恭人可不謂樂焉? 古今之以孝治者,_{側批:好議論。}莫過成周。人臣有私恤,則君假使事以優之,仕者反以使為懷歸將母之計。太守君向有軍旅之事,便道拜母于堂,《北山》之什可無賦。比入滇刺史大定,所為招徠安集者,不一而足,功至偉也。令甲,內外臣工,非逢恩詔不得封。太守君受事甫一年,即得封其父母。恭人膚華翟,曳長帔,強食善步,神觀烱烱,望之者以為如仙,不亦史傳所稱渥佺黃眉之徒也與? 抑又聞之,古之名良二千石,而其母亦得名為良者,母如雋不疑與李景讓。雋君之讞獄,勞其母之潛聽,而視其當否,以損益匕箸。景讓之杖虞侯,人心洶洶，勞其母之杖責而後定。夫母之得稱爲良，側批：妙解。則其子之所以爲良者，未盡也。太守君之治大定，其效彰彰如彼，而恭人實未之官，毋亦恭人之義方，不在今日，而太守君之所以承志，不在形迹間耶？

余不佞，不能奏《既醉》之雅，撰秘宮之詞，頌女士而祝岡陵，以助恭人歡，但從觴者之後，而爲斯言。恭人辭曰："老婦起居無恙，幸而辱命，吾夫子之謂何？夫子捐賓客方三載，老婦晨夕念不置，而忍觴諸？"太守君曰："某兄弟于先大夫服甫除，哀慕之心未忘，母氏不忍觴，某兄弟不敢固請，敢辭。"予曰：不然。天地之德，坤厚代終。《列仙傳》載東方西母，乃言壽者艷稱。西崑東生而西成，倘亦自然之數，封翁所以先恭人也。今天子方尊養兩宮，永綏純嘏，于萬斯年。處其下者，寧無有奉母于春臺化日之境，迓天休而介景福，相與爲無極者乎？恭人其益利柔順之德，行乎無疆，以北堂爲瑤池，逍遥憇息。天子行召太守君，入爲九列，如漢龔、黃故事。載考《宋史》，君家文定公爲相時，母年八十餘在京師，太宗數遣中使問起居，封晉國夫人。更以是爲恭人觴，恭人其毋讓。太守君曰："諾。"遂相屬而前爲壽。

<blockquote>壽文難佳，壽母文更難佳，以其易套也。此序敷詞使事，了不異人，但覺有沉摯之思，瀟灑之致，爲人所不能同耳。</blockquote>

<blockquote>壽文艷則近俗，寂又非體。斯其斟酌質、文之間，而出之以雋永者乎？</blockquote>

歐陽孺人張母七十壽序代

嘗讀《詩》至十五國風，所載周一代治化，上自后王君公，下逮卿大夫士，未嘗不由簪珥房闥之間，爲之相且助焉。故其時，內有《關雎》、《雞鳴》之賢，則外有素絲、《羔羊》之化，此其風教然也。自周以降，士大夫妻，其能垂範閫閫者，代不乏人，而其不能者，往往貽譏嘻嗃者，亦多矣。某獨怪巴清一富人婦，其質行無聞，天子獨以客禮禮清，顯其名於天下。當時賢士淑媛，側批：如夏雲之多奇峰。豈盡無人？彼匹婦而竊利權，儼然見客，何爲者也。太史公立傳，往往極口稱之，考古者非特以此病秦，亦且爲太史公病矣。孰有如廬陵耐菴張夫子，理學名裔，弁冕雞林，出宰建德，以經術餘吏治，江以南豔之；元配歐陽孺人，莊事夫子，有《葛覃》絺綌之遺風者乎？

小子某自辛酉年受知於夫子，是冬走建德，立雪夫子之門，夫子辟咡詔之，諄諄以謹言慎行相戒勉。孺人數出菓稻噉某，必豐必潔，因得聞孺人閫範甚悉。孺人出江右文忠公裔孫，貞靜柔順，嫻習女訓。當其主中饋而食貧，每脫簪珥，佐夫子不時之需，雖不及躬事舅姑，而歲時享祀，必以身親，不啻古人采蘋采蘩之盛。在建德，相夫子以廉，夫子宦遊三載，不持一錢歸，孺人無幾微見於顏色，惟日督二子，攻苦芸窗，無忝祖父家聲。諸孫枝森森竹立，見者咸以爲太丘陳氏，復見廬陵。今年且七十，蒼鬢明眸，翛然若仙，廬之姻戚子姓將相率爲壽，而以侑詞屬某，某其敢以不文辭乎？

或曰：「孺人勤類鄙，儉類嗇，於庶人家宜，於士大夫家或不宜。」某曰：「不然。」老子有言：「治天事神，莫若嗇。」廬陵素封相望，率以服御相高，張故名族，冠蓋如林，孺人獨折節爲儉，衣無異采，食無常珍，嗇矣，是謂「深根固蒂，長生久視」之道。孺人非特自保其年而已也，側批：意義周匝。抑以此而保夫子之年。嗟乎！若孺人者，豈非古女史彤管所稱敬姜之妻、文伯之母者乎？然則小子何以祝孺人，且祝夫子？無已，則載誦《詩》。詩人之美僖公也，曰「魯侯燕喜」，而繼以「令妻壽母」，又繼以「宜大夫庶士，邦國是有。既多受祉，黃髮兒齒」。小子之祝孺人如此，後之歌廬陵者，側批：收局綽有古致。庶幾媲美於江沱、汝漢，如周一代盛時者哉？此又小子某之在楚咏楚也。是爲序。

首尾俱用《詩》點染，凡手所能；神韻猶夷，躍躍生動，則此文僅見耳。

古雅之氣，流宕行押間，巳清一段，尤見奇思。

誥封淑人蔣母七袠壽序

汝瑚讀《易》至《家人》卦，側批：起手超脫。而嘆六爻之皆吉也。不寧惟是，《咸》「取女吉」，《漸》「女歸吉」，《蒙》之九二「納婦吉」，《泰》之六五「歸妹」，「元吉」，聖人之屬意於閫德，豈偶然哉？昔周之興也，以文王爲君，以太姒爲妃,以王季爲父,以太任爲母,以武王爲子,以邑姜爲婦,周之一家,父子、夫婦、兄弟皆聖人也,故其閨德特隆。雖然,此在王者之家爲然耳,若乃卿大夫之家,蘋藻筐筥之盛,形於風詩者,何其勤而有禮也。流及既衰,而《祈父》之什,有轉予於恤之嘆;《北山》之什,有從事獨賢之咎。其既仕而不得遂其孝養之私者,可勝道哉?

京江蔣氏世爲閥閱名族,大都督雲臺先生,開國元戎,屹然江左金湯,保世滋大。通議大夫康侯先生,箕裘克紹,繼序其皇之,至顯融也。參藩公詞壇燕許,弱冠舉孝廉,自爲令以至監司,翱翔中外二十載,宦跡所屆,淑人御板輿以從。《祈父》《北山》之什,其可不作矣。參藩公潔廉幹濟,爲世模楷,嘗語人曰:"此吾父、吾母之教也。今吾父不復作矣,母氏康強無恙,吾一日在官,事無大小,必請命吾母而後行也。"汝瑚聞之,喟然嘆興曰:"此參藩公之孝也,而亦淑人之善教也。"

歲戊寅七月念四日,淑人設帨華誕,汝瑚媿無以爲祝,請即《家人》卦而闡其義,可乎?淑人年十五嬪於蔣,屢屢弱息耳,事姑章以孝,相夫子以勤,御臧獲以恩,雞蟲絲杼之間,必躬先而後即安,其初九之"閑有家"者乎?未幾,通議公襲父職,天子之銅虎玉麟,常不吝委柄以屬之。淑人副笄六珈,稱大夫妻矣。禮有之,大夫妻能供祭祀,爲循法度也。淑人必誠必敬,期無忝於賓祭,其六二之"無攸遂,在中饋"者乎?然則淑人之閨德,如是已乎?未也,六四不云"富家大吉"乎?華封三祝,側批:典古絕倫。先富而後壽;《洪範》五福,先壽而後富。富與壽,嘗相連爲用者也。蔣氏故饒,淑人身被累命,貴盛無匹,而儉樸自持,履滿加愈,是謂"深根固蒂,長生久視"之道,豈特長有富而已哉?九五不云,"王假有家,勿恤吉"乎?天子以天下爲家,側批:此爻宜如此看。大臣天子之家相也,天子得以至其家焉。昔堯與舜迭爲賓主,側批:引証極確,又極奇。是堯假舜之家也;[武]王訪於箕子,是武王假箕子之家也。三代而下,君式臣廬,如宋太祖之於趙普者,往往有之。故"王假有家",此參藩公他日舟楫鹽梅事也,淑人得毋笑曰:"嘉我未老,孺子其勉之乎?"

嗟乎！《家人》六爻，淑人有其三矣。五爲君位，非臣下所可居，然則參藩公在《家人》之卦，其惟上九乎？曰："不然。"參藩公辭親而仕，母以有家，況上九在諸爻之上，參藩公謝不敢，無已，其《大有》之九三"公用享於天子"，側批：映帶大有深意。《晉》之六二"受玆介福，於其王母"者乎？王母維何？在國爲天子，在家爲壽母。側批：妙。參藩公國之良臣，家之令子，可謂忠孝兩全矣。淑人之心，不且燕喜乎？於是系以詩，詩曰：

猗與淑人，家人是宜。豈惟家人之宜，惟大夫是儀。愍哉大夫，淑人是劭。豈惟淑人之劭，亦惟先世是耀。維我參藩，官長岳方。晨昏温清，鵠立萱堂。我姑酌彼金罍，俾爾壽而臧。母也儷止，千百歲山高水長。惟我淑人，算屆七裹。視聽明聰，龜巢藕節。我姑酌彼兕觥，俾爾昌而熾。母也臻只，百千歲露湛霜徹。

壽文忌套與俗，壽母文更易犯此病。戞戞乎陳言之務去，靈心秀筆，食經典之精，而汰其腐，此爲至文。

將《家人》卦作壽母文，人皆知之，有如此之奇思泉湧，秀句雲集者乎？推陳出新，定讓高手無疑矣。

送大中丞關西楊公榮調撫楚序

人才之生，凡以爲天下也，非一方之民可得而私有之也。豈惟一方之民不得而私有之，雖天下之民亦不得而私有之也。古之善用人者，常以一人之才，周天下之用，側批：上下今古以立言。酌其緩急，而更調之，而爲之臣者，知上之期我厚，常以其身，聽上所使，而不敢言勞，斯誠灼然于治亂安危之大計，而非悠泛者所可幾也。

大中丞關西楊公，自筮仕，敭歷中外三十餘年，豐功殊績，未易更僕，而其最著者，莫如西臺糾吳逆一疏。蓋天下屬望于公久矣，公撫吳上江，甫一載，吏憎民安，吳人私幸可長有公。未幾，撫楚之命下，蓋天子知公之習于楚，又嘉公之在吳，而心不忘楚也。先是，楚兵變起，皖屬唇齒，諸亡命游手，咸思乘機竊發。公外練兵哨，內聯保甲，皖以晏然。楚羽書旁午，請兵請餉，日夜相望于途，公隨叩隨應，更累疏于朝，某路當調某將，某將當進某路，天子可其奏，悉與施行。向使公非習于楚，側批：挽上有勢。與非在吳，側批：應。而心不忘楚，則今日之楚，未必屬之公，而吳人得長有公矣。且吳與楚均重，天子移公入楚者，非輕吳也，吳治而楚亂，緩急之勢異也。夫楚人之欲得公，與吳人之重失公，二者雖顰笑異性，公私殊致，而其情一也，公其何以慰之？公曰："吾惟天子使而已。吾在吳，嘗一日忘楚；吾在楚，其敢一日忘吳乎？"側批：說得懇至。未蓋公之心如此。嗟乎！用人者以是待公，其亦深知公者矣。抑又聞公嘗有志聖賢之學。夫聖賢之學，以天地萬物爲一體。夫既知天地萬物爲一體，側批：《西銘》宗旨。則其視天下之人，皆如吾之視其同室與其兄弟，尚何有于吳人、楚人之分也哉？

公行矣，楚之大夫士，以逮黃童白叟，群相語曰："是向在楚軍前畫策者也，是又分巡我鄖陽，不持一錢往者也。"公雍容于表率拊循之地，而爲之吏者，不待察而服公之丰裁，其民諭公之德意，而孚其威信，可不肅而治。然則公之撫楚也，殆易于撫吳者矣。古之君子，側批：此真南豐衣鉢。恒懼夫狃于其足以勝之，而罔思其重且難，或張弛之失其宜。《易》曰"夬履貞厲"，言傷于所恃也。嗟乎！公豈以楚爲易治，而不加之意乎哉？

汝瑚辱公知久，受推解之恩尤至，于公之行，愧無以爲贈，但舉兩地人之情，側批：數句收盡全篇之勢。發明之以送公，又舉天下人之屬望于公者以祝公，而未有當也。昔周、召分陝，實皆撫釐，而周公入爲太宰，召公入爲太保，此非陝已事乎？天子一日念公功，命公左右輔弼，朝夕謀謨密勿之際，然則公始終爲天子有耳，天下且不得而有之，側批：奚啻常山之蛇！奚吳、楚之足云乎？

贈行之文，忌俗、忌套、忌板，必如此作，方可無議。況又議論崇閎，意解奧深，通篇起伏、關鎖、照應之妙，無一筆不是韓、歐，迺真遵巖先生後勁。

就兩地人情摹寫得真摯，又從公曲處兩地之人體貼得委婉，此真胸中流出之文，非餖飣綴拾者所能彷彿一二。

送少參錢陶雲先生榮歸序

王陽明先生曰："近世所謂道德，功名而已。所謂功名，富貴而已。"嗟乎！

士大夫患不知求道德與功名耳。知求道德與功名矣,而其失乃至于以功名爲道德,側批:妙論,可發一嘆。以富貴爲功名,如此而望其出處之合于古,猶却行而求前也。古之君子,澹然寡嗜,視富貴無足重輕,然後能審進退;審進退,然後能不忘君父;不忘君父,然後能推賢讓能,以濟其家國,而利其社稷。故朝廷不可一日無此人品,天下不可一日無此風俗也。不佞汝瑚持是説久矣,求之今世,其參藩錢陶雲先生乎?

先生浙名進士,起家司理,以高第旌入郎銓部,銓部郎多賢,獨推先生超卓,駸駸貴重矣。先生顧獨請外,得視黔學。黔烽燧甫息,先生訓督黔士至勤,黔爲丕變。秩滿,擢三吳糧儲,聞者艷之。先生曰:"吾豈樂乎此哉?將有所需,側批:沁人心脾。而求息于此也。"先生至吳,愛民恤軍,剔奸釐弊,無誤國家事而已,非有利于己也。聖天子南巡,求賢若渴,諸與先生官于吳者,有善狀,輒膺不次擢。假令先生稍見其才,或自言功,安知不早建中丞之纛?又不然,而稍需歲月,循序以進,内而卿寺,外而藩臬,易易耳。先生戚然曰:"吾不樂于此久矣,吾求免之不暇,而有他志乎?"拂衣高謝,如棄敝屣。吳之士庶,無不爲先生惜者,惜之不已,相率起而留之。

嗟乎!君子之出處,側批:此出處大道理,無人領會及此。要在内斷之心,而不必徇乎衆。衆皆以爲是,苟求之心,而未協焉,未敢以爲是也;衆皆以爲非,苟求之心,而有契焉,未敢以爲非也。《白駒》詩人爲國留賢,至動之以公侯,慰之以逸豫,側批:説《詩》可翼毛、鄭。其用心亦云摯矣,而賢卒不可留,無他,賢者之志決,人不得而留之也。仲尼言:"不義而富貴,于我如浮雲。"今先生義而富貴,側批:妙。亦浮雲也。彼唐、虞事業,千古莫敢與並,達者猶比之浮雲過太虚,況富貴乎?昔聖門言志,説者以爲曾點之虚,不如三子之實,不知三子較虚,曾點較實。側批:現前名理,得所未聞。何者?三子所言,皆兵、農、禮、樂之事,終三子之身,未聞有設施,究竟托之空言耳。曾點所云,暮春童冠,浴沂舞雩,固人人有之,不待學而能,豈不爲較實也與?

先生敭歷中外既久,國家刑名錢穀,以及進退人才諸大政,靡不躬爲其盛。

先生歸，徜徉山水之間，徘徊釣遊之處，吟風弄月，飲酒賦詩，是三子之虛，先生既已實之，而點之實，先生又將有以永之。側批："永"字最妙，以下數句俱發"永"字之義。此其進退綽綽，視三子何如也？陶靖節之詩曰："嘯傲東軒下，聊復得此生。"又曰："世短意恒多，斯人樂久生。"二詩其在去彭澤之後乎？古稱爲臣者，無以有己，是釋爲臣而始有己也，有己而後可以得此生，得此生而始可以久生。側批：先生弖年故祀以久生。故如先生，今日則可以久生矣。彼功名富貴，又奚足云？側批：二語收盡全篇之意。

今人作送榮歸序，只知出脫韓退之《送楊少尹文》、蘇子瞻《醉白堂記》而已。此却不然，全從出處進退許大道理領會出來。末幅四子虛寔之論，尤出人意表。

達人之言，足以警世砭俗。彼擾擾于宦途，鐘鳴漏盡，而夜行不休者，見之能無深省！

送觀察賈可齋先生之任秦中序

陝西副憲可齋賈公，三韓才子，乃晉産也，少嗜書，一目十行，稍長，貫穿群藉。在部署七八載，從澤州、桐城、黃岡、長洲、新城、平湖、嘉興諸先生游，咸以博雅目之。生平所爲詩文甚富，尤工於畫，寫蘭竹佳絕，片楮所落，人珍之如拱璧。與人交，必以肺腑相示，可謂賢者已。嗟乎！以公之才，假令生漢武帝時，側批：韓海、蘇潮氣象。固當附東方朔、司馬相如、枚臯之列，聯翩金馬，日給上林筆札屬之抽毫掞賦也。即如唐、宋盛時，猶許公卿論薦，公亦得以掌故之職，曳珮闕庭，點綴太平之盛。然而公不屑也，豈其所自負者，獨能爲天子宣力四方，而不在區區翰墨之間耶？

公之始至黃也，恂恂一儒者，其所持廉，古之懸魚拔葵，不是過也。四三年來，號令不繁，一切拊摩，與民休息，吏民所上罪狀，輒按坐欨法之大者，餘並貸之。其律所上下輕重，輒擇輕者予之，縣大夫或不勝其武健，又輒平反之。暇則引博士弟子過雪堂，與之讐經校藝而已，他不以及也。世所稱一切揚湯止沸，而亟疾苛刻,以獵威名於天下者,非獨厭薄不爲,又從而耻之。公之治黄,美不勝書,其大致如此。天子俞督撫兩部使之薦,特准卓異,賜蟒服,首擢公爲秦觀察,蓋異數也。

然則公其何以治秦? 汝瑚嘗讀《詩》至《秦風》,其言盡田獵戰鬪之事,其人翹然自喜,憪然有躍馬賈勇之氣。若夫楚則不然。楚無《風》,然《二南》皆楚也。側批: 此段意思大奇。夫《二南》,王者之化,列國皆不敢並,況秦乎? 後數百年,而《騷》出焉。《騷》非詩也,然已合於可以怨之旨矣。且夫《秦風》慷慨,而入於猛;《楚騷》柔婉,而鄰於悲,均之非中聲也。然而君子不廢者,豈非其陳之可以觀其風,其歌之可以貢其俗? 君子於此,亦惟化而導之,以歸於中焉耳。夫公之治楚,亦既章章矣。倘移其治楚者以治秦,側批: 此真《詩》、《騷》之遺。安知車鄰馬白之風,不一變而爲《采蘋》、《采蘩》之盛者乎?

公行矣,楚之人,悵然於公之去何速者;秦之人,且悵然於公之來何暮也。瑚與陳子幼孜,馬子學海,蔣子馭鹿,吳子幼康,游子雲子,均公耐久朋,携酒祖公於黄鶴樓上,而瑚序之如此,公其能無黯然乎?

夫子欲變齊、魯,以至于道;斯文欲變秦、楚,而歸于中。有世道之責者,安可不以移風易俗爲亟乎?

古氣磊落,神韻猶夷,名士風流如見。

送觀察衛凡夫先生之任潼商序

聖賢之學,側批: 開明見山。心性焉而已。《大學》言心不言性,《中庸》言性不言心,豈言其一而遺其一哉?《大學》言心到極至處,便是盡性之功;《中庸》言性到極至處,便是盡心之功。心與性一而二,二而一者也。余嘗爲心性之說語人,人無信之者。

曲沃衛凡夫先生,故大學士文清公令嗣也,與余爲三十年之交,其學以復性爲宗,而復參透二氏之旨。先生示余《一菴偶錄》,余初讀疑之,既而信之。疑者疑先生之以儒而入於二氏也;信者信先生以儒爲主,二氏特因而發明之耳。

彼二氏之學，所以大異乎吾儒者，釋氏認心爲性，道家以爲心現則性滅，以竊附於《大學》言心不言性之列，不知《大學》雖不言性，至善非性乎？側批：妙。不言盡性，慎獨非盡性乎？側批：妙。程子言性即理也，天下無性外之理，無性外之物，自始學至聖人，只此工夫而已。象山有見於心，無見於性，朱子所爲目之以禪也。今夫君子之學，豈有心於同異？惟其是而已。吾於二氏之學，側批：此亦調停之言。有同者非是苟同，其異者自不揜其爲異也；吾於二氏之論，有異者非是求異，其同者自不害其爲同也。且夫道家之玄，孰不以爲異？而舜之德，側批：俱是調停處。亦曰玄德。道家之丹，孰不以爲異？而武王之書，亦曰丹書。釋氏之種子，孰不以爲異？而程明道亦曰："心如穀種。"不特此也。《道德經》曰："觀其妙，觀其竅。"《心經》曰："觀自在菩薩。"孰不以爲異？而大《易》亦曰："觀有孚顒若。"豈非其同者，不害其爲同，而其異者，自不掩其爲異哉？

或曰：佛學盡於眞經《四十二章》，其餘則皆中國文士，如王羲之、白樂天、柳宗元、王介甫、蘇子瞻、楊億之倫，其夙植頗近於佛，借吾儒之説似佛者，人之佛經，世人不察，反以佛説爲廣大精微。不知其所謂廣大精微者，側批：釋氏亦無詞能解。皆其竊之吾儒，而實異乎吾儒者也。至於仙家妙旨，無出《參同契》一書，然須讀《悟眞》篇，首尾融貫而無所遺，方是究竟處。《悟眞》篇本是發明仙家事，末乃致意於禪，何也？豈以劉向撰《神仙傳》，一百四十六人，其七十四人見於佛經，仙、佛原不相妨耶？大抵佛説之動人甚於仙。文中子大儒也，以佛爲聖人。楊中立、游定夫，二程高弟，而皆好佛。尹和靖見觀世音，誠敬而拜之，日誦《金剛經》一卷。余聞先生奉《準提》甚謹，豈其生於文中子之鄉，故其信佛亦如此耶？余嘗語人，吾儕讀書，不可雜以佛，至做官時，却不妨參禪，以其於仁民愛物之義，側批：此言太寬。有合焉耳。

先生治鄖八載，政簡民淳，有清净之風。以卓異聞於朝，天子特擢爲陝西潼商道。潼固衝繁，先生移其治鄖者以治潼，潼其有不治者乎？且無論潼，雖治天下可也。余於先生之行，愧無以贈，特爲心性之論，以質先生，先生以爲然否？

《孟子》曰"君子所性，仁義禮知根于心"，此吾儒心性之學也。釋氏有見于心,無見于性,且又"以覺爲性",與程子性即理之言又不同。只此數句,而吾儒與二氏判若霄壤矣。

匏翁闢二氏極嚴,此文稍稍通融,乃其調停苦心處。然其言外之意,自凜然難奪。

送徐邑侯之任惠安序

君子之有志天下者,即未得爲相,願得邑而委心焉。蓋位有崇卑,側批:融會經史妙句。禄有厚薄,而民無分於遠邇衆寡也。古之聖人,雖在廟堂之上,嘗以一夫不獲爲憂,若是乎得民而治者之,匪易也。

惠邑新尹徐侯,吳之名孝廉也,詩文卓犖,久執雞壇牛耳。既謁銓,得閩之惠。惠文獻淵藪也,故明大司馬張净峰先生,理學事功,弁冕寰區,餘未易更僕。其地左壺蘭而右清源,洛陽之勝,甲於天下。離支龍目、江瑶柱、蠣房之美,甲於閩中。侯製錦於斯,亦樂矣。汝瑚羈棲吳門,謁侯私第,侯揖而進之,且酌之酒,曰:"先生何以教予?"汝瑚侍坐終日,竟無言焉,非無言也,離閩已久,不能言也。請問侯何以治吾惠,侯曰:"有之。小子嗣旦曾大父念陽公,登故萬曆乙未榜進士,出晉江李文節先生之門。先生門士多,獨心期曾大父,爲必當名世。曾大父忠誠自矢,砥節首公,爲吏明習法律,無縱舍。在蜀以勤寇盡瘁,在朝以忤奄捐軀,吳民擊殺緹騎,奄黨議沼吳,曾大父抗言於朝,事得解。嗟乎!曾大父之所爲極難耳。小子生晚不及見,然庭訓在耳,幸叨一邑,其敢隕越以墜家聲?先是,令於惠者,予同年陳寄菴先生也。在惠多善政,天子嘉之,旌入選臺諫。夫陳先生既無愧于蕭何矣,予乃欲自異于曹參,不已過乎?"侯之言如此。

汝瑚聞之,喜且歎曰:"侯真孝子仁孫哉!今夫爲常人之子孫易,側批:上下古今,方有此妙論。爲名人之子孫難,爲名人之子孫固難,爲大忠大賢之子孫尤難。何者?祖德崇高,難乎其爲述也。司空公德未究其用,位不盡其才,將必有在其後之人無疑也。《詩》曰:'無念爾祖,聿修厥德。'侯其有焉。且侯以爲何果能勝于參矣乎?史稱何佐高帝,定一代制度,多襲秦故,不能遠追三代,參以清净爲治，其相天下，一如其相齊。然則何與參之相去也，特毫髮耳。今夫均一單父也，側批：波瀾老成。宓子賤鳴瑟而治，巫馬期戴星而治，巫馬非拙，宓亦非巧，賢者之所爲，不可以一轍拘也。昔夫子之答問政也，言人人殊，惟子游氏獨得其真傳，曰：'君子學道則愛人，小人學道則易使也。'維時夫子聞之，不以爲己之言，而直以爲偃之言，豈非以言之非難，而行之爲難也與？侯生子游之鄉，持是言以往，他日惠之歌咏侯者，不以爲子游氏之言，而以爲侯之言也，侯不亦愉快矣乎？"侯遜謝者再。

汝瑚于是載拜颺言曰："侯可以行矣。侯不忘文節公，文節《仕蹟錄》有曰：'予初入閣，或言須收拾人心，予謂未敢失人心，不用收拾。或勸急做好事，予謂好事平平做將去，要急却緩，要好却不好。'文節此言，側批：一收徹全篇之勢。治一邑可，相天下可，侯可以行矣。"

　　作古文無一番議論，必不能聳動人。此篇爲名人子孫一段議論絕妙。
　　矧末幅層層俱有精義，如遊山陰道上，令人應接不暇。
　　原本經傳以立言，文亦蘊藉深厚，無輕浮佻薄之習，所以爲至。

匏野文集卷四

論

論理氣

理氣之義何取乎？《易》曰："一陰一陽之謂道。"此從"氣"字點出理來。側批：來歷分明。又曰："易有太極，是生兩儀。"此從"理"字點出氣來。天地萬物，渾是一團理氣，理大無窮，氣亦大無窮，理無形，而氣有迹。理與氣，一而二，二而一，終古無定論也。

或曰：未有氣，側批：五大段包括許多名論。先有理。既有理，便有氣。則以爲理先而氣後者有。然不知理氣不可分先後。陰靜爲先，陽動爲後。此以論陰陽、動靜之先後則可側批：理氣不外陰陽、動靜，陰陽、動靜不可盡理氣。而欲執爲理氣之先後則不可。何者？陰陽、動靜，無並至之時，故可言先後。若理與氣，有則具有，絕無縫隙，不可別其孰爲先，孰爲後也。苟無氣，理無止泊；苟無理，氣有差忒。如桃不生李，李不生桃，此氣中有理也。朱子辯蘇黃門《老子解》有云："道器之名雖異，其實一物也。"與理氣決是二物之言，側批：亦朱子之言。又不同矣。

或曰：理渾淪只一個，氣纔有許多分別。則以爲理一而氣萬者有。然不知理氣元不相離，理渾淪只是一個，氣亦渾淪只是一個。氣分別出許多，則理亦分別出許多。理雖分別有許多，究竟只是一個。側批：名言。該得如此，做出千萬個該得如此來。楊方震《答余子積書》云："若論一，則不特理一，而氣亦一也。若論萬，則不特氣萬，而理亦萬也。"有味乎言之矣！

或曰：理爲主，氣爲客，客有來往，皆主之所爲，而主則不與偕往。則以爲氣

87

有聚散,而理無聚散者有。然不知曰聚曰散,就人物之生死存亡而言。若夫天地之氣,萬古如一,無生死存亡之可言,又安有聚散之可言耶?羅整菴曰:"氣之聚,便是聚之理;氣之散,便是散之理。惟其有聚有散,是乃所謂理也。"此其説至妙,然亦第言人物之理氣耳。

或曰:氣有精英查滓之不同,理只有精英而無查滓。則以爲理清而氣濁者有。然不知人物之生,皆出于天地,其精英者爲人,其查滓者爲物,而物之中,如龜、龍、麟、鳳四靈,畢竟是查滓中精英。又若蜂蟻知有尊,虎狼知有親,騶虞之仁,神羊之義,亦查滓中一點精英。人自大賢以下,精英中亦不能無查滓,各隨所得之多寡,以爲差等,而有智愚賢不肖之别。程子曰:"善固性也,側批:程子亦有"善惡皆天理"之言。惡亦不可不謂之性。清固水也,濁亦不可不謂之水。"而理清氣濁之説可廢然返矣。

或曰:湛然無爲者理,氣有過不及,理亦末如之何。則以爲氣强而理弱者有。然不知理該如此,而不能自如此。其能如此,皆氣爲之也。氣能如此,而不能盡如此。滯于有迹,運復不齊故也。若以爲氣强理弱,理管攝他不得,然則所謂太極者,側批:可見理能統氣。窈窈冥冥,又安能爲造化之樞紐,品物之根柢耶?薛文清曰:"理盛則能勝氣,氣盛亦能勝理。"此猶孟子言志壹則動氣,氣壹則動志,畢竟志至氣次也。

嗟乎!萬古不易者理也,萬古常新者氣也。如天地之初,都無一物,只有此理,而天地萬物自能生。假令億萬千紀之後,側批:此論本薛文清。天地萬物一時都盡,而此理既常存,天地萬物復生如故,此理畢竟爲氣之主也。然則理與氣二乎?曰:識得理是氣之主,如何分而爲二?然則理與氣一乎?曰:識得理是氣之主,如何混而爲一?

理須從氣上認取,然認氣爲理,便不是,此處間不容髮,最爲難言。斯篇言之,歷歷千年,暗室一爐。

理與氣分合不得,輕重不得。孔子明言太極生兩儀,理爲氣之主,儒者之論,畢竟以此爲正。

論河圖洛書

天地禎祥之器,側批:奇秀絕倫。惟《圖》、《書》爲最奇。宇宙文字之原,惟《圖》、《書》爲最古。《易·大傳》曰:"河出《圖》,洛出《書》,聖人則之。"《河圖》、《洛書》並出於伏羲之世,側批:可破千古之疑。聖人取之以作《易》,而疇範無與也。世之儒者,惑於孔安國"《河圖》授羲,《洛書》錫禹"之説,於是有以《圖》之數十、側批:《本義》、《啓蒙》改正的。《書》之數九爲言者;有以《圖》之篇九、側批:鄭康成之言。《書》之篇六爲言者;甚且謂《圖》不獨可以畫卦,側批:陳潛室之言。亦可以明疇,《書》不特可以明疇,亦可以畫卦者。夫《圖》與《書》之可以畫卦,古聖人而既爲之矣,至於《圖》與《書》之可以明疇無論,其數不相符,即使相符,而古聖人未有爲之者,後之人亦不能以强爲之也。大抵漢儒多習讖緯之學,其爲義疏,率多穿鑿。唐、宋諸儒,遞相傳述,經緯常變,奇偶贏乏,以及五行生尅之説,疊出而不窮。雖大儒如晦翁,猶未免牽合附會其間,况其餘者乎?

按《書·顧命》云:"天球、《河圖》在東序。"天球,玉也。《河圖》與天球並列,則《河圖》亦玉之有文耳。側批:程大昌亦云《圖》有文無字。崑崙產玉,河源出崑崙,故河亦有玉。洛水至今有白石《洛書》,蓋白石而有文者也。聖人則其文以畫卦,初無所謂五十五數與四十五數也。夫五十五數,《易》數也,《易》安有所謂四十五數哉?四十五數者,戴九履一,左三右七,五居中而上列二四,下列六八,分布而爲九宫,子華子言之,《大戴禮》言之,《乾鑿度》言之,在《易》則無一言及者,蓋非《易》數也。《洛書》他經無所見,側批:王羲烏止主此説。按《禹貢》但言導洛,不曾言洛之出《書》,則是《書》與《圖》並出無疑也。且夫《易》書未作之先,其理在天地,與天地間萬有並形之物,聖人固非汲汲有待於《圖》、《書》也。《圖》、《書》雖不經見之物,但非作《易》之本,側批:的確之論。不過仰觀俯察中一事耳。若果《圖》、《書》所呈之數,即《易》書所列之數,則伏羲但取《圖》、《書》足矣,何必仰觀俯察,遠取近取之多事乎?況乎天不愛道,《圖》、《書》豈無再見之時?如魏、晉之間,張液出石圖,文字燦然,惟是世無聖人,莫識其義,

89

其不湮没於崩崖裂石之下者有幾哉？善乎程子之言曰："夫子感麟而修《春秋》，麟不出，《春秋》豈不修？伏羲不遇《圖》、《書》，八卦亦須作。"因見賣兔者曰："此兔亦具奇偶，數便在中起。"然則伏羲氏之作《易》，其專恃《圖》、《書》者乎？抑不專恃《圖》、《書》者乎？而好事者，又且神明其説，以爲龍馬、神龜負之而出，豈不更可笑也哉？嗚呼！事有出於聖經，側批：廬陵之筆。明白可信，而後世勿之信，而顧信漢儒附會之説，其甚者，蓋莫如以《洛書》爲《洪範》，而以《易》數爲《河圖》之數之謬者矣。

先儒謂一梅一兔，亦可畫卦，《圖》、《書》非作《易》之本，不過觀察中一事，此論最精。

論河圖洛書二

天地間物，皆具奇偶象數，而《圖》、《書》又象數之顯然者也。聖人因其象數之顯然，而至理寓焉，故畫一奇以爲陽，畫一偶以爲陰，因而重之，又重之三畫，以成八卦。卦以成《易》，此其大較也。伊川見賣兔者曰："此兔亦可以畫卦。"知《易》者也。蓋兔首尾皆奇，四足爲偶，奇偶即具陰陽，非止《圖》、《書》也，學者亦惟體《易》理以有諸己而已矣。湛元明先生曰："《圖》、《書》者，聖人畫卦之芻狗也。後儒未能體《易》理，汲汲焉理會《圖》、《書》，分折配合，是求之聖人之芻狗也，豈不誤哉？"此言甚有理。伊川詰堯夫知《易》數爲知天，知《易》理爲知天，堯夫曰："知《易》理爲知天，今《圖書》、《易》數之類也。"故周、程只是學《易》，側批：二句深中肯綮。亦未嘗理會《圖》、《書》意可知矣。且若以兔畫卦，亦將何以分折配合乎？又況未有《圖》、《書》之前，未有一畫，古之神聖不知其何以明道也。

今夫《河圖》非他也，即吾身之中，亦自有《河圖》者在焉。《洛書》非他也，即吾身之中，亦自有《洛書》者在焉。側批：吾身自有《河》、《洛》，奇甚，妙甚。故《河圖》之數，一而二，二而四，四而八，八八六十四，而虛其中者，側批：與二程之言吻合。中心也。《洛書》之數，一而三，三而九，九九八十一，而實其中者，中心也。

明道曰："中有主則實,實謂心中有理也。"伊川曰："中有主則虛,虛謂心中無物也。"此二程之言中虛、中實,即《河》、《洛》之中虛、中實也。故曰:"王中心無爲,以守至正。"八實其中,《河圖》而《洛書》也,其聖人無心而有心乎？九虛其中,《洛書》而《河圖》也,其聖人有心而無心乎？

然則《河圖》、《洛書》之説,其寓言乎？曰："不然。"天地神其迹,而聖人通其神矣,故天地有河、洛矣,而出《圖》、出《書》,以洩其祕焉。聖人亦有河、洛矣,側批:此句甚奥妙。而出《圖》、出《書》,以顯其心之蘊焉。惟其能顯吾心之蘊也,故能洩天地之祕;惟其能洩天地之祕也,故能成天地之能。然則欲明聖人之道者,側批:結句大主意。求諸吾心而已,不必紛紛索之象數也。

萬物皆具奇偶,不止《圖》、《書》。吾身自有河、洛,即是《圖》、《書》。奇理至理,未許淺人問津。

周、程只是學《易》,未嘗理會《圖》、《書》。故二程之言中虛、中實,即《河》、《洛》之中虛、中實也,深知《易》理之言,非屬影響。

論連山歸藏周易

《周禮》太卜掌三《易》之法,《連山》、《歸藏》、《周易》。杜子春謂："《連山》伏羲,《歸藏》黄帝。"鄭玄謂："夏爲《連山》,殷爲《歸藏》,周爲《周易》。"于氏云："伏羲氏之《易》爲小成,文王因之。列山氏之書(《易》)爲《連山》,夏人因之。軒轅氏之《易》爲《歸藏》,商人因之。夏得人統,故歲首建寅,而卦首《艮》。商得地統,故歲首建丑,而卦首《坤》。周得天統,故歲首建子,而卦首《乾》。"

愚謂:夏時講學者所重在止,商時講學者所重在静,周時講學者所重在潛,側批:妙論,得未曾有。要在人思而得之耳。昔孔子嘗言夏禮、殷禮,獨不言二代之《易》。非不言也,孔子曰："吾欲觀殷道,是故之宋而不足徵也,吾得《坤》、《乾》焉。"韓宣子聘魯,見《易》象、《春秋》,嘆曰:"周禮在魯。"先儒云："《周易》即周禮,《周官》之名。"是禮與《易》一也。意夫子所言夏殷之禮,《連山》、

《歸藏》即在其中乎？他曰《繫辭》至《説卦傳》，未嘗不寓意於二代之《易》也。曷明之？《繫辭》每舉《乾》、《坤》，皆以尊《周易》"定位"章首《乾》、《坤》，與上、下傳首篇之言《乾》、《坤》同意，其爲《周易》無疑。若"雷動"章，以雷風雨日艮兑乾坤爲序，其對與定位同，而序不同。先長中少三男女，後二老，又皆陽率陰隨，愚謂之"坤乾易"非耶？以《坤》居末，而《乾》次之，蓋畫卦自下而上也。"出震"章，以震巽離坤兑乾坎艮爲序，序既與前異，而對亦參錯不齊。然據"成終成始"一語，疑是《連山易》，亦猶《乾》、《坤》以其後得名也。且帝出乎震，夏正也。若文王之《易》，當云天開於子矣。"神妙"章，去《乾》、《坤》而專言六子，先以雷風火澤水艮爲序，後以水火雷風山澤爲序，先用"出震"章之序，而亦曰"終始萬物"，莫盛乎艮。後用"定位"章之對，而逆陳之，此合三《易》而統論之於流行用中涵對待體也，不言《乾》、《坤》，尊《乾》、《坤》也。蓋《連山》並二老於六子而爲致役，爲相薄，則二老反受其勞。《坤》、《乾》雖尊二老，而位尚未正，必如《周易》，乃首《乾》、《坤》而正其位矣。《連山》八卦參錯，獨《離》、《坎》相對，《坤》、《乾》八卦相對，而獨二老在後。《周易》則八卦相對，二老居前。有《連山》而後有《歸藏》，有《歸藏》而後有《周易》。時至事起，所謂"監二代"而"損益"者與？自此以後，第七章以至第十一章，皆以二老六子爲序，先後未嘗紊一字，意可見矣。首《乾》、《坤》者爲《周易》，則首《震》而終《艮》者必神禹。蓋參伍以變，錯綜其數，則三《易》無不可通，而正名定分，軌之於道，必待《周易》而後準。名之曰周，以別於夏、商二代，文王亦自謂備一家言耳。三《易》參用，是故夫子存其説哉。

　　黄帝、堯、舜治天下，首取《乾》、《坤》。可見《易》首《乾》、《坤》，非自周始也。孔子從周禮即從《周易》，非二代可比。

論無極太極

　　朱子曰："極之得名，蓋取樞極之義。"又曰："太極只是極至，更無去處了。"二説皆是。或比於"屋極"、"斗極"、"天極"之"極"，顧此可以狀中極，不可以狀太極。太極者,包裹陰陽,而究於無極。中極則至精至粹,如樞如紐,游於陰陽之内者也。中極亦陰陽未剖之名,未始非太極,然而猶有迹也。欲知太極之狀,盍即其始卒而釋之乎?散太極爲兩儀,散兩儀爲四象,散四象爲八卦,則合八卦即四象,合四象即兩儀,合兩儀即太極。故太極者,不分之陰陽而陰陽者已分之太極也。太極者,兩儀合之形,而兩儀合之名也,無處不存,無時不有,非此則陰陽不和同,而往來廢矣。若曰立於混沌之初,超於陰陽之外,不倚於陰陽,而能生陰陽,不可狀,不可名,則猶是影響之見耳。

或又謂:"太極者,理陰陽者氣。"或又謂:"太極亦是氣。"不知以理論太極,則太極之理分,而爲陰陽之理;以氣論太極,則太極之氣分,而爲陰陽之氣。然太極畢竟是理,側批:不易之言。此邵子所以有"道爲太極,心爲太極"之說也。道爲太極者,以流行而言,是萬物各具一太極也。心爲太極者,以統會而言,是萬理同出一太極也。然而孔子言有,周子言無,何居?説者曰:孔子贊《易》則主《易》,《易》無體,故曰有。周子圖《太極》,則主太極,太極有朕,故曰無。雖所言不同,而其理不相悖也。蓋周子因"《易》有太極"之語,而爲之立象以示人,又恐學者執太極爲有象,側批:周子知已。而索諸形器,則不惟無補於學者,而反以病道。故言此太極者,無而實有也。無而實有,則不爲無,有而云無,又不可以形覓。是無乃因圖而立言,非以太極爲無,亦非謂自無而有,如老氏有生於無之論也。大抵太極無以上事矣,無極之加,亦不得已也。

然則周子之言無極,與張子之言太虛,有異乎?曰:周子言無極,爲作圖而明其非有象物也。張子言太虛,爲欲別於氣化之迹,而明其不雜也。先儒謂無極字落在中間,太虛字落在一邊了,此其微不同耳。聖人不言虛無,而於《易》間言之。聖門之言虛無,不同二氏之言虛無也。

嗟乎!無極、太極之説,側批:此段廬陵得意筆。朱、陸兩先生往復辨詰,漫衍數千言而不定,晦翁末有"各遵所聞,各行所知"之答,苦終無望其相合者,後人亦竟未有分疏其間。至今百世下,言太極者,誤爲有象之執;言無極者,誤爲未有之空。此正如程子所謂"扶醉人扶得一邊,又倒一邊去",故立教貴乎中正也。

　　知太極本無極,便可知無極而太極,非兩節語矣。晦(鮑)翁所以極論《宋史》加自爲二字之誤。

論用九用六

　　六十四卦之九,則皆自《乾》來者也,故謂之"乾元"。六十四卦之六,則皆自《坤》來者也,故謂之"坤元"。乾元而不自爲元,則《坤》將受之;坤元而不自爲元,則《乾》將受之。《乾》以用九而之《坤》,《坤》以用六而之《乾》。《乾》、《坤》互用,而《易》行其中。無《乾》、《坤》,則無復《易》也。聖人之意,以六十四卦,皆爲《乾》、《坤》,故於兩元六爻之外,別繫兩象,使人悟九、六二用,即爲之卦,而無窮之義以出焉。

　　然則不言用《乾》、用《坤》,而言用九、用六,何也？曰：若如文王、孔子之説,則六十四卦,縱橫曲直,反覆相生,無所不可。若論伏羲畫卦,則六十四卦一時俱了,側批：此論發人未曾。雖《乾》、《坤》亦無能生諸卦之理。惟九與六,不特六十二卦由之以生,即《乾》、《坤》二卦,亦不能離九、六以立體也。然則《乾》、《坤》二卦言用,餘卦不言用,何也？曰：言用九,則六十三卦皆此用九;言用六,則六十三卦皆此用六也。《屯》之用九而爲《坤》,用六而爲《乾》,猶《蒙》之用六而爲《乾》,用九而爲《坤》也。但舉二卦,則諸卦俱可例推耳。然則《易》之九、六變,而七、八不變,何也？曰：家正主於父母,氣化主於天地,天地父母不爲政,則六子不得爲政也。七、八所值六子之象,九、六所值父母之象也。然則九變六,六變九,是乎？曰：非也。九當變八,六當變七。何以言之？《國語》董因爲晉文公筮,遇《泰》之八,謂初二三,以九變八,而四、五上,不變爲八,故《泰》之八也。唐人張轅作《周易啓元》曰："老陽變成少陰,老陰變成少陽。"蓋與此合。然則陽變而遂爲陰,《坤》變而遂爲陽與？曰：陰陽之體,何可變也！側批：不易之解。陽九而動,陰六而變,九動而取於《坤》,六動而取於《乾》,《乾》、《坤》夫婦相爲取也。

然則六爻皆九，猶然《乾》也；六爻皆六，猶然《坤》也，不謂《乾》之《乾》，《坤》之《坤》，而謂《乾》之《坤》，《坤》之《乾》，何也？曰：《易》之爲道，靜以爲體，動以爲用。靜體則反復，動用則對化，反復之與對化，皆《易》也。無對化則《乾》不爲《坤》，側批：兩語判盡疑義。無反復則《屯》不爲《蒙》。如使《乾》、《坤》之卦，有對化而無反復，則五十六卦之反復，亦無所從出矣。故《乾》、《坤》之有反復，以爲《坎》、《離》、《頤》、《大過》、《中孚》、《小過》反復之本，而兩濟之有對化，即爲《泰》、《否》、《隨》、《蠱》、《漸》、《歸妹》對化之終。是以《易》舉用九、用六，以明《乾》、《坤》之有對化。諸卦九、六兼用，側批：《易》之能事畢矣。則爲對化；七、八互體，則爲反復。其總於三十六，而分於七十二，動靜顯藏，其究一也。

反復體也，對化用也。體以涵用，用以行體。兩用之義，亦以反復、對化之可互起也。

《易》中所遇七、八多，九、六少，多則以少爲貴。故《易》三百八十四爻，皆用九、六，不用七、八。

論互體卦變

《易》始於畫，畫始於《乾》、《坤》。自《乾》、《坤》而爲八卦，《乾》、《坤》之變極矣。自八卦而爲六十四卦，八卦之變極矣。八卦皆《乾》、《坤》所生，六十四卦皆八卦所生，作《易》之本旨也。傳《易》者懼其説之簡易，而無以相引於奧深之地，於是有"互體"、"變卦"之説。《震》、《坎》相合，中復有《艮》；《離》、《震》相合，中復有《巽》，此互體也。自《復》來者若干卦，自《臨》來者若干卦，自《泰》來者若干卦，《比》生於《師》，《小過》生於《晉》之類，此卦變也。又曰："《乾》、《坤》，大父母也；《復》、《姤》，小父母也。"嗚呼！天地萬物之父母，故萬物一天地也。《震》、《坎》相交，既成《屯》也，安得復有《艮》？《離》、《坎》相交，既成《噬嗑》矣，安得復有《巽》？卦之一陽者，謂自《復》來；二陽者，謂自《臨》來；三陽者，謂自《泰》來，陰陽皆始於《乾》、《坤》。捨曰《乾》、《坤》，而曰來自《復》、自《臨》、自《泰》者，何耶？側批：不問主腦，而問旁支，何也？ 錯《震》於《坤》之下，則爲《復》；錯《巽》於《乾》之下，則爲《姤》。《復》一陽一陰，八卦相錯，必有是也。今見其爲一陽一陰之始，則又目之曰小父母、父母是也，側批：辨得倒。安得小大之別也？枝蔓其辭，轉相傳致，學者不知其非也。捨道德性命之理，而從事於紛紛無補之説，安能見大義之蘊哉？

昔人論卦，謂"兩相對以成"，此説得之。畫有陰陽，變之所由生也。六十四卦，皆陰陽相對以變。《屯》與《蒙》相對，皆二陽也，《屯》變初與五，《蒙》變二與上也。《需》與《訟》相對，皆二陰也，《需》變上體，《訟》變下體也。《師》與《比》相對，皆一陰也，《師》變二，《比》變五也。《小畜》與《履》相對，皆一陰也，《小畜》變四，《履》變三也。六十四卦，其變皆然。蓋天下之理，生於一，成於兩，未有獨立而無對者。消息盈虛，往來屈伸，動靜闔闢，其相與推盪於無窮者，皆兩也。《乾》、《坤》之後，即繼以《屯》，《屯》之《象》曰："剛柔始交而難生。"乾純陽，坤純陰，《震》始交乎下，《坎》始交乎中也。他卦或曰"柔來交剛"，"剛來交柔"，皆以《乾》、《坤》爲本，而取剛柔之變，相錯以成卦，非諸家之所謂"互體"、"卦變"也。此理甚明，當有能辨之者。

不特互體、卦變之理明，連八卦相錯之旨亦透矣。經學晰疑，舍公其誰？

陰陽皆始《乾》、《坤》，捨《乾》、《坤》而曰來自《復》、自《臨》、自《泰》，此尋龍者不尋祖龍，而但取近火也，可笑甚矣。

論先甲後甲先庚後庚

《易》以日月取名，而所重在日。《易》之言日不一，而莫奧妙于《蠱》之言甲，《巽》之言庚。《巽》九五變爲《蠱》，事至于《蠱》，則當復始，故曰甲。甲者十干之首，事之始也。《蠱》六五復變爲《巽》，《蠱》既始事，而《巽》又申之，故曰庚。庚者十干之過中，事之當更者也。《蠱》以全卦言，故于卦辭言甲；《巽》至上卦而復爲重，故于九五言庚。《蠱》之《象》曰"先甲三日，後甲三日"，則世之所謂"六甲"也。六甲者何？"先甲三日"，子、戌、申也；"後甲三日"，午、辰、寅也。《巽》之六五曰"先庚三日，後庚三日"，則世之所謂"六庚"也。六庚者何？"先庚三日"，午、辰、寅也；"後庚三日"，子、戌、申也。庚之所後，甲之所先，甲之所後，庚之所先，先後不同何也？曰：六甲始于甲子，終於甲寅，自北而西，自南而東，始於義，終于仁也。六庚始于庚午，終于庚申，自南而東，自北而西，始于仁，終于義也。且也，甲爲陽更，庚爲陰更，甲居干端，庚居干中。陽更與干端，側批：奧義未剖。則爲開創迅烈之意多，故始義而終仁。陰更與干中，則爲修補調和之意多，故始仁而終義。《蠱》壞之極，非盡革而從新不可。《巽》則不然，修廢舉墜，因舊爲新可已。故《蠱》曰終則有始，取甲之始也；《巽》曰無初有終，取庚之中也。

然則甲、庚並言先後三日，其亦有所合乎？曰：在昔武王克商，以甲子昧爽，先三日而誓師，後三日而畢事。既來自商，大告武成，以甲戌柴望，先三日而祀廟，後三日而分封。故《蠱》用振民，《巽》用申命。甲、庚之先後，其有合于此矣。然則《易》之所貴，獨甲、庚與？曰：《詩》、《書》、《易》象，互相表裏。武王戊午，師逾孟津，己未誓師，辛酉再誓，甲子又誓，癸亥夜陳，會朝清明，故戊、癸、甲、己，周師之所必取也。《革》之兩己，則亦于是取也。然而必言三日者何？曰：三日猶三爻也。日有先後，爻有上下，三日猶之乎六爻也，此又就《易》言也。

或曰：重《巽》申命，君道弱矣。君道剛不足而用柔，柔之不足，而重柔以繼之，《巽》之去《蠱》幾何哉？嗟乎！國家法令凡幾更矣，天下之不大治，其咎果安在哉？毋乃既用幹，而又用譽者，雖《蠱》之六五不免。不用弼而但用諛者，雖《巽》之二上亦不免與？故處《蠱》之時，《艮》、《巽》互用，而欲納天下於至治，非大有所振作於世俗不可也。

《蠱》言先後甲，而曰"終則有始"；《巽》言先後庚，而曰"無初有終"，皆聖人謹其始終之意。

論一陰一陽之謂道

作《易》者先《乾》而後《坤》，側批：精確不磨。尊其統於《乾》也；原道者先陰而後陽，探其本於陰也，曷言之？今夫天地之氣，側批：從"陽"字說起，大有見識。陽而已矣。元始混沌，是爲元陽，道家謂之先天一氣，陽之初氣也，故造化有元陽而無元陰。元氣初動，始分陰陽。一陰一陽者，是後天之陰，而一陰者，即陽之靜氣也。陰即陽之靜氣，是故《易》道尊陽，聖人主靜，蓋主靜所以善動也。先儒謂："主靜之靜，不對動而言。"此最得周子之意者。主於靜即是止於極，非謂靜之境界也。太極動而生陽，靜而生陰，據動靜則析爲兩儀，本動靜則總爲一體。蓋分陰分陽，不特陽一而陰亦一；合陰合陽，不特陰兩而陽亦兩。側批：圖自兩天兩地之名。天地之道，以一爲主，以兩而化。然非一之外，又別有兩，亦非判然折一爲兩也。蓋即一而兩，而一之用始全也。陰化陽者，兩乘一也。陽變陰者，一分兩也。兩乘一，一分兩者，一陰一陽之謂也。一陰一陽，此天道流行變合，以成化工者。惟其爲物本不二，故體立而用自流行。因其用之相生，而言其對待，則爲兩。若析而兩之，如各立然，則一之體息，亦無相生之用，何兩之有？故不有一，則無兩。此一者，數之始，百千萬億皆有一在，故萬物歸於一也。

雖然，陰靜陽動，論者每難後先，惟程子曰："不專一則不能直遂，不翕聚則不能發散。"非妙達造化，莫能言此。夫以吸爲呼，以核爲荄，平旦之氣，精於夜寐，火炮之發，烈於包藏。此皆陰先陽後之義，物理昭然，是以聖人重焉。洗心藏密，側批：奧。密於此也；側批：極矣。極深研幾，研於此也。《艮》言止所，止於此也；《乾》言潛龍，潛於此也。孔子曰："吾觀殷道，得《坤》、《乾》焉。"《歸藏》首《坤》，即此義乎？非獨《歸藏》，《連山》首《艮》亦然。蓋《艮》雖陽而止，則陰也。《艮》之《象》曰"時止則止，時行則行"，止常先於行也。邵子云："一動一靜之間，天、地、人之至妙至妙者與！"然則一陰一陽之謂道，猶言一靜一動之謂道耳。一陰不可謂道，一陽不可謂道，惟一陰一陽而後謂之道。聖人作《易》立教，不可稍有救偏之念，救一偏，是又起一偏也。故一陰一陽者，中正之至也，中正乃救偏之極則也。

然則爻之不中不正者，如何？曰：惡亦不可不謂之性，故吉凶悔吝皆《易》也，但以其偏陰偏陽，不可謂之中正，非《易》之全體，故難以語道。此如犬之性，牛之性，天地間原有此許多物事，然以其偏了，謂之天地之性，則不可。雖然，有疑焉。聖人嘗言太極生兩儀，是理生氣也。兹言一陰一陽之謂道，是氣生理也。聖人之言，亦不同乎？曰：言太極之生兩儀者，聖人之尊《易》也；言一陰一陽之謂道者，聖人之尊陰陽也。有物於此，爲先有形器，而後有理耶？爲先有理，而後有形器耶？父子之親，君臣之義，所謂道也，爲先有父子君臣，而後有親義耶？爲先有親義，而後有父子君臣耶？視曰明，明作哲，聽曰聰，聰作謀，所謂道也，爲先有耳目，而後有哲謀耶？爲先有哲謀，而後有耳目耶？故一陰一陽之謂道，聖人之言，夫固各有當也。

程子謂"道非陰陽，所以一陰一陽者道也"，多出"所以"二字，未免痕迹，甘泉主此説，何耶？

此題惟坡公解最妙，是作欲奪坡公之席矣。

論陰陽之義配日月

《乾鑿度》云："易含三義，簡易也，不易也，變易也。"孔仲達謂："簡易、不易，皆於易無取，特取變易之義。"蓋易以日月爲文，日月者變易者也。程子亦專主變易，至朱子兼取交易之説，其理尤備。愚謂交易之義，固寓于變易之内，不易之義，亦寓于交易之中。惟交故能變，惟變故能不易。請觀日月，寒暑晝夜，無息不移，至變也；萬古此晝夜，萬古此寒暑，不易也。

或曰：日月特《坎》、《離》二象，何爲以全《易》與之？曰：《易》有爻與位，九、六爲爻之陰陽，九陽而六陰也。初、二、三、四、五、上，爲爻之陰陽，初、三、五陽而二、四、上陰也。以爻之陰陽言，惟《坎》、《離》二卦當日月之象；以位之陰陽言，初、二、三爲位之《離》，四、五、上爲位之《坎》。六十四卦之位皆《坎》、《離》，則六十四卦之位皆日月之象也。先儒謂《坎》、《離》得天地之中，日月居天地之中，其義同，其象亦同。八卦中，《乾》、《兑》二金，《坤》、《艮》二土，《震》、《巽》二木，皆陰陽和順。惟《坎》、《離》水陰根陽，火陽根陰，不同他卦。天降而地升，陽唱而陰和。《坎》、《離》者天地之交也。故日爲太陽精，《離》者日之象，何不三爻純陽，而中有陰爻？才説太陽，其間便有少陰，所以月納日之烏，認得日中有月，則可以知《離》卦。月爲太陰精，《坎》者月之象，何不三爻純陰，而中有陽爻？才説太陰，其間便有少陽，所以日納月之兔，認得月中有日，則可以知《坎》卦。《乾》與《離》同受太極之陽，而《離》者中虚之《乾》、《坤》；與《坎》同受太極之陰，而《坎》者中滿之《坤》。《乾》、《坤》，太極之兩儀；《坎》、《離》，太極之四象。是以《坎》、《離》二卦，常爲陰陽，造化之樞紐也。

或曰：《離》陰卦，乃日象；《坎》陽卦，乃月象，何也？陰陽之義，互藏其宅也。或又曰：日中之前爲陽，日中之後爲陰；夜半之前爲陰，夜半之後爲陽。又一時也，分爲八刻，上四刻爲陽，下四刻爲陰。又一刻也，刻之方來爲陽，刻之既去爲陰。陰陽之相去，僅毫髮耳，其故何也？曰：陰陽本一氣，不離亦不雜也。故日行地上則晝，日行地下則夜，晝夜豈二氣乎？日行赤道北則暑，行赤道南則寒，寒暑豈二氣乎？不特此也。日月皆麗乎天者也，日之行，比天只不及一度；月之行，乃不及日十三度，何哉？蓋天秉陽而在上，日爲陽，月爲陰，造化之間，陽大陰小，陽饒陰乏，陽得兼陰，陰不得兼陽，此日行所以常過，月行所以常不及也。故聖人作曆，必合氣盈朔虚，而歸餘于閏，以補月行不及於日之餘，則月之行也，始可與一歲日與天會之次，相參爲一，聖人財成輔相之功，豈淺淺哉？朱子曰："古今曆象，只推算得箇陰陽消長界分耳。"有味其言之也。

"六十四卦之位皆《坎》、《離》，則六十四卦之位皆日月之象。"此理極精，無人曉得。

無日月不能見天地，無《坎》、《離》不能成《乾》、《坤》，此陰陽之義，惟日月爲能配也。

論大衍之數五十其用四十有九

蓋聞一乃數之始，十乃數之終，而五則數之中，陰陽奇偶之總會者也。故數至五極矣，總天地之數五十有五。曰十者天地之正數，曰四十有五者，天地衍出之數，而衍出之數，實不出乎十數之外，不出十數之外，而衍出五十有五之數，斯大衍也。世之論者曰："《圖》之數，五十有五；《書》之數，四十有五，合之適滿百。百者盈數也，伏羲大衍，損《圖》之五，加《書》之五，用其中爲五十，以爲大衍之體。衍之仍得五十，少一以象太虚，實得四十有九，爲大衍之用。"信斯言也，則聖人何不曰大衍之數一百，而必曰太衍之數五十乎？況聖人明言天地之數、大衍之數，未嘗言《圖》與《書》之數也。言《圖》與《書》有數者，起于漢儒之穿鑿，而成于宋儒之附會，此固千古不可解之疑竇也。

世之論者，又曰：王弼不云乎，"天地之數，五十有五，而大衍之數，只五十"，明大衍包天地之數，而非天地之數生大衍也。不知古之聖人，有所制作，必取法象。包犧立揲蓍之法，取天地奇偶之大數而衍之，所以成變化而行鬼神者，乃其出于天地自然之數然也。夫大衍者，以衍天地之數爲名也。名既出于天地之數，非天地生之而誰哉？況大五之外，猶有小五，皆天地之正數也。大衍只包五十，尚餘其五，安得謂包天地之數乎？何其高視大衍，而小視天地也！然而不用十而用九，何也？曰：不欲以陰加陽，故不以十加九也。明乎天下生生之數，始于陽，終于陽也，扶陽之義也。且十成數也，數用其成則不神，學狃其成則不化。故太陽不自有其一，則用九；太陰不自有其四，則用六。少陰、少陽不自有其三與二，則用七、用八。此無我之學也。故大衍之數，不用五十，而用四十有九也。然而必虚一者，何也？今夫天地之初，一難言矣。其在人心未發之中，一之藏也，側批：誰能於此題，說此理學？即《易》所謂大極也。已發之和，一之形也，即卦所謂奇也。有中有和，一之兩也，即卦所謂偶也。一奇即一偶，奇一偶兩即三，三三即九，大衍虚一而用九，即此義也。凡聖人宰物制事，不處其盈。盈於此，虚於彼，盈而不虚，其數必窮，聖人所以退藏於密也。然則《圖》、《書》二數，可廢乎？曰：不可。捨《圖》、《書》之名，而論二數，則自有妙理。强二數以《圖》、《書》之名，則於經無據。況欲牽合九、六、七、八，以爲四象，傅會五行生尅，以配八卦，而謂之作《易》之原，可乎？

此兩句解者紛紛不同，鄙意還作脱文爲是。匏翁斯篇，可謂集衆論而衷其獨至者矣。

中行狂狷鄉愿論

孔子曰："不得中行而與之，必也狂狷乎？"千古道脈，除卻狂狷兩條，更無站腳處。中行學問，須是養成，不是一蹴便到得。故從來聖賢豪傑，俱是狂狷做的。不得中行者，言中行不易得，非謂時代之降，無中行也。孔子以狂狷兩路，收盡世間有道種子。與之者，言以斯道擔子交付之也。這擔子，非狂者擔當不得，非狷者撐持不住。奈世間物，有獨必有對。有真中行，即有假中行；有真狂狷，即有假狂狷。假狂狷易辯，假中行難知。假中行者何？鄉愿是也。鄉愿之托于中行，視妄人之托于狂，腐儒之托于狷，有甚焉。故孔子置假狂狷不辯，而獨於鄉愿，痛之闢之，不一其詞焉。或曰：鄉愿同流合污，與老子"和光同塵"無異，不知非也。老子和其光，蓋有光而和之，使含蓄不露耳，非黯然無光也。同其塵，所與世同者塵耳，塵輕微不染，拂之即去，若污泥則安可同也！鄉愿無光可和，況其所同者俗，所合者污，視老子奚啻霄壤！觀其譏嘲狂狷，豈真有仇于狂狷？特以狂狷爲衆所不喜，側批：如見鄉愿肺肝。而與衆同惡耳。此其用心亦太勞矣。鄉愿一生精神，盡在世情陪奉，舉天下無不可媚之人，獨不能媚孔子、孟子耳。側批：妙論，可以解頤。孔子、孟子不惟不受其媚，且斥之爲賊爲邪慝而不稍貸。嗟乎！人惟不可得罪孔、孟耳，苟其得罪孔、孟，雖群一世之人代爲昭雪而不能。然則鄉愿之媚人，亦無益矣。愿聲播于一時，賊名流于千載，側批：鄉愿亦可憐。鄉愿何苦而爲此哉？

雖然，此固愿人之過，即其鄉人亦有可議焉。古今惟鄉人之好惡不足憑。子夏明屬狷流，西河乃擬之夫子。文仲原非君子，魯人至以爲聖人。子夏之夫子，側批：鄉人多事至此。文仲之聖人，皆西河與魯之鄉人爲之也。文仲不足惜，子夏篤信夫子者，豈其敢有摹擬夫子之心？論者因西河之附和而謂子夏未免有鄉愿底意思，詎不大可惜也哉！故欲入中行，必由狂狷。狂狷者多不適于鄉，然欲狥鄉之所喜，以幾于中行，是適郢而面冥，南轅而北轍也。大道之所棄，而孔、孟之所不許也。

讀"鄉愿無不可媚之人，獨不能媚孔子、孟子"，及"人惟不可得罪孔、孟"，"苟其得罪孔、孟，雖群一世之人代爲昭雪而不能"數句，痛快之極，不覺絶倒。

"子夏之夫子，文仲之聖人，皆西河與魯之鄉人爲之。"此論得未曾有。夫子於子貢鄉人皆好惡之問，而直以爲未可，正是此意。

講虛一不用，語語關極理要，可稱匠心獨造。

論周子二程子張子邵子朱子

顧端文先生曰："周元公三代以下之庖犧也。"側批：此段直起周子語，尤奇妙。又曰："卓哉！元公乎，宛然一孔子也。"古未有以庖犧、孔子擬人者，端文以擬元公，有説乎？曰：有。試看太極一圈，側批：奇妙。與庖犧一畫，有異同否？非庖犧而何？《太極圖説》，元公之《中庸》也；《通書》，元公之《論語》也，非孔子而何？端文之言如此，愚更有進焉。《先天圖》指天地既生以後者而言，《太極圖》指天地未生以前者而言，《太極圖》似在《先天圖》之上者。側批：未經人道。且也《中庸》言未發、已發，元公又指未發、已發之間説"幾"字，此發《中庸》所未發也。側批：妙。《論語》求仁之書，二十篇只説求仁之方，未有直指仁體者，元公"無欲故静"一言，則直指仁體者，此又發《論語》所未發也。側批：妙。是故以元公非庖犧，非孔子，愚不敢知。以元公爲庖犧，爲孔子，愚亦不敢知。畢竟庖犧、孔子是師，元公是弟子。側批：公道。何者？庖犧、孔子，聖人也。元公中行也，側批：評論先賢，一筆不敢苟。去聖人不遠。程明道幾中行矣，未離乎狂也。伊川未離乎狷也。邵堯夫、張子厚一狂而一狷也，朱晦翁狂、狷之間也。狂狷互用則中行矣。管東溟先生曰："朱一變至于程，程一變至于周，周一變至于孔。"此確論也。

嗟乎！世之能明元公之道者，側批：三句扼題之要。前莫如二程，後莫如朱子。方二程之受學于元公也，側批：此段説二程。元公令之尋孔顔樂處，又手授以《太極圖》，二程受之，終身不以語人，非不語人也，二程之言心性、言仁義、言誠敬、言天理，無非太極也。及其載見之後，吟風弄月以歸，有"吾與點"之意。象山謂："伊川後來失却此意。"不知明道之灑脫，伊川之執滯，固有不可得而同者，雖伊川亦自謂"此是某不及家兄處"，豈待堯夫語以"面前路要闊"，而後知其不侔也哉？或曰：明道之言，一見便好，久看愈好，賢愚皆獲其益。伊川之言，乍見未好，久看方好，非久于玩索不知。嗚呼！二程之不同，側批：此二句結上起下。固亦不害其爲同與？

或曰：二程之于張、邵，側批：此段說張子。亦有其不同者。嘗聞子厚以禮教學者，學者宗之。又嘗擁皋比，講《周易》，聽從甚衆。一夕二程至，與之論《易》，語多不同，遂徹去皋比，曰："吾弗及也。"此其勇於服善，何如耶？然而《西銘》一書，二程推之尤至。一則曰："訂頑立心，便可達天德。"一則曰："《西銘》某得此意，但無子厚筆力，無緣做得，孟子以後未有人及此。"又以見二程之服善不下於子厚也。側批：可見先賢只是服善。至于堯夫本經世之學，側批：此段說邵字(子)。不輕于出，世無知之者。觀其以數傳明道，明道不受，伊川又問知《易》數爲知天，知《易》理爲知天，若有不滿於邵子者。說者謂邵子之《易》主庖羲，程子之《易》主孔子。後來朱子之《易》，竟主邵子者，何故？豈不以圖象隱於異學者數千年，邵子反而之易，其有功于《易》甚大耶？然則邵子之《易》，與程子之《易》，未易優劣也。且夫象山兄弟於無極則非之，側批：此段說六子。慈湖於《通書》則毀之，龜山以《西銘》爲知者之過，子瞻以明道未打破"敬"字，游、楊亦不貴邵子之術，古人之不服古人者甚多，獨朱子一一信而好之，側批：朱子真好學人。且爲考訂釐正，闡明而光大之，此其殫精畢慮，集群儒之大成，以上接孔子，集群聖之大成，豈不有功於聖門，有裨於萬世哉？

嗚呼！鄒魯既邈，側批：雙關收一篇之勢。而二氏之教興，微周子，吾未知大道之與異端，果孰爲勝負也。伊洛方起，而百家之說騰，微朱子，吾未知聖傳之與俗學，果孰爲顯晦也。是故周子之功，不在孟子之下；朱子之功，不在周子之下。

　　論六子學術淵源，有前儒已發者，有前儒未發者。錯綜條貫，若奉六子於一堂，而抑揚贊嘆之。天下文章，莫大乎是。

晦翁評明道《定性書》:"自胸中瀉出,如有物在後而逼逐他相似。"又云:"只見得他如生龍活虎,把捉不得。"余於此文亦云。

告子陸象山王姚江

自有天地以來,百般學問,皆起春秋、戰國之世。春秋時,顯然與吾道爲敵者,如小人反中庸,以及隱怪鄉愿輩,勿論已。孔門弟子,尚有原憲一派,其言曰:"克伐怨欲不行焉,可以爲仁矣。"可見他工夫只是一箇不行便了,夫子許其難,而不許其仁。夫不許其仁者,以其非正派,而許其難者,見其亦是別派也。戰國時,有告子者,原氏之嫡裔,而禪之鼻祖也。側批:兩句是告子小影。其言曰:"不得於言,勿求於心。不得於心,勿求於氣。"告子之所爲勿求,即原氏之所爲不行也。後來佛氏之教,實胚胎于此。

宋儒陸象山曰:"告子硬把促,直到不動心處,豈非難事?只是依舊不是。"又曰:"告子亦是孔門別派,將來也會成,只是終不自然。"象山之抑揚告子如此。然考象山所自言,有曰:"心本來無事,被事物牽將去。若是有精神,即時便出便好,若一向去便壞了。"又曰:"某因此無事,則安坐瞑目,用力操存,夜以繼日。"又曰:"每理會一事時,血脈骨髓,都在自家手中。"又曰:"心無形,不知何故能攝制人如此之甚。"觀此,則象山之言,與告子把促無異。至于所謂"風恬浪静,滋味甚長",則又把促既定,而不動心之效也。夫象山之學,其同于告子者如此,而其貶告子又如彼,則何也?大抵象山因孟子説壞告子,又以外義闢之,恐人目之爲告子,爲外義,陽避告子之名,而陰用告子之實。側批:説出象山心事。然則象山之於孔門,亦未得謂正派也。明儒王陽明獨尊之曰:"象山之學,孟子之學也。"又曷故與?

蓋孟子之學,雖若直截簡易,然七篇中,如"知言養氣"、"博學説約"、"存心養性"諸章,未嘗不紆回繁難也。象山、陽明樂其簡易,側批:曲盡象山、姚江學孟子之法。而忘其紆回,故二家教人,只欲管歸一路。象山曰:"除了先立其大,全無伎倆。"陽明亦曰:"除了致良知,還有甚麽説?"然則象山與陽明,豈不稱同調哉？雖然，有異焉。象山原只是告子之學，不曾學禪，所以雖流入禪家境界，亦認做不動心效驗，側批：象山知己。而不自知其禪也。若陽明原從禪學過來，其于禪也，一則曰"聖人之學在是"，再則曰"去聖人僅毫髮"，亦可謂尊之之至矣。迄乎學無所得而後遁之爲象山，欲因象山以诋孟子，不特孟子不肖，連象山亦不肖。生平學象山説話，只是不相似，畢竟象山是象山，陽明是陽明。側批：象山、陽明似一而二。讀象山語錄，與所著書，其不合聖經者尚少。讀陽明《傳習錄》，與所著書，其攪亂聖言，至不可勝計。正如告子杞柳之説不勝，遁而爲湍水；湍水之説不勝，遁而爲義外。然則象山未爲告子也，陽明乃告子者也。象山未爲禪也，陽明乃禪者也。

原氏、告子、象山、姚江俱是一派學問，但原氏、告子只一不行勿求便了，象山只一件事便要人究到本心上去。若姚江則多言亂道，所以禪不成禪，儒不成儒。

似太難爲姚江了，雖然，不直則道不見，于姚江何尤！

陸象山楊慈湖陳白沙湛元明

甚矣！師友之不可不慎也。陸象山，近於禪者也，其徒楊慈湖則真禪矣。側批：開手議論，便自透革。世之禪慈湖者，并象山而亦禪之，此弟子之累其師也。湛元明，未爲禪者也，其師陳白沙則入於禪矣，世之禪白沙者，并元明而亦禪之，此師之累其弟子也。

何以言之？考象山生平之學，側批：此段説象山。於《書》則曰："《大禹謨》一篇要領在'克艱'二字上。"於《詩》則曰："《周南》、《召南》是學者第一義。"側批：知此便非禪。而其教人，又以學問思辯篤行爲諄諄，未嘗尚主德性，與友人問答，數數闢佛，是象山未爲禪也，側批：寬一步。而以爲近於禪，何與？象山之書，大抵皆明心之説，而言及於性者絕少，蓋象山未知性也。側批：象山心服。慈湖嘗發本心之問，側批：帶説慈湖。遂于象山言下，忽省此心之清明，忽省此心之無不通，忽省此心之無始末。蓋惟禪家有此悟頭，則其平日授受，謂非有涉於禪，其誰信乎？慈湖一書言止不言動，側批：此段説慈湖。言寂不言感，言清明不言清明之體，大率皆以聖賢之格言文自己之邪説。側批：如見其肺肝。人徒見其與聖人之言同，而不知其與聖人之旨異，差之毫釐，謬以千里也。況其心極粗，膽極放，以天地四時萬物，皆其所有，若佛氏山河大地之説，干你何事。孝弟忠信，亦其自有，無有不至者。又其甚者，以大《易》聖人洗心，《大學》先正其心，均非孔子之言，而以《孔叢子》"心之精神是謂聖"一句，乃孔子口授子思，終身誦之不置。此其荒唐怪謬，敢於非古聖人之教，其害並于洪水猛獸，豈特禪而已哉！嗟乎！慈湖游象山之門有年，其尊象山，與七十子之尊孔子等，象山無一言匡救，且曰："楊敬仲不可説他禪，只是尚有習氣未盡。"此其養成慈湖以至於此，側批：象山豈能無過！安得不分任其咎哉？

若夫白沙先生，側批：此段説白沙。固世所稱名節中人也。生平最信周子"無欲"一章，常舉以示學者云："無極老翁無欲教，一番拈動一番新。"其學豈有不是者乎？當時章文懿、丘、羅二文莊，俱目之爲禪，胡敬齋攻之尤力，則明道自然之説誤之也。白沙自然之學，側批：歷代儒先學問，一盤托出。出于明道"無絲毫人力"之説；明道"無絲毫人力"之説，出于孟子"勿忘勿助"之旨。夫以自然爲禪，則吾不敢誣；以自然之教而不流入於禪，則吾尤不敢信也。白沙爲黃克恭黃門多年不悟，因書勸之讀佛者，此與伊川所云"謹禮不透好，令讀《莊》、《列》"之意無異，其實不可爲訓也。白沙詩教，開口第一章，乃其病革時所作以示元明者，援引經書，不過一二語，而遂及于禪家之杖喝，何耶？殆熟處難忘也。側批：妙極。觀乎"莫道金針不傳與，江門風月釣臺深"之句，豈非以領悟者之難其人，而深屬意於元明哉？

且夫元明之學，側批：此段説元明。亦本于明道"隨處體認天理"，"勿忘勿助"之間，則元明一生所守之規矩也。若夫知行合一、德業合一，皆就用上尋體，雖有不同，而不害其爲同也。讀元明《大全》，前後無一字佛喝，側批：白沙書全是佛語。自與白沙稍別。或問儒釋初同而終異，元明曰："同則始終皆同，異則始終皆異。"何謂始同？何謂終異？此數語可爲千古辯儒、釋的當底案。又曰："孔門無静坐之學。"又曰:"世儒以佛氏爲虛無,佛氏烏足以語此?"此其闢佛衛道之心至矣。嗟乎!元明自處甚高,側批:真元明知己。自負甚大,佛豈其所屑爲哉?不幸其師深入其中,而己不能自解脱,謂非師之累其弟子不可也。昔孟子既以伯夷、柳下惠爲百世之師,至于辯學,則曰"不同道",蓋聖門論學之嚴如此。側批:妙。《傳》不云乎,"當仁不讓於師",元明未之聞耶?或曰:象山、慈湖、白沙、元明,若是同乎?曰:不同。象山、白沙、元明所謂君子之過是也,慈湖則小人而無忌憚也。側批:亦是公道。

陸、楊、陳、湛四家,世皆以禪目之。楊自是首惡,陳薄乎云爾。如陸與湛,皆可平反。非將四家書勘破,不能道此文隻字。

將四家分作四大段,中間暗暗貫串,却又四大段如一大段,奇文亦至文,淺學者望而却走矣。

此等文字,明代人能爲者亦少。韓昌黎《原道》有此筆力。

論朱陸異同

自古欲以明學,而學益不明焉者,非盡庸人之過,或豪杰亦與有責焉耳。夫道猶路也,聖人之道,千門萬户,人皆可至。象山以象山入者也,朱子以朱子入者也。側批:兩句不易之論。正如回、賜殊科,師、商各體,雖不無差等,其爲聖人之徒則一也。奈何辯之不已,至于争;争之不已,至于毁。如朱、陸兩先生者,其相去不能以寸也。側批:公道。象山曰:"元晦曾云:'子静專以尊德性誨人。游其門者,多踐履之士,然于道問學處欠了。某教人,豈不是道問學處多些子!游某門者,踐履多不及之。'元晦欲去兩短,合兩長,吾以爲不可。既不知尊德性,焉有所謂道問學?"明儒羅整菴曰:"陸子此言,未爲不是。但恐差認却德性,則問學直差到底。側批:此句最妙。原所以差認之故,亦只是欠却問學工夫。"噫!羅氏之言,與陸子稍異,而理實相發也。

愚謂:陸尊德性,朱道問學,當時特不欲有所軒輕,以起事端,故即其所近似者,以分屬之,而實非切案也。觀非存心無以致知,朱子之學,何嘗不從尊德性上來！而陸子亦云："某何嘗不教人讀書！"則分屬之說，決非晦翁意矣。然則朱、陸竟何學與？曰：朱子以讀書窮理，做着實基址，而後悟其支離，以爲言語文字之外，眞別有用心處，是從顏子博文約禮以入者也。側批：的確。陸子以靜坐澄心，做直截功夫，而後頗知講學，以爲大端既明，趨向既定，則明善喻義，當使日進，是從子思尊德性而道問學以入者也。側批：的確。博文約禮，乃是堯、舜以來，傳到孔門舊心法。顏子親炙聖人之門，步亦步，趨亦趨，其於聖人體段，無纖毫差異，故曰學聖人者，必自顏子始。若子思去聖人已遠，尊德性、道問學之論，雖卓然有見，但於孔門所傳舊心法，未免微失其先後緩急之宜，所以傳到孟子，直以"求放心"爲學問之道，後來禪學實假此爲媒。側批：可畏。嗟乎！孟子所願學者孔子也，博學詳說，以反說約之說，正是孔門眞脈絡。陸子不於此歸宗，乃執"求放心"，"先立其大"之言，以爲孟子嫡傳，非惟不知孔子，亦不知孟子矣。側批：陸子實不知孟子。向使朱不以禪宗斥陸，陸不以支離病朱，兩先生各自言其學之從入，互相印証，未始不可同臻于聖域，而竟不爾也夫。陸子非特以客氣加朱子，且以客氣加于其兄，此無足怪。朱子學顏子之學者，而亦不免乎，可見兩先生涵養有未純熟。若遇明道先生，側批：好個榜樣。則無此矣。觀其與友人論王介甫之學云："爲我盡達介甫，不有益于彼，必有益于我也。"氣象何等從容！愚故曰："自古欲以明學，而學益不明者，非盡庸人之過，豪杰亦與有責焉耳。"此之謂也。

　　朱道問學，陸尊德性，分屬畢竟未妥。此文朱學顏子，陸學子思，灼見朱、陸學問淵源，眞乃千古定案，諸儒可無紛紛矣。

　　朱、陸之辨，乃是千古學術關係，不容不辨，然亦未免有動氣之病。篇由(中)"各自言其學之從入"一句爲妙，豈止無辨息爭之謂！

論子家駒叔孫舍宋公佐

　　嗟乎！子家駒，昭公同姓之臣也，義不可去，故不忍背其君而周旋焉。方昭公聽群小之謀，欲伐季氏也，子家諫之也力。及意如被攻而屢請，變在呼吸也，子家諫之也力。其謀固無憝矣。迨公之遜也，負羈絏以從於野井乾侯之間，止其臣齊，使之趨晉，謀事發言、度禮處義，竭心與力，八年如一日焉。公薨而不私雙琥瓔璧之利，不應季氏從政之請，純乎正誼明分，側批：可謂知人。而無一毫覬覦觀望之心。不意春秋之世，有若人也。

雖然，當時如叔孫舍、宋公佐者，其人亦寧可没哉！《春秋》於叔孫舍之卒也，書日；於宋公佐之卒也，書日書地，皆嘉之也。昭公在齊，叔孫昭子自闞歸而數意如，意如憖焉，請納公。昭子既言於公，已而季孫有異志，昭子齋於其寢，使祝宗祈死，遂卒。異哉！昭子之死也，昭子媿不能納公乎？有子家子以出，有叔孫氏以守，安知公之果不歸也！昭子死公不歸矣，側批：可爲嘆息。昭子憤意如之欺，討之不能，聽之不忍，欲以一死動意如乎？而意如非可動之人也。昭子之死雖無益，而其忠不可泯也。《傳》曰："苟志於仁矣，無惡也，昭子之謂也。"愚又按《左氏》，宋元公爲公故如晉，卒於曲棘，曲棘宋地也。宋元之夫人曹氏，生子妻意如。然則宋元意如之外舅也，不此之顧，而如晉以求納公，是以正倫恤患爲念，而不匿其私親之惡者也。故雖卒於封内，而特書其地以别之也。嗟乎！齊、晉兩大國，側批：使人憤滿。皆於公有夙好，忍視公之奔其地而不納，絶無恤患討賊之心。而宋元特有此行，將以其前日之逐華向者而討意如，非能視天下之惡，猶己之惡者，豈能及此乎？然則齊、晉二公，可媿死矣。

子家駒，國之大臣矣。叔孫昭子無益之死，宋元公有疾之死，均足千古。

筆法全學《左氏》。

匏野文集卷五

讀

讀堯典

《書》之有二典,猶《易》之有乾、坤。側批:慧眼可與讀《書》。乾君道也,坤臣道也,天地之道備于乾坤,君臣之道備於二典。《易》曰:"乾知大始,坤作成物。"自其有主宰于中者而言,謂之"乾知";自其有作爲于外者而言,謂之"坤作"。故以堯視舜,則堯乾而舜坤也,側批:奇論得未曾有。堯安而舜勤也,堯仁而舜義也。以舜視禹、皋陶,則舜乾而禹、皋陶坤也,舜德而禹、皋陶業也,舜無爲而禹、皋陶克艱也。舜攝政以前,見臣道之勞;即位以後,見君道之逸。舜一身兼有乾、坤,側批:奇妙。故堯與舜無優劣也。

然《堯典》篇中,不過三大節:修、齊、平、治,一也;治曆明時,二也;知人舉舜,三也。節目有三,而綱領惟一。一者何?欽是也。欽者千聖百王傳心之法,寔自堯啓之。一篇之中,言欽不一,曰恭曰寅,皆欽也。説者謂:"《堯典》以欽之辭始,益、稷以欽之辭終。"欽非特二典、三謨之要領,《尚書》一經,徹首徹尾莫不以"欽"之一字爲兢兢也。《大學》明明德爲新民之本,而修、齊、治、平以次就理焉。漢儒亦曰:"《大學》之要,誠意而已。"皆本之《堯典》也。然則《堯典》,其《大學》之宗祖與?

愚嘗謂:"域中有四大,惟天爲大,惟堯爲大,側批:眼前名理,無人能參。惟學爲大,惟孔爲大。"天者學之體,學者天之用。堯與孔子,其體天而盡學者乎?古今知天莫如堯,故授時首命羲和;知堯莫如孔,故删《書》斷自唐帝。後之欲學天者,必學堯;欲明學者,必知孔。知孔則知堯,知堯則知天矣。是故堯之仁如天,孔之學如天。

帝堯爲五帝之盛帝,《堯典》爲百篇之首篇。非此鴻筆,漫勿輕擬。

堯與舜無優劣,堯與孔亦無優劣,高談可驚四座。

讀舜典

古人言學言政,必遡其源,如樹木之生,其枝葉花實,必有根本。二典無一言一字,不從天德中流出。側批:名言可銘黼座。當唐虞之代,不特君相皆聖人,即其史臣,能狀二帝之德,至于極微極妙,亦知其非常人也。明道先生言:"《中庸》只無聲無臭,該括了多少。自無聲無臭,發而爲三千三百。又自三千三百,復歸於無聲無臭。"此知本之言,可與讀二典矣。

《舜典》"濬哲文明,溫恭允塞",狀舜至德之全。爲説"濬哲"而不足,故又説"文明"。説"濬哲文明"而不足,故又説"溫恭",又説"允塞"。非有兩事,合而言之,側批:妙解。即無聲無臭之體,故曰"玄德"。史臣將序大舜之功業,而必先之以此,真得天德王道一貫之學,可謂善頌者矣。

雖然,有疑焉。封濬者,聖人用之於疆理,而後世七十二家之説,且籍口於云亭。罰贖者,聖人用之於學宫,而後世三千餘屬之煩,且濫觴于宫墨。將毋聖人之治法,亦有流弊乎?又況二典所載曆象、側批:此段宋儒議論西漢文章。日月、星辰、律度、量衡、五樂、五禮之數,年代既邈,風氣亦殊,固有難于强合者。在當日聖人,亦只是天德充拓流行出來,無末世許多智巧穿鑿,奈何後之人只做得西漢以下功夫,無有就二帝精一執中源頭理會者。舍其易知易從者,而從事于奧渺不可測識之名物度數,求之愈深,去之愈遠,如此而望其追唐、虞、三代之治,猶却行而求前也。

堯、舜之書獨曰典,言堯、舜主乎道也。若訓典以爲常,堯、舜之後,有官天下者哉?

存而爲無聲無臭,發而爲三千三百,知此方可讀二典。

讀大禹皋陶益稷三謨一

古者左史記言,右史記事。凡書所記行事,當附右史。所記言語,當附左史。二典原記事,而尊之爲典,不得下同于貢。三謨原記言,而尊之爲謨,不得下同于範。此典、謨所以獨隆也。然《禹謨》有益,而以禹爲主;《皋陶謨》有禹,而以皋陶爲主。議者謂益本有謨,而附人之謨;稷本無謨,而冒人之謨,疑編書者之過。不知稷之功,不在禹下,孔子、孟子往往並稱。使其有言,附之行事,自可不朽。而今缺如,其爲秦火之故,亦不可知。大抵舜之後,而禹之學深,故精一之傳特畀;禹之後,而皋陶之學深,故都俞之際獨多。側批:四語包括渾雅。《書》自《堯典》而下三謨,實萬世論學、論治之宗要。《大學》修、齊、治、平,《中庸》三達德、三達道,九經,皆原本三謨,何其盛也。

　　吾反覆三謨,而嘆唐、虞君臣,千古不能及者,有三焉。舜命禹徂征,側批:三段發人所未發。益實佐之,乃益不治兵,而勸禹修德。禹不請命,而同益班師。舜亦不介意,而遂敷文德,君臣之相信如此。若在後世,則益爲阻撓,禹爲退縮矣。此其不可及者一。舜不以皋陶之言爲已足,而更求之禹,曰:"汝亦昌言。"禹竟不言,但言其治水之功。皋陶即以禹之所不言者爲昌言,而曰:"師爾昌言。"君臣之一心如此。若在後世,則禹爲自誇,皋陶爲黨同矣。此其不可及者二。且也,舜之賢禹至矣,其嘉皋陶亦至矣,禹戒舜。則曰:"無若丹朱傲,惟慢遊是好。"夫舜豈有是哉? 皋陶載歌又曰:"元首叢脞哉,股肱惰哉,萬事墮哉!"夫舜之世,豈有是哉! 禹與皋陶之言無避忌如此。若在後世,則禹爲誹謗,皋陶爲誣罔矣。此其不可及者三。觀于三謨,可以立萬世君臣之極矣。

　　二典、三謨爲全經綱領,讀匏翁諸篇,有功典謨不淺。

　　三謨之言,純粹精也。立言而至於三謨,天下之能事畢矣。

讀大禹皋陶益稷三謨二

　　嘗論五臣禹首稱,又受舜禪,宜典不宜謨,禹之謨也,其稍降矣乎? 或曰:以其謨於帝舜之前,故不典而謨也。然則皋陶之有謨也,其並於禹乎? 曰:皋陶之德並於禹,而其功不得並也,故禹獨稱大。益、稷並於皋陶乎? 曰:益、稷之功並於禹,而其言不得與皋陶並也,故稷、契不稱謨。蓋禹之所讓者,皋陶也,禹一讓則群臣皆讓。側批：此句具見手眼。然則禹何以不禪皋陶？曰：皋陶、稷、契皆舊人，與鯀同朝，禹晚出，成功獨早，皋陶、稷、契先禹薨，故禹荐益於天也。

予惟古之君臣，相見之際，必有警戒之言，所以交相勸勉，以底於成也。唐、虞之世，君歌臣亦歌，君拜臣亦拜。且非獨君與臣拜也，臣與臣亦相拜。禹、皋陶同列之際，或都或俞，或吁或咈，或如何，無非真情實意之所發。善之在人猶在己也，故聞言而拜，不為諂。善之在己猶在人也，故自言而先曰都，不為矜。君子觀禹與皋陶之多昌言，未嘗不嘆舜與禹之好善言有以感之也。後世如秦、隋之君，廟堂之上，君臣相對，無一事可言，非無可言，不敢言也。夫為治而至於人不敢言，其去言莫予違者，有幾哉！

三謨奧義，已盡首篇，此更跌宕出之，情深而文明。

讀禹貢

吾觀堯、舜，而得天道焉。然而知天者，知無我矣。何者？堯、舜公天下而不私，其德無外者也，天之道也。繼觀大禹，而得地道焉。然而知地者，知直方矣。何者？大禹平水土而制貢，其功無窮者也，地之道也。故堯、舜則太上立德也，蕩蕩乎莫可名也。禹則其次立功者也，萬世之永賴也。乃若皋陶、益、稷，獨無取哉？曰：皋陶以謨，古之立言者也，次乎禹矣。益、稷佐禹而奏功，後世之所謂泰山喬嶽也，其行地無疆者與？故三人者人之道也，三才之義備矣。

《禹貢》一篇，乃聖人盡性盡物之書。小德川流，大德敦化，是一部《禹貢》的道理。何者？洪水為災，天地易位，禹敷而分之，亦因其自然之勢而已。孟子曰：“天下之言性也，則故而已矣。”故者以利為本，徒故焉不可也，故而兼利焉，斯可矣。設使大禹在今日，治水亦有不同，亦不必泥其故，而求其利矣。此聖人物來順應之心，與為學同一機訣。錫土之後，繼以祇德，敘事之中，忽出微言，歸于本原。異日，箕子為武王陳《洪範》曰：“此天之所以錫禹也。此物此志也。”

《禹貢》雖平水土，制貢賦之事，而結以祇台德，先為聲教之本，後世山經地志，與財賦之書，有是哉？

《禹貢》乃聖人盡性盡物之書,極中肯綮。

讀甘誓

自唐堯以來,一百五十餘年,無叛逆之諸侯,有之自有扈始。自唐堯以來,一百五十餘年,無接戰之諸侯,有之亦自有扈始。夫有扈何國也?《史記》有扈,禹之后,其國扶風雩縣是也。《國語》曰:"夏有觀、扈,周有管、蔡。"然則有扈亦管、蔡也。意者有扈固朝覲之諸侯,當時不之啓,亦不之益,觀其不奉正朔,則跋扈之情,必以同姓之故,萌非望之冀,德衰之嘆,未必非斯人倡之也。

古者天子之兵,有征無戰。《書》曰"大戰",其逆節非一日矣。嗟乎!天下雖安,不敢忘戰。禹自征苗以來,未嘗用師,軍旅之事,宜啓所未聞也。今一旦赫然以征有扈特聞,召六師而誓,與會群后而誓同科;"威侮五行,怠棄三正",與"侮慢自賢,反道敗德"者同意;"恭行天罰","用命""不用命",與"奉將天罰","爾尚一乃心力"者同辭。蓋宛然神考家法也。側批:妙。可見帝王之學,精粗本末畢舉。啓雖敬承繼禹之道,而干戈行陣之事,亦曾從家學講明得來。議者謂兵制備于禹,車戰徵于啓,斯其爲王者之師與?至今讀其誓詞,事雖征伐,而其旨渾厚,其言簡約。數敵之罪,不至溢惡;戒衆之令,不煩多言。此夏道所以爲忠也。雖然,堯、舜之世,罰弗及嗣。武王數紂之罪曰"罪人以族",孥戮非聖人之事也。言孥戮者,惟啓與湯,知德衰矣,然亦言之而已,未聞真孥戮人也。或曰:"戮"字非必誅殺,古凡顯其罪以令衆,皆曰"戮"。

禹不以天下爲無事,而不教之兵。啓不以天下爲無事,而不習於兵。可見帝王家法。

"大戰"書於《禹貢》之後,深惜啓也。況先書大戰而后誓,抑又何耶?

讀咸有一德

《一德》之書,何作也?當是時,尹將歸老矣,然而愛君憂國之心未衰也。旬日之間,三進嘉言,而不以爲瀆,至是復有《一德》之作焉。夫《一德》之書,教太甲以心學也。非特教太甲以心學，且教天下萬世之人以心學也。心學維何？一是也。一有三義：有不雜之一，有常久之一，有全體之一。總之，純亦不已，純之義已該矣。一篇之内，言一者九，何其多也！伊尹樂堯、舜之道，其言至精至粹，都從堯、舜授受之微旨得來。德無常師，主善爲師，即所謂"惟精"也。善無常主，協于克一，即所謂"惟一"也。惟精所以審其幾也，惟一所以存其誠也。

聖道分殊理一，理一之中，自具分殊。但學者或只理會這理一處，側批：周、程、張、朱許多妙論，盡在數語内。便遺了分殊。如釋氏之學，則連所謂"理一"者，非聖人之理一矣。又或只理會這分殊處，便遺了理一。如後世俗儒之學，則連所謂"分殊"者，亦非聖人之分殊矣。故伊尹於此，互言之。言不可專師于理一之德，而必求師於分殊之善；又不可專主於萬分之善，而必協于理一之體。博約互用，便爲聖學之全功。伏羲、堯、舜、禹、湯、文、武、周公、孔子，同一揆也。

《伊訓》、《太甲》等篇，開萬世心學之淵源。"主善協一"四語，交互言之，尤爲宋儒生無數奧義。

［讀］説命上

《説命》三篇，最爲明白，而猶有可疑者，以其書中有"命之曰"三字，故謂之《説命》。前儒以爲猶《蔡仲之命》、《微子之命》，後世命官制辭，其原蓋出於此，則非也。蓋命有二體：有命官制辭之命，有面命口授之命。如《堯典》之命羲和，此制辭之命。如舜之命，口授之命也。高宗之求傅説，其亦異乎君臣之遇合也。高宗之不言，一敬貫徹内外，側批：透極。用工深矣。至群臣咸諫而猶不言，退而若有所得，始以書誥群臣，只細味"恭默思道"四字，足以見其講學之精，求治之切，自任之重。此心純一不二，與天無間，感應之機，有必然者，是其不言之中，乃治國平天下之大功也。蓋恭默思道之時，無迹之可尋，無法之可授。商家一箇天下，密運於方寸之間。一誠既孚，傅説已在左右。此誥一出，想群臣聳然屏息以俟命，於是果得於版築之間，爰立作相，豁然無疑。

或問：高宗往求説耶？説來入夢耶？曰：譬如懸鏡於此，有物必照，亦非鏡往照物，側批：譬得絶妙。亦非物來入鏡。大抵人心虛明，善則先知，不善亦先知。《中庸》曰："誠則形，形則著。"揚雄曰："人心其神矣乎。"高宗之夢，蓋誠之形，而心之神也。或問：高宗因思夢説，得無近怪矣乎？朱子曰："精誠之極，可與天通。"此感應之常理耳。古之孝子，固有得鯉於層冰，得笋於深冬者，人皆以爲孝誠所格，何獨於夢説而疑之耶？叔孫穆子之夢豎牛，事亦類此。但高宗誠其思，側批：可與説夢。故夢亦誠；叔孫邪其思，故夢亦邪耳。《史記》曰："高宗得説與之語，果聖人，乃舉以爲相。"蓋非直以夢而已。是故有高宗，有傅説則可，否則以私意用人，如漢文帝以夢得鄧通，光武以讖用王梁，豈足憑哉！

問："傅説在版築，亦讀書乎？"曰："不讀書，如何有《説命》三篇之文？"此語大妙。

篇中多入髓之句，未許門外漢問津。

讀説命中論知行。

南軒張氏曰："孔子觀上世之化，曰：'大哉知乎！雖堯、舜之民，比屋可封，亦能使之由之而已。'知者聖凡之分也，側批：此句自不可易。豈可云易乎哉？"傅説之告高宗，高宗蓋知之者，恭默思道，夢帝賚予良弼，非知之明哲者，有此乎？故《君奭》篇言在武丁時，則有若甘盤，而未及乎傅説。蓋發高宗之知者，側批：具眼。甘盤也。説故告之以雖已知之，此非艱也，貴於身親實履之耳。此爲已知者言也。側批：妙。蓋未知則知之爲難，側批：兩句斡旋一番方無弊。已知則行之爲難。若高宗未克知之，而告之曰"知之非難"，則説爲失言矣。

或曰：五經中言知行者始於此。大《易》"乾知大始，坤作成物"，此兩言萬世知行之宗祖，而實本於説也。嘗因是而極論之，聖門言知行甚多，有先知後行者，有先行後知者，有言知不及行者，有言行不及知者，有知行並進者，有知行□力者，有知難行易者，有知易行難者。雖其意之所指，功之所施，各各不同，至於知自知，行自行，則千聖萬賢，固無有不同者也。明儒王陽明乃倡爲知行合一之論，其言曰："知之真切篤實處即是行，行之明覺精察處即是知。""真知即所以爲行,不行不足謂之知。"則知行只是一個儱侗的物事,側批:使陽[明]先生見之,亦心服。聖賢每苦如是分別出來,陽明只是自己講學,專在於致良知,分明缺了行一邊,故爲是説以護持之,而實非確論也。

論先後,則知爲先;論輕重,則行爲重。朱子此論,論實不可易。《説命》之有功於天下萬世如此。

一篇知行確論,的是理學正宗。

讀説命下論事學。

東坡云:"武丁爲太子,則學於甘盤。武丁即位,而甘盤遜去,使人求之,迹其所在,則居於河濱。自河往亳,不知其所終。武丁無所卒業,側批:古人求師,如此之切。乃相説也。"古注謂:"武丁遜於荒野。"使爲太子而遜,則爲吴太伯,側批:辨得好。豈復立哉?《無逸》云高宗舊勞於外,乃小乙使之劬勞,以知艱難耳,決非荒野之遜也。

然則前篇訪以政事,故説以政事言。此篇訪以學,故説以學對。學與事有二乎?曰:《大學》之道,自格物致知,推而至治國平天下,此求多聞建事之意也。古者學與事爲一,側批:大議論。故精義所以致用,利用所以崇德,本末非二致也。後世學與事爲二,求道者以政事爲粗迹,任事者以講學爲空言,不知天下未嘗有無理之事,無事之理。老、莊言理不及事,是有無事之理也。管、商言事不及理,是有無理之事也。味説之言,則二者之患無矣。嗟乎!高宗欲傅説鑒於先正保衡,傅説欲高宗鑒於先王成憲,君臣相勉之實,虞廷之後,幾寂寥無聞。前乎伊尹、成湯,側批:三代典故,有如指掌。不詳其記録之傳。後乎周公、成王,不幸有流言之間。紹續前猷,粲然方册,舍高宗、傅説,吾將誰與?嗚呼盛哉!

中篇謂説患高宗之不能行,不患臣之不能言。此篇謂高宗患説之不能言,不患我之不能行。噫!至矣。

讀高宗肜日

高宗恭默思道,公天下之心也,側批:鐵案。故帝資以良弼。高宗祈天永命,私一己之心也，故雉雊於廟鼎。同此一心也，所感有公私，則其應也亦異。祈天永命之請，何以知其然也？以祖己之言推而知之。祖己所謂"先格王"者，首開以天命之正。死生壽夭，定於受命之初，而無可求之理。若臣子之於君父，則有禱祈之事，一念之誠，發於忠孝，側批：入髓之言。非發於君父。發於忠孝者，亦公心也。若出於自求，是不受命也。秦、漢以來，人主無知道者，故不求神仙，即興祕祀，大抵畏死耳。觀祖己"非天夭民"之語，高宗疑若亦爲祈長年者憂。帝孔甲好鬼神之事，天降龍二。三代以前，常有此等事，然則雊雉不足怪也。高宗固爲能知鬼神之情狀者，而獨未免以壽夭二其心，則害道矣，此祖己所爲作訓也，理性命一貫之學也。《説命》三篇，窮理盡性，高宗之學精矣，至此始能通於命，而其道備。側批：知此方可尚論古人。是故學無止法。雖然，高宗之世，但知甘盤、傅説之賢，而少有稱祖己者，何哉？

　　祖己之謀，其詞甚直甚嚴，而亦甚婉，足以啓高宗之惑，而復於禮。此甘盤、傅説之亞也。商泂多賢矣。高宗但知窮理盡性，至此方知命，此論極確。

讀　金　縢

　　《鴟鴞》之詩，周公盡性之事也。《金縢》之書，周公至命之事也。側批：名言如貫珠。讀《鴟鴞》而不感泣者，其人不可以事君。讀《金縢》而不感泣者，其人不可以事天。然而事君事天，其理一也。昔武王克商二年，有疾，周公與二公，共謀穆卜，既而曰："未可以戚我先王。"蓋二公雖同功一體，而地位不同，二公所爲王謀者，不過穆卜而已。周公尊則君，親則兄，義難恝然，而又未可與二公深言之也。二公既不可以共事，公乃自以爲功，植璧秉圭，虔告三王，請以躬代。蓋天不可叩，而托重於三王，三王原與天通者也。

　　或曰："死生有命，金縢之禱，不知命乎？"程子曰："周公誠心，欲代其兄，豈問命乎？"然則孔子何以拒子路之請？曰：孔子之不禱，爲己也；周公之禱，爲君親也。爲己而禱，側批：大學問人語。是不知命；爲君親而不禱，是不知義。《禮·

世子篇》曰："我百與爾三。"周公所代之年，即文王所予之齡。人莫不愛年，側批：妙論，沁人心脾。文王以與其子，周公以與其兄，周家父子兄弟仁孝，古未有也。

然而周公又何以避也？側批：一過渾然無迹。周公之心，固可以對天地，質三王，而流言既起，是非不明，苟不退避以遠其嫌，將令反側不安，相與扇惑，是我雖自信於心，而激成天下之亂，以實小人之口，其何以告我先王於地下耶？且周公此時，雖付是非於天下，而宗國之慮，有不能一日忘情者。人但知流言之爲管、蔡，而武庚之本謀，卒未有破其奸者。公乃爲詩貽王，名之曰《鴟鴞》，鴟鴞者，武庚也。"既取我子"，謂其誘管叔也；"毋毀我室"，謂其動搖我周家也。今此下民，或敢侮予，微管、蔡之内叛，武庚之外連，周固未易侮也。嗚呼！公之心，亦危苦極矣。公之心，王不知，二公不知，諸史百執事知而不敢言，則惟有天知耳。側批：可以泣鬼神。天知之，始動威以彰之，迨王出迎，而天亦遂轉怒爲愉矣。誰謂天不可恃耶？嗟乎！古災不數數，天大雷電風，而邦人大恐，王、大夫盡弁，啓金縢也，儆所異故也。今災數數，人泄泄矣。

此篇本兩截事，前半紀周公禱祝請命之事，後半紀避謗居東之事，皆以見幽明一體，天人靡間之理至矣盡矣。

如登周公之堂，如聞周公號泣之聲，真知人論世手。

讀多方多士

嘗讀《泰誓》、《武成》諸篇，每疑周取殷之易。及讀《多士》、《多方》諸篇，又怪周安殷之難也。論者謂："殷民無常，始也叛殷歸周，既又叛周思殷。"夫紂之稔惡極矣，武王以至仁伐至不仁，何其人心之不易服至此哉！曰：是不然。向之倒戈而不敵，側批：此段亦説得是。執篚而來迎者，非商之臣也，乃紂所虐害之蒸民也，所播棄之犁老也。其後不服周而念商者，非商之民也，乃紂所比昵之罪人也，所崇信之奸回也。論者又謂："周以爲頑，殷以爲忠。"夫殷之臣，孰有忠于微子、箕子者乎？不聞其叛周也。叛周者，非染紂之惡習未除，則武庚餘黨耳。雖欲不名之爲頑，不可也。夫周公豈不知殷民之頑哉？然其稱之，不曰商王士，則曰殷侯尹民，曰義民，始終不敢呼之爲頑，惟恐稱名之過當，側批：聖人之心如見。少傷其心，以絕其自新之路，爲吾國家之害不淺者，聖人之慮至深遠也。至于康王，不知聖人導民之微權，命畢公繼周公之職，輒以頑民呼之，舉洛邑之民之衆，豈無善者出其間哉？概而目之以頑，殷民聞之，得毋怨且怒乎？號之爲頑，而欲責其不爲頑，不可得矣。

嗟乎！周公豈特不以殷民爲頑哉？殷士漸次而爲胥伯，視其可用，即以官爵餂之也。何者？無私故也。殷士漸次而服，大僚視其可進，即以高位隆之也。何者？無私故也。然則周公婉詞和色，化商民爲君子，以造成周八百年之基業者，悉此不以殷民爲頑之一念培植之也。故曰忠厚之至也。

殷民不附周，謂之頑可也；不忘殷，謂之頑，可乎？故周以爲頑，殷以爲忠。

治商民而即用商耆人，服其不私；罰殷罪而仍用殷彝人，安其不刻。

讀君奭

《序》言召公不悅，周公作《君奭》。或謂召公疑周公，陋哉斯言也！方周公攝政，管、蔡流言，周公晏然不自疑，當時大臣亦莫之疑者，何獨召公也！今已復子明辟，召公復何疑乎？然則何爲不悅也？功成身退，天之道也。故伊尹既復政，則告歸，而周公不歸，此召公所以不悅也。然則周公何以不歸也？察成王之德，未可舍而去也，故召公不悅，側批：二公心事如見。爲周公謀也，人臣之常道也。而周公之不歸，爲周謀也，宗臣之深憂也。召公豈獨欲周公之歸哉！其自欲歸之心，比周公尤切，特以周公未歸，故不敢也。何以知之？此書非獨周公自言其當留，亦多留召公語，此知召公欲去也。

雖然，成周佐命，元功多矣，書中獨稱虢叔等五人者，豈其逮事王季，遂及文、武耶？伊尹事湯，又事太甲。伊陟乃尹子。臣扈非湯舊臣，即殷世臣。巫咸、巫賢，世爲大臣。甘盤，小乙舊臣，以遺武丁。周公所舉，皆世臣舊德。故武丁世不及傅説，文、武世不及太公。今周公與召公，正殷之六臣，文、武之五臣，豈可去乎？又況文王時五人，至武王時四人，今惟二人而已。召公去，則惟周公一人矣。淮彝未平，西奄未踐，東土未靖，豈周公一人能戡哉？憂之深是以留之切，留之切是以言之詳。至今千載下，讀者每掩卷三嘆，如睹周公憂戚之容，然後知成周王業之艱難。卒以克濟，周公一留之力居多也。嗟乎！召公之既留也，非特留於一時，終相成王，且相康王，身任托孤之責而不辭。夫其始也，不苟於留；側批：聖人去留不苟。故其終也，不輕於去。《詩》曰："鳳皇鳴矣，于彼高崗。"周召之應，豈偶然哉！

　　周、召二公均有忠君愛國之心，去則俱去，留則俱留，視後世大臣互相傾軋者，奚啻霄壤！

　　情瀰文明，讀之令人心惻。

讀文侯之命

文侯何以謂之文也？成王弟叔虞，封于唐。其子燮，事康王，是爲晉伯，文侯其後也。名仇，字義和，諡文，贈侯。至重耳伯諸侯，亦諡文。《傳》謂二文之勳，侯伯不嫌同諡，亦如周公之于文王也。夫文王、周公之文，經緯天地之文也。二文之文，不知用何諡，識者嘆之。

　　此篇作于東遷之初，可上可下。側批：四字妙甚。由此而上，爲成、康，爲文、武；由此而下，爲春秋，爲戰國，乃世道消長升降之交會也。昔人謂："《書》自此篇以後，無復王者之誥命。"然此乃平王初年書，錫命文侯，猶有天子之權，苟能自是振刷，周道未盡墜也。夫平王，幽王子，宣王孫。宣王承厲王之後，修車馬，備器械，復會諸侯於東都，而周室于焉中興。平王一旦赫然發憤，率天下諸侯，以報不共之仇，則諸侯必有能敵王所愾，而東周之功烈，可以增光於乃祖矣。不知務此，東遷於洛，惟晉是依，自幸于苟愉，而不復念及君父，自安于卑陋，而不思興復王室，此《詩》所以有《黍離》列爲《國風》，而《春秋》始于平王，則以王政自是不振也。

　　夫文侯非有方叔、召虎之功，平王所以深喜之者，不過曰汝多修，扞我于艱耳。不知昭顯祖,刑文、武,而紹乃辟者,果若先正之克左右,昭事厥辟否乎?方當戡亂之際,而使之歸。方當圖治之時,而遣之往。且賚以弓矢,錫以車馬,果何謂哉?且其最謬者,委豐、鎬之險于虎狼之秦,豈不以在狄在秦等耳!不知在秦之難于復還,甚于在狄,此周、秦遞爲盛衰之漸也,孔子已早知之矣。夏氏謂:"春秋始于隱公,孔子始絶望于平王。"吾謂《書》終《文侯之命》,孔子已不滿於平王矣。嗟乎!唐德宗奉天之難,陸贄爲作制書,武夫悍卒,皆爲出涕,唐是以復興,奈何平王獨無此臣哉?

昭王缺於《尚書》,平王登於《春秋》。雖去留不一,其爲傷感一也。

孔子曰:"必也正名乎!名不正,則言不順。"《文侯》一篇稱名,見平王之不學矣。

讀費誓

魯非無事之國也,側批:聖人心事如見。周公以封其子,見周公之無私也。徐戎淮夷,世爲周患。成王幼,三監及淮夷叛,載于《大誥》。命召公平淮夷,載于《江漢》。徐方繹騷,載於《常武》。自成王至宣王,叛者屢屢,魯實受其害,門庭之寇,利用征伐,所謂敵加于己,不得已而起者。然則費之有誓,豈覿武哉!雖然,有疑焉。

徐戎淮夷,近在魯東郊,不伐之于郊,而載糗糧,遠征其國,既以甲戌築,又以甲戌行,何也?伯禽初至魯,魯人未附,韓信所謂非素拊循士大夫,驅市人而戰者。若伐之于東郊,魯人自戰其地,易以敗散。築城而守之,徐夷必争,使土功不得成,故甲戌且戰且築。彼方禦我之攻,勢不得擾我之築,乃以大兵往攻其巢穴。東郊之圍既解,築者亦得成功,蓋妙于用兵者。又按三郊三遂之制,可知軍政原與井田相表裏。然則周公之子,蓋亦多材藝耳。今觀其誓詞,整暇有序,先治戎備,次之除道路,又次之以嚴部伍,又次之以立期會,輕重緩急,井井有條,若老於行陣者。側批:妙。此與啓之《甘誓》,均爲三代節制之兵。説者謂:"禹之家學,見于《甘誓》。周公之家學,見于《費誓》。"意古聖人之教其子,雖兵事亦必諄諄然命之，侧批：兵，大事也，聖人無不教子之理。特他人不得聞耳。或曰：伯禽治國學周公，治兵學太公，誓學啓。然則伯禽焉不學，而亦何常師之有！

讀《甘誓》、《費誓》，知啓與伯禽之家學。孔子曰："軍旅之事，未之學也。"可見兵自有學。

《詩》亡於平，爲《國風》。《書》亡於平，爲國誓。孔、孟於平，三嘆息矣。

讀秦誓

秦穆公即位之元年，即魯僖公元年也。時齊桓公已立四十餘年，爲中國霸主久，盟會征伐，未嘗及秦。至僖公十五年，秦伯獲晉侯，始書于經。明年齊桓卒，又八年晉文興，《春秋》之作，爲無王也，無王則思霸。齊、晉之間，一霸亡，一霸興。苟一日而無霸，則天下有不可言矣。曠八年而復有霸者，秦穆公之爲也。秦之與晉，兩世爲姻，兩納其主。穆公既納惠公，又輸之粟。惠公背施幸災，有韓之戰，秦獲惠而赦之。惠公卒，復納重耳。一戰于城濮，晉文遂霸，會于溫而圍許，盟于翟泉而謀鄭，秦無不委心以從。晉國無君而有君，中國無霸而有霸，惟秦是賴。是故秦穆非伯主也，後世亦謂之伯者，以其定晉之亂，成文之霸，尊周敗楚，鎬京再振。齊桓所不能爲者，而秦穆爲之，雖謂之伯，可也。由此觀之，秦穆固夫子之所許也，系之書末，何愧焉！豈特以悔過一節爲足美哉！

或曰：平王之《詩》，下儕列國，而秦《車鄰》附見焉。平王之《書》，續以列國，而《秦誓》附終焉。進秦於《詩》、《書》之末，以警周也。《春秋》之筆，於秦每人之，且又狄之，亦以尊周也。然而《春秋》終不絕秦者何？曰：子不繼，則支繼之；支不繼，則庶繼之。明有傳而不絕也。魯，周之支也；秦，周之庶也。周之衰，孔子有望於魯矣；魯之衰，孔子有望於秦矣。《文侯之命》，東遷之書也；次之以《費誓》，又次之以《秦誓》，聖人之意，豈徒然哉！

錄《費誓》，便知《春秋》寄王於魯；錄《秦誓》，便知戰國之兼并于秦。

晉國無君而有君，中國無霸而有霸，秦伯之功不小矣。

匏野文集卷六

讀

讀　易

三《易》之爲義至賾，學者始之不可以不專，既之不可以不合，何言之？當其觀伏羲卦畫之時，如未嘗見文王之彖辭也，必求伏羲之《易》於卦畫之中焉，側批：今之學《易》者，忘却先天矣。而見之若不假乎彖也。當其觀文王彖辭之時，如未嘗見周公之爻辭也，必求文王之《易》於彖辭之中焉，而見之若不假乎爻也。當其觀周公爻辭之時，如未嘗見孔子之《十傳》也，必求周公之《易》於爻辭之中焉，而見之若不假乎傳也。夫然後卦爻與辭，各致其極，交相明也。夫然後知夫子假我數年，五十以學《易》，可以無大過，而韋編之三絶，所以深究乎此而已矣。夫然後讀孔子之《十傳》，而知其專用義理，不過發揮乎此而已矣。奈何今之學《易》者，讀文、周之爻象，即不知有伏羲之卦畫；讀孔子之《十傳》，即不知有文、周之爻象。始也因爻象而忘畫，卒也因義理而忘象，無他，患生於求《易》之心不一，往往遡流而忘其源也，盍亦反其本而思之乎？苟無卦畫，則安有象？苟無象，則安有義理？象者卦畫之所以設，義理者象之所以顯，一而二，二而一者也。

且亦知有宋諸君子之治《易》者乎？周子、邵子之《易》，側批：分疏極妥。主伏羲；程子之《易》，主孔子；朱子之《易》，雖主邵子，其實不離乎程子。側批：善讀朱子之《易》。四君子有功於《易》，自孔子以來，未之有也。嗟乎！士生千百載之後，而明《易》，豈有心於同異，亦惟其是而已。吾於四君子之學，有同者，非是苟同；其異者，自不諱其爲異也。吾於四君子之論，有異者，非是求異；其同者，自不掩其爲同也。假令羲、文、周、孔與周、邵、程、朱並處一堂之上，側批：洞視千古。或主卜筮，或尚理義，其議論必不能皆同，要其有合於《易》則一也。至若秦、漢以來，如田何、焦贛、費直，以及鄭玄、王弼之流，雖皆有名於時，而不逮宋遠矣。

有先天之《易》，有後天之《易》，今學者所説，只是後天耳。可見邵子先天、後天之説，最爲有功。

有羲、文、周、孔，便不可無周、邵、程、朱。四君子之功，豈讓四聖人之功哉？

讀乾坤兩卦

古無"乾"、"坤"二字，側批：奇聳如山。作《易》者特立此二字，以明千古難明之道，以形容天地間事。蓋命名若斯之重也。何者？伏羲以"乾"、"坤"兩字爲六十二卦之統宗，文王以"元亨利貞"四字爲六十四卦三百八十四爻之綱領，其義一也。"乾，元亨利貞"，少一字非乾，多一字亦非乾。"坤，元亨，利牝馬之貞"，不特元非乾比，即貞亦非乾比，爲其多"牝馬"兩字也。故乾曰四德，側批：妙，妙。坤不曰四德。乾坤陰陽，以位相對言，固只一般。然以分而言，乾尊而坤卑，陽尊而陰卑，不可並也。譬之一家，父母固皆尊，然母終不可以並乎父，側批：妙論，出人意表。所謂尊無二上也。故乾曰大哉，坤曰至哉。大則無所不包，至則無所不盡。大可包至，至不可包大，所謂語大天下莫能載，語小天下莫能破是也。以六爻言之，《乾》六爻，一爻一聖人也，爻爻皆有君德焉。《坤》六爻，地道也，妻道也，臣道也，即六五一爻尚不可爲君位，況他爻乎？《乾》爻曰大人，曰君子，曰聖人；《坤》爻只曰君子，曰賢人而已。《易》以時爲重，《乾》彖、爻皆言時，曰時成，曰時乘，曰時舍，曰時惕，曰及時，曰奉時，曰與時偕行，曰與時偕極；《坤》只曰時發，其不同如此。

先儒謂《乾》卦如創業之君，《坤》卦如守成之君，側批：千古名言。乾如蕭何，坤如曹參，此健順之別也。《乾》卦連致知、格物、誠意、正心都説了，《坤》卦只是説個持守柔順貞固而已，此知行之别也。《乾》、《坤》只以一畫成卦，自第二爻，便爲重習之象。《乾》二言學，《坤》二言習，學主先，習主後，此又學習之别也。學者取《乾》之六爻與《坤》之六爻，取《乾》之《文言》與《坤》之《文言》，一一而對觀之，何啻萬里？

地對天，不過《乾》六爻皆取龍爲象，《坤》之取象不一而足者，陽純而陰雜也。

《乾》、《坤》是性情，天地是皮殼，其實只一個道理，此論極妙。

讀乾卦

《易》之道，太極爲之始矣。太極分而爲陰陽，則《乾》爲之始，《乾》有"元亨利貞"，則元爲之始，故離太極之初不遠，而稱始。以開萬物之始者，莫如元。《乾》有元，《坤》亦有元。《坤》之元，《乾》之元也。乾元、坤元，合成一元，即太極也。以《坤》視《乾》，則《乾》爲太極；以元視《乾》，則元又爲太極，側批：奥義莫曉。《坤》在《乾》之中，《乾》在元之中。其餘六十二卦，稱元者，一事有一事之元，一時一物有一時一物之元也。天下之理，始爲元始，側批：妙。初爲元初，六十四卦，三百八十四爻，皆根於《乾》初，而初乃勿用而潛也。《象》曰"潛龍勿用"，陽在下也，又曰"下也"，又曰"陽氣潛藏"。《乾》之初，即圖之一。圖書一常居下，元亦起于貞下，畫卦自下而上，下義不亦深乎？由是而見而惕，而躍而飛而亢，莫非龍也，莫非潛也。龍行雲施雨，飛在天而不見形，所以爲神。先儒云："《乾》六爻，始終一潛。"有味乎言之也！

蓋達天之學，非潛不入，非庸莫依，非惕不行，非疑不進，此正幾與義之所存。同聲之應，應以此耳；同氣之求，求以此耳。非然，則已亢。蓋至天德不可爲首，而益嘆聖人之藏至密也。密者，何也？在天爲太極，側批：妙。在物爲太和，在人爲性。古之君子，患性之難見也，常以其可見者言性。夫以可見者言性，皆性之似也。泝而上之，至于命；沿而下之，至于情，無非性者。性與情，非有善惡之别也，方其散而有爲，則謂之情耳。命與性，非有天人之辦也，至其一而無我，則謂之命耳。其於《易》也，卦以言其性，爻以言其情，情以爲利，性以爲貞，於人爲首出，於世爲咸寧。聖人之愛天下，性也，情也；天下之歸聖人，性也，命也。性與命與情並言，實昉於此。

或曰："言《乾》之大，至于剛健中正，似矣。又言純粹精，何也？"曰：此七字，皆從《乾》之九五來。蓋九五，尤《乾》之精神也，純者不雜，粹者不疵，精者不粗。所謂"維天之命，於穆不已"，"上天之載，無聲無臭"，"小德川流，大德敦化"，此天地之所以爲大也，而《乾》爲之始矣。

從"乾元"、"乾始"四字立論，元即始也，故曰"乾元"者，始而亨者也。又曰"乾始"，能以美利利天下，《繫辭傳》曰："乾知大始。"惟始可以言大，惟《乾》可以言始，《坤》則不然。

先儒謂："《乾》者，天之性情。"又云："天固《乾》之一象，未可以盡《乾》。"二説甚精，可與此文參看。

讀乾卦辭

乾，天也，故世之説乾者，止於天，不得其道，又以天爲體，乾爲用。夫以乾止於天，則《乾》象當一畫，不當有人道、地道而備三才也。孔子曰："乾，陽物也。"自道言之，乾、坤、天、地、人，側批：畢竟"道"字是大主腦。無非一物，則是三才陽物，皆乾之道，故《説卦》曰："乾爲天。"在天之乾也，爲圜；在象之乾也，爲君，爲父；在人之乾也，爲玉，爲金，爲寒，爲冰，爲大赤，爲馬，爲木果。在地、在物之乾也，以乾能備三才萬物之象，而三才萬物之一物，不能兼乾之象，故不得獨名曰天，而必名曰乾也。又況乾坤道也，天地物也，得是道而後爲物，故天得乾之道而爲天也。側批：此句大有理會。

"元亨利貞"，乾之四德，一德不具，側批：妙。不可以爲乾。其餘或不足於元，或不足於亨，或不足於利貞，或四者已具，而又有益詞焉。可見乾之四德，諸卦皆有其義，此如春秋列國諸侯皆得紀元，不得謂乾、坤方得有元，他卦不得也。"元亨利貞"爲天地間大共之理，側批：不易之解。天得之爲天，聖得之爲聖，庸衆人得之爲庸衆人，萬物得之爲萬物，元、會、運、世得之爲元、會、運、世。然則是四德者，其何以名之哉？譬之於穀，則穀之生，萌芽是元，苗是亨，穟是利，成實是貞。穀之實，又復能生，是貞又元。譬之於人，元則人之首，手足之運動，則有亨底意思，利則象之胸臟，貞則元氣之所藏也。又以五臟配之，肝屬木，木便是仁；心屬火，火便是禮；肺屬金，金便是義；腎屬水，水便是知。聖門多説仁智，元是仁，貞是智。四端仁智最大，側批：一部《性理》。無貞則元無起處，無智則如何生仁？《易》曰"大明終始"，有終便有始也。智之所以爲大者，以其有仁也，周子所謂"利貞，誠之復"是也。

然則朱子釋貞爲正，足矣，而必連"固"字，其義何居？曰："'正'字内也，有個'固'字意思。但不分明，終是欠缺。此如《孟子》言'知斯二者，弗去'是也。知斯是正意，弗去是固意，而後貞之義始全也。"或曰："元亨利貞，文王本只是大亨而利於正，至孔子始解作四德，何也？"曰："孔子見此四字好，側批：此解無人能拈。借來以釋'乾'字之義，遂爲萬世四時五行、五常的綱領。要之，伏羲《易》自是伏羲《易》，文王《易》自是文王《易》，孔子《易》自是孔子《易》，三聖人之《易》，夫固各有取也。"

東萊呂氏曰："乾，元亨利貞，如'克欽明文'，思爲堯、舜；'濬哲文明'，爲舜一般。"此解大妙。

"天得乾之道而爲天"，與程子"天專言之則道也，天且弗違是也"，兩句均可千古。

讀乾六爻象

文王於《乾》，無所取象。蓋以《乾》卦畫即象，而"元亨利貞"，直占辭耳。周公始象六爻以六龍，而六十三卦三百七十八爻之象，近取諸身，遠取諸物，皆此六龍之象引而伸之，觸類而長之耳。然而《乾》只有龍一象，餘卦或一象而數象，或一爻而數象，不敢與《乾》敵，此《乾》之所以尊也。側批：透徹全《易》之旨。

大抵《易》莫難明于象，象明則占與辭與變，亦有不難通者矣。而象之與占,尤相連焉。凡卦爻有有占而無象者,有有象而無占者,有占無象者象在占中,有象無占者占在象中。如《乾》初、二、五、上,分象與占,此易明也。九三"終日乾乾,夕惕若",疑皆占辭也,而曰"終日"曰"夕",象在其中。九四"或躍在淵",似若專言象也,而曰"或"曰"在",占在其中。不特此也。六龍隨其位而言,然一爻之中,自兼六爻之義,特所用不同耳。如潛也,德章爲見,志厲爲惕,自考爲躍,聲宏爲飛,過高爲亢。如飛也,沉機爲潛,近民爲見,防患爲惕,震作爲躍,深求爲亢。推之四爻,莫不皆然,此又非三百七十二爻之所得而同者矣。故龍可以言君道,側批:如此融會方是。又可以言臣道,可以言父道,又可以言子道,他亦隨事而通之,所謂變動不拘者此也。若其辭,則有不同者。"勿用",禁之之辭。"利見",幸之辭。"無咎",謂如此而後無咎,勉之之辭。"有悔",憂之之辭,"吉",慶之之辭。此則三百七十八爻之通例也。

然三百七十八爻,爻只一小象,獨《乾》、《坤》二卦之爻,加以《文言》,而《乾》之《文言》,視《坤》尤多者,何也?凡人於賢人、君子之進退出處,必喜談而樂道之,況乎《乾》之六爻,一爻一聖人也,其出處進退,關係氣運之盛衰,萬世而下,皆將取法焉。孔子於此,側批:聖人心事如見。不禁言之長,辭之複,以爲不如此,不足盡《乾》六爻之蘊也。稱說雖繁,又烏可已乎?

《乾》六爻只龍一象,餘卦或一象數象,或一爻數象,三百七十八爻,爻只一小象,獨《乾》、《坤》加《文言》,而《乾·文言》比《坤》尤多,雖人所共曉,形之篇章,惟此獨爲精透。

六爻一爻一聖人,一爻之中,又兼六爻之義,精理疊見,洵稱義壇宿將。

讀乾初九爻象

初、二、三、四、五、上,側批:分晰細而確。位之陰陽;九、六,爻之陰陽。未有六畫爲爻,先有六虛爲位,位虛而爻實之也。初、上先位而後爻,自二至五,先爻而後位,互文也。時言初則有終,位言上則有下,數言二、三、四、五,則有一、六,互見也。龍就爻德上取,潛龍就爻位上取,勿用就占者言,潛龍非稚龍之謂也。

奮飛盪天日，而卷之不盈分，此潛龍也。男子生而懸桑弧蓬矢於門矣，男子之志，側批：如讀先秦諸書。聖人之制，而其父母之心也。生女必將嫁之，生男必將試之，豈願其潛哉？所以貴潛者，學而未就，行而未成，不欲示人以樸，而僥倖試人之國，此一潛也。女子非不欲嫁，而六禮不備，不敢以行，惟士亦然，必由其正，此一潛也。世與我而相違，彼兕彼虎，率彼曠野，或退而修之家，或違而之于他，此一潛也。《詩》曰："潛雖伏矣，亦孔之昭。"聖人非棄天下者也，類有所托而潛焉，惟巢由之徒，乃性之耳，然非堯、舜之所貴也。側批：妙，妙。

夫子於《乾》、《坤》初爻，揭"陰陽"二字。《乾》初曰"陽在下"，《坤》初曰"陰始凝"，見扶陰抑陽之意。

擬之漢、魏諸書，其《法言》、《中論》、《文中子》乎？

讀乾九二爻象

龍九象，見而在田二象。以六畫言，側批：一定至理。則初二地位，二地上，故象田。以三畫言，則二與五本人位，故九二、九五象大人，九二方出潛而猶未大顯，是有大人之德，未有大人之位者也。《本義》謂"常人不足以當之"，蓋如初九潛龍之象，凡占者皆可當之，象占之正例也。如九二見龍是象，利見大人是占，則以象爲主，占爲客，變例也。《文言》又曰"龍德而正中"，何也？二有龍德而得中位，人君之象也，以在下卦，又非陽位，故不爲中位而爲中德。側批：妙。《文言》兩稱君德，明非君位也，側批：妙。此又稱龍德之中，明非龍位之中也。側批：妙。龍德者，天之陽德，《乾》六爻所同有也。然而初潛而上亢，三與四皆擇乎中庸者，五雖中，又以位言，故六龍之德，惟九二爲正中也。又曰時舍，何也？"舍"非"用捨"之"捨"，捨之則爲潛龍矣，舍者隨其所在而居焉。《乾》之時舍，側批：比炤字字明確。《井》之時舍，皆言時適在此，非其常也。《隨》之志舍下，言志在下也。《姤》之志不舍命，言志不在命也。龍本行天之物，不當在田，出潛之初，時寓于此，故曰"時舍"。然則曷言乎"天下文明"也？舜在佃漁，側批：何處得此奇論？天下之爲父子者定。孔子爲匹夫，亂臣賊子者懼。龍德之動，化其神若此，故曰"君德"也。

"中位"、"中德"、"時舍"剖釋極精。

讀乾九三爻象

陽在九三，正月之時，自《泰》來也。陽氣始出地上而接物，人爲靈，故以人事成天地之功者，在于三焉。初、二地位，故二曰"在田"；五在天位，故五曰"在天"。三、四人位，故三不稱龍而稱君子，下乾終而上乾重之，側批：析理如繭絲牛毛。故曰"乾乾"。健者乾之性，龍不過乾之象。九三不言象而言性，蓋性體剛健，自有乾乾惕厲之象也，無咎宜矣。

雖然，君子之不言龍，何也？曰：君子洗心退藏，不敢自謂神明其德，況敢自謂龍乎？然則君子有惕，龍亦有惕乎？曰：有龍不終歲飛，而有時飛，不終歲見，而有時見，不使人見其首，非特人畏龍，側批：奇妙。龍亦畏人也。然則君子之惕與厲也，危乎？微乎？曰：惟其微極，側批：心細如髮。是以危至。故危者，微之所以審機也；微者，危之所以存義也。君子之德業非危，則無所羅著也。《書》曰："無安厥位，惟危。"又曰："凜乎若朽索之馭六馬。"《詩》曰："惴惴小心，如臨于谷。"君子雖不敢自謂龍，而龍德則已備矣。或曰：雖言聖人事，苟不設戒，何以爲教？然則聖人亦設戒乎？曰：舜、禹、益交相爲戒，側批：奇論。君臣且然，況作《易》聖人乎？

《乾》九三一爻，實居六十四卦人道之首，聖人尤致意焉，故設戒不一而足。

《易》教人之書，初無聖凡之別，觀此爻之設戒便知。

讀乾九四爻象

躍九陽動象，淵四陰虛象，見而在田，猶未離乎地，躍則無所緣而絕于地。五天位，四位柔而與之相接，或躍而起，則向乎天矣。龍非欲躍，氣蒸時廹，而不得不躍，乃其心則未始躍也，側批：湯、武心事如見。故聖人或之。然非聖人或之也,四自或,聖人乃從而或之,不或則與無忌憚等耳,側批:安漢公一流。安漢公是也。聖人之學,自知而定,而靜而安,復有慮焉,不慮胡獲?故聖人者,天下之至兢兢者也。

然則或躍之義,進之是耶?退之是耶?曰:進也。何以知之?《文言》曰:"進無咎也。"進無咎,則退有咎矣,側批:妙。然則九四之變,又何以在《小畜》也?曰:或躍進也。小畜止也,畜則可以止矣。而若或躍之,躍則可以進矣。而若或畜之,猶密雲之可以雨,而且不雨,密雲西郊,其當殷、周之世耶?《皇矣》之詩曰:"維此四國,爰究爰度。"《泰誓》曰:"同力度德,同德度義。"聖人之慎動也如此。故進而功被于天下,退而德滋于七世,以是自試,何咎之有?然則是龍也,側批:純是《公》、《穀》文字。而不言龍,何也?曰:猶之密雲也而未雨,則不可言雨也。

躍以或言勇于進也,淵以在言安于退也。《文言》曰"欲及時也",則意在進矣,爻、《文言》不同如此。

讀乾九五爻象

《乾》之六爻,非聖人孰當之?九五,非堯、舜孰當之?堯、舜非受禪而後,倦勤而前,垂衣端拱之日,孰當之?龍之在天也,側批:語有精采。一歲一時;聖人之在天下也,萬古一時。故《易》之最尊者惟《乾》,而《乾》之最尊者惟五,後之得統者,豈不曰飛龍?徒象龍耳。占者無其德與位,側批:《易》不可妄占。當作凶論。且不獨九五然也。九二、九五兩爻,皆當以所占之人之德觀之,若己是有九二之德,占得此九二爻,則爲利見九五大德之君;若常人無九二之德者,占得之,則只爲利見此九二之大人耳。己爲九五之君,而有九五之德,占得此九五爻,則爲利見九二大德之人;若九二之人占得之,則爲利見九五大德之人。各隨所占之人,以爻與占者,相爲賓主也。

宋太祖一日問王昭素曰:"九五飛龍在天,利見大人,常人何可占得此卦?"昭素曰:"何害?若臣等占得,則陛下是飛龍在天,臣等利見大人,是利見陛下也。"侧批：對得絶好。此説最好。如此所以三百八十四爻，而天下萬事，無不可該，無不周遍，此《易》之用所以不窮也。

六畫之卦，五爲天；三畫之卦，五爲人。故目天曰人，利見爲萬物睹。

龍之潜，元不獲中矣，過中則惕，不及中則躍，二、五其中乎？故有利見之吉。

讀乾上九爻象

《本義》謂："亢者過于上而不能下。"蓋至于亢，雖欲下而不能矣，侧批：可見聖人之悔，與常人不同。安得無悔？説《易》者曰：三過而惕，故無咎。上過而亢，故有悔。龍德莫善于惕，莫不善于亢，亢者悔之所從來也。夫以龍德而亢極，猶有悔也。時之既極，侧批：深至，耐人思。無論德矣。若與時偕，極亦龍德之衰也。進極必退，存極必亡，治極必亂，時可奈何，而抗必勝哉？故持盈保危，道也；辭榮就閒，道也；死孝、死忠、死社稷，亦道也。夫聖人者，豈必皆福利、富貴、長壽哉？侧批：此數句可以上下千古。道在而已，道在即德在也，故聖賢無悔。亢龍有悔者，君子而有龍德，必悔之于早，悔則不吝，不吝則無咎，故悔亦非龍德不能也。侧批：妙。《詩》曰："比于文王，其德靡悔。既受帝祉，施于孫子。"故如文王，侧批：妙。則可以靡悔者矣。

蔡澤説應侯辭位嘗曰："日中則昃，月滿則虧，天地之常數也。天地且然，況于聖人？"《語》云"成功之下，不可久處"，其知亢之義乎？

《文言》"不失其正"，"正"字極好，正則無亢，故卦詞言"利貞"。若二氏於此，第云同歸于盡而已。

讀坤卦

程河南曰：坤，元亨利牝馬之貞。"利"字不連"牝馬"爲義。如云"利牝馬之貞"，則坤只有三德。侧批：此辨甚好。大抵四德具，乃謂之乾，德配乾乃謂之坤。坤之四德同於乾，而貞體則或異者，乾以剛固爲貞，坤則柔順而已，故有取於"牝馬之貞"。蓋牝馬柔順,故能承順乎人;坤以柔順,故能承順乎天。君子之進爲於世也,夫豈專恃吾有能行之才歟?必也待人君命焉而後承,駕焉而後聘(騁),以務合坤之德而已。故繼之以"君子有攸往"。"攸往"如何?亦曰"先迷失道,後順得常"焉耳。得常即得朋,失道即喪朋,以合於安貞之吉可也。請觀六爻,初、六在下之下,則爲履爲始;六、四在上之下,則爲結爲閉;六、三在下之終,爲有終,爲臣道;上、六在上之終,爲無陽,爲道窮。四爻之義,皆明白易見,獨中爻,以在下者爲大爲光,爲無不利。以在上者,爲善爲文爲美,則不可不辨也。

大率陰以在下爲正,側批:此解獨得其妙,乃天地之大義也。陽以在上爲正,二、五皆中,而乾之天德,獨以屬五,坤之地道,獨以屬二也。下非陽之位,故《乾》之九二爲在下而有陽德者;上非陰之位,故《坤》之六五爲在上而秉陰德者。黃者地之色,裳者下之服,文者坤之象,皆屬陰也。雖然,《坤》六爻皆臣,而下卦之上曰王事,明有君也。六爻皆陰,而上卦之上曰龍明,有陽也。嗚呼!天地不可一日而無陽,側批:《易》與《春秋》不可一日不明于天下。天下不可一日而無王。孔子之繫《易》與作《春秋》,其義一也。

陰以在下爲正,陽以在上爲正,故下非陽之位,上非陰之位,自是不刊之論。

謂之龍戰,則陽固龍而陰亦龍。謂之元黃,則陽固傷而陰亦傷矣。

讀坤卦辭

《易》之元亨,側批:《坤》之四德,從《乾》得來,正是此意。自奇而生,其所利貞,亦復於奇而已。耦卦倚奇而立,是以能元亨,故其所利貞,率歸於"牝馬"二字,以明終始從奇也。乾言"利貞",貞則無所不利矣;坤言"利牝馬之貞",如牝馬之貞則利,非牝馬之貞則不利也。故乾無不利,坤有利、不利,坤但得乾之半耳。夫乾爲馬,以其健而行也。若乾行而坤止,則無以共成其化育之功矣。故坤亦取諸馬,而又取其牝馬者,以謂不牝則不順,而非馬則不能往應於乾,相與爲無窮故也。下文又以人事推之，曰"君子有攸往"，言雖坤不可無往也。曰"先迷後得"，主利言利，在得主不利爲主也。曰"西南得朋，東北喪朋，安貞吉"，言當貞於陽方，不當貞於陰方，則雖喪也，乃所以爲得也，故象詞有"乃終有慶"之説。凡此皆見所利所貞，止於從乾，更無他道也。

君子讀《易》至此，不禁喟然歎曰："至哉！文王之作《易》也。其當西伯之時，羑里之難耶？"味安貞吉之言，文王之心盡於此矣。側批：文王至德，具見此象。今觀自"利牝馬貞"而下，反覆致戒，無非謹守爲臣之分，使凡居坤位者，一守之以貞，而後即安也。萬世而下，不可想文王之心，始終無二哉？

先儒謂《乾》六爻無小人，是矣；謂《坤》六爻無君子，則置二五于何地耶？

讀坤六二六五兩爻象

《乾》以九五爲主爻，側批：不認得主爻，不可讀《易》。《坤》以六二爲主爻，蓋二卦之中，惟此二爻，既中且正。又五在天爻，二在地爻，正合《乾》、《坤》之本位也。《乾》主九五，故於五言乾之大用，而《坤》之六五，止言坤德之美，此《坤》之主爻，不屬五而屬二也，何者？《坤》是純陰，一卦諸爻，皆不中正，五雖中，亦以陰居陽，惟六二居中得正，爲坤之最盛者，故有直、方、大。三者之德，如孟子言浩然之氣，至大至剛以直，三者缺一不可也。然則言地道主六二，猶《乾》之九五，言乃位乎天德也。六五不得其光明之大用，而得其德美之盛，故曰"文在中也"，又曰"美在其中"，皆言體而不及用也。末句言發於事業，方微及於用，側批：體用分別極妙。猶《乾》九二，但言龍德正中，末句言德博而化，方微及於用，然終不及九五、六二爻辭之光大也。

或曰：大即元也，諸卦"元"字皆訓爲大。《坤》六二既爲大，六五又爲元，何也？曰：大以用言，元以德言。側批：無人曉得。六二爲卦之主，以主地道之用，故謂之大。六五非卦主，但用坤德之懿，故謂之元。"元亨利貞"四字，與"吉凶悔吝"相對，"元"字無對，以本末爲分。善之本爲元，側批：分晰極精。善之效爲吉。凡言元吉者，善之至也。故六五《文言》曰"美之至也"，明元在吉上者，其義例如此。惟《乾》之元，兼大、始、善三義，他卦元在亨上，或爲大，或爲始。元在吉上，則爲善而已。側批：可勒注疏。

《乾》六爻莫盛于五，《坤》六爻莫盛于二，此《乾》之二不及五，而《坤》之五不及二也。

"大以用言，元以德言"；"善之本爲元，善之效爲吉"；元在亨上爲大，元在吉上爲善。此種奧妙之語，無人參到。

讀坤六二爻象

《坤》六二，以三才言之，則得地之道；以二體言之，則居下之中；以一爻言之，則陰居陰位，其視諸爻至爲純粹者，故有"直、方、大"之三德焉。占者有是德，則不待學習，而自無不利；無是德，則雖習亦不利也。然坤賢人之德也，其不習而利，豈真不習乎？其德內直外方，而又盛大，在人言之，則真積力久而有得者也，故其不習者，未始不由於習。側批：書理方得明白。此爻之辭，但以成德者言之耳。

然則習之義何昉乎？習於鳥爲數飛，《記》云"鷹乃學習"是也。《易》之《坎》曰："君子以常德行，習教事。"《兌》曰："君子以朋友講習。"《魯論》開章第一義曰："學而時習之。"曾子云："傳不習乎？"是習也，側批："習"字乃《周易》、《魯論》教人精切處，豈可抹殺！《周易》之所以爲《周易》，《魯論》之所以爲《魯論》者，其精義莫先於此。是故舉一隅以三隅反，學人之習也；溫故知新，君子之習也；聞一知十，顏子之習也；默而識之，吾道一以貫之，聖人之習也。習之品分不同，當其習而忻然解會，適悅於中心則一也。初學如是，深造亦如是，非是則俗學而已矣，則勤苦難成而已矣。故曰："不習者，未始不由於習者也。"

不習從習來，此解極是，所謂"勉强亦自然"是也。若逕作不習，則坤爲賢人之德，未免擡得太高矣，何以處夫乾者乎？

讀坤六三爻象

《坤》六三、六五，皆陰陽相雜之爻也。陰陽相雜爲文，故二爻皆有文章之象,而《文言》皆以美釋之,側批:可見文章是美物。猶《乾》九二,亦陰陽相雜,亦爲文明之象也。五得中位,故爲文在中。三不得位,而在上下之交,故静則含之,而可以守其貞于下;動或從王,亦足以發其知于上也。且夫君子之處世也,豈真深自祕藏,闇然無光也哉?特未逢其時耳。一旦君有問焉,告之以己所欲爲,而委任焉,雖不敢自眩(炫)其能,而何敢以君之事,竟委之君而不理也?故可貞則貞,不可貞則不必貞也。當發則發,不當發則亦不必發也。側批:此四句深透此爻之義。嗚呼!此非有過人之智者而能之哉?

《文言》美曰雖有,不自爲美也;成曰弗敢,無所從敢也;有終曰代,不自有其終也。蓋謙之至也。側批:此爻乃坤之謙。晉武之平吳也,王濬每進見,陳其功伐之勞,王通謂曰:"卿功則美矣,然卿所以居美者,未盡善也。"濬曰:"何謂也?"通曰:"卿旋斾之日,角巾私第,口不言平吳之事。若有問者,輒曰:'聖主之德,群帥之力,老夫何力之有焉?'能如斯,顔子之不伐,龔遂之雅對,何以過之!"噫!此《坤》六三光大之智也,濬何足以語此!

程子謂:"義所當爲,則以時而發;若舍而不爲,非盡忠也。"其義至矣。

讀坤六四文言

六二、六四,皆以柔處柔,順之至也。然二則居下履正,盡坤之道,而四則坤道乃革之時,視二爲失位也。夫以至順之德,處失位之地,當是時也,可一日不用吾順乎?故曰:"天地閉,賢人隱。"然必先之以天地變化,草木蕃者,以言天地變化,草木亦蕃,而況於賢人乎?天地閉塞,賢人亦隱,而況於草木乎?互文以見義也。

雖然,後世之隱有二概,有避咎而隱者,有好名而隱者。避咎而隱,志於無咎而反有譽;好名而隱者,恥於無譽而反有咎。側批:古今隱士,盡此二種。鄭子真耕於巖穴之下,而名振於京師,此志於無咎而反有譽,所謂避咎之隱者也。梁鴻作《五噫之歌》,而時君惡之,此恥於無譽而反有咎,所謂好名之隱者也。夫無咎必譽矣,無譽必咎矣。無咎無譽,是何人哉?側批:此人自不易得。傷譽之必且爲咎也。隆山李氏曰："譽者，咎之招也。士居亂世，并名而欲逃之，或逃之而益隨，欲無咎無譽，難矣哉！"嗚呼！士不幸不爲《乾》之九四，而爲《坤》之六四，豈非天乎？

人不能害己，無咎也；己亦不能利人，無譽也。

象單釋無咎，《文言》兼言無譽，可見無咎無譽單拈不得。

讀坤六五爻象

坤言黃，則知乾之爲玄；坤言裳，則知乾之爲衣。然《離》六二象黃離，《遯》六二象黃牛，裳又下象，《坤》六二象黃裳可也，側批：辨得。何乃於五六言之？此六五一爻，或主君言，或主臣言，或主后言，所以紛紛不一也。其主君言者曰：乾雖爲君，非臣盡無乾；坤雖爲臣，非君盡無坤。何必《乾》之九五定爲聖主，《坤》之六五定爲賢臣乎？以龍爲君，以裳爲臣，側批：聖人觀象，自與學者不同。後人所以象象，非聖人設象之意也。其主臣言者曰：《乾》卦無臣位，初與二、三皆君也；《坤》卦無君位，六、五亦臣也。《乾》之九五，堯、舜之君也；《坤》之六五，皐陶、禝（稷）、契之臣也。《文言》曰"黃中通理，正位居體，美在其中，暢于四肢，發于事業"，又儼然畫出一個周公負扆踐阼、孫膚几几的模樣矣。其主后言者，則曰《詩》"綠衣黃裳"，綠衣喻妾，黃裳喻夫人，言黃裳於《坤》六五，則知爲《乾》九五之配矣。《坤》純陰，嫌於言君，又不可以臣當之，故取象于后，以存君位。又如《泰》與《歸妹》言帝乙歸妹，以帝女存君位也。側批：奇妙至此。《明夷》箕子之明夷，以帝子存君位也。《剝》之貫魚以宮人寵，亦以后妃存君位也。三說之不同如此。明儒李見羅曰："觀變玩占，側批：可與讀《易》。如觀山水，隨步異狀。"旨哉言也！矧《乾》、《坤》二卦，其道甚大，又難以一端求矣。

《坤》固臣道，五實君位，雖柔德不害其爲君。《乾》九二本是臣位，雖天德不害其爲臣。此爻主君說爲是。

讀屯卦

《乾》、《坤》之後，繼以《屯》、《蒙》，《屯》之下體《震》而上體《坎》，《蒙》之下體《坎》而上體《艮》，三男相繼，以效其勞於《乾》、《坤》，不亦有序矣乎？元亨利貞，《乾》之四德也。《乾》、《坤》萬物之父母也，故具此四德，自《乾》、《坤》而下，若《屯》、《隨》、《無妄》、《革》，能具其大體，而不能盡其全用，則閔子、顏淵之於聖人，側批：可云罕譬而喻。具體而微之謂也。又其次則有具三德者，若《離》、《咸》、《萃》、《兌》、《渙》、《小過》；有具二德者，若《大有》、《蠱》、《漸》、《大畜》、《升》、《困》、《中孚》；有具一德者，若《蒙》、《師》、《小畜》、《履》、《泰》、《謙》、《噬嗑》、《賁》、《復》、《大過》、《震》、《豐》、《節》、《既濟》、《未濟》，則子游、子夏、子張得聖人之一體之謂也。《屯》雖具四德，不足於利。側批：妙。故卦辭申之曰："勿用有攸往，利建侯。"言其利止於建侯以立國，不利於於冒險而輕進，則其利爲有限矣。側批：妙。《彖》不言"利"字，止大、亨、貞三德，而以宜建侯不寧解"利"字，亦此意也。大亨者，大而且亨也，屯之才不足以盡"元"字，故以大訓之。或以"大亨"二字爲一意者，非也。乾一索得震，故曰"始交"。震爲萑葦，草之象。坎爲月，天尚未明昧之象。《彖》中連用二"動"字，見坎之貴動也。震一君二民，建侯之象。卦利建侯，建初九也。爻利建侯，初九自建也。爻言"乘馬班如"者三：二班如，待五應也；四班如，待初應也；上班如，三非其應而五不足歸，惟有泣而已。三言鹿而不言馬，側批：奇。馬陰而鹿陽也；五爲雲而不爲雷，雷雨而雲不雨也。

合而觀之，初九之盤桓，側批：此段引証尤確。沛公在蜀、漢、三秦時，居貞者，不取婦女貨財，約法三章，爲義帝發喪也；建侯者，立漢社稷也，以貴下賤者，輟吐哺以下賢也。六二守貞不嫁，四皓兩生也。六三不見事幾，妄就而取窮，孔鮒之從陳涉，范增之事項羽也。六四明幾，求而後往，子房之迫而後言，韓信之拜大將而後留也。九五有權有勢而屯膏，不下士民之心，非以貴下賤者，項羽之爲天下宰，而不與人功，不與人利也。上六無應無與，泣血以待亡，秦王子嬰之交也。

　　卦中二陽皆可爲主，不主五而主初者，五坎體陷而失勢，初震體動而得時，故六爻皆從初立意。

出經入史之才，馳漢驟宋之筆。

讀屯六三六四二爻象

《傳》曰："秦失其鹿，天下競逐。"六三當屯之時，所謂"競逐"之夫也。漢高祖語諸將曰："諸君知獵乎？逐獸者狗也，指蹤者人也。"坎爲隱伏，五以一陽伏於衆陰之中，鹿之象也。夫初九所以大得民者，建侯以翼己故也，用能作於閭閻，而爲亨屯之主。六三居不以正，動而無應，猶之即鹿也，志在得禽，而無指蹤之人也，所謂無虞人山林之導也。入於林而無其導焉，徒往也。君子則不然。與其往取窮吝，而無所獲，殆不始舍旃而安於屯，居貞以待時，而無妄動之失也。若六四者，未有適往之時，而初來求之，彼求此往，吉利宜矣。孔明之在隆中，其心亦獨有一玄德耳，側批：孔明知己。然不與荊州士大夫俱往，而必待其來，以爲君子莫重乎始進也。我有玄德，玄德未必有我，往則我乃千萬人之一人耳，側批：孔明心事歷歷如見。來則我可離可合，合則從，不合亦無失吾南陽，此真天下之明者也。

六三志不在濟時，汲汲于進，畢竟是貪心所使，故曰從禽。六四有自知之明，又有知人之哲，故曰明。

讀屯九五上六二爻象

每嗟聖賢不得位，而不知得位，側批：此確論也。又不如得時也。《屯》卦二陽，初陽在下，而衆方歸之，時之方來者也。五陽在上，而陷於陰，時之已去者也。時已去，而欲濟屯難矣。程子曰：人君雖屯，名位非有損，惟施爲有不行，膏澤有不下，威權不在己，而欲驟正之，凶之道也。魯昭公高貴鄉公是已。故小貞則吉。小貞，漸正之也。若盤庚、周宣，脩德用賢，復先王之政，諸侯來朝，以道馴致之，不暴也，又非恬然不爲。若唐之僖、昭也，不爲，則常屯以致於亡矣。

上六居險之極，勢孤無應，陰柔難輔，陽不之與，故有泣血漣如之象。費子陽謂子思曰："吾念周室，泣涕不可禁也。"子思曰："然。此亦子之善意也。"夫

141

能以智知可知，而不能以智知未可知，危之道也。今以一人之身，憂世之不治，而泣涕不禁，是憂河水之濁，而欲以泣清之也，無益莫大焉。惟能不憂世之亂，而患身之不治者，可與言道矣。屯之極，孰不爲泣？而徒泣無施，此兒女子泣，故曰何可長也。《離》之六五，出涕沱若，戚嗟若，此能患身之不治者也。天下亂，而治其身，未晚也。朝聞道，夕死可矣。雖將死，而聞道可矣。側批：深于見道之言。

初得時，二比初，亦得之。五失時，上比五，亦失之。此義自不可易。文有先秦之氣。

讀蒙大象

讀《大象》者，當先觀《彖》，不觀《彖》則不識名卦之義。側批：三句有開門見山之概。蓋合二卦以成名，有取象者，有取義者，有取畫者。天地水火、山澤風雷，八卦之象也。健順麗險、動止説入，八卦之義也。以奇偶分剛柔，八卦之畫也。如《彖》言明出地上晉，明入地中明夷，雷雨作解，其辭與《大象》同者，皆以象名，而以義兼之義也。至言險在前爲需，險而健爲訟，行險而順爲師，若此類專以義名也。柔得位而上下應之曰小畜，柔得尊位大中而上下應之曰大有，若此類專以畫名也。釋經不觀諸《彖》，惟泥《大象》之言，如天下有山遯，乃於天山取遯之義。風自火出家人，乃於風火取家人之義。蓋《大象》皆取象以繫卦，至於成卦之名，不止在是，欲識名卦之義，求之於《彖》足矣。泥《大象》而曲爲之説者，蓋不深考也。果行育德，有本者如是，可於山下出泉見之。蓋法坎之流以果行，故初筮之告，必不至於後時。法艮之止以育德，故作聖之功，又無取於欲速，此物此志也。

"名卦有取象者，有取義者，有取畫者，而不觀《彖》，則不識名卦之義"一語，足破千古之疑。

讀需卦

需，有待也。在我者有可需之才，在上者有可需之君，二者交相致焉，斯可言需矣。必如傅説,然後可需於版築;側批:否則爲處士虚聲矣。必如太公,然後可需於渭濱。雖然,傅説無高宗徒需也,側批:"徒需"二字可以解頤。太公無文王徒需也。《需》之成卦,乾、坤在下,有可需之才也;九五位乎天位,有可需之君也,有是二者可以言需矣。《需》之六爻,由初九、九二、九三言之,則在内也有以待乎外,何也?坎險在前故也。由六四、上六言之,則在上者有以待乎下,何也?三陽上進故也。夫方三陽之需於下也,則指坎之地,曰險曰難,曰寇曰災。及至於四,而三陽有必進之勢,則如蹈無人之墟,而所謂曰險曰難,曰寇曰災,咸無焉,此需之所以爲光亨也。若九五至剛亦稱需者,何也?五一卦之主也,三陽之待五而進也久矣。三陽方來爲客,五爲主人,具酒食以需之。在禮,速客之詞曰主人須矣。苟無以待之,不合三陽嘆權輿乎?側批:令人絶倒。若五者,可謂善用需者矣。

雖然,不特此也。古之君子,爲飲食以下逮乎民,爲宴樂以上逮乎神。《楚茨》之詩曰:"苾芬孝祀,神嗜飲食。卜爾百福,如幾如式。"言需之上逮於神也。"爾殽既將,莫怨具慶。既醉既飽,小大稽首。"言需之下逮於民也。需險而不陷,其有禮樂存者乎?聖人於九三,則曰"敬慎不敗";於上六,則曰"敬之終吉"。《書》曰:"典祀毋豐于昵。"《詩》曰:"民之失德,乾餱以愆。"言飲食之不可以不敬也。

　　需乃聖賢素位而行之學,故九三、上六總以敬爲言。
　　中無計功謀利之心,正無好大喜功之事,所以能需。需豈易言哉?

讀訟卦

　　訟既孚,何窒?既窒,何惕中吉?既吉,何又終凶?既凶,何又利見大人?既利見大人,何又不利涉大川?聖人於訟,忽予忽不予,忽利忽不利若是,其詞之不一者,何也?曰:訟非君子之事也,其曰吉曰利,皆以止訟,非以勸訟也。訟之言吉,猶刑之言祥也。訟而至于無訟,則吉矣;刑而期于無刑,則祥矣。訟之有取于險而健者,何也?險而不健,則不成訟;健而不險,則不成訟。惟險而健，訟斯成矣。卦之險有三，側批：層層解剝，如剝筍然。初也，二也，三也，皆險也，然險而不健者也。卦之健亦有三，四也，五也，上也，皆健也，然健而不險者也。惟險而不健，故初不永，二不克，三無成，不成其爲訟者也。惟健而不險，故四不克，五自訟，上三褫，亦不成其爲訟者也。然則諸爻之不成其訟，有辯乎？曰：有。二于五爲臣，無訟其君之理；四于初爲應，無訟其配之理，故皆不克。然而二之不克者勢也，四之不克者理也。二見勢之不可敵，故歸而逋竄；四見理之不可渝，故復而即命。且也，《訟》之三，側批：愈出愈奇。即《坤》之三，九二剛來而得中，遂變坤順而成險。今曰"食舊德"，則依然坤矣。故或從王事，無成，其詞同也。《訟》之上九，即《乾》之上九。《乾》之上九，亢而至于悔。《訟》之上九，健而至于褫。況曰或錫，則非真錫矣。故知進不知退，知得不知喪，其義同也。

然則五之自訟云何？曰"萬方有罪，罪在朕躬"，側批：好証佐。湯之所爲自訟也。"百姓有過，在予一人"，武之所爲自訟也。嗚呼！有君如此，誰忍負之？此諸爻之所以不終訟也，何也？爲其猶有愧心也，恐其無面目以見九五也。側批：妙。雖然，訟何以作事謀始？凡事有中有終，訟中吉終凶，能謀始以絕訟端，中與終不必言矣。

訟人是第一箇惡念頭，故初、二、三、四、上皆有戒詞。自訟是第一箇善念頭，故九五特予以元吉。訟之言吉者四，非訟之吉，無訟之吉也。

讀師卦

《師》次《訟》。"師貞，丈人吉，無咎。"師不貞不吉，貞而不用丈人不吉，其咎可知。《師》之反爲《比》，《比》曰"元永貞"，《師》言貞不言元，帝王皆爲應，兵不爲戎首也。不言永，師可一不可再，況永乎？丈人者何？其黃髮之尚父，元老之方叔乎？《師》六爻，惟九三吉無咎，六四無咎，不言吉，三則凶矣。二曰"王三錫命"，五應也；五曰"長子帥師"，二應也。五應二，故曰"錫"。《訟》之上，近五非應，故曰"或錫"。訟而終，則有三褫之辱；師而中，則有三錫之寵。訟與師皆以中爲貴也。然則初言出，四言次，何也？曰："出"如"帝出乎震"之

"出",言始出也,《易》莫重乎其始出也。出以律,不言吉者,勝負未可知也。《詩》曰"有嚴有翼,既佶且閑",其以律之謂乎?次如《春秋》魯僖公元年,書次於聶北,遂救邢。救而書次,側批:如讀《公羊傳》。譏之也。四年次於涇,遂伐楚。伐而書次,善之也。四之"左次無咎",善之之辭也。然則《彖》言"毒天下",爻言"懷萬邦",何也?曰:王者之師,不得已而用之,如毒藥之攻病,非有沉痼之病,不輕用也。且古之言兵者,皆言懷,不言威。湯之伐夏,曰"室家相慶";武王之伐商,曰"萬姓悦服",此懷之之義也。

然則五言"長子帥師",又言"弟子輿尸",何也?曰:唐肅宗討安慶緒之亂,將之以郭子儀,側批:引証極肖。而復參之以魚朝恩,則雖貞亦凶矣。然則《師》之上六,"小人勿用",與《既濟》九三,"小人勿用"同,皆言小人得此爻不可用也。《易》中言"小人弗克","小人否",皆言君子可用,小人不可用也。"君子吝","大人否亨",皆言小人可用,君子不可用也。此爲卜筮而言,誰謂《易》爲君子謀,不爲小人謀哉?

四之無咎,不如二之吉;三之凶,不如四之無咎。聖人以萬世用兵利害,權輕重於"吉凶無咎"四字,其用意深矣。

節次入古,類《公》、《穀》筆法。

讀師六四爻象

《左氏》曰:"凡師一宿爲舍,再宿爲信,過信爲次。"據《書》,惟戊午王次於河朔,武王之於河朔,纔一宿耳,而謂之次,安在其過信爲次也哉?此師之進宿言次也。吳氏曰:"師三宿爲次。兵家尚右,右爲前,左爲後。《八陣圖》,天前衝,地前衝,在右;天後衝,地後衝,在左。左次猶言退舍,謂不進而退後也。"此師之退宿,亦言次也。然則師之進退,側批:全是《公》、《穀》文字。凡有宿,皆言次,惟左次爲退舍,則右次當爲進舍矣。《易》之言左次,退舍也。《書》之言次,進舍也。

程子曰:"師之進,以強勇也。四以柔居陰,非克捷者,不能進而退,故左次。見可而進,知難而退,師之常也。度不能勝,而完師以退,愈於覆敗遠矣,可進而退,乃爲咎也。"然則春秋出師,書次者六,君子皆未有與焉,何也? 曰:謂夫徵義而緩也。齊桓三次,獨次陘無譏,聶北及匡,亦未爲悖也。然則韓厥之次鄢,叔孫豹之次雍榆,亦得無咎乎? 曰:荆、齊亦皆勁敵也,獻子、穆叔亦未爲不知道也,得解之意以用左次,何緩之有? 然則善戰者不必進,而退亦進也。禹之班師,晉文之退舍是已。使高帝不至白登,太宗不渡鴨緑,咎於何有?

聖人恐人以退爲怯,故明當退而退,師之常也。四之退賢於六三遠矣。

讀比卦

《易》一陽之卦凡六,《復》、《師》、《謙》、《豫》、《比》、《剥》也。而得位者,惟《師》與《比》。《比》得君位,《師》得臣位,故《比》尤吉也。《比》何以言"原筮"?《蒙》九二在初卦之中,故曰"初筮"。《比》九五在重卦之中,故曰"原筮"。《蒙》之筮問之人者也,側批:分晰精細。不一則不專。《比》之筮問其在我者也,不再則不審。古之君子,惟問我之可比不可比,至於人之來比不來比,吾不問也。

比莫貴乎有孚,莫患乎有他。初六"有孚"足矣,又曰"有孚盈缶",孚之至也。然而又曰"有他",何也? 初六不與五應,故曰"有他"。《大過》九四,《中孚》初九,皆曰"有他",皆指非應而言,但彼則戒其有他向之心,此則許其有他至之吉也。

比又莫貴乎自內,而莫患乎外比。六二比之自內曰"吉",六四外比之亦曰"吉",何也? 凡卦以下卦爲內,以上卦爲外,二與五爲正應,側批:《易》義鈎剔無遺。不待求而自比,故二自內而無假於外。四與五非正應,必待求而後比,故四外比而以從乎上。且也四在五內,故能比五;上在五外,不能比五。無他,遠近之勢異也。初與三,皆不正,而吉凶異者,初比於四,四與五孚,可因以從五;三比於上,上與五背,皆不可因以從五也。

然則《師》、《比》之五,皆取田象,何也? 師之田有禽,害物之禽也。比之失前禽,背己之禽也。在師則執之,王者之義也;在比能失之,王者之仁也。君子讀《易》至此,側批:古致磊落。嘗喟然嘆興,以爲王者之道,譬如山海藪澤之奧,人之入其中者,莫不皆得其所欲,充足飽滿,各自以爲有餘,而無慕乎其外。嗚呼!此非顯比之吉,而能若是乎?

比德聖人之所惡也,而曰"吉"者,蓋必"原筮,元永貞,無咎"而後爲吉也。卦詞言貞,爻詞兩言貞,初兩言孚,五象兩言中,皆戒勉之詞。

入手闡"筮"字極妙,中幅六爻穿插分明,收局更饒古筆。

讀小畜卦一

小畜者,以小畜大之義。止而養之謂畜。蓋天子之統天下,常也,而有時乎不然,則爲之臣者,代天子爲理,雖非有意乎侵君,而勢不得不爾。於是止而畜之,暫也。伊尹之於太甲,周公之於成王,其始不可謂之亨。及太甲翻然改過,側批:好證佐。成王執書以泣,則伊尹、周公之志,於是乎方行。《傳》曰:"畜君何尤。"畜君者好君者也,其伊尹、周公之謂乎?

或曰:此文王之卦也。文王在羑里之中,自傷其所遇非時,而德施未行也,故曰"密雲不雨,自我西郊"。凡雨無從西來者,側批:妙。雲在西,當風而散,故風行,則雲散而不雨,聖人憂之,第懿文德而無敢耀武功,此文王之所以爲文也。今夫巽體,陰也,乾體,陽也。以巽畜乾,於事不順,而乾終非易制之物,側批:妙。故初與二,皆能復。惟三昵於四,而不能復,亦三之自取耳。側批:妙。四於此,苟欲以力勝之,則一柔敵衆剛,傷害難免。惟有盡其孚誠以感之,則臣孚君,側批:四、五俱言有孚。君亦孚,臣五爲巽體,安得不連四上,以同《畜》下卦之三陽哉?當是時,乾固難爲,而巽亦甚不易爲。婦行夫事,臣行君事,以聖人而不彤弓旅矢之賜,專征伐於天下,然猶小心翼翼,徽柔懿恭,以臣道終,蓋深維幾望之戒耳。

嘗以武王之事,側批:議論風生雲涌。揆文王之時:文王之專征也,詎惟飛廉、惡萊五十國不能服,即伯夷、叔齊猶不服,特亮其非富天下耳,而迹固嫌於受命矣。王其事而不王其心，誰能信之？祖伊之告，微子之奔，月幾望矣。君子征凶，周公亦追狀其危心乎？此所謂君子者，吾不知其誰，《易》雖以陽爲君子，陰爲小人，然如《大畜》、《小畜》諸爻，側批：《易》不爲典要。未可定其孰爲君子，孰爲小人也。《大過》、《小過》亦如此。

　　先正云"文王之道在《小畜》"，匏翁從此立解，語語超卓，匪彝所思。
　　《大畜》乃致廣大，《小畜》乃盡精微，斯文實兼二義。

讀小畜六四爻象

　　《需》三陽並進，九三雖曰"致寇"，而六四則曰"需於血，出自穴"。《小畜》三陽並進，九三雖曰"説輻"，而六四亦曰"血去惕出"。陰陽相迫，不能無傷，聖人欲使陰避陽，著以爲訓，雖六四爲一卦之主，側批：《易》只是崇陽抑陰。不少假借也。

　　或曰：六四上承九五，以有孚而畜之，則下之三陽，皆不能傷，故"血去惕出"。或曰：九五陽實曰"有孚"，六四陰虛亦曰"有孚"，何也？曰：《中孚》二陰居一卦之中，中虛爲信之本，二五皆陽，居上下卦之中，中實爲信之質，可見孚有在陽爻，亦有在陰爻，有在實處，亦有在虛處。側批：可與讀《易》。《小畜》四與五皆曰"有孚"，亦此意也。或曰：小畜之爲小畜者，六四也，四處近君之位，而以柔巽爲畜止之道，小人邪？君子邪？曰：《易》雖以陽爲君子，陰爲小人，而上下二篇所謂"以六居四"者，凡三十二焉，側批：此是大把柄。未必皆小人也。若概以陰居陰而謂之小人，則凡爲人臣者，必以陽居陽而概謂之君子，可乎？聖人於《小畜》之六四也，而曰"有孚"，曰"無咎"，於大象，又以懿文德爲君子之事業，至上九也，又從而戒之曰"君子征凶"，則四也者，非小人也。側批：確案。夫君子之所存，患無孚耳；苟有孚，是則時剛而剛，時柔而柔，亦將何所適而不可哉？但當有所止畜之時，上下皆剛，非以柔巽行乎其間不可。昔人有身不勝衣而能以全德終始者，則《小畜》之六四是也，而概以小人論之，可乎？

卦以此爻爲小人，不取其畜止衆陽爻，以此爻爲善畜，又取其能畜，《易》道之變通如此。

六四柔正之德，無意于畜，而時會適值，安得而辭之？此文王之象也。

讀履卦

九卦處憂患以《履》爲首，側批：起句突兀可喜。何也？人之處世，多是危機，不爲所傷，乃見所履。《大傳》曰："《易》之興也，其當文王與紂之事耶？"是故其辭危，危莫危於"履虎尾"之辭矣。側批：妙。"履虎尾"之詞，見於卦象、爻者凡四。以卦象言，則兑以和説履乾剛之後，非决行不顧者，故"不咥人，亨"。以爻言，三正當兑口，以柔爻而蹈剛位，和説之體不具，所以"咥人，凶"。四位雖不正，然以剛履柔，剛不至於强暴，所以能戒懼而終吉，故"不咥人"也。然而三之履虎尾，則以乾爲虎，而三在其後；四之履虎尾，則以五爲虎，而四在其後，何也？以兑説視乾剛，則乾爲虎，自《乾》之三爻視之，惟五以剛居剛，則謂五爲虎，亦可也。大抵盛陽在前，陰以柔之，不説則咥也，説之則媚也。《詩》曰："百辟卿士，媚于天子。"《虞書》曰："汝無面從，退有後言。"夫履虎尾而無後言者，難矣。古之事君者，有犯而無隱；後之事君者，有隱而無犯。夫曰"犯"，則幾幾乎其履虎尾也。

嗚呼！文王當殷之末造，一嘗親遭其咥矣。當斯時也，欲爲初之素履不可也，側批：此數行文王心事歷歷如見。欲爲二之幽人不可也，欲爲上之其旋不可也，痛定思痛，雖文王亦自悔其爲武人之嗟矣。然則眇視跛履，文王羑里以前事也；"愬愬終吉"，文王羑里以後事也；"其旋元吉"，又文王爲西伯，賜斧鉞，得專征伐以後事也。周公曰"文王我師也"，宜其言之親切有味如此。

《履》卦或以爲文王，或以爲周公，文王、周公皆以聖人處危懼之地，不惟免禍，而且獲福，此《履》上所以有"其旋元吉"之占也。

或疑"天王聖明，臣罪當誅"兩語，文王似過于諛與媚，此亦未取《履》之全卦而細玩之也。

讀泰否二卦一①

先天之卦，《泰》以《否》對；後天之卦，《泰》以《否》繼。對則遠，而繼則近也。先天自《乾》八卦便至《泰》，《泰》三十二卦方至《否》，《泰》易而《否》難也。後天自《乾》十卦方至《泰》，《泰》一卦便至《否》，側批：可畏。《泰》難而《否》易也。從上以來，泰而否，否而泰，一治一亂，治少亂多，泰豈可常哉？蓋泰者天運也，六爻往來之象，其去如駛，在天者易失；否者人事也，六爻救否之道，包休從容，在人者難回。易失者不可恃，難回者不可委。古之大人，方其泰也，側批：疏宕有致。人皆以爲泰，吾獨以爲否；是故能不爲泰所動，而泰可常泰矣。及其否也，人皆以爲否，吾即以爲泰；是故能不爲否所亂，而否遂不終否矣。且夫保泰之道，莫過于乾；休否之道，莫尚于坤。乾天也，天無不覆，故九二以包荒之量而主泰。坤地也，地無不載，故六二以包承之道而亨否。然泰雖以包荒處世，而實以艱貞自處；否雖以包承待人，而實以其亡休否。且也泰之三，必無咎而後有福；否之四，必無咎而後疇離祉。

《易》不輕言福祉，獨于《泰》、《否》兩言之，不特言福言祉，而且言喜，非獨以慶君子，亦以歆小人也。《易》爲君子謀，兼爲小人謀。當泰時，便須有戒慎收斂底意思；當否時，便須有艱難守正底意思，徹頭徹尾不過一敬而已。六十四卦無全吉者，亦無全不吉者，大率敬即吉，不敬即不吉。而否之吉，多于泰，其意可知矣。古之君子，泰則歸之天，否則責之人。《春秋》書李梅冬實，隕霜不殺草，隕石於宋五，六鶂退飛，星孛於大辰，日食三十有六，非責天也，責人也。人事修而熒惑可以退舍，豈必否不可爲泰哉？然則轉否爲泰，以德爲貴，而休否之五，又言位正當者，何也？平王不能傾東周之否，有位無德也。仲尼不能傾春秋之否，有德無位也。

泰、否有若循環，然泰中有否，否中有泰，聖人只是教人持敬。中肯之言，可作箴銘。

豎義精深，選言簡貴，如見三代鼎彝。

【校記】

① 原本本篇首頁魚尾下標卷六之五二,次頁標卷七之五,中必有脱落,今暫以此分卷。下卷卷首卷次、撰者原無,知前亦脱落,因補卷次。而首篇又標第五頁,前所缺,以本篇題推之,當爲"讀泰否二卦二"。

匏野文集卷七

讀

讀泰初九九二九三否初六六二六三爻象

今夫君子、小人之品格，非必與生俱來也。入於君子之群，則君子矣。入於小人之群，則小人矣。雖然，亦視其氣運所值何如耳。《泰》之初九，君子始以類進，君子難進，故聖人勉之以征。《否》之初六，小人始以類進，小人進則爲邪，故聖人戒之以貞。《泰》、《否》初爻皆稱彙者，以其主下三爻之進退也；皆稱吉者，以其關上三爻之治亂也。《泰》之九二，君子自内而包外；《否》之六二，君子自上而包下，小人在下承之。泰之君子固爲光大，否之小人亦足致吉者，皆以其得中不爲已甚之事也。側批：此之謂《易》之道也。《泰》之九三，君子至此，云極盛矣，無所復勉，憂之而已。側批：妙。世道彌昌，側批：妙。冰兢彌至，聖人終予之以有福。《否》之六三，小人至此，亦極盛矣，無所復戒羞之而已。側批：妙。名位愈高，羞辱愈大，側批：可再讀。聖人終惕之以位不當。

雖然，君子、小人果可以易分哉？君子處治世，幸而能包小人固已。不幸處亂世，不能包小人，猶幸而爲小人之所承，此亦撥亂爲治之一幾。側批：大作用。若謂小人不可狎邇而拒之，吾恐世之君子，不若是之多也，更有何人爲吾之所用哉？以前事徵之，壞前漢者，經師也；壞後漢者，黨人也；壞宋者，前則王介甫，後則元祐黨人也。將爲君子乎？將爲小人乎？禍至於壞天下甚烈，而猶列於君子之林，《春秋》之法不得施焉，誠難言也。吳貶張温，諸葛孔明聞之，不知其故，思之累日，曰："吾得之矣。其清濁太明，側批：可作冰鑑。善惡太分乎？"故包荒貴也。

聖人於《泰》、《否》只管説包，"包"字亦難解。大能包小，小不能包大，畢竟是陽包陰耳。

陰陽不可相無，君子、小人亦不能相無，故《易》只言內外往來，而不言有無也。

讀泰九二六五否六二九五四爻象

泰之所以成泰者，以九二、六五上下相交，其志同歸於中行，所以泰也。九二之陽，上交於五，如舜之尚見於帝，故曰"得尚於中行"。六五之陽，下交於二，如帝妹之下嫁於諸侯，故曰"帝乙歸妹"。九二之中行，即六五之中，以行願也。治泰之事，皆九二主之，六五同心，以享其效而已。故九二之爻詞，言事甚多，而不言其福；六五之爻詞，言福而不及事。大君之道，莫善於此，故曰"元吉"。

然則《泰》之二五，不稱大人；《否》之二五，俱稱大人，以上同於《乾》之二五，何也？《泰》卦詞小往大來，大既來矣，可不再言大人也。側批：只如説話一般。《否》卦詞大往小來，大既往矣，不可不言大人也。蓋以大人而處六二之時，有德無位，當守其否而後可亨。以大人而處九五之位，則有德有位，能休其否而已得吉。然則九五休否之大人，即六二所謂否亨之大人也。正如《乾》九二所利見之大人，側批：蜒蜿如龍。即九五之大人；九五所利見之大人，即九二之大人也。雖然，《泰》二言"包荒"，《否》二言"包承"，所包不同，其旨一也。六二不言休否，而五言休否者，何也？聖人治天下，欲使天下盡爲君子，而不爲小人，非大有以休息之不可。世人多言君子、小人常相半，不可太去盡。先儒程明道亦云："六分君子則治，六分小人則亂。七分君子則大治，七分小人則大亂。"《詩》不云乎，"他山之石，可以攻玉"，小人未嘗不可助君子也。

《泰》之二五言中而不及正，《否》之六五言正而不及中。程子謂："中重於正。"中可以該正，而正不可以爲中也。

自泰入否易，自否入泰難。聖人於《泰》責備二，於《否》責備五，其意深矣。

讀同人卦

《坎》、《離》皆《乾》、《坤》之用。側批：開局便見瀟洒。《易》至此十二卦，坎體凡六見，離體於此始見焉。然《需》、《訟》、《小畜》、《履》，四卦互離，至《同人》、《大有》，離體亦六，離之用，與坎等矣。《同人》、《大有》，皆主離之一陰而言。離一陰在二，而上下五陽，皆與之同，故曰同人。離一陰在五，而上下五陽，皆爲所有，故曰大有。大有以無所不有爲大同，人以有所不同爲同，則以大有不言利貞，而同人言貞也。卦合離體以應乾，合離則德不薄，側批：意義深厚。應乾則交不私，至於爻而力單，單則不得不專，專則狹，此初九言"同人于門"，僅許以"無咎"，六二"同人于宗"，而直予以吝也。若乃三之"升高陵"，升四而望五也；側批：指揮如在目前。四之"乘其墉"，乘三而攻二也。三惡五之親二，故有犯上之心；四惡二之比三，故有凌下之志。然三雖以剛居剛，猶懼五之見攻者，是屈於勢而不可敵也。四雖以剛居柔，欲乘墉以攻，終不克攻者，是屈於義而不敢敵也。春秋晉人納捷菑於邾，弗克納，君子大其弗克納者，大其不以己非奪人之是也。側批：語有至理。四之得吉，其即此義乎？

然五之"先號咷而後笑"，又必用大師克之者，何也？曰：《旅》之上九，剛不中正而無應於三，故先笑而後號咷。《同人》之九五，剛中正而有應於二，故先號咷而後笑。至於大師之克，又與"鄭伯克段于鄢"之"克"不同。克者力勝之謂。鄭伯兄也，側批：《易》與《春秋》相爲表裡。段弟也，兄不可以克弟。九五君也，三四臣也，君則可以克臣，此其所以不同也。然則于郊于野，有以異乎？無以異也。于野無貶辭，而于郊云"志未得"者何？"于野"未盡之辭，側批：古淡迫真王、曾。有君子貞在焉，于郊則否，故止無悔而已也。嗟乎！世之與人同者，與其爲初之比而同，不若五之應而同者之出於正也；與其爲三四之爭而不能同者，不若上之遠而無與同者之無所爭也。

以卦體言之，則有大同之義；以爻義言之，則示阿黨之戒，卦爻不同如此。

王輔嗣曰：「君子、小人各得所同，此之謂大同。」

讀大有卦

卦名大者，皆指陽而言。此卦五陽，愈足以見其大。或曰：《小畜》亦五陽一陰之卦，而大小不同，何也？曰：《巽》之一陰在四，欲畜上下五陽，其勢逆而難；《離》之一陰在五，而有上下五陽，其勢順而易。卦因四五之爻，而有大小之分，君人者之大分明矣。故《小畜》之亨，不在六四，而在上下五陽。《大有》之元亨，側批：此解出人意表。不但在上下五陽，而在六五。何以明之？六五爲大有之主。初獨無交，逸民也。上在其上，賓師也。獨中爻三位爲臣，二大臣也，受大有之任，故爲載；三外臣也，奉大有之物以朝貢，故爲享。二以中，故無咎；三以不中，故有戒。君子用享，則爲桓、文；小人弗克，則爲曹、馬矣。四近臣也，以柔自抑，不怙大有之寵，故爲"匪其彭"。居寵思危，非明者其誰能之？六五居離之中，有中孚之德，而上下應之，則其孚交矣。而又曰"威如"者，所謂"沉潛剛克"也。

雖然，六五在本爻，但見其履信思順而已，至上九而後見其尚賢，何與？蓋當大有之世，有天下未足奇，有大賢更奇。武王克商，側批：千古獨闢。必得箕子而後爲大有，不有箕子，不足以言大有之盛也。象曰："大有上吉，自上祐也。"六十四卦上爻無如此吉者，豈非尚賢之故哉？嗟乎！欲理天下而不務於得人心，側批：收局迫真古文。天下固不可得而理矣。欲得人心而不能克當乎天心，則人心不可得而係矣。欲克當乎天心，而不能登進乎大賢，則天心不可得而協矣。故大有難也。

八卦《乾》爲尊，六十四卦《泰》爲盛。然《乾》之上九，悔于亢；《泰》之上六，吝于亂。孰若《大有》六爻，亨一、吉二、無咎三，爲全美之卦也。

武王必得箕子而後爲大有，此論極奇。

讀謙卦

天下之事無難易，惟自以爲不足者，所爲必有成，而自以爲已足者，則無望其有終。故爲子而自足，必不能底乎孝；爲臣而自足，必不能盡乎忠；爲學而自足，必不能至于聖賢之域。堯、舜之聖，側批：可見聖人亦只是謙。只是謙到至誠處，便是允恭克讓、溫恭允塞，此君子之終也。不觀地山謙乎？今夫人見山之高耳，而由地視之，眇如也；人見君子之功高耳，而由君子視之，亦眇如也。君子以謙事上，則上不以爲侵也；以謙處下，則下不以爲陵也。初"謙謙"，二"鳴謙"，三"勞謙"，謙如是，是亦美矣。未也，宜謙而不謙者，側批：全卦了然。非謙不宜謙，而謙者亦非謙。《記》不云乎，"張而不弛，文武不爲也；弛而不張，文武不能也。一張一弛，文武之道也"。聖人於外三爻，又告以撝去其謙，利用侵伐之事焉。甚矣！聖人之善言謙也。內三爻以止，故著其德；外三爻以順，故防其過。

雖然，讀《書》至舜命禹徂征，側批：借《書》講《易》妙旨。益贊禹班師，而有感也。夫以禹之不自滿假，不矜伐如此，而益猶以滿損謙益爲言者，蓋其兢業無已之誠，惟恐有一毫非苗是己之心不可以動，天即不可以格苗，故以此相戒，而引舜之負罪夔夔以實之，欲其謙謙之無已也。嗟乎！觀于舜之事父，側批：醒世名言。而知天下無不是之父母；觀乎益之贊禹，而知天下并無不是之人。且也葛伯不祀，側批：湯、孝文之□邑國如此。湯遺以牛羊；吳王不朝，孝文賜以几杖。而湯與孝文，天下稱仁焉。葵丘之會，桓公震而矜之，叛者九國。然則天道虧盈而益謙，人道惡盈而好謙，豈不彰彰較著也哉？或曰：湯與孝文之爲，得毋鄰于諂與？曰：否。謙與諂，迹似而實異。謙以進德爲心，諂以希合爲念。因謙獻諂，固是假公濟私；側批：透切之極。惡諂忘謙，不亦因饐廢食矣乎？

此卦有二義，內三爻是美其能謙，外三爻是慮其過謙。文還他次第，至末方發一段大議論，其可與論古。

一張一弛，即稱物乎(平)施之義，悟此方許讀此文。

讀謙九三爻象

《乾》爲《易》第一卦。朱子謂："筮得《乾》卦者，其事雖大亨，猶未易以保其終。"惟謙則於德爲君子，於事爲亨而有終。周公係九三，一依文王卦詞，惟以"吉"字代"亨"字，"謙"之上加一"勞"字，蓋謙非難，勞而能謙爲難也。九三之勞，當在上位，而止於下，所謂"勞而能謙"者也。《乾》之三，以君子稱；《坤》之三，以有終言。《謙》之三，兼《乾》、《坤》占辭。所謂"勞"者，側批：奧義未剖。即《乾》之"終日乾乾"，而謙則《坤》之"含章"也。

然則六爻皆吉，而夫子獨贊九三，何也？曰：卦之所主者，九三也。三曰"萬民服也"，六五則有服有不服矣。六五且不得與三並，況初、二、四、上乎？初、二、四、上，不嫌其不謙，但嫌其多謙耳。然則夫子之言"致恭存位"，何也？曰：鄭伯如晉，公孫段相，甚敬而卑，禮無違者，晉侯嘉焉，授之以策，曰："子豐有勞於國，予聞而弗忘，賜女州田，以胙乃舊勳。"伯石再拜稽首，受策以出。以伯石之汏也，勞謙而得州田。季孫宿之拜莒田也，晉侯享之加籩，武子邊（退），使行人告曰："小國之事大國也，苟免於禍，不敢求貺。貺不過三獻，今豆有嘉，下臣弗堪。"韓宣子曰："寡君以爲驩也。"對曰："寡君未堪，而況下隸！請撤加而後拜。"晉人以爲知禮。勞謙而得好貺，非德之至也，然而聖人有取焉。然則勞而不伐，有功不德，自大禹、周公而下，無屬矣。

且是九三也，卿大夫之象也，曰"其管子乎"。管子既平戎於王，王以上卿之禮享之，管子辭曰："臣賤有司也，有天子之二守國、高在，陪臣敢辭。"王曰："舅氏，余嘉乃勳，應乃懿德，往踐乃職，無逆朕命。"管仲乃受下卿之禮而還。鄭伯賞入陳之功，乃享子展，賜之先輅，三命之服。先入邑，賜子產再命之服，先六邑，次輅。子產辭邑，曰："自上以下，降殺以兩，禮也。臣位在四，且子展之功也，臣不敢及，請辭邑。"公固與之，乃受三邑。子產之與管仲同志也，其盛矣。九三爲謙之主，則謙臣道也。夫子不直謂謙之坤，何也？曰：猶是辭也。得道者忘器，得意者忘象。知其坤而必以坤與之，則是觀象者辭費也。故君子所治，聖人有所不治也。

六十四卦，惟《謙》之占辭最美。夫子傳象，亦惟謙之贊詞最甚。故曰："《謙》之三，兼《乾》、《坤》古（占）辭。"

典而古，居然《左》、《國》。

讀謙六五上六兩爻象

六五"利用侵伐",上六"利用行師",此二爻皆與卦材爻德不類者,居謙之極,當反爲豫,豫利行師,故皆有行師之象也。五居君位,故利以征人。上無民,故可以自征。五居剛,故不假用師;上居柔,故必用師而後可。上之所用,蓋用三也。《謙》自二至上,皆《師》卦也。三在師中,爲萬民所服,即《師》之"懷萬邦"也。《師》之六五,"利執言",故此六五,亦"利侵伐"。《師》之上六,分六三之小人相應,故戒以"勿用"。此所應者,九三之君子,故勸以可用也。

然則《謙》之《艮》,"不獲其身","不見其人",而行師利征,何也?曰:謂是鳴謙者,自討之謂也。君子謹身而外人,後遠而治近,克己以致其誠,率屬以致其慎,大勢不鶩,而獨以謙鳴。仲康之征羲和也,側批:以《尚書》、《春秋》夾發,經無漏旨矣。遒其悖德而討其失業,且命於衆曰:"威克厥愛允濟,愛克厥威允罔功。"夫仲康亦度時而止者乎?啓之討有扈,不爲不武也,再世而幾失,故仲康獨以謙鳴。伯翳之告禹曰:"滿招損,謙受益。"夫仲康則猶守禹之訓也。

然則魯於邾、莒、鄆、向、郜、諸、鄆、繹、須句、根牟之間,數十用師,皆不得謂之行師征邑國者與?曰:是皆"鳴豫"者也,側批:此義更精。何謙之有?天子之子男,麗於諸侯,會過齊盟,不得謂之邑國。猶是背庭也,而自以爲人,恣睢其間,不平其施,則殆矣。

然則叔弓之圍費,州仇、何忌之圍郈,季孫斯及何忌之墮費,固皆其私邑也,墮其私邑,以弘其君,不得謂之鳴謙者與?曰:是猶之"冥豫"也,何謙之有?然則謙用侵伐,固難爲象與?曰:天下未有謙而侵伐者也。側批:不可無此辨駁。謙而侵伐,大德而小試,大義而小據,忘勢與位,不求勝人,自勝而已,夫非文王而誰乎?

兵非盛世所樂聞,《易》于《謙》五曰"利用侵伐",于上曰"利用行師",聖人豈輕于用兵哉?不得已也。

謙不可以聲音笑貌爲也,《謙》爻兩"鳴"字最難解,此文以"鳴豫"、

"冥豫"影照，極有深意。

讀謙六五爻象

"謙"之一字，自禹征有苗，而伯益發之。六五一爻不言謙，而曰"利用侵伐"，何也？蓋不富者，六五虛中而能謙也。以其鄰者，衆莫不服五之謙也。如是而猶有不服者，則伐之。帥衆謙以攻少不謙，側批：妙。固不患於不利，且又不謙者去，則天下皆謙，側批：此義至深，無人曉得。故又爲無不利也，豈特侵伐已哉？

然則五以謙而衆動，固爲不富以鄰，《泰》之《大壯》不以謙動衆，而亦曰"不富以其鄰"，何也？是皆柔詞也，致柔而後物歸焉。《泰》四《謙》五，皆六也。《小畜》之《大畜》，則九也。九富而六不富，側批：妙。故《泰》、《謙》之不富，與《小畜》之富鄰，陰陽之等也。然則《泰》、《小畜》猶之隆德也，以鄰而不侵伐，《謙》獨以之侵伐，何也？天地之虧變，君子亦虧變之。人神之惡害，君子亦惡害之。兼弱攻昧，侵亂侮亡，則於是出也。然則是君子獨用之，而曰"以鄰"，何也？曰：是方伯連帥之事也。湯之於韋、顧，文王之於崇、密，以天子之德，而行諸侯之事，何謙如之！

然則《春秋》書會百四十有五，書盟九十有九，皆以其鄰，或富或不富，皆無當於謙歟？曰：春秋之有盟會，側批：知人論世之乎。皆富之也。稷之會，取郜大鼎，而諸侯皆利其與國。溴（湨）梁之會，執邾子、莒子，而大夫皆利其諸侯。不富以鄰者，獨幽、城濮、陽穀、首止、甯母、鹹及葵丘耳。牡丘之會，救徐不克，而齊業遂衰。故王道既熄，而霸業之難繼也。富而以鄰，失其義；不富而以鄰，失其力。以鄰而侵伐，失其仁；不以鄰而侵伐，失其武。故驕溢滿盈者，相望於世，而哀多益寡，獨使鬼神陰隲其事也。

"不富以鄰"，"利用侵伐"，亦《大象》"哀多益寡"，"稱物平施"之意。

聖人欲使天下皆謙，故有不謙者則伐，此意大妙。

讀豫卦

先儒謂："建侯震象，行師坤象。"《屯》有震無坤，側批：《屯》疏剔諸卦，極其分明。故不言行師；《師》有坤無震，故不言建侯。且一陽止於五陰之中爲謙，一陽動於五陰之中爲豫。《比》之建侯，《師》之行師，皆以一陽統五陰，而豫在師、比之間，故建侯行師兼焉。無他，建萬國，聚大衆，非順理而動，使人心皆和樂而從不可也，故二者皆繫之豫。

然則均一豫也，而卦詞與爻辭有不同者，何也？卦辭取同樂之義，爻辭除九四外，皆爲獨樂。卦辭只一"豫"字，而爻辭之言豫者又不一。初六、上六，逸豫也；六三，猶豫也；九四，和豫也。惟二、五不言豫：六五貞疾，不得豫也；六二貞吉，不爲豫也。然則二貞得吉，五貞得疾，又何也？二中且正，五雖中不正，故得疾也。《易》之言疾者四：側批：拈"疾"字亦好，可見融會全《易》之妙。曰無妄之疾，勿藥有喜；曰損其疾，使遄有喜；曰介疾有喜，皆言疾之愈而可喜。此言貞疾，僅得不死耳，側批：妙。未可喜也。其得不死者，何也？中未亡也。然則初之鳴，三之盱，上之冥，其不中者，皆非生道矣。

嗚呼！爻之三豫，側批：收已見大意。皆以己豫，獨四以天下豫。君子謂："一己之豫不可有，天下之豫不可無。"所謂"樂以天下"也，故曰"豫之時義大矣哉"！

有大而能謙必豫，豫之時義大矣哉！"豫"字亦不可説壞。以己豫則小，以天下豫則大。此文收局分明。

讀隨六二六三兩爻象

六二"係小子，失丈夫"。象曰："係小子，弗兼與也。"六三"係丈夫，失小子"，象曰："係丈夫，志舍下也。"説者以丈夫爲正應，非也。凡言係者皆非正應，側批：分晰明白。以私意相牽係耳。凡言失者謂正應也，側批：妙。本應有而今亡之，故謂之失。六二與九五爲正應，係初九則失九五矣。以二陽言之，故初爲小子，五爲丈夫也。六三與上六爲正應，係九四則失上六矣。以陰對陽言之，故六爲小子，九爲丈夫也。丈夫、小子，特言其大小之別耳，非有所謂抑揚也。上卦以上六爲上，九四爲下。六三之志，止處於下，必不從上，故曰"志舍下也"。

舍,止也。蓋六三不正之人,故其辭之决如此。若六二,則姑言邪正不可兼得而已。蓋資禀中正者,或能自擇所隨;若其資不正,則無望矣。

陽處父如衛,反過甯,舍於逆旅甯嬴氏。嬴謂少妻曰:"吾求君子久矣,乃今得之。"舉而從之,道與陽子語,及山而還。妻曰:"何其反也?"曰:"吾見其貌而欲之,聞其言而惡之。懼未獲其利,而及其難,乃去之。"孫伯宗朝而歸,其妻曰:"子貌有喜,何也?"曰:"我言於朝,諸大夫皆謂我智似陽子。"其妻曰:"陽子華而不實,主言而無謀,子何慕焉?試飲諸大夫酒,語而聽之曰:'諸大夫莫子若也。'然而民不戴上久矣,盍亟索士庇州犁焉?"於是得畢陽而庇其子。甯嬴之婦,可謂得所係也。畢陽之索,可謂得所求也。係者無失,有孚悔亡,亦謂此矣。夫天下之智,亦有不若婦人者乎?側批:痴男子往往不若婦人。係兌則失震,係震則失離,皆係也,不係而失。《詩》曰"將予就之,繼猶泮渙",則可謂無係者也。

隨與係,得與失,丈夫與小子,挑剔字字分明,真是胸有智珠。末段引古亦確。

爲善不去惡,善亦不進。去惡不進善,惡亦不去。請大家理會一番。

讀隨六三爻象

《本義》與《程傳》,皆以初爲小子。《易》之例,不問陰陽,小子皆指初而言。《漸》初六陰,亦稱小子也。事有得必有失,失於此,必得於彼。六二失丈夫,失其所不可失也,側批:爻義透切。故不言得。六三失小子,而言有求得,失其所當失也。失即是得。瘡以潰爲得,病以去爲得。六三之失,乃所以爲得也。"利居貞"有二義。初陽居陽,貞也,故言貞吉。六三陰居陽不正,故戒之曰"利居貞",而不言吉。三係丈夫,固異於二之係小子。然四非正應,又有所係而隨,已非正大之情,故不言吉,而戒以居貞。

或曰:士之病,莫大於有所求。三之於四,不可以有求必得,而妄有不正之求也。蕭王謂鄧禹曰:"我得專拜封。生遠來,寧欲仕乎?"喜之乎?抑誚之也。

四陽得時任事，而三能隨之，則三有所求，其勢或可以必得。是在人情則然，若君子自處，所重者名節，斷乎不可資其勢而利其有也。獻子之與五人友也，無獻子之家者也。利居貞，就如五人無獻子之家一般。側批：正是如此。所謂不資其勢而利其有者非耶？或曰：居貞非特不求，且亦無是心可也。側批：妙。若以爲愼所求，則失之矣。

天下之理，從是則失非。三之所從，既在四，則志之所舍，必在初。蓋邪正不並立，而人心無二用故也。

讀蠱卦

卦本《乾》、《坤》而《蠱》反《隨》。隨本天地，否乾上一陽，來居坤下，是爲君之純臣，故有官渝之功，有在道之孚，進爲孚嘉之主，而不改用享之節，臣道也。蠱本地天，泰坤上一陰，來居乾下，是爲父之肖子，故有承考之孝，幹蠱之功，獲承先之譽，而不奪義士之守，子道也。使居文之時，爲武之事，是以幹爲隨也。側批：上下商、周以立言。居武之時，爲文之事，是以隨爲蠱也。商能識時，可不至於蠱；周不乘時，不將終於蠱乎？天運時行，終則有始，商終而周始也。六爻取家事爲象，上爲父，故本爻不稱父，而他爻言父。五爲母，故本爻不言母，而他爻言母。在下四爻，則皆子也。然子幹父母之蠱，惟剛柔相濟者爲善。初爻柔位剛，故無咎。二爻剛位柔，故得中。三爻位俱剛，過於剛者，故小有悔。四爻位俱柔，過於柔者，故往未得。此四位剛柔之異，而得失之判也。然上五二爻，以家事言，則上爲父，五爲母，衆爻爲子。以國事言，則五爲君，下四爻爲用事之臣，上一爻爲不事之臣，故曰"不事王侯，高尚其事"。觀下五爻，以幹父言，則父之位存矣。觀上一爻，以王侯言，則君之位存矣。此《易》之道，所以屢遷而不可爲典要也。

蠱之成也，良醫不治，故君子不事之。

讀蠱九三爻象

幹蠱之道，與其爲六四之過於柔而吝，不如其爲九三之過於剛而悔。始焉曰"小有悔",若不足其過於剛。繼之曰"無大咎",猶幸其能剛也。

昔者曾子問於孔子曰:"敢問子,從父之令,可謂孝乎?"子曰:"是何言歟?是何言歟?天子有争臣七人,雖無道,不失其天下。諸侯有争臣五人,雖無道,不失其國。大夫有争臣三人,雖無道,不失其家。士有争友,則身不離於令名。父有争子,則身不陷於不義。故當不義,則子不可以不争於父,臣不可以不争於君。故當不義則争之,從父之令,又焉得爲孝乎!"

然則子爲父隱,直在其中。人子之道,三年無改,父母之名,不敢出口,爲親者諱,禮也。聖人之言,不同乎?曰:否。推無改之心,終身當諱;推不可無改之心,一日不可諱。側批:四語透切之極。故舜有號泣於田耳,不敢於家;於昊天耳,不敢於人;號泣之於外,而祗載夔夔之於内,若是其艱也。子不如舜,疾不可得而治矣。是故爻言"小有悔"者,九三之不得已,而象言"終無咎"者,九三之心,亦可少慰矣。

上半篇以孔子答曾子之言爲引証,下半篇又以大舜之事爲引証,深切著明,此爻無遺義矣。

此卦大費詞說,此文得其平矣。

讀蠱六五爻象

夫君子之創業垂統,以貽諸後人也,未必有弊,亦未必無弊,在乎繼之者善與不善如何耳。且以有周論之,文王、武王之謨烈,所以啓佑後人也。在《書》既曰"咸以正罔缺",何蠱弊之云乎?其或繼之者,宜若無所事,而《大雅》之譽成王也,則有《鳧鷖》之什焉,而曰"太平君子",能持盈守成也。蓋曰"盈而不持,成而不守",則傾覆隨至,何太平之云乎?以太平君子譽之爲未足也,而又繼之以《假樂》之嘉焉,其首章曰"假樂君子,顯顯令德"。以假樂君子,譽之爲未足也,而又繼之以《卷阿》之作焉,《卷阿》之二章曰:"豈弟君子,彼爾彌爾性,似先公酋矣。"

夫《大雅》之譽成王,側批:經學融貫至此,此子瞻後身。亦云足矣,而於最後《卷阿》之作,則有及於"似先公酋矣"云者,豈非文、武之謨烈,其以似以續者,端在成王乎?若然,則君子之創業垂統,以貽諸後人,未必有弊也,亦未必無弊也。必得君子如成王者,從而承之,以其能持盈守成也,則曰"太平君子"。以其能宜民宜人也,則又曰"假樂君子"。以其能求賢用吉士也,則又曰"豈弟君子"。夫何修而有是譽也哉?蓋曰:有是實則有是譽隨之矣。側批:收局尤見古筆。夫以成王之所謂是實者,何也?曰"持盈守成也",曰"宜民、宜人也",曰"求賢用吉士也"。以六五之象,所謂"幹父用譽,承以德也"。

六五以繼世之君,自取子道,所謂雖天子必有父也。此周、漢二宣之令主,其譽溥矣。

以《詩》詮《易》,集中屢見,匏翁可謂通才。

讀蠱上九爻象

卦自初至五,皆以蠱言,不言君臣,而言父子,臣於君事,猶子於父事,其不可辭一也。上九在一卦至高至上之位,故曰"高尚"。下五爻屑屑於一家之事,至上九則一國之事、天下之事,猶且視爲卑下而不屑爲,彼一家之事,又何足道哉?

《詩》曰"出自北門,憂心殷殷",言無事而有事者也。又曰"退食自公,委蛇委蛇",言有事而無事者也。側批:引二詩有古致。二者皆不可以語上九也。夫古之人,固有功成身退,知足不辱,而處事之外者;亦有懷才抱德,不偶於時,而處事之外者;亦有潔介自守,無意於斯世,而處世之外者。是三者,其志各不同,而其不事王侯,高尚其志,則一也。功成身退,知足不辱,而處事之外者,若伊尹所謂"臣無以寵利居成功"是也。懷才抱德,不偶於時,而處事之外者,若孟子所謂"我無官守言責,進退有餘裕"是也。介潔自守,而無意於斯世,而處事之外者,若齊國羊裘男子,不屑於諫議,而老死於富春者是也。

然則象之所謂"志可則也",其將奚則歟?曰:伊、周、孔、孟之道,時中之道也,則之可也;富春之道,中乎則之過也。昔范文正公嘗以此爻予富春矣,側批:

收局寬展有餘地。而曰："'不事王侯,高尚其事',先生以之。"又曰:"先生之風,山高水長。"而君子之論,則曰:"予之可也,則之過也。"側批:妙。

知止足是能做底,量能度分是不能做底。上九直是不爲的,非能不能可擬。

初六言意,上九言志,意柔而志剛也。

讀 臨 卦

《易》之卦義,不專取字訓,但因事立義耳。側批:四字妙有着落。人之所需者,以飲食爲急,故需爲飲食,需不訓食也。人之所行者,以禮爲重,故履爲禮,履不訓禮也。治蠱者必有事,故曰"蠱者,事也"。蠱必訓壞,不訓事也。能臨物者必大,故曰"臨者,大也"。臨自訓涖,不訓大也。"元亨利貞",指六陽之卦也。"八月有凶",指二陰之卦也。二陽方長,雖未成乾而已有乾之德,亦未至成遯而已有遯之禍,聖人豈好爲是豫言哉?二陽之長,必至於乾者,天道之當然也。其長如此,其消亦如此者,亦天道之當然也,故曰:"大亨以正,天之道也。""八月有凶",消不久也。

八月之説,光(先)儒有謂從建子至建未。凡八月爲遯,有謂從丑月卦至申月爲否者,言建未者以《遯》六二消《臨》九二,與二陰二陽之對。言申月者,以文王作《易》於西伯之時,不當建子爲正,乃自《臨》歷八月爲《否》。但《臨》二陽,《否》三陰,其義不類,要當詳味聖人"消不久"之義,專以二陽之消長爲主,不必自某月某卦,歷一二而數也。卦之象,有反有對,《乾》、《坤》之類對也,《臨》、《觀》之類反也。聖人論陰陽消長,各以其類,未嘗差紊。《姤》曰"不可與長也",《夬》曰"剛長乃終也",以《姤》與《夬》反論一陰之消長。側批:一部《易》書絡繹此數行内。《遯》曰:"浸而長也",《大壯》曰"大者壯也",以《遯》與《大壯》反論二陰之消長。《否》曰"小人道長",《泰》曰"小人道消",以《否》與《泰》反論三陰之消長。《復》曰"剛長也",《剥》曰"柔變剛也",又曰"君子尚消息盈虚",以《復》與《剥》反論一陽之消長。《泰》曰"君子道長",《否》曰"君子道消",以《泰》與《否》反論三陽之消長。《臨》曰"剛浸而長",又曰"消不久也",以《臨》與《觀》反《臨》爲二陽之長。《觀》爲二陽之消,少進一位即成《剥》,而陽之消不久矣。若《遯》卦猶有四陽,尚得爲消不久乎?當臨之時,人皆喜陽剛之浸長,而聖人於斯時,已垂浸消之戒。視《剥》、《復》、《泰》、《否》,言消長於兩卦者,其憂深思遠爲尤切。唐五王反正,未幾而瞬息敗於三思,當知聖人不爲過計。《臨》言"八月有凶"與《姤》言"女壯",皆要其終而言也。

　　陰陽消長,若循環然。彖《易》聖人深言消長之機,其來甚速,雖天運之當,然君子不可不知所戒也。

　　全從卦氣立論,而對卦、互卦之理亦明,可謂深於《易》者。

讀觀卦

　　《觀》之卦名,音官邪?官渙反邪?如王輔嗣、朱子發所釋,皆云"觀,盥而不薦",則音官也。如胡益之、程正叔,則取爲觀於下之義,則官渙反也。以陸德明《釋文》考之,於《觀》之卦名,則曰"官渙反"是也。又曰"觀,盥而不薦","風行地上,觀",與注家釋六二,所謂"處大觀之時,不能大觀廣鑒",亦音官。又曰:"王肅亦以大觀在上爲音官。"徐本云"中正以觀天下",惟此一字作"官渙反"。

　　夫《易》中發卦之辭,其義例亦有二而已矣。如《泰》、如《隨》、如《豫》之類,則於立卦立名之後,方舉其義,曰"小往大來",曰"利建侯行師",曰"元亨利貞"。如"履虎尾",如"否之匪人","同人于野"之類,則就卦名而設義,不復有所間斷也。"觀,盥而不薦",亦此例也,所謂"觀盥而不觀薦"是也。夫事神之禮,亦豈有盥不薦之理?"觀盥而不觀薦",猶夫子所謂"禘自既灌而往者,吾不欲觀"之意也。蓋取其精誠之至,在誠而不在物故也,故嘗謂"觀盥而不觀薦"之義爲長。

　　先儒謂"觀不取陽消陰長之義",愚謂不然。六爻數言君子、小人矣,然使小人而能觀君子,君子而有以觀小人,猶庶幾焉。觀以遠陽爲晦,側批:二語六爻之奧。近陽爲明。初之"童觀",二之"闚觀",所謂"遠陽"者也。《易》之於小人也,一以爲小子,一以爲女子,小而賤之之詞也。三居上下之間,有進退之義,故爻以"觀我生"與之,雖不及四之"觀光",而視初之"童觀",二之"闚觀",則大有間矣。六四亦陰也,而爻獨許其用賓者,何也?彼唐、虞之世,側批:上下千古。豈皆精一君子而世治與治則何人非俊乂哉?然亦喜其能附於君子耳,未嘗許其即爲君子也。至於五上,則居然君子矣。夫以五之居中履正,上之謹身在外,聖人不與以元吉大亨之占,而僅予以無咎者,何也?明二陽向消,故道大而福小也。側批:妙。嗟乎!世之讀《觀》六爻者,側批:卦無漏義。一爻勝似一爻,豈非以所據之位愈高,則所見愈大者哉?或曰:上二爻意思自別,下四爻是以所據之位愈近,則所見愈親底意思,是亦一道也。

　　自上示下曰觀,去聲。自下觀上曰觀,平聲。故卦名之觀,與六爻之觀,皆平聲。

　　《觀》本小人迫君子之卦,聖人取以爲小人觀君子之卦,此善爲君子占地步。

讀觀六二爻象

　　六二以陰柔之才,居坤之正位,其與九五,正相應之地也。然以陰柔暗養之才,上觀九五,未必能盡見之也,故曰"闚觀",如所謂窺豹之一斑是也。

　　夫女子之貞,蓋不務乎外觀也。《家人》曰:"無攸遂,在中饋。"《詩》曰:"無非無儀,惟酒食是議。"此女子之貞也。蓋知有內事,而不知有外觀故也,故曰:"闚觀,利女貞。"若夫當觀之時,處大臣之位,而與九五居相應之地,不能盡見剛中正大之道,而以女子之貞爲貞,則是長孫無忌輩之事太宗也。昔唐太宗嘗謂無忌等曰:"朕欲自聞其失,公等宜直言無隱。"無忌等曰:"陛下無失。"他日又問無忌等曰:"人苦不自知其過,卿等可爲朕明言之。"無忌等又曰:"陛下武功文德,臣等將順之不暇,又何過之可言?"夫居大臣之位,當觀之時,其他無所見也,而務以女子之貞爲貞焉,陋哉斯見也!故曰:"闚觀女貞,亦可醜也。"

小人而爲兒童，童觀固其道也。丈夫而爲女子之觀，豈非可醜乎？以長孫無忌作"闚觀女貞"，真所謂貽笑萬年也。

讀復卦

《臨》"八月有凶"，《復》"七日來復"者何？曰：此聖人扶陽之意也。於其去也，以月言，遲之也；於其反也，以日言，速之也。復見天心，并見地心者何？地以承天爲心者也。然則剥亦非地之心矣乎？橫渠曰："剥之與復，側批：妙極。不可容線，須臾不復，則乾、坤之道息矣。"夫雷出地上者也，今曰"在地中"，蓋以氣言而不以聲言。側批：細極。靜之至也，寂者感之君，翕者闢之根。冬之藏，一歲之復也。夜之息，一日之復也。喜怒哀樂之未發，須臾之復也。斯義也，周子於靜處見之，側批：一部《性理》。故曰"誠之復"；程子於動處見之，故曰"動之端"；邵子於動靜之間見之，故曰"子之半"，是皆有得乎造化之微矣。先儒謂："《復》卦象象言動靜之復，六爻言善惡之復。"亦知復之義何取乎？去其所居而後歸，亡其所有而後得，謂之復。苟無去，則無歸。苟無亡，則無得。是故聖人無復。初九未嘗見其有過也，然而始有復矣，側批：細極。故曰"不遠復"。六二中正，又近於初，取諸人以爲善，是謂"休復"。

《易》三百八十四爻，未嘗言仁，此獨言之者何？初九仁者也，六二下仁者也，有初而後有輔仁之友，有六二而後有下仁之益。向微曾子、子夏，則喪明之罪無由知；微子游、曾子，則襲裘之過無由聞。是故初九已復，六二人復。復則不妄，安有過乎？至於三而過多矣，故曰"頻復"。頻復即是頻過。天下事能經幾過，聖人憂其頻過，而又喜其頻復也。四處上下四陰之中，而獨應初從道，是爲獨復。此如夷之焉，因徐辟而求見孟子，視陳相則優，而不可比於樂正子，故未許之以"吉，無咎"之占。五居上卦之中，處坤厚之地，而能中以自考，其復也，久而不改，深而不露，敦之至也，斯豈外人所能知哉？初陽之復既如彼，二、三、四、五陰之復，又如此，此天下歸仁之象也，如是而不復，則上六之迷復是已。

六十四卦爻辭之凶，未有過斯爻者，聖人、惡人之不復，如此其甚也。嗟乎！獨陽在上，必至於剝；獨陽在下，猶可以復。故知世道之降，皆由有君無臣；吾道不亡，所恃賢人在野也。

陽之消也五存而不足，及其長也，甫一而有餘，是故聖人貴復。

動靜，天地之復；善惡，人道之復，斯篇一一透著。

讀無妄卦

三陽並在內，則爲《泰》。三陽並在外，則爲《否》。剛自外來而爲主于內，則爲《無妄》。天下雷行，一物予一無妄，此天命也。人當無妄之時，而以不正往，天之所不與也。違於理，即虧於數，無二天命也，奈何世之人，以不足動天之事，而妄希天祐。及其不祐，側批：世人不知天，往往如此。則相率咎天，謂人無妄而天有妄也，是豈知天者哉？是豈知無妄者哉？

《無妄》六爻，無心于福而福隨之者三，初也，二也，四也；無心于禍而禍隨之者，亦三，三也，五也，上也。總之，一無妄也，無妄之所在，天命之所在也。側批：透極。且夫人情于無妄之福，每居之以爲當；于無妄之災眚與疾，即懟之以爲不當。夫不正而福，側批：委曲深至，曲盡卦理。固非當也；即正而福，亦豈其當乎？不正而災眚與疾，固當也；即正而災眚與疾，豈其不當乎？君子之於福也，必曰偶然而莫之敢居；於災眚也，必曰宜然而莫之敢辭；于疾也，必曰人所時有而莫之敢憂。惟災生疾，惟疾生憂。《易》曰："樂天知命，故不憂。"子畏于匡，阨于陳、蔡，非所謂無妄之災者乎？而子不憂也。子疾病，子路請禱，非所謂無妄之疾者乎？而子亦不憂也。災與疾，聖人不免，而況人乎？天下有不治之治，君子有無功之功，勿藥有喜矣。

《易》言疾必言喜。《損》之六四曰："損其疾，使遄有喜。"《兌》之九四曰："介疾有喜。"是喜者將瘳之候，而亦治病之方也。《易》言災必言窮。《乾》之上九曰："窮之災也。"《旅》之初六曰："志窮災也。"夫災，君子之所不宜有，而時窮不得不災也。范孟博諭其子曰："吾欲使子爲惡，惡不可爲。吾欲使子爲善,我不爲惡。"惜乎!未明無妄之説也。君子之爲善,豈必求福免禍哉?側批:樂天只是知命。而以是懟也,任天而動,惟天所賜,豈無失之?失亦不多。

張子曰:"聖學無所爲而爲,有所爲而爲者,利也。"語曰:"天下本無事,庸人擾之耳。"此二義足以盡無妄之旨。

此卦當合《中庸》"素位"章、《孟子》"盡心知性"及"莫非命也"兩章參看,方得"子罕言利與命"。此卦命、利並言,必有深意。

讀無妄九四爻象

《易》以陰居陰,以陽居陽,則謂之正,如初九、六二、九五是也。以陰居陽,以陽居陰,則謂之不正,如六三、九四、上九是也。然與其以陰居陽,側批:不易之論。寧以陽居陰,而剛柔小大之猶有其序也,則《無妄》之九四是也,故"可貞,無咎"。猶之曰此非正也,僅可爲正而已,不猶愈於六三矣乎?

夫正者人之性也。人之性,或至於失其正,而妄者非性之罪也,不能有是正之過也。今也於正而方至於失,而猶有所謂可正云者,則亦知有是正而存之矣。蓋是正也,非外鑠我者也,我固有之也。因其固有而不失之,此《易》之所予也。然則無妄而虎咥,有之乎?曰:有之。鬼侯之趨醢是也。無妄而耕菑,有之乎?曰:有之。閔、散之行賕是也。此皆非所謂固有之也。君子先事不冀其得,先道不謀其食,臨難而無幸免之心,使虎咥而可以耕耨,側批:奇。君子不取之矣。《詩》曰:"狼跋其胡,載疐其尾。公孫碩膚,赤舄几几。"周公豈有履虎之心,側批:聖人心事如見。亦何利天下之有?故閔、散之事,周公有所不事也。

無妄即是貞,即是固有。六爻惟初與四能全其固有,故曰"吉",曰"無咎"。

至理亦奇理,可以不刊。

讀大畜卦

畜有三義:以畜養言之,畜賢也;以畜止言之,畜健也;以藴畜言之,畜德也。養賢以及萬民，此畜養之大者。乾天下之至健，而四五能畜之，此畜止之大者。剛健篤實光輝，日新其德，此蘊養之大者。《象傳》兼此三者言之。至周公作爻，則尚取畜健。孔子作《大象》，又尚取畜德。三聖人之《易》，義各有取也。

愚謂周公之主畜健，合《小畜》而參觀之也。《大》、《小畜》所畜，側批：兩卦之義分明。皆乾所別者，艮、巽耳。《小畜》以一陰而畜五陽，而六四爲小畜之主。以小畜大，以陰畜陽，故其爲力甚難。《大畜》以一陽二陰而畜三陽，而上九爲畜之主。以大畜大，以陽畜陽，故其爲力甚易。此無他，乾爲艮用，不爲巽用也。今夫艮自知有以畜乾，故不忌其健而許其進。側批：乾豈易畜之物，非艮不可。乾知艮之有以畜我而不忌，故受其畜而爲之用。上三爻，艮爲畜者也；下三爻，乾受畜者也。初與四應，受四之畜者，故初言"有厲，利已"，四言"童牛之牿"。二與五應，受五之畜者，故二言"輿脫輹"，而五言"豶豕之牙"。此四爻皆已成畜者也。至三與上應，始與上合志而同進，三則"良馬逐"矣，無復如初二之受畜也。上則天衢亨矣，無復如四五之畜人也。《序卦》至此，不覺快然曰：是何通達之至甚也！

嘗謂君子、小人之名，最不易定。側批：知此者不特可與讀《易》，兼可與論史。如《大》、《小畜》六爻，何可指其誰爲君子，誰爲小人，而今人往往以品目人，亦太易哉！夫乾不可謂非君子也，而巽與艮用事，爲其強不可使而畜之，則又非君子也。聖人扶巽、艮而抑乾，乾之德衰矣，至於畜極而通，又不聞聖人之危之。然則乾又幸甚，而不令巽、艮之負其責。君子、小人果可以定名乎哉？

《大畜》之艮與乾同類，《小畜》之巽與乾不同類，故乾爲艮用，不爲巽用。

陰不能畜陽，所以畜者，理之至極，陽自畜耳。艮者止也，止諸至善也。

讀頤卦

頤者養也，養人亦所以自養也。六爻之中，動而從人以求養者，皆凶；靜而受人之養者，皆吉。側批：二語扼要。蓋下卦震，易失於妄動；上卦艮，知止其所當止也。古之觀人者，每每觀其所養，而所養之大小，則必以其所自養者觀之。道義之養，養之大者；口體之養，養之小者。若論其極，則知天地養萬物，聖人養賢以及萬物，率是道也。

吾讀《頤》之初爻，以頤二體，合而觀之，似乎離之中虛。離爲龜，側批：奇妙。龜惟虛，故靈。靈龜以氣而爲養，朵頤以形而爲養。靈龜、朵頤，皆取本卦象，以其不知自貴故爾之。側批：筆決類《公》、《穀》。爾之者，外之也。以其動於欲，故我之。我之者，內之也。"爾我"二字，理欲、內外之分如此乎其嚴也。若夫二之"顛頤"，與四同，"拂經"與五同，而吉凶異者，何也？頤養之道，以安靜爲無失。二動體，故顛拂而凶。四五靜體，故雖顛拂亦吉。然則三之"拂頤"，與二之"顛頤，拂經"，有異乎？曰：分而言之，曰"顛頤"，曰"拂經"；合而言之，曰"拂頤"，其義一也。且曰"拂頤"，則不止於"拂經"而已也。雖貞亦凶，況不貞乎？

今夫天下之物，側批：如夏雲多奇峰。自養於內，莫如龜；求養於外，莫如虎。初陽之象爲龜，而爲四應，又爲虎，虎之與人異類，而媚己者順也，六四可謂順矣。虎視常下，耽逐之心，用之求養，側批：語語俱關至極。則爲欲心；用之求賢，則爲道心。噫！若四者，豈止履虎不咥已哉？然則五之"拂經"，有説乎？曰：二五相應，經也。今五舍二而資養於上，則拂經矣。拂經而下人以自養，側批：可補註疏。則害於義；拂經而下賢以養人，則合於權。漢儒以反經合道爲權，其六五之謂與？乃五獨不言頤者，何也？由豫在九四，故豫，五獨不言豫；由頤在上九，故頤，五亦不言頤也。由豫則終於勿疑，由頤則雖厲而吉。嗚呼！此非有周公之才德，其孰能與於此哉？

或曰：順則成人，逆則成仙。養生者貴有以逆之也，而何患於拂乎？此不知順逆之説者也。若言逆，則聖人之所以與人殊者，側批：當與"口之于味"一章合看。妙。妙。何事不逆，而獨養生云乎哉？世人之所謂逆，聖人之所謂順也。吾願世之言養生者，慎毋藉口於"顛頤拂經"，而以爲聖人教我逆也。

    融會六爻象義，而一以貫之，迫真弄丸巧手。恨此文不作制義，使天下人皆讀之，古今能此者，其惟陳大士先生乎？餘未敢許也。

道家所謂養生，與吾儒不同。道家既濟逆也，吾儒既濟順也。此文末幅補此，大有關係。

讀　大　過

夫人之生也，寧遇大過，側批：方是大丈夫。毋遇小過。小過而善爲之，可小事耳。大過而善爲之，雖不無闊略，而有時乎可大事。故曰："大過之時大矣哉！"夫時者，豈盡天之所爲乎？王公大人寔爲之。大過何以謂"棟橈"？本末弱也。下卦上實而下弱，下弱則上傾，故三居下卦之上，而曰"棟橈凶"，言下弱而無助也。上卦上弱而下實，下實則可載，故四居上卦之下，而曰"棟隆吉"，言下實而不橈也。雖然，大過剛已過矣，止可濟之以柔，不可濟之以剛也。故大過之陽，皆以居陰爲吉，不以得位爲美，此初六之所以無咎也。

然而言本末，言強弱，不若言老少之爲易明也。九二在初六之上，老於初六，故曰"女妻"，女未嫁者也。九五在上六之下，少於上六，故曰"士夫"，士未娶者也。夫九二，枯楊老夫之象也。初六，生稊女妻之象也。則九五當爲楊，而今以上六爲枯楊老婦，九五反爲生華士夫，何也？《易》之意，蓋以枯象老，在陽爻則爲夫，在陰爻則爲婦，而楊者不拘於陰陽之爻也。故在難之君，而獲撥難之臣，其情甚於魚水。起家之父，而遇克家之子，其心通乎鬼神。側批：安得有此名言？是枯楊生稊，老夫女妻之義也。自非然者，則舍忠信而惟事巧言令色，棄老成而惟任詞人墨客，其與枯楊生華、老婦士夫，奚以異？《詩》云："枝葉未有害，本實先撥。"蓋謂此也。

雖然，初六"藉用白茅"，過於畏懼者也，無咎宜矣。上六"過涉滅頂"，過於決裂者也，其事既凶，其義無咎，何也？昔人謂《易》、《太玄》以道義配禍福，側批：此段識解非常。陰陽家言禍福，而遺道義，如李林甫得君曰吉，顏魯公蒙難曰凶，故爲伎術。是以文中子曰："京房、郭璞，古之亂常人也。"大過之窮，明言凶，而復言無咎，可以得聖人之情。凶災數定，側批：此之謂《易》之道也。不可以逃。咎不咎從人，莫之禁也。

不懼勇也，無悶仁也，君子用則不懼，藏則無悶，可以處大過矣。

過涉滅頂，何以無咎？志在救時，故不可咎也。

讀大過九二九五兩爻象

二五皆無正應，而過以與陰者也。二所與者初，初本也，故爲稊，稊者木根新生之芽也。初又巽之主爻，爲木，爲長，爲高，木已過而復芽，又長且高，故有往亨之理。五所與者上，上末也，故爲華，華者木之已盡者也。上又兌之主爻，爲剛鹵，爲毀折，爲附決，皆非木之所宜。木已過而生華，又毀且決，故無久生之理也。九二在初六之上，老於初六，側批：晰義奇而妙。故曰"女妻"，女未嫁者也。九五在上六之下，少於上六，故曰"士夫"，士未娶者也。雖然，九二枯楊，老夫之象也；初六生稊，女妻之象也。則九五當爲楊，而今以上六爲枯楊老婦，九五反爲生華士夫，何也？《易》之意，蓋以枯象老，在陽爻則爲夫，在陰爻則爲婦，而楊者不拘於陰陽之爻也。

然則二無不利，而五無譽，有說乎？曰：老夫女妻，剛爲主而柔輔之，大過之得也，故無不利。老婦士夫，則柔爲主而剛輔之，大過之失也，故無譽。嗟乎！老夫得其女妻，老夫主也，猶可言也。老婦得其士夫，側批：古來女主之害，可勝言哉！老婦主也，不可言也，無咎幸矣，況求有譽乎？

以其象于物者言之，枯楊生稊生華是也。以其象于人者言之，老夫女妻、老婦士夫是也。《易》之取類，博矣盡矣。

讀大過九四爻象

九三、九四，列之中爻之中，譬如屋室，衆材咸集，而棟則居中矣，故皆有棟之象。然九三之棟則橈，而九四之棟則隆而不橈，以陽居陽，而居下體之上，與以陽居陰，而居上體之下，其理勢之不同也。夫以陽居陰，則有濟過之道，不專以剛強自恃也。故其在下者，有可友輔之勢，而無傾覆之患。此所謂"不橈乎下"，不凶而吉也。下謂初六也，初與四，正居相應之地，四既居陰，不恃其才之剛強，則在下者有剛柔相濟之勢，此所以謂"不橈乎下"也。

或曰：《象》以"棟橈，本末弱也"爲言，則初六之本弱，與上六之末弱，均也。而九四則棟隆之吉，不橈乎下，何也？曰：統論一卦之體，則陽過陰弱，故《象》有"棟橈，本末弱也"之言。就諸中爻而別之，則九三以陽居陽，而非上六純陰之所能支也。九四之以陽居陰，而初六又以陰居陽，其本未搖，而所支載者亦不至剛過，此棟之所以隆，而不見橈於初六也。《易》可以概論之乎？雖然，譬之一室，九三之棟既橈，側批：如此互發，其義方透。而九四之棟亦安，能獨隆也。上六之末既弱，而初六之本亦安，能不弱也。以言居中者，與處本末之地者，可以相有，不可以相無也，故又曰"有它吝"。猶之曰：此之棟雖隆矣，側批：此段找足，尤有意味。雖不橈矣，其如它之不然乎吝，所謂有所不足也。孟子曰："一薛居州，其如宋王何？"此之謂大廈之傾，而非一木之所能支也。

　　四本剛柔相濟，過而不過，不必更有所求，若後（復）求初，則不免于吝矣。可與讀《易》，可與論世。

讀坎離二卦一[①]

　　乾、坤者陰陽之祖，側批：起句精確不易。坎、離者天地之中。奚以明其然也？乾屬陽，其位在五，惟坎可以同之，蓋坎中一畫乃乾也。若艮、震之五，皆陰矣。故居三居初，雖陽也，而非陽之中也。坤屬陰，其位在二，惟離可以同之，蓋離中一畫乃坤也。若巽、兌之二，皆陽矣，故居四居六，雖陰也，而非陰之中也。先儒以《乾》、《坤》、《坎》、《離》爲四正卦，乾、坤體用，備在坎、離中，象同而反對一，坎、離其諸卦之獨出者乎？《坎》之《彖》曰："維心亨，乃以剛中也。"《離》之《彖》曰："柔麗乎中正，故亨。"《坎》單言中，《離》兼言正者，何也？程子謂："中重於正，中則不違於正，正不必中。"故坎言中，而正自該也。雖然，《坎》、《離》二卦，象辭皆吉，而爻詞多凶，又何也？坎爲晦息，離爲晝作，故《坎》六爻，有幽潛隱伏之象，《離》六爻有精明奮作之象。坎水下陷，故下卦多凶。離火上炎，故上卦多凶。是以坎之剛中，二不如五；離之柔中，五不及二。水本柔，故習坎利用剛；火本剛，故繼照利用柔。習坎在二水合流之衝，故《坎》六三最險，水下流也。繼照在二火相傳之際，故《離》九四最凶，火上炎也。小人陰險，故《坎》之上六用獄。亂賊剛暴，故《離》之上九用征。《坎》六四之禮樂，側批：名言不朽。剛而能柔也。《離》上九之征伐，柔而能剛也。治亂之略，文武之道，生死之故，二卦備矣。

或曰：坎爲心，離亦爲心，坎中實心之體，離中虛心之用。中實者，謂心中有理也。中虛者，謂心中無物也。心中有理者，誠也。心中無物者，明也。作《易》者因坎、離之中，而寓誠明之用。誠明起于中者，《易》之妙用，古聖人之心學也。

《坎彖》表聖功之本，《離彖》表聖功之要，非此名筆，發揮不來。

《坎》、《離》收上經之終，開下經之始，故能與《乾》、《坤》稱四正卦。

讀關雎

《關雎》在《詩》爲首篇，側批：起句兀如山立。正始也；在樂爲卒章，正終也。《關雎》一篇，繫《詩》、樂之始終，非他《詩》可比。此文王之《詩》，周公因之制禮作樂者也。奈何漢儒說《詩》，好言刺，甚且連《關雎》之詩，側批：可笑。而亦以爲刺也。夫其爲刺者，何也？太史公以周道衰，詩人本諸衽席，而《關雎》作。揚雄以《關雎》作，爲傷始亂。杜預亦曰："佩玉晏鳴，《關雎》歎之。"《後漢書》明帝詔云："應門失守，《關雎》作刺。"說者以爲古者后夫人，鷄鳴佩玉去君所，周之後王晏朝，故詩人歎而傷之。此《魯詩》之說，與毛異矣。但《儀禮》以《關雎》爲鄉樂，又爲房中之樂，則是周公制作之時，已有此詩矣。若如魯說，則《儀禮》不得爲周公之書。《儀禮》不得爲周公之書，則周之盛時，側批：辯得倒。乃無鄉射、燕飲、房中之樂，而必有待乎後世之刺詩也。且爲人子孫，乃無故而播其先祖之失於天下，而尚可以爲風化之首乎？

雖然，有說焉。詩者樂也，古者以聲詩奏之樂，《關雎》作於文王，後世有不能法祖，怠於政者，則取是詩而奏之，以申警諷，故曰"作"。作之爲義，如"始作翕如"之"作"，側批：此解妙極。非謂其詩始作於衰世也。孔子言《詩》，皆取《詩》

之聲,不曾説《詩》之義如何,如曰:"《關雎》樂而不淫,哀而不傷。"又曰:"師摯之始,《關雎》之亂。"皆樂之聲也,側批:不易之論。非謂《關雎》之文義如此也。今序誤認夫子論樂之旨,而謂《關雎》詩意,實具夫樂淫哀傷也,遂取其語而折之曰:"憂在進賢,不淫其色,哀窈窕,思賢才,而無傷美(善)之心焉,是《關雎》之義也。"其於夫子之語,既全不相似,又考之《關雎》,樂則有之,殊無一語可以附著於淫哀傷也。

甚矣解詩之難也!昔吳季札聞魯人之歌《小雅》也,曰:"其周德之衰乎?"此時周德未見衰處,意者太師所陳,偶舉變詩,如《白駒》、《黄鳥》之類,未可知也。而太史公又曰:"仁義凌遲,《鹿鳴》刺焉。"尤不可解。夫以《關雎》、《鹿鳴》爲周衰之作,側批:筆意淋漓。則其所爲治世之音者安在乎?夫子所録,刺多於美,亂多於治,必不然矣。

《關雎》作於文王,後王晏朝,太史奏之以申警,非作於衰世也。此論自確。

樂淫哀傷,夫子論樂,非論《詩》,序説之鑿,令人笑倒。

讀 卷 耳

婦人以縫衣裳,羃酒漿爲事,《葛覃》衣裳也,《卷耳》酒漿也。卷耳之草,可爲麴蘖,因酒漿念及使臣,側批:説有來由。故有進賢之志,策馬登陟,皆使臣事也。后妃而思酌使臣酒,何也?禮,王者獻賓,則后妃亞獻。《小雅》之《四牡》、《皇華》、《采薇》、《杖(杕)杜》,遣勞使臣,皆王者所以饗使臣于外庭也。《卷耳》,則后妃所以相王于中壼也。《卷耳》之志是《采薇》、《杖(杕)杜》之治所出也。側批:可與言《詩》。夫有進賢之志,則無險詖私謁之心;有險詖私謁之心,則無進賢之志,二者不可以並立明矣。

唐明皇時,楊貴妃怙寵于內,故在外用事者,有李林甫、楊國忠之徒。肅宗時,張皇后專寵,故在外用事者,則有李輔國、程元振之徒。是所謂有險詖私謁之心,則必無進賢之志也。觀后妃之采卷耳也,采非一采,而乃至于不盈者,以其志在進賢,而不在于卷耳也。亦猶《采綠》之詩曰:"終朝采藍,不盈一襜。終朝采綠,不盈一匊。"謂其志在于怨曠,而不在于采藍、采綠也。且夫進賢,豈后妃之職哉?亦云有其志而已,有其志則事竟成矣。而且念其行役之苦,始也酌之以金罍,終也酌之以兕觥,猶以爲未也。又曰:"云何吁矣!"此以見詩人之言有盡,而意無窮也。

嗚呼!太姒婦人耳,其所以存心者如此之大,後世位大臣者,不能輔君求賢,側批:可以人而不如婦人乎。爲國遠慮,而志在于附下罔上,自植私恩者,其視《卷耳》之詩,當如何其愧汗也!

"《卷耳》之志,是《采薇》、《杕杖(杕杜)》之治所從出"一句,可以千古。

《小序》"《卷耳》,后妃之志","志"字甚妙,即《秦誓》"一个臣"之"其心"也。彼蔽賢者,直謂之無人心可也。

讀螽斯

螽斯,蝗蟲之類爾。以蝗蟲之微物,而乃取喻于后妃,疑若不倫。然詩人之義,但取其意,不必以蝗蟲而嫌之耳。如《狼跋》之詩曰:"狼跋其胡,載疐其尾。公孫碩膚,赤舄几几。"周公多才多藝,而詩人取義以爲狼,無乃比周公于禽獸乎?不然,詩人亦取其合于德如何耳。章首關雎、鴛鳥,而比于后妃,亦取其德之合也。《草蟲》之詩曰:"喓喓草蟲,趯趯阜螽。"草蟲、蝗蟲之類,皆比于婦人。詩人取喻,類多如此。《易》曰:"其稱名也小,其取類也大。"《關雎》興于鳥,側批:《大雅》之章。君子取其雌雄之有別;《鹿鳴》興于獸,君子取其得食之相呼。若以鳥獸之名而嫌之,是不知詩者也。

雖然,《序》言:"螽斯不妒忌。"夫螽斯微物,詩人何由知其心不妒忌,側批:妙。而以比后妃耶?大率螽子皆多,詩人偶取其一,以爲多子之比,況詩人無"不妒忌"之意。三言"宜爾",側批:妙。則其旨自深矣。若宜其室家,皆當以此類推。

不妒忌是后妃之一節，《關雎》所論却是全體。玩此章三"宜爾"之義自見。《思齊》言太姒嗣徽音則百斯男，此詩以螽斯爲比，皆是此意。

讀兔罝

按《墨子》書，文王舉閎夭、泰顛于罝網之中，授之政，而西土服。此事於《兔罝》之詩，辭意脗合，想此詩或爲此事而作也。夫肅肅敬也，赳赳約也，罝兔而體貌有肅敬之容，武夫而步武有約束之度，此閎夭、泰顛之所以爲賢，側批：此是確証。而文王所以取之也。曰季之取冀却，郭泰之取茅容，皆以是觀之，況文王之取人乎？泰顛、閎夭，始爲文王奔走疏附禦侮之友，後爲武王將威劉敵之人，信哉，其公侯之干城，好仇腹心者與！

然則《序》言"莫不好德，賢才衆多"者何與？曰：此如堯、舜之時，比屋可封。夫堯、舜之時，豈盡賢人哉？亦言其大概耳。《棫樸》之詩曰："豈弟君子，遐不作人。"《旱麓》之詩曰："周王壽考，遐不作人。"是人才之作興，固本之文王之德，亦本之文王之壽也。有文王之德，側批：有一唱三嘆之意。故其造就之也遠；有文王之壽，故其涵養之也深。豈特兔罝而已乎！

"膽欲大而心欲小"，先言肅肅，後言武夫。孔子教子路以行三軍，正合此意。

曰"干城"，則禦侮之臣也。曰"好仇"，則君明臣良也。曰"腹心"，則同心同德矣。要知是興體，不可類于賦。

讀汝墳

有天地則有男女，有男女則有夫婦，此人倫之所由始也。然天尊地卑，而君臣之分已定，則夫婦之愛，豈得加于君臣之分乎？是理也，惟知道者能知之。《汝墳》之婦人，能以君臣之分，勉其君子，曰"猶勉之以正"，"猶"云者，謂疑非婦人之所能而亦能之也。觀此，則知文王之化，非獨使士大夫從于征役，以勉王事，亦能使婦人勉其夫以正，此足以見文王之化盛也。如《北門》之詩曰"室人交徧讁我","室人交徧摧我"。《北門》大夫之妻,固異乎《汝墳》之婦人矣!至于《北山》之大夫,役使不均,其詩有曰"或燕燕居息","或息偃在牀","或不知叫號"。此《北山》之大夫,固已懷怨望之心,又異乎《北門》之大夫矣。《北山》之大夫,側批:不比擬,不見其淺深。不及于《北門》之大夫;《北門》大夫之妻,不及于《汝墳》之婦人。以此,王化之衰,日甚一日,可勝嘆哉!

將《北山》大夫及《北門》大夫妻比擬一番,淺深厚薄自見。

《漢廣》變淫風,《汝墳》識公義,兩詩足以見《周南》矣。

讀麟趾

先儒以麟爲瑞應,謂"《關雎》之化行,則有麟瑞出而爲之應"。其怪誕不經,歐陽公已辨之矣。然歐陽公又謂:"同姓之親,有仁厚之行,足以輔衛公室,如麟有足有定有角,以輔衛其身。"夫《詩》但言公子仁厚,未嘗有輔衛之意,則亦失之鑿矣。少南謂:"麟出于上古風俗淳厚之世。"今公子之仁厚,如上古有麟之時,然《詩》、《書》稱堯、舜、文、武之盛,未嘗稱其致麟之事。借或有之,則《序》當曰"如麟出之時",側批:辨得好。不當曰"如麟趾之時"也。《序》謂"如麟趾之時"者,以爲欲觀《關雎》之化,觀于公子仁厚如麟趾之時,斯可矣。然而又謂"衰世之公子"者,何與?曰:文王此時,以服事殷,詩人雖美公子爲麟,不敢謂文王之公子,即有興王之兆也。猶曰商之公子焉耳,此服事之意也。或曰:《關雎》既無麟應,太史編《詩》之時,假設此義,以明王者之化耳。然則《序》之所述,皆非詩人作詩之本意,是太史編《詩》假設之義也。毛、鄭執此以解《詩》,不已失乎!嘗聞《詩》與《春秋》,其義相通。關雎之應,雖無麟而若麟之時;側批:合看目明。春秋之狩,雖有麟而非麟之時。《關雎》志喜,《春秋》志悲,其爲聖人之瑞一也。

每一章首尾,各有兩"麟"字。麟即公子,公子即麟,原無分別。

讀草蟲

《草蟲》之詩,說者不同。生于草者曰草蟲,生于山者曰阜螽,諸家以爲草蟲喓喓而鳴,阜螽趯趯而從。異類而合,非其所當合,故詩人取之以爲戒。或以爲未嫁之時,見物有以異類相從者,日夜自懼,惟恐其不能以禮自全。夫《序》曰"大夫妻",而説者以爲未嫁之女,失其旨矣。詳觀詩文,但直言"喓喓草蟲,趯趯阜螽",未嘗言草蟲鳴而阜螽從,詩人言此二物者,記時候之變耳。側批:此是正解。采薇采蕨,其義亦然。

　　吾反覆此詩,而嘆大夫妻之思其君子,何其有加無已也!惙惙憂之深,不止于忡忡矣。傷則惻然而痛,悲則無聲之哀,不止于惙惙矣。此未見之憂,側批:妙。一節深一節也。降則心稍放下,悦則喜動於中,夷則心氣和平。此既見之喜,側批:妙。一節深一節也。然則所謂"以禮自防"者,安在?曰:《召南》之大夫妻,雖憂念其大夫,而不敢怨其上。無他,畏文王之禮義,不敢爲非。與《汝墳》之婦人,側批:文采掩映。能勉以正;《殷其靁》之室家,能勸以義,其義一也。噫!文王之風化至此極矣。

　　　　草蟲雖有別離之思,而無怨恨之情,所以爲《風》之正也。
　　　　匏翁經解采集衆議,一衷于正,不爲非常可喜之説,要在于不可易也。

讀羔羊《召南》

　　《召南》之有《羔羊》,猶《周南》之有《兔罝》也。蓋文王作人之效,驗諸在野,則赳赳之武夫,公侯腹心;觀諸在朝,則委蛇之大夫,節儉正直。此文王之化,不可以淺深遠近論者也。

　　或曰:羔羊之皮,《召南》以爲大夫之服;羔裘逍遙,《鄶風》又以爲諸侯之服,何與?曰:羔裘之服,通上下用之,但君用純服,臣則雜以它物餙之。觀《鄭風》"羔裘豹餙"之詩,可見矣。《序》言"德如羔羊"者,言其在位之有德,側批:此是正解。如《羔羊》之詩所言也,亦如所謂"麟趾之時"也。鄭氏又以"退食自公"爲減膳,"委蛇"爲自得。夫以"委蛇"爲自得,則近之;以"退食"爲減膳,則非也。大夫之節儉在于五紽,側批:亦是正解。不在于退食也。《左氏·襄公七年》,衛孫文子來聘,公登亦登,而穆叔知其必亡,因舉"退食自公,委蛇委蛇"之句以譏之。蓋衛孫文子，素無正直之心，故其進退，自無和易之容也。且夫在位之以德感人，其效至速矣。楊綰清儉，一旦爲相，郭子儀坐中聲樂，遂減其半。京兆尹黎幹，騶從甚盛，即日省之，止存十騎。中丞崔寬，第舍宏侈，亟毁徹之。若楊綰者何足以語文王之化，而亦足以見禮義之感人動物，如此之速哉！

　　此《詩》形容在位者，正直節儉，可謂頰上三毛，宜千百世誦大臣之德者，俱以《羔羊》爲首稱也。

讀小星江有汜

　　讀《詩》至《小星》、《江汜》二什，輒喟然嘆曰："居上者能如《小星》之夫人，居下者能如《江汜》之媵妾，豈不爲閨門一大美事哉！"雖然，《小星》之夫人，惠及賤妾，而衆妾盡其心，此固美事也。使夫人不能如《小星》，而如《江有汜》，則衆妾亦將不盡其心乎？爲人子者，必待父之慈而後孝；爲人弟者，必待兄之友而後能敬；爲人臣者，必待君之聖而後忠，則其爲孝、爲敬、爲忠，側批：此是寒話。亦不足道矣。夫人而惠及賤妾，則妾媵之心，固所當盡。夫人而不以媵妾備數，媵妾之心，尤不可以不盡。故《小星》之妾，能盡其心，知命者也。側批：妙。《江汜》之媵，勤而不怨，亦知命者也。側批：妙。孔子曰："不知命，無以爲君子也。"豈惟君子爲然，雖賤妾亦然，夫天下豈有誠而不動之理哉？人惟誠于暫，而不能誠于久，未爲一善而先責人之不我報，則其不能感人也固宜。《江汜》之媵妾，愈勤而愈不敢怨，若將終身焉。此非勉也，誠也。惟誠故能不怨，側批：俱是學問人語。惟誠故能使人悔。大抵不怨者，乃是使人悔過之道也。舜不敢怨其父，而瞽瞍悔；文王不敢怨其君，而紂亦悔。吾是以知此詩，不特可以爲媵妾之戒，凡爲人子、爲人弟、爲人臣者，亦當以是爲法。

　　忠厚惻怛之言，讀之沁人心脾。

讀何彼穠矣一

　　《何彼穠矣》之詩，若以爲武王以後之詩，則當屬之《小雅》，固不可以入《召南》;若以爲平王、襄公之事,則作于王國乎,當屬之《王風》;作于齊國乎,當屬之《齊風》,尤不可以入《召南》也。然則其入《召南》也何居?曰:王姬能成肅雝之德,有文王"雝雝在宮,肅肅在廟"之遺風。世數雖遠,實文王之子孫也。在成王時,多士助祭者,肅雝顯相,詩人亦以爲秉文之德,其詩係之文王。則文王之孫,有祖之德,係之文王何疑,此其所以入《召南》也。

吾於兹詩,得君子善善之意,側批:此所謂善善長而惡惡短也。不惟及其身,而又及其親,非特王姬之什爲然也。觀其美莊姜,則曰:"齊侯之子,衛侯之妻。"美太姒,則曰:"文王之母,京室之婦。"美韓侯取妻,則曰:"汾王之甥,蹶父之子。"美僖公,則曰:"周公之孫,莊公之子。"蓋曰其子如此,以其父母如此也;其孫如此,以其祖父如此也;其妻如此,以其夫如此也;其甥如此,以知其舅如此也。嗟乎!人豈不樂有賢子孫哉?

《二南》多言后妃、夫人、大夫妻之美。此詩乃美王姬下嫁而作,取而附之,或遠或近,皆以見文王、太姒之教也。

簡明而死,大可風可雅。

讀何彼穠矣二

《春秋》書王姬歸于齊者二:其一見莊之十一年,齊則桓公而非襄也;其一見莊之元年者,實襄公時。按桓十四年,齊僖公卒,而襄公諸兒立。十五年,平王太子洩父之子桓王崩,而莊王立,暨歸王姬。襄立五年,而莊王四年矣,安知王姬非莊王之女乎?然則《詩》當曰齊侯,而非齊侯之子;當曰桓王之孫,而非平王之孫也。不知古之王者,其説不一。如《詩》稱成湯曰"武王靡不勝",所謂"武王",安可以謂周之武王乎?側批:辨得明白。《書》曰"自成湯至于帝乙,成王畏相",所爲(謂)成王,安可以謂周之成王乎?宋朝太祖皇帝曰聖祖,太宗皇帝曰神宗,及神宗稱神宗,則太宗不復稱神宗矣。大抵《詩》之所載,上起文王,下訖陳靈,則陳靈之世,《詩》之篇目,尚未定也。《二南》雖爲文王之風,而文王之後,以至陳靈,凡《詩》之正乎夫婦,側批:以理斷之,亦是。而厚乎人倫,序《詩》者取而附之《二南》之後，亦理之所必有也。

且夫以王姬生于深宫之中，長于婦人之手，安知禮爲何物？今乃能執婦道，以成肅雝之德，豈不爲可嘉乎？自漢以來，爲公主者，多以天子之勢，陵轢夫家，受其禍者，十常八九。至于有詔，俾之尚主，則牢辭固避。惟唐王珪子敬直，尚南王公主，而公主行舅姑禮以禮聞，亦庶幾有周、召之遺風矣。嗟乎！二女之嬪于虞也，以天子之女，下降于匹夫，固已屈矣，又能屈體以事頑嚚之舅姑，側批：真是難事。可謂賢矣。或曰：有父如堯，側批：妙論。有夫如舜，雖欲不賢，其可得乎？

註以《召南》爲文、武之詩，故不得不以平王爲平正之王。不知書中此類甚多，《召南》中有康王以後之詩，有平王以後之詩，不特文、武時也。

子夏《傳》齊襄公結婚于王周，人耻之，賦《何彼穠矣》，不知何説。

讀騶虞

"騶虞"二字，説者至不一矣。或以騶虞爲獸。漢武帝時，建章宫後，有物出焉，其狀如麋，東方朔曰："此騶牙也。遠方歸義，則騶牙見。其齒前後如一，故名騶牙。"晉張華號爲博物，謂："珍獸，若虎具五采，尾長于身，名曰騶虞，乘之日行千里。"然考《爾雅·釋獸》，側批：此句好證佐。獨無騶虞。況一騶也，或以爲白質，或以爲黑文，或以不食生物爲仁，或以不食自死之物爲義，或以騶爲馬，或以騶爲古天子田獵地名，皆無一定之義。大約《毛詩》未出之先，説者不以騶虞爲獸也。賈誼《新書》謂："騶者文王之囿名，虞者囿之司獸。"《禮記·射義》云："天子以騶虞爲節，樂官備也。"則其爲虞官明矣。《齊詩章句》以騶虞爲天子掌鳥獸之官。嚴氏《詩輯》云："騶人虞人，皆得其職，故草茂獸多。"蓋取《月令》"七騶"、"五騶"，《周禮》"山虞"、"澤虞"爲據，此皆指司獸之人言也。竊意文王之囿，必取物以名之，名囿爲騶，豈以騶牙爲遠方難致之物，亦猶後世閣以鳳名，臺以麟名，皆取其可貴者。然則雖以騶名囿，而虞自爲司獸，側批：自是通達之見。既不可以"騶"之一字，并以虞人爲獸，亦不可以"虞"之一字，而廢騶牙之説，庶乎其可通也。

騶虞是仁物，不是瑞物。仁如騶虞，只是如《騶虞》之詩，亦猶言德如《羔羊》，好賢如《緇衣》之類是也。

讀邶鄘衛三風

邶、鄘并封於衛，《詩》猶分三國，何也？程子謂"采詩者得之邶，則爲《邶風》；得之鄘，則爲《鄘風》"是也。衛以同姓之尊，封壤之大，雖在季世，尚爲列國之望。昔之聞《衛風》者，曰變而不困，豈無見而然乎？廼衛自頃至文，三十有八詩，美少刺多，何與？然則衛之有名無情，其來豈一日之故哉？吾嘗憑弔衛墟，側批：孔子於衛，視他國獨留意。三復衛什，思夫衛之所以始盛而中衰，中衰而又亡者何故，令人咨嗟歎息，不敢委咎於俗之自淫者焉。更思夫衛之所以既亡而復存，既存而亡又獨後者何因，令人感慨流連，不敢不致美於國之多賢者焉。夫以康叔武公之治衛，其典故文獻，隱然猶在，賢人君子之著聞者猶多。秉翟之人，可爲王宮；終窶之子，皆爲忠臣。雖以莊公之昏暴，宣公之淫亂，禮義錯亡，變故繁興，介於齊、晉之間，偪而不至失國。迨魯閔公二年冬，《春秋》書狄入衛。《傳》云，懿公好鶴，國人怒不敢戰，狄遂以入。嗟乎！撫后虐讎，民雖無常，以一鶴之故，側批：可歎。而忍於背其君，豈情也哉！且邢嘗滅於狄矣，齊合三國之師救邢，而獨不救衛，《詩》所謂"控於大邦，誰因誰極"是也。未幾，文公立，經營復國，齊桓賢之，然後爲城楚丘，《定之方中》，文公之富也。啜啜止奔，《相鼠》刺無禮；《干旄》好善，文公之教也。《詩》美文公，側批：其風肆好。不一而足，又終以《木瓜》而美齊桓，若曰不有齊桓，何以有我文公，衛人之思報齊也，何日忘之？孔子曰："吾於《木瓜》，見苞苴之禮行焉。"蓋善之也。

雖然，衛非獨士大夫多賢，即其婦人，亦多賢焉。《柏舟》之節尚已，《綠衣》、《燕燕》、《日月》、《終風》四篇，莊姜之詩也，怨懟之際，詞意微婉，有非後世文士所能及。至若戴公次於漕，許穆叔閔之，賦《載馳》；宋桓姬閔之，賦《泉水》。《竹竿》，則桓姬之媵，和《泉水》也；《河廣》，則桓姬歸衛，思宋襄也。衛女之急國難如此，側批：得未曾有。謂非莊姜之賢，有以風之不可也。然則衛女之淫，可以雪矣。

春秋諸姬國，衛獨後亡。孟子曰："無禮義，則上下亂。"衛之後亡，豈不以多賢之故耶？

感慨流連，情見乎詞。末說衛女多賢，善爲衛女出脱。

讀柏舟《邶風》

此詩《序》以爲仁人不遇，而傳以爲婦人之詩。夫《序》說誠無憑據，乃婦人之詩，又何據乎？考其所稱引，不過衛宣夫人一事，可遂信雜說而疑本序耶？且《楚詞》之目其君也，側批：好証佐。或言美人，或言夫君，古詩亦多有不得于君，而託之棄婦者，讀者尚可求之文字之外乎？

鄭氏曰："仁人既不遇，憂在見侵害。"嗚呼！仁人之所憂者，憂國也。國將危亡，此仁人之所憂。若以爲憂在見侵害，是何待仁人之淺耶？憂之淺，故酒與遊遨，可以解憂；憂之深，則酒與遊遨，不可以解憂矣。下文"我心匪石，不可轉也。我心匪席，不可卷也"。石雖可轉，心不可轉；席雖可卷，心不可卷。則知鑒可以茹，"我心匪鑒，不可以茹"，此以見仁人之心，不能兼容善惡，故爲小人所譖也。蕭望之、張堪、劉更生、金敞，同心輔政，當時許、史、恭、顯，不以爲便，鄭朋、華龍欲入，更生等不從，遂爲恭、顯所譖。噫！望之等不能兼容，所以致鄭朋、華龍之譖也。

鄭氏又曰："不遇于君，而猶不忍去，厚之至也。"此說得之。孟子不遇齊王，三宿而後出晝，曰："于予心猶以爲速，王庶幾改之，予日望之。"屈原《離騷》之作，言國將亡，有"徬徨不忍去"之辭，亦此志也。賈誼曰："歷九州而相其君兮，何必懷此都。"側批：此語原不是。此則屈原之罪人也。

首章隱憂，憂君、慮國也。四章憂心，憂讒、畏譏也。

讀緑衣

莊姜之憂，何憂也？憂己之不得于其夫也。己之不得于夫，似若未害也，而夫婦之道於是乎始虧,嫡妻之分於是乎而始亂,廢嫡立庶之禍又如(於)是乎而始萌。斯憂也,豈惟一人之憂,側批:婦人所憂者大,方見其賢。乃邦國無窮之憂也,而亦何能自已于言乎!蓋並后匹嫡,大都偶國,亂之本也。如幽王寵褒姒,晉獻公寵驪姬,唐高宗寵武后,皆爲國家之禍。齊桓公內寵如夫人者六人,雖以九合之功,卒不免于五公子争立。孔子於《詩》於《春秋》著之甚詳,以此爲亂亡之基也。漢高帝欲立趙王如意,若非張良、四皓,漢祚危矣。故莊姜此詩,亦是憂國之辭,非但傷己而已。且傷己之詩,則當曰:"夫何使我至于此極也。"今莊姜辭不迫切,而有敦厚之心。先儒謂欲知詩之敦厚者,當於刺詩觀之。方其美之,則未足以見其敦厚;惟其刺之甚而辭不迫切,故可以知其敦厚也。側批:此段大妙,可與讀刺詩。

怨而不怒,不遇而不忍去,《序》所以目爲仁人也。文只還他"敦厚"二字,極是。

前二章以通變言,後二章以處變言,所謂"發乎情,止乎禮義"也。

讀燕燕

《燕燕》何取乎?燕之宿也相向,其飛也相背,故以"燕燕于飛"爲離別之詩。古人一比一興,必有意義。古詩"東飛伯勞西飛燕",側批:真善解《詩》。蓋本于此。

或曰:飛相上下,聲相應和,皆不忍相違之意。莊姜當見慍群小時,嬀能以恩相信,寂寞深宮,所可倚賴者,惟斯人而已。方將依依待老,而遽爾睽隔,何日忘之!其別也,何爲而別;其歸也,何事而歸。情悽目眩,心焉如割,莊姜之恨,其能已乎!古者婦人迎送不出門,見兄弟不踰國,今莊姜遠送于野者何?說者謂盡己情,舒己懷,殊不知詩人所謂"送于野"者,不必以禮文求之。若必欲泥其詞,則"涕泣如雨",果如雨乎?仲氏不特其心之誠實淵深,而其和惠之心,終始如一,自謹其身,其歸時,猶思先君以勉寡人,寡人莊姜自言也。

詩之教,溫柔敦厚。以先君見答而能勉寡人,側批:此段愷惻之至,不厭百回讀。此猶未足爲敦厚也。惟其不見答而能勉寡人,非敦厚者能之乎?觀此詩,見其與商之三仁,去就更相警戒,各欲其自靖自獻于先王者無異。《國風》雖變,猶有如是之婦人,此所謂先王之澤未泯,而康叔之遺烈猶在也,即謂《二南》之婦人可也。

此詩有無限悽愴之情。先君之勗,宛然婦人臨別之語,詩人能道莊姜之情,此文能道詩人之情。

讀谷風《邶風》

余讀《谷風》之詩,其比物連類,如泣如訴,有足悲者。然觀其所自序,有治家之勤,有睦鄰之善,有安貧之志,有周急之義,皆其節之可取者也。至于見棄矣,而拳拳不忍去之意,猶藹然于言辭之表,則是初無可棄之罪也,側批:真知心之言。徒以其夫之安于新婚,而不之顧耳。此如釣魚者,既得後魚,而棄其前魚一般。司馬相如為陳皇后嘗作《長門賦》,哀陳后之見棄。及其惑于嬖妾,而文君亦有《白頭吟》之歎。躬自蹈之,好色之事,其惑于人也如此。太白《棄婦詞》云:"憶昔初嫁君,小姑纔倚床。今日妾辭君,小姑如妾長。回頭語小姑,莫嫁如兄夫。"古今以為絕唱,然特忿恨決絕之詞耳。如風人之言,優柔忠厚,信非後世詞人所彷彿也。

或曰:唐人棄婦之作,大半以君臣之故,側批:此是寔錄。而託之夫婦之間者也。則此詩之作,未可以為實然矣。

章内七八喻悲恨之情,藹然言外,文亦善于體貼者。

此詩怨而不怒,未可與《棄婦詞》並讀。

讀簡兮

伶官,樂官也。黃帝時有伶倫,周景王時則有伶州鳩,皆世其官也。伶官者賤職耳。昔戴逵善鼓琴,晉武陵王晞召之,而逵破其琴曰:"吾不能為王伶人。"今以賢人乃為衛之伶官,猶《君子陽陽》之詩,《序》言君子遭亂,相招為禄仕,全身遠害,而其詩曰:"君子陽陽,左執簧,右招我由房。""君子陶陶,左執翿,右招我由敖。"正猶此詩,言君子仕于伶官,其詩亦曰:"左手執籥,右手秉翟。"言賢者有王佐之才,不得大用,而困于伶官,以見賢者之不遇,而衛君之不見察也。唐明皇末,安禄山竊發,河北盡陷,獨顔真卿爲平原,堅守不下。明皇曰:"吾不識真卿爲何人,側批:千古笑話。乃能如此。"然真卿嘗爲監察御史,密邇天子之光久矣,而明皇乃不見察,若明皇者,可謂棄才之主矣。此碩人處于前列,而衛君不見察,亦猶是也。

或曰:《簡兮》之詩,亦玩世不恭之意也。"云誰之思",不曰盛王,而曰美人,彼蓋視列國之君,無一可其意者,而寄興于美人,正與《楚辭》"思公子兮未敢言",《秋風辭》"懷佳人兮不能忘"同一意思。

《簡兮》之詩,全是自譽自嘲,而傷今思古之意,隱然言外。

此詩張子謂"其迹如此,其中固有過人者",真詩人知己。

讀 北 門

讀《詩》至《小雅》,而見《鹿鳴》、《四牡》之燕樂,《出車》、《杕(杕)杜》之勞來。一人之勞苦,君無不知;一毫之事功,君無不報,未嘗不嘆先王之所以體群臣者,何其周也。當是時也,安有《北門》之怨乎?

此詩"出自北門",是特忠臣役于王事,自北門而出耳。朱《傳》以背明向陰,喻其君之昏闇,安有爲人臣子,仕不得志,而遽以昏闇喻君乎?韓文公貶知潮州,見吏與民,盛言朝廷清明,側批:此真文公也。天子愛民,而未嘗敢有怨辭也。若文公者,可謂知臣道矣。北門大夫,報之以王事之重,遺之以國事之艱,而且禄食之薄,室人之謫,賢者之處此,亦云難矣。自古無道之世,無功者受禄,有功者不見知。無功而受禄。則若《伐檀》之詩是也。"不稼不穡,胡取禾三百廛兮?不狩不獵,胡瞻爾庭,有縣貆兮?"此之謂無功而受禄。有功不見知,則此詩是也。"王事適我,政事一埤益我",而不免于貧窶,自常人處之,有不能堪者,而此詩特歸之天,可謂"不見是而無悶","人不知而不愠也"。嗚呼!匪兕匪虎,側批:有一唱三嘆之致。而孔子弦歌不輟。嬖人臧倉沮孟子,孟子曰:"吾之不遇魯侯，天也。"北門之忠臣，豈非《易》所謂"樂天知命"者乎？

莊子曰："知其無可奈何而安之若命，德之至也。"其《北山（門）》之詩人乎？

讀二子乘舟一

或曰：壽、伋之爭死，可以爲孝乎？曰：吾嘗聞孝于夫子矣，其責曾子，蓋曰："舜之於瞽瞍，小杖則受，大杖則走。"今宣公逆理亂倫，欲殺其子，而爲子者，又成父之志，以陷父于惡，使陷父于惡，側批：自是不易之論。而可以爲孝，則是教天下後世之爲人子者，皆從父之志，以成國家無窮之禍也，而可乎？

抑壽之死，又與伋異。彼誠不忍其兄之無惡而見殺，而以父母之情告之，冀兄之或聽，而逃焉以避難。使伋能逃，則壽固不死也。惟伋之不能逃也，故不忍獨存，而竊其節以先往，冀其兄之僥倖于萬一，其志亦可傷矣。昔晉王祥繼母朱氏，生弟覽，朱屢以非禮使祥，覽輒與祥俱。朱密使鴆祥，覽知之，遽起取酒，祥疑有毒不與，朱徑奪反之。自後朱賜饌，覽輒先嘗，朱懼覽至斃，遂止。嗚呼！世之處人倫之變者，幸而如祥、覽，誠爲兩善；不幸如伋、壽，亦豈可輕訾哉！

子從父之逆命，爲恭之小；陷其父以滅人倫，爲害義之大。聖人之言，自不可易。

言簡意盡，如老吏斷獄。

讀二子乘舟二

太史公曰："余讀世家言，至于宣公之子，以婦見誅，弟壽爭死以相讓，此與晉太子申生不敢明驪姬之過同，俱惡傷父之志，然卒死亡，何其悲也！"予謂申生不忍傷父之志，屈原不敢見國之亡，均千古畸孝畸忠，今得伋、壽而四焉。伋愚于孝，壽愚于友，視申生、屈原尤甚。然而聖人不甚與焉，爲其未聞道也。

嗚呼！宣姜本爲伋妻，而宣公要之，終譖伋而殺之者宣姜也，可謂忍人也，未必惡伋也，無乃媿伋也。及生壽而慨然代伋之死，壽可謂賢矣。宣姜於是，亦有年矣,則又通乎公子頑,不良之甚也,乃生戴公、文公。許穆、宋桓二夫人,不夫而舉四子,無恥至極。衛之人倫掃地,烏得不亡!所不可曉者,禀不淑之氣,而子女之多賢,此又何也!

或以爲太史公論贊,或以歐陽公《詩本義》,自可不刊。

伋、壽雖未聞道,然其愚孝愚友,自可千古。

讀柏舟《鄘風》

"女子之生,以身事人","一與之齊,終身不改",古之制也。共姜之守義,裁以古義,亦婦道之當然耳。而讀《詩》至此,使人欣然若景星、鳳凰之爲瑞,何也?蓋衛詩三十九篇,前乎此者,爲《靜女》,爲《新臺》,後乎此者爲《墙有茨》,爲《君子偕老》,人道至此而盡,天理至此而滅矣。聖人于其間而置《柏舟》焉,側批:聖人維世之意深矣。又以見人心之未嘗亡,天理之未嘗滅也。後漢蔡琰,始適河東衛仲道,既而夫亡,又適胡人,凡兩適夫,其節已失矣。然而博學有才辨,妙于音律,范曄載之《列女傳》。夫博學才辨,特婦人之末節耳。夫死不嫁,乃婦人之大節。彼既失其大節,而區區于末節,何足道哉!范曄之去取謬矣。

呂吉甫嘗曰:"匹婦不嫁,飢寒無以自存。共姜乃衛世子之妻,公室之婦,其勢非不能以自存,故以不嫁爲宜。"此説非也。五代王凝妻,不忍以手見污于人,爲一身之累,遂斷其手,雖死不避,况于飢寒乎!以此見吉甫之説,與范曄之去取,無異也。

《周南》首《關雎》,人倫之常也;《鄘風》首《柏舟》,人倫之變也,均可不朽。

婦人當論其大節,不當論其才學,此説爲正。

讀定之方中

衛文公之遷楚丘也,以言其城郭,則既賴諸侯之師以成之矣;以言其宮室,則自戴公野處而至于今,其成之固不可以不亟矣。而文公不然,爲民力之不可以或傷,則宜待其時而不遽;爲國法之不可以或廢,則宜從其制而不苟。登高而望形勢,測景而正方面,"爰伐琴瑟",以備禮樂。"命彼倌人",以勸農桑。文公之作室,如此乎允臧也。觀其作室如此,則知其養馬矣。且夫馬之多寡,何與于心,而詩人以爲秉心之效。蓋天下之事,未有不自吾心之所發,側批:此意自不可少。而至于盛大者。魯僖公"思無邪",而"思馬斯徂";衛文公"秉心塞淵",而"騋牝三千",其小者如此,況其大者乎!側批:補得好。諸家以"騋牝三千",乃衛國之過制,予以爲詩人之辭,不可以言語求,曰"三千"者,特言其多耳。"誰謂爾無羊,三百維群",宣王之時,羊果三百而已乎?按《左氏》言文公元年,羊車三十乘,季年乃三百乘。《左氏》實書其數,而詩人形容其美,學者當以意逆志,而不以文害辭,則得之矣。

《序》言"得其時制",詩言"秉心塞淵",是內外皆善也。此詩較宜細看,不可泛讀。

衛文公、魯僖公並著于《詩》,而皆以馬稱,古人之重馬如此。

讀竹竿

《竹竿》,衛女之思歸,視《泉水》、《載馳》,其情爲尤切。《泉水》之詩,止爲父母既終,於禮不得歸寧,非有他故。《載馳》之詩,以宗廟顛覆,不得歸唁,其情已切。然未若適異國而不見答,利害迫於身,故其情爲尤切。莊姜不見答,亦能自克。側批:"自克"二字深得風人之旨。《竹竿》之衛女,其莊姜之徒與?

衛女思歸而不得,故思兒童遊釣之所,欲見而不可,有不忘本之氣象。然不言違禮,而言道遠,尚其私情未克也。既而思二水在衛,女子有行,遠父母兄弟,雖欲復往,有不可者,此乃以禮自克之言也。至於三章言欲遊於二水,而自恨其不遂。四章言既不得歸,而思以釋其憂,亦自克之言也。噫!《谷風》之婦有怨辭,《載馳》之夫人有悲辭,而《竹竿》一詩,雍容和緩,徒思衛國之樂,以見其思歸之意,至其夫家之過,未嘗顯言之,側批:此真難得。其忠厚可見矣。是以觀《詩》者,不求於刺詩之中,未可以見詩人之意也。

衛女但述昔日之樂，而不言今日之恨，衛女可以風矣。

衛女在異國而思衛，故列之《衛風》。

讀 河 廣

《載馳》之詩曰："大夫跋涉，我心則憂。"《竹竿》之詩曰："豈不爾思，遠莫致之。"皆言其遠也。至于此詩，則言其甚近者。蓋言人之于遠者，則憚而不往；至于甚近而不往者，非有所憚也，義不可也。

大抵人之行事，當論其所當爲，側批：片言可折。與不當爲者如何耳。其所當爲者，雖千里之遠，猶在所往也；其不當爲者，雖咫尺之地，不可妄動也。公父文伯之母，季康子之從祖母也，康子往焉，側門而與之言，皆不踰閾，孔子嘉其有男女之別。夫一門限而禮存焉，非其足不可踰閾，禮不可也。觀此則知宋襄之母，有念子之心，而不敢歸宋，此詩所以賢之也。然則爲襄公者，當如何？曰：母之轍，雖不可以私還，而子之使，則未嘗不可以私往也。側批：此是正理。歲時問安之使，交錯于道路，而一草一木之微，必先以奉乎親焉，則子之心，固可以無愧，而母之心，亦可以自慰矣。

或曰：此詩蓋作于宋桓公猶在，襄公方爲太子，衛猶未遷也。時衛在河北，宋在河南，自衛適宋，必涉河。若説襄公即位，其母思之而作此詩，則是狄入衛之後，戴公已渡河而南，安得又有河廣可渡哉？

襄公原是孝子，觀其辭立而曰臣舅，在衛若立則不可往。不曰見母而曰見舅，恐傷父志，豈非孝子！

讀 木 瓜

狄人滅衛，衛人出廬于漕，齊桓公城楚丘以封之。其畜散而無有，桓公與之繫馬三百，此《外傳·齊語》之所云也。夫桓公救衛而封之，其恩大矣。而又遺之以車馬器服，則其恩又何如！衛人所以思其厚德而欲報之也。

或曰：衛已滅矣，無王命而擅封之，是擅王命，諸侯之大罪也。故以小惠論之,則桓公有德;以大法論之,則桓公爲專封。竊以此説爲不然。夫專封者,天子黜之,諸侯封之,則可以謂之專封。若狄人伐衛,桓公救之,亦諸侯之義舉也,謂之小惠已不可,況專封乎!昔衛人不能救黎,而今齊能救衛,衛人安得不愧且感乎?然則朱子以爲淫詩,何居?曰:詩發乎性情。人之性情,固有身相與處,而猶未能悉其底裏者。況古今相去,以意逆之,安能盡得其旨哉!今徒揣其辭,似贈答語,類私情。地是鄭、衛,一概以有心求之,以爲淫詩,失之遠矣。孔子曰:"吾於《木瓜》,見苞苴之禮行焉。"晉韓宣子聘衛,衛侯享之,北宮文子賦《淇澳》,宣子賦《木瓜》,思報德也。若果男女相贈答,孔子奚取其禮哉?

衛人欲報齊桓公之功,而作此詩,以爲淫詩,冤矣。

以爲小惠不可,以爲專封更不可,故論古貴乎平心也。

讀王風

《詩》者緣政而作,《風》、《雅》繫政廣狹,側批:確論。故王爵雖尊,猶以政狹入風。《黍離》之爲《國風》,以其詩之體爲風也。周室未遷,則其聲天下之正聲。平王東遷,其音乃東土之音,故曰"王國風"。然孟子言"《詩》亡然後《春秋》作",《詩》亡於陳靈公,乃孔子未生以前。《春秋》作於獲麟之時,乃哀公十四年。孟子之言,蓋謂美刺之詩亡,而褒貶之書作,非有定義也。《詩》自《黍離》而降,皆東遷時詩,何也?曰:何獨《王風》,側批:可與讀《詩》。《邶》、《鄘》、《衛》、《鄭》、《齊》、《秦》皆東遷時詩,夫子志之以表裏乎春秋者也。天子不巡狩,諸侯不貢俗,太師不採詩,豈直《雅》亡,並《風》而亡之矣。《王風》亦《風》也,變而哀;《變雅》亦《雅》也,變而憂,皆《詩》亡也。

然而王詩處於衛後,而不次於《二南》,惡其近於正而不明也。其體不加周姓,而存王號,嫌其混於諸侯,而無王也。近正則貶之不著矣,無王則絶之太遽矣。"不著"云者,周、召《二南》,至正之詩也,次於至正之詩,是不得貶其微弱,而無異《二南》之詩爾。"太遽"云者,《春秋》之法,書王以加正月,言王人雖微,必尊於上;周室雖弱,不絶其王。苟絶而不與,可云尊周乎?故曰:王號之存,黜諸侯也;次衛之下,別正變也。

或曰:王風曰哀,何哀也? 曰:失道民散也。蕞爾東都,民與存者幾矣。勤之役,側批:如讀先秦遺書。勤之戍,已又勤之民,旱嘆加之,室家不休,而百罹,能無哀乎? 蕞爾東都,賢與存者幾矣,棄之伶官,棄之讒,而放焉逐焉,能無哀乎? 然則不遂亡乎? 曰:前王之澤未斬也。《大車》有刑政焉,《丘中麻》有遺思焉,故存然不復振矣。曰:前王之《風》亡乎? 曰:其情信,側批:古色炤人。不浮;其辭簡,不巧;其志勤,不佚;其音質,不淫;其思危,不懼,猶有先王之遺風焉,乃鄭、衛革矣。

王既降爲《國風》,而復係之以王,所以尊周,亦以媿周也。

《左》、《公》、《穀》耶?《越絕書》耶? 吾不能定之矣。

讀 鄭 風

《詩》之淫者,其詞意亦自可想見,如《丰》、《溱洧》之類是也。夫子所謂"淫"者,就聲而言,側批:是。是。如《樂記》所謂"淫哇之淫"也。《關雎》之不淫,正與鄭聲相反。朱子曰"其言粹然出於正"者,既被之聲律,至於列國之詩,天子巡狩,必陳而觀之,以行黜陟,則淫亂之詩,未嘗被之聲也。所謂"鄭聲淫"者,豈可謂"淫亂"之"淫"耶? 後之說者,因夫子之言,遂謂《鄭風》淫居十七,聯篇累牘,皆士女諧謔之語,如此,夫子何得盡錄之耶? 鄭六卿餞韓宣子于郊,子齹賦《野有蔓草》,子産賦《羔裘》,子太叔賦《褰裳》,子游賦《風雨》,子旗賦《有女同車》,子柳賦《蘀兮》。宣子喜曰:"鄭其庶乎! 賦不出鄭志,側批:妙。二三君子數世之主也,可以無懼矣。"噫! 此六詩者,必皆鄭國往日賢士大夫之作,故六卿舉其國之故所志者以爲賦。若如後人之見,以諸篇爲淫奔之詩,六卿豈有以委巷閨笫媟褻之言,形之樽俎,歌詠而貺之大國,又況博學好古如宣子,聞淫佚之賦,苟不怒則笑,又肯贊嘆之,若是者乎? 側批:辨啄得好。

孔子曰:"惡鄭聲之亂雅也。"鄭聲也,非鄭詩也。《雅》之感人也舒,而鄭之蕩人也速,是以當世尚之。而鄭之交鄰,往往以伶人爲上賂。如師筏、師慧、師悝、師觸、師蠲之徒,皆以擅名列國。聖人懼其傳之蔓,而害《雅》敗倫也,故曰"放鄭聲"。如直以其詩而已,則習其句讀,斷然自與《二南》殊科,何以曰"似是而非",若朱紫苗莠之難辨也。況乎鄭、衛之詩,亦伯仲爾,側批:無低昂,故伯低昂。妙,妙。而孔子斥鄭獨甚,求其説而不得,則曰:《衛風》,男悦女也;《鄭風》,女悦男也。以此爲鄭、衛之短長,何以異於賢,偏袒於裸裎耶?必不然矣。

孔子所欲放者聲也,非詩也。若以鄭聲即鄭詩,則宋固無詩,何云"燕女溺志"也!

鄭六卿之賦,不出鄭志,其不淫矣,宣子以爲數世之主,知道哉!

讀緇衣

鄭武公父子,入則世爲卿士,出則長享國祚,豈無自而然哉!周之國人,以爲善于其職,宜在此位,故作《緇衣》之詩以美之。序《詩》者發明其意,以武公之德,所以能有其國者,由善善之功。説者求善善之義而不得,遂疑《詩序》爲作詩意,蓋考之未精耳。

夫曰"適子之舘"者,謂武公入爲卿士,授舘于王室也。"還予授子之粲"者,謂武公既適卿士之舘,而好賢之意不倦,還以所得王之廩粟,授之賢者,猶後世開東閣延賢人之意。在舘能爾,則在國可知,此所謂"以明有國,善善之功"也。然《緇衣》所以爲好賢之至者,以其始終之如一也。若夏屋之渠渠,其始非不盛也,而終或每食之無餘;每食四簋,其始非不隆也,而終或每食之不飽,此《秦風》所以嘆《權輿》之不繼也。至此云改爲改造、改作者,蓋國人欲武公之久于其職也。

嗚呼!自古賢者常難于久任,側批:不減子由古史。小人常易于得志。如唐明皇之於姚崇、宋璟輩,可謂深知之矣,不數年而皆罷,用李林甫至十九年而不退。則知賢者難于久任,而小人常深根固蒂而不可拔,自古已然,可勝嘆哉!

將《緇衣》、《權輿》二詩一較論,始終厚薄自見。

讀清人

《清人》之詩,刺文公不以高克爲有罪;《叔于田》,刺莊公不以叔段爲有罪。

观《春秋》书郑弃其师，则文公之罪可见矣。夫庆赏刑威，人主之柄也。高克有罪，则当戮之于市朝；如其罪小，则窜逐之可也，何乃委而弃之，至于不召乎？郑文公之弃高克，是乃弃其师也。侧批：断案。公子素作此诗，专论高克，不敢及文公，故序《诗》者发之。然则谓之《清人》者何？曰：《国风》有反其辞以讽刺者，如卫女相俟于城隅，诗人以静女目之；高克好利，不顾其君，诗人以清人目之。静者甚言其非静，侧批：善戏谑兮。清者甚言其非清，亦变风谲谏之义也。

说者谓清为郑之邑名，而在彭在消在轴。又以为地名。夫地名重复，在在有之，固不可考，邑名则传记可案。清既非河上之邑，就使高克尝为清邑之大夫，亦不可谓之清人。子游为武城宰，谓之武城人，可乎？

此诗以刺文公为主，不重高克。无节制[河]上师，众游戏而不得归，总是模写其无所聊赖之状耳，故曰"自弃其师"也。

以静女来况清人，可云罕譬而喻。

读魏风

先儒谓："魏无世家，其诗在平王、桓王之间。"然则诗无所系，盖不可考矣。今据魏以鲁闵公元年，为晋献公所灭，而《诗序》言魏地陿隘，又言日以侵削，又言役乎大国，又言国削而小民无所居，其将亡之诗乎？魏亡于桓王之时，桧亡于幽王之时，皆去孔子为甚远，故《序》不指其君，然则《诗序》亦考其人于史耳。二国亡既久，并其史而亡之，宜圣人不能知其诗为何世，侧批：可为太息。而太史不能世家也。

然则《序》言十亩之间，小民无所居，是乎？予谓国削则民逝矣，未有地亡而人存者也。且虽小国，岂有一夫十亩，尚可以为民者哉！观诗者当观其大意，若泥于文字之间，则拘矣。如诗中言其多，则曰"则百斯男"，岂文王果有百男乎！言其少，则曰"周馀黎民，靡有孑遗"，岂周果无遗民乎！言其广，则曰"日辟国百里"，岂有一日而能辟百里乎！言其窄，则曰"谁谓河广，一苇杭之"，岂有如是之窄乎！一夫百亩，亦是此类。孟子曰"以意逆志，是为得之"。盖谓此也。

魏、唐之于晉，猶邶、鄘之于衛，其寔皆晉風也。然《序》言其君，而不知爲何君，魏之爲魏，亦僅矣。

前半篇感慨，後半篇翻駁，各極其至。

讀園有桃

魏何以有風？曰良風也。何以先亡？曰：有國者之罪也。土陿民貧，而無政事，風雖良，莫能用也。其莫能用云何？園有桃，可取以食，國有民，反不能使之以道，靳靳然儉以嗇，不知取予之宜，至于國日削而不能保，又爲重斂以益其亡，是則詩人之憂矣，誰能知之乎？側批：妙。然初不難知，其莫知者，側批：妙。以不思耳。孟子曰："欲輕于堯、舜之道者，大貊、小貊也。欲重于堯、舜之道者，大桀、小桀也。"夫賦稅之道，雖堯、舜不能免也，惟夷貊之國，無城郭宮室宗廟祭祀之禮，無諸侯幣帛饔飱，無百官有司，故其稅賦爲輕。若然者，豈堯、舜之愛民，不若夷貊乎？當深求其所以然也。魏國之君，不能以先王之道取民，過于儉嗇，其大貊、小貊乎？是所謂"過乎中"者也。其儉必有類于墨氏，則其取于民，亦必有類于大貊、小貊，此非先王之中道也。許行與民並耕而食，原其意，非不美也，而孟子乃闢之者，以非先王之中道也。周室衰，側批：純是歐、曾之筆。先王之道不明矣，故不失之厚，則失之薄。如《園有桃》之詩，則是大貊、小貊也。如《碩鼠》之詩，則是大桀、小桀也。其輕重失中如此，皆是堯、舜之罪人也。

孔子刪《詩》，以《碩鼠》附于《魏風》之末，所以爲後世戒者深矣。

讀唐風

晉也而謂之唐，本其風俗憂深思遠，儉而用禮，君子以爲有唐之遺風焉。《蟋蟀》之詩，既欲僖公之自娛樂，而又欲其無荒，無乃大早計乎？凡人之情，側批：風韻悠然。解其拘者，或失於縱；廣其儉者，或流於奢，是詩吾知免矣。《山有樞》之詩，豈真欲昭公之鼓鐘鼓瑟哉！蓋諷其及時爲樂，正言似反，側批：妙。使聞者悟耳。此二詩者，皆所謂憂深慮遠，愛君之至也。

夫曲沃自桓叔至武公，屢得志於晉矣，晉人終不服，相與攻而去之，其後更六世，逾六七十年，迫於王命，不敢不聽。當昭公之初，晉人之心，曷嘗肯從曲沃哉！所謂"我聞有命，不敢以告人"者，蓋不告之告，深於告矣。侧批：好。若夫《杕杜》孤立以比晉，《椒聊》蕃衍以比沃，一盛一衰，比晉將折而入於沃，夫子刪《詩》至此，未嘗不三歎也。且夫《北風》刺虐，則云"攜手同行"；《碩鼠》刺貪，則云"適彼樂國"，彼獨非君我也歟哉？侧批：宛轉入情。皆欲奮飛而去，無顧戀之心，胡爲乎？《羔裘》之詩，則念其恩好，不忍遽歸他國，其情之篤厚如此，謂非真有帝堯之遺風，不可也。

嗟乎！變風多作於春秋，斯時也，天下不知有王，而《北門》云"王事適我"，《伯氏（兮）》云"爲王前驅"，《鴇羽》云"王事靡盬"，雖皆怨者之辭，猶幸王命之行於列國，亦可以見君臣之義，侧批：竟是西漢風味。根於人心，文武成康之遺澤未泯也。

淫佚之禍，生於奢侈，唐所以無淫詩也。

晉、沃相爭，累世不休。人皆有兄弟，何昭侯獨無耶？

讀　蟋　蟀

《傳》曰："蟋蟀之蟲，隨陰迫陽，一名吟蛩。秋初生，得寒乃鳴。一名促織。"語曰："促織鳴，懶婦驚。"有悉率之義，侧批：妙。故曰"蟋蟀之道也"。曹奢而迫，唐儉而勤，故《詩》一以蜉蝣，一以蟋蟀刺之。《豳》詩亦曰："十月蟋蟀，入我床下。"言蟋蟀微物也，猶知隨時，可以人而不如乎？所謂"物有微而志信，人有賤而言忠"者是也。侧批：入情入理。

雖然，《蟋蟀》刺僖公也，今按此詩之作，樂而不過其則，正見先聖遺風之遠，不當言刺。若曰僖公儉不中禮，勸其行樂，則不敢遽及太康，豈有過儉之人，而至於太康者乎？不知既欲其樂，又欲其無荒，詩人愛君之至也。子貢觀於蜡，孔子曰："賜也樂乎？"對曰："一國之人皆若狂，賜未知其樂也。"子曰："百日之蜡,一日之樂,非爾所知也。"嗟乎!《秦風》言"今者不樂,逝者其耋",側批:感慨一番。有嘆老拊髀之意。《唐風》言"今我不樂,日月其除",有憂深思遠之意。君子讀二記,可見民俗之不同。

朱子曰:"作是詩者,是一箇不敢放懷底人,說'今我不樂',便又說'無已太康,職思其憂'。是樂中有憂。""良士休休",是憂中有樂,故自不同。

讀揚之水《唐風》

詩人本刺昭公封沃,而桓叔盛强。毛、鄭謂:"波流湍疾,洗去垢濁,使白石鑿鑿然。如桓叔除民所患,民得有禮義。"果如二家之說,則是桓叔善治其民,非其盛强爲晉患也。據《序》所陳,直謂昭公微弱,不能制桓叔之强,民皆舍弱就强,叛而歸沃耳,非謂民知就禮義也。使民知就禮義,則晉雖弱而不叛也。側批:一言而定。《詩·王風》、《鄭風》及此,有《揚之水》三篇,其《王》、《鄭》二篇,皆以激揚之水力弱,不能流移束薪,豈獨于此篇,謂"波流湍疾,洗去垢濁"!以意求之,當是刺昭公微弱,不能制沃,與"不流束薪"義同,則得之矣。

嗟乎!鄭以叔段爲仁人,詩不刺叔段,而《詩序》刺鄭伯;晉人以桓叔爲君子,詩不刺桓叔,而《詩序》則刺昭公。豈叔段果爲仁,而桓叔果爲君子,而無可刺之迹哉!蓋桓叔、叔段之罪易見,鄭伯、昭公之惡難知,故詩推本其禍之所由起而譏之也。昭公、鄭伯且刺之矣,側批:真得詩人之心。況于桓叔、叔段乎?

鄭以叔段爲仁人,晉以桓叔爲君子。斯民也,非三代之所以直道而行也。

詩人明告昭公,而昭公不悟,亦千古一恨事。

讀無衣《唐風》

《無衣》之詩不刪者,所以著世變之窮,傷周之衰也。蓋武公惟有無王之心,而後動于惡,故其請命于天子之使,豈真知有王哉!正以人心不附,非假王靈,則終不能以定晉也。夫王不命焉而請之,非禮也。不聞朝王而請命于其使,尤非禮也。側批：武公何辭以對？此如唐室之季，强藩悍鎮，皆代其主帥，擅自封殖，坐邀天子之旌節。劉仁恭嘗謂使者曰："旌節吾自有，但要長安本色耳。"此詩言"豈曰無衣，不如子之衣安且吉"，與劉仁恭之言無異。夫子刪《詩》乃取之者，何哉？曰：晉武公滅晉，雖非諸侯謹度之道，使其不請命于周，周亦末如之何矣。今也能請于天子之使，是知有天子之命也。莊子曰："人之逃于空谷者，聞人足音，則跫然而喜，況于兄弟謦欬其側者乎！"孔子當衰周之時，諸侯不修臣職，滔滔者天下皆是也。魯之僖公、成公猶知有朝王之禮，側批：可見《春秋》與人爲善。晉武公猶知有天子之命，聖人安得不與之哉！此正所謂聞足音者，跫然而喜者也。

《春秋》書僖公朝于王所，成公如京師，皆美之之詞也，與存《無衣》之意同。

特美其請命一節耳，所謂"彼善于此"者是也。

讀秦風

秦自非子、秦仲以來，有國於豐、岐者數百年，車馬禮樂侍御之好，藹然有先王遺風。既入春秋以後，會盟聘享，日接於諸侯，而其行事，往往不逮於古，以故《春秋》之書，秦多貶詞焉。然而《春秋》終不絕秦者，側批：善讀《春秋》。何故？曰：《春秋》之於秦也，有進有退。伐晉而狄秦，所以退也；書歸僖公成風之襚，書術來聘，所以進也。穀梁子曰："秦之爲狄，自殽之戰始。"殽之前，《春秋》其忍狄秦乎？孔子刪《詩》，次《秦風》，刪《書》終《秦誓》，示不絕秦也。側批：妙。妙。《秦風》十篇，穆公有刺無美，而詳述昔日強大之由，詞不少殺。如《車鄰（隣）》、《駟鐵》諸作，猶令人想見當時君臣，宥軼簡易之風。《小戎》一什，文字艱奧，亦由其時人皆熟曉車制，婦人女子，觸目衝口，猶能成章。自車制不傳，而此什遂費講解矣。終南初入秦，便具有雄麗八荒氣概。襄公至止，其將略地乎？其君也哉，側批：風韻好。誠詫其始見云爾。

大抵秦之君臣上下，勇猛奮發之意多，而忠厚仁恕之意少，歷數百年如故，何秦人之不善變至此耶？蓋嘗三復《渭陽》之詩，合之《春秋》所載，未嘗不歎康公之厚，而惜其爲德之不卒也。側批：感慨好。康公母，晉獻公女也。文公以驪姬出奔，穆公納文公爲晉君，康公時爲太子，送文公至渭水之陽，及即位，作《渭陽》之詩二章。曰"至渭陽"，送之遠也。曰"悠悠我思"，思之長也。曰"路車乘黃，瓊瑰玉佩"，贈之厚也。至今咏詩者，側批：[一]唱三嘆。猶曰康公猶念母也。曾幾何時，令狐之役，武城北徵之師，河曲之戰，干戈日見，此獨非舅氏之國耶，何仇之深也？豈以晉人忘我大德，思我小怨，而有所不能已於此者乎？是故《無衣》之賦，刺康公也。

然則《黃鳥》又何刺乎？《序》謂刺穆公也。嗟乎！穆公不忍殺敗軍之三大夫，寧忍殲無辜之三良，勅法者繩康公以成父之過，其又何辭！吾聞秦川有兩隱君子焉，《兼（蒹）葭》、《晨風》是也。與其與君爲殉，側批：令人不忍讀。令人痛不可贖，何如"在水一方"，令人從之末由。《兼（蒹）葭》之"宛在"，與《晨風》之"未見"無以異。説者謂殉良乃坑儒之漸，豈知《兼（蒹）葭》、《晨風》固桃源之祖耶？奈何嘆權輿者，猶思覿嬴氏之餌，是則可歎也已。

《秦風》視列國之風最古而麗，非此瑰瑋奇麗之筆，不能描寫入妙至此。

讀此方知《詩》與《春秋》有相發明處。

讀 陳 風

陳封域在禹貢豫州之東，其地平廣，無名山大澤，西望外方，東不及孟豬，蓋小國也。陳自桓迄靈，國歷數公，歲逾百載，初服齊，中服晉，終服楚。或疑陳反覆之國，豈神明之後，亦有不能自主者乎？然而《春秋》獨憐之，於其亡也，則急望其復也；及其復也，則又欲其久存也。是故刪《詩》而陳存，作《春秋》而陳存，聞樂而陳亦存。孔子於有虞氏，蓋忠厚之至也。

然則《詩》止陳靈，何也？變風始于《雞鳴》，終于《澤陂》，凡一百二十八篇，男女夫婦之詩，四十有九，抑何多耶？《傳》曰："有天地，然後有萬物。有萬物,然後有男女。"男女者,三綱之本,萬事之先也。正風所以爲正者,舉其正者以勸之也。變風所以爲變者,舉其不正者以戒之也。道之升降,時之治亂,國之興廢,於是乎在。邠之風俗,其男耕,其婦饎,其女桑。至于八月載績,則蠶事畢而麻事起。今陳之風俗,至于"不績其麻,市也婆娑",亦未嘗奉教于邠矣。蓋自《宛丘》而爲《東門之枌》,自《墓門》而爲《株林》,俗之流而勢之下也,如人之既老而不可復少,可歎也已。然其風實始于元女大姬,以尊貴之至,好祭祀巫覡歌舞之事,其民習之,至于五世,而遊蕩無度。陳詩有十,淫居其七,讀者未嘗不三歎也。先儒謂"唐無淫詩",蓋猶有先代之風化焉,何陳獨不然耶?故詩至陳靈而天下無詩,非無詩也,有詩而不可以訓,仲尼有所不取也。

《春秋》於陳憐之甚,《詩》於陳外之甚。

唐之變,止於儉;陳之變,至於淫,故曰"與其奢寧儉"。

讀衡門

此詩與《甫田》詩,辭雖反而意則同。齊襄公自以爲必得諸侯,然徒有其志,而不脩其德,故抑之而曰:"無田甫田,維莠驕驕。"僖公自以爲小國不足以有爲,愿而無自立之志,故進之曰:"衡門之下,可以棲遲。泌之洋洋,可以樂飢。"此與孔子所云"求也退故進之,由也兼人故退之"之言,均因人立教之至意也。

昔儒謂"洛鯉河魴,貴於牛羊",則魴鯉乃魚之美者。齊姜姓,宋子姓,姜子乃女之貴者。食魚當求魴鯉,娶妻當求姜子。蓋圖王不成,側批:可見人不可以無志。猶可以伯;安於卑陋,則陳止於陳耳。惜乎僖公不足以語此,亦猶孟子告齊宣以王道,自謂:"吾惛,不能進于是也。"

或曰:此詩乃隱士所作。陳詩十篇,二詩蕩,六詩淫,一詩刺惡人。汙穢之風,不良之法,皆可惡者,惟衡門君子,卓乎砥柱,賢哉!

鄭之淫也,而有東行;陳之蕩也,而有《衡門》。聖人刪《詩》,特陳此義,所以見天理之尚存,而人心之不死也。

此詩可以安澹泊之分，可以息馳騖之情。

讀檜風

檜世次莫考，詩不言何君。曰：彝、厲之間者，鄭《譜》也。平王初，鄭武始滅檜。前乎平，何以知其非幽也？當幽之時，仲爲檜君，詩不刺仲也。前乎幽，何以知其非宣也？周道復興之時，不得有《匪風》之思也。非幽非宣，彝、厲當之矣。吳季子觀樂，自《檜》以下無譏焉，夫子何存乎其風也？曰：國小民寡，殷憂而善懷，良風也。夫國沃則民逸，逸則淫；國小則民勤，勤則思。夫思，善之主也。《羔裘》、《蜉蝣》，奢思儉也；《素冠》，喪思哀也；《萇楚》，知誘物化矣，思無知也，皆反本之思也。《下泉》，思治也，殆夫子東周之思乎？

雖然，《匪風》、《下泉》，皆思周之詩，獨作於曹、檜，何也？曰：春秋時，大國不利有天子，側批：透盡春秋五伯時事。而小國利之。蓋有天子，則大國之視小國，兄弟也。微天子，則大國之視小國，直几上肉耳。此大國不思天子，而小國思也。

嗚呼！《匪風》作於東遷之前，側批：淋漓極矣。其意尚覬周道之復興。《下泉》作於齊桓之後，不復有覬望之意，但慨嘆想望之而已。思周同，爲時異矣，是以君子論其世也。

筆法在《公》、《穀》、《越絕》之間。

漢儒以曹四詩爲刺，而鮑翁以檜四詩爲思，可相發明。

讀羔裘

古之君臣，相待之以禮，相接之以恩。君之于臣，惟盡其待之之道。及其有罪，則愛臣之心，亦不替焉。臣之於君，惟盡其事之之道。及其得罪，則愛君之心，亦不替焉。古者大臣有罪，而陷于不廉者，不謂之不廉，而謂之簠簋不飭；有陷于污穢者，不謂之污穢，而謂之帷簿不修。夫以人君尚不忍暴白其臣之過，則爲之臣者，又安肯暴白其君之過乎？

檜國大夫，君雖不用道矣，而不忍言其君之過，托其意于《羔裘》，而謂檜君以朝服而遊燕，以朝天子之服而朝。夫檜君之爲此者，特好潔耳，非有大過也，而大夫以是去，何哉？孔子之去魯，爲女樂故也，而曰"燔肉不至"，蓋諱其大惡，而以微罪行。檜大夫之《羔裘》，則孔子之燔肉也。及其去國，"豈不爾思"！又如孟子之出晝，然其人可謂賢矣，惜乎名字之不見于世也。

檜大夫不忍忘君，三言"豈不爾思"。始而勞，中而憂，卒而悼，檜大夫可謂得去父母國之道矣。

先說古之君臣相待以禮，後說檜國大夫能行古之道，誰謂周衰無人耶！

讀　曹　風

《春秋》於曹，不見貶黜之文，始終得稱伯如故，意者《春秋》猶假藉於曹與？然曹之見於經者，自交乎中國會盟之外，曹事之特書者缺焉，豈又以曹爲不足錄而簡之耶？嘗考曹國之始末，其事夏盟最謹，且與諸侯甚睦，不得罪於中國，此曹所以無貶文也。然諸姬之在列者，曹獨先亡，不及春秋之終，其故何哉？或曰：曹嘗病於戎，又嘗病於晉，而其先亡也，始終實成於宋。夫《春秋》之道，側批：西漢手筆。正本而明微，反己而不責人，謂國之存亡，皆其自致者也。曹之衰政，不詳於《春秋》。嘗讀曹詩矣，曹詩有四，《序》以爲皆刺也。《蜉蝣》，刺昭公好奢而用小人，無法以自守。《下泉》，刺共公侵刻小民，不得其所。《鳲鳩》，則刺在位之無君子。《候人》，則刺其近小人而遠君子。或謂《鳲鳩》，美一德也，何以言刺？曰：美一德，刺不一也。詩因美以見刺，稱賢人君子，警在位者之不然，猶《鄭風》之《羔裘》、《小雅·楚茨》之類是也。且夫僖負羈，曹之賢大夫也，共公不用，而國中乘軒者三百，何也？周官三百六十，曹何國也，而敢擬周官乎！即曰"用小人"，恐小人不若是之多也，側批：若譴若刺。毋亦甚之之辭乎！

間嘗以詩人之意旨，參觀《春秋》之書法，而知《春秋》以曹爲不足錄之意有在也。未有變風之時，曹之所恃者魯、衛；既有變風之時，曹之所恃者齊、晉，曹始終依人以自存耳。定、哀之際，齊、晉既衰，曹其能獨保乎？孔子删《詩》，繫曹、檜於《國風》之後，《檜風》卒章傷無王也，《曹風》卒章傷無伯也。檜亡者，_{側批：多少感慨。}東周之始；曹亡者，春秋之終。閱二小國，而春秋之天下，可略觀也。

《春秋》於曹無貶，《詩》於曹多刺，非合觀不能得聖人之旨。

"三百赤芾"，言其多也，恐非實數，豈亦甚之之辭乎！

讀侯人

內君子而外小人，《泰》之象也；內小人而外君子，《否》之象也。曹之為國，侯人之官，遠在邊境，所掌者荷戈與祋之役，而使君子居之。赤芾者，卿士之服，常在君側，而使小人居之，是內小人而外君子也。故序《詩》者以遠近言之。蘇氏曰："薈蔚，雲興貌，小人朋黨相援，並進于朝，如《南山》之升雲，薈蔚而升，莫之能止。君子守道，困窮于下，如幼弱之女，雖有飢寒之患，而婉孌自保，不妄從人。"此又以上下言之。惟曹君之所好者，專在于小人，其服赤芾，至于三百之多，則是以小人而服君子之服，亦猶猿狙而衣周公之服也，豈國家之福哉！

當漢之時，貂蟬盈坐，郎官填墀，都騎塞市，拾遺補闕，車載斗量。夫貂蟬，_{側批：許多感慨。}上位也；郎官、都騎，皆達官也；拾遺、補闕，皆清人也。而其濫若此，是亦"三百赤芾"之濫也。夫一君子用事，則有君子之福，雖至于三百，不足多也。一小人用事，則有小人之禍，雖一猶不可，況于三百乎！嗚呼！君子、小人，若冰炭然，其勢不能兩立。小人盛，則君子不得志也必矣。

《易》之與《詩》，義嘗相通，故于君子、小人之際，必三致戒焉。此詩與《泰》、《否》二卦，均有國者之所當留意也。

許多感慨，令人扼腕。

讀鳲鳩

案變風陳、檜、曹三國，皆言其國小無政，削弱委靡，不久滅亡之狀，不應《曹風》四篇之中，乃有《鳲鳩》一篇，所美其人之德，盛大如許。今詳詩文所美之德,非特三國所無,侧批:此是寔話。實十三《國風》中所無。惟《淇澳》之詩,美衛武公之德,辭語略相近。蓋衛武公乃大賢君,稱爲"睿聖武公",又入爲王朝卿士,故其所美,亦爲盛德。如所謂"充耳琇瑩,會弁如星"、"寬兮綽兮,猗重較兮"等語,與《鳲鳩》"其帶伊絲,其弁伊騏",語意相類。所稱"有斐君子,瑟僩赫喧"等語,亦與"淑人君子,其儀一兮","其儀不忒"語略相當。然《鳲鳩》所言"正是四國"一句,雖衛武公之賢,侧批:將衛武公照出周公來,言有次第。亦未敢當,詩人未宜以此稱之。

詳味詩人所稱之德,決非爲曹國之君臣,及春秋十三國之君臣而作,反覆玩味,惟周公之德,足以當之。竊料《曹風》與《豳風》聯屬,侧批:此疑自不可少。疑《豳風》脫誤在此耳。於是參考《豳風》詩辭,如所謂"其儀一兮","其儀不忒",與"赤舄几几","德音不瑕"語相類;"其帶伊絲,其弁伊騏",與"袞衣繡裳"語相類。"正是國人","正是四國",與"四國是皇"等語相類。若引此詩,寘之《破斧》之下,侧批:恰宜如此位置。《九罭》之前,其爲稱周公之德,無可疑者,抑"萬年"之稱,乃臣下頌禱天子之辭,人臣不敢當。周公雖未嘗踐天子之位,其實攝行天子之事,利澤及於天下,真足以當聰明元后作父母之任,故人亦以非常之福祿祝之,良非僭語也。由此一語推之,則其美周公而作,益信矣。

《鳲鳩》通篇不見刺語,而《序》以爲刺,此正所謂"漢儒好言刺"也。
此篇以爲美周公之詩,自不可易。
此論自出歐陽公《本義》之上,以衛武公照出周公來,尤有體。

讀豳風

周公之詩,不入於《雅》,《風》、《雅》不同體也;不入於魯,周公未嘗治魯也,不自爲國王朝卿士,不得專名一國也。公之詩,無所可繫,特以《七月》之故而爲邠,《破斧》以下,又以公之故而爲邠。且公所食邑,在豳、岐之間,豳與二南相爲終始,非文王不能正其始,非周公不能正其終,此《風》所以始《二南》而終《豳》也。《風》莫篤於豳,於時爲古夏,於俗爲先公、后稷、公劉之化,忠之屬也，古之至也。《國風》至曹、檜，變極矣，風之變而極，必將復還而爲雅。故以豳居《風》、《雅》之間云。

邠之先世，國容未備，無君臣之間，故其時，上下相親，不啻家人父子。周之王業，由於得民，世三十，年八百，其基於此與？今讀其詩，"曰殺羔羊，躋彼公堂。稱彼兕觥"，百姓而與國君唱酢，側批：古色照人。其禮甚野，其情甚真。秦人並坐鼓瑟，意或倣此。然非三代以前，安得有此風俗？故周公樂得而稱述之，以告王也。

或謂此詩歌於朝廷，亦可爲雅；歌於祭祀，亦可爲頌。此鄭氏泥於《周禮·春官》籥章之職，有吹《豳雅》、《豳頌》之説，而不知非也。春秋以來，側批：好斷案。諸侯卿大夫士，賦詩道志者，凡詩雅雜取無擇，至考其入樂，則自邶、鄘至豳，無一詩在數，意《周禮》所稱《豳雅》、《豳頌》者，別自有豳詩，而今亡矣，豈不聞《七月》亦嘗亡乎？故齊、魯、韓三家之詩，皆無之。由是觀之，歐陽子以豳詩或已亡之，果有見也，否則一篇之詩，側批：可與讀《詩》。別爲風、雅、頌三體，而一章之中，又半爲雅，而半爲頌，詩人之意，不若是其瑣也。

雅之體可以包風，風之義不得抗雅，此豳之所以終爲風也。

古致繽紛，識見老成，總非漢以下手筆。

讀七月

《七月》、《公劉》，皆陳先世之迹以諷王，而一入《風》，一入《雅》，何與？曰：《公劉》言政事，《七月》言風俗，風、雅之體自殊。《七月》之詩，其言則雅，其體則風，風之與雅，一息焉。聖人以邠詩列於《風》、《雅》之間，謂其不純風，而可以雅，駸駸乎移風而即於雅，所以繫《風》之末，居《雅》之前者，此也。

今取其詩讀之，其心無一念不在乎農桑也；一歲之間，無一日不事乎農桑也；一家之內，無一人不力乎農桑也。且也邠地苦寒，其民詳於裘褐之事，邠國近戎，其民勤於武備之脩。春在野，冬在邑，所以節勞逸也；寒則廬，冬則室，所以順陰陽也。邠民於衣食之奉，必先老而後幼，先貴而後賤，獨於改歲入室，則老幼貴賤同之，廣其愛也。然則菓酒嘉蔬，側批：情景蒼翠。非不可及少，而供老爲多，瓜壺苴荼，老者未嘗不食，而不可爲養。至於豻皮，未必中公子之用，而必以獻上，此邠人所以爲忠愛之至也。

抑余又怪蠶事之興，凡此女工，無不欣然即事，而中有一女乃獨慘然而傷悲者，側批：題外生意，此詩家之別調。何也？問女何所悲？女實無所悲，殆及公子同歸耳。詩人摹擬一時情事如此，開後人春閨秋興無限意思矣。

雖然，《七月》之詩，或言月，或言日，何也？曰：七月以後，陰漸長，故以月言。十一月以後，陽漸長，故以日言。猶《易》之《臨》以月言，《復》以日言，聖人扶陽抑陰之微意也。至於兼用夏、商正，凡《詩》皆然，側批：破千古之疑。不獨《豳風》一詩。而《豳風》之用夏、商正獨多，豈非邠人之不敢忘古者乎！

《詩》用夏正，不止《七月》一篇，此千古無一定之論也。

《七月》一詩，備風、雅、頌三體，《三百篇》此爲第一。

讀鴟鴞東山破斧伐柯九罭狼跋六篇

居東與東征二事也，世儒附會而爲一，則謬矣。側批：劈頭三句，破千古之疑。東本周公封邑，三叔流言，公辟而居之，以待察也。禮，人臣有故，亡竟上，待察以俟命。蓋昉諸此。後世權臣，不敢輕去君側，舉足左右，變不旋踵，公何恃而敢在外二年之久？蓋二公在內，可以委任內事，調護鎭定於其間也。王疑公，亦未敢誚公者，非二公之力而誰耶？方流言之起，成王未知罪人爲誰，二年之後，始知罪人之爲管、蔡，斯得者遲之之辭也。向使周公一聞流言之變，憤不自持，不聞之王，遽興師而討，三叔毋論，王之疑益重。竊恐管叔、武庚之黨，如五十國者，並起而與周公敵，公固未易得志也。故殺管叔者，成王也，側批：周公知己。非周公也。管叔誅，而王之疑稍解矣。周公以爲武庚尚在，周室未可保也，《鴟鴞》之作，正在此日。王得詩有悟，又感風雷之變，悔而迎公。公既歸，乃大誥天下，東征武庚。

夫以周公之神聖才藝，而又奉王命以討有罪，名正言順，必不久淹歲月，不過半年期月間事耳，《詩》又以爲三年者，何也？蓋因周公居東二年，合東征一年而爲三年耳。側批：的確之見。方成王之迎也，周公必輕身奔赴，軍士居東，或未偕行，雖行，亦不得并留。受命出征，軍士隨往，武庚既誅，歸勞東征之士，則三年矣，故曰："自我不見，于今三年。"若如鄭氏之説，則居東與東征，已五六年之久。是周公攝政七年，無非奔走道路之日，更於何時輔成王致太平，而制禮作樂耶？且夫公之孫而東也，猶鴻之遵渚且遵陸也，非其地也，何可久稽公也。東人於公未見，而願之之切，既見而喜之之甚，既歸而悲之之深，豈東人之情獨厚耶？國家不可一日無公，側批：知人論世之手。公亦無日不以國家爲念。東人未之知也，則公之歸也，自有不遑恤乎人情者矣。

嗟乎！四國流言，人皆爲公懼，風雷變警，人皆爲公喜，而公之所以爲公者，歷常變而如一焉，此其所以爲聖人也與？

　　融會六詩大意，有聯珠合璧之巧，使人讀之，不識其線縫所在，神乎文矣。

　　居東非東征，殺管叔非周公，居東二年合東征一年爲三年，均千古卓識。

讀鹿鳴

《鹿鳴》，燕群臣嘉賓也。既曰"群臣"，又曰"嘉賓"，孔《疏》引《儀禮·燕禮篇》云："於客之内，立一人爲賓，使宰夫與之對行禮，其實君設酒殽，群臣皆在，君爲之主。"側批：的確。讀《燕禮》"立賓"之説，久已疑之。夫人君設燕，必有所爲，如通燕群臣，則當以爵尊者爲賓。如燕他國之使，亦必以大國之使爲賓。《左傳》滕、薛争長，魯人有辭，卒長滕侯。鄭、燕諸侯之卿，趙孟爲賓。此皆有自然之序，豈待臨事而立賓乎？又按《國語》叔孫穆子聘于晉，晉悼公饗之，樂及《鹿鳴》之三，而後拜，則《鹿鳴》諸詩，天子、諸侯皆得用之。故朱子以爲燕饗賓客之樂，似得其旨。今觀其求教之意，親賢樂善之誠，惓惓于言外，與後世君臣燕樂，流連光景者，何啻天壤！故《鹿鳴》之教行，乞言之制亦行乎其中矣。

然則朱子以《鹿鳴》諸詩爲工歌，《清廟》之詩爲升歌，豈亦有辨乎？蓋工歌乃堂下之歌，側批：分晰得好。與琴瑟笙磬相間而歌之也。升歌乃堂上之樂，當祭而歌，不以他樂間之而獨歌也，此又其不同與？

群臣曷謂嘉賓？自上下之分言則謂臣，自燕飲之義言則謂賓。堯之享舜，迭爲賓主，此其証也。

引証既確，造語自典。

讀　常　棣

凡人於疏遠，則恩情易見，而於至親，則責望愈深。故兄弟之間，小有嫌隙，便不勝憤憤，以爲骨肉之待我，反不如外人，此其心見謂實然，故其怨毒不可解。試當鬩墻外禦時，將乖離之兄弟，與莫逆之良朋，一相比較，其真情定自有別，彼親兄弟不如友生，豈永嘆者愈于急難，無戎者愈于禦侮耶？必不然矣。然則朋友之義可廢乎？曰：非也。蓋親疏之義，不得不如是也。不愛其親而愛他人者，謂之悖德；不敬其兄而敬他人者，謂之悖禮。己之兄弟不能愛，則其於朋友，必不能相親也。况詩人之意，莫不謂兄弟既翕，可以宜室家，樂妻孥，而人或反以室家之好，妻孥之樂，而疏于兄弟者，吾不知其于天理人情，又何如也。

然則此詩作于周公乎？曰：周公實無殺管叔之事。蓋二叔得罪王室與天下，雖有可殺之罪，而公終無殺兄之心。天下以討罪人爲大義，而公終以不能全兄爲不恭。側批：如見周公之心。故於《康誥》曰："弟非克恭厥兄，兄亦不念鞠子哀，大不友于弟。"此詩亦云"雖有兄弟，不如友生"。其自怨之情愴然。蓋傷管叔之死，而恨己之不能救也。豈其有殺兄之事，而又爲此辭乎？

詩是周公作與否，總無定論。文末幅誦之愴然。

讀　庭　燎

嘗觀《甿》之詩曰"刺淫佚"，又曰"美反正"，是刺之中又有美也。此詩既言美宣王，又曰"因以箴之"，是美之中又有箴也。蓋詩之不可一體而求，如《終南》之詩，美襄公，又曰"因以勸戒之"；《常武》之詩，既曰"美宣公"，又曰"因以爲戒"，是美之中又有戒也。

或曰：《庭燎》詩無美意，作《序》者，因其晚不克終，故既曰"美"，復曰"箴"。竊詳詩意，乃因宣王怠於政，而作詩以箴之，所謂"夜如何其"，必非王之問夜，側批：此乃獨解。乃詩人發詠之詞耳。蓋天子寢興，其夙晚之節，皆有人司之。如《周禮》挈壺氏掌刻漏，司寤掌夜，而唐人亦有雞人報曉，凡以司人主之起居也。使王既問，而知朝者之至矣，豈有不起而待於再問三問乎？凡國事爲期，則告司夜以時，王不正其官，而問夜夙晚，其言無據，近於曲説而無當矣。蓋詩人箴規之意，側批：可與讀《詩》。不一而足，故其詞如此。況宣王方勵精勤政，寢處不安，安得遂有沔水之憂亂乎？程子曰："宣王不守法以治，盡力勤事，固知其不得終也。"吕氏曰："其志雖勤，未能安定凝止，躍然有喜事之心，斯其所以不能常也。"斯皆泥於《序》而曲爲之説者。

三章俱一時事，而一節緊一節。惟其心愈不安，故其言愈警惕，此其所以進鋭退速也。

讀鶴鳴

《詩》之體不一，有以首章一句，皆以鳥獸草木取興，而其下便序己意者。如"鴻雁于飛，肅肅其羽。之子于征，劬勞于野"，先言"鴻雁于飛"，取興也；後言"之子于征"，序己意也。如此之類，可以易求。詩人之意，有連四句，皆以鳥獸草木取興。如"沔彼流水，朝宗于野（海）。鴥（鴥）彼飛隼（隼），載飛載止"，前既言"沔彼流水"，次又言"鴥（鴥）彼飛隼（隼）"，而其意以流水喻諸侯之朝王，以飛隼（隼）喻諸侯之不來朝，則其詩意似難曉矣。然其詩皆言朝王之事，故可以知其朝王之説矣。

至於《鶴鳴》之二章十三句，皆是取興，殊無一句推序己意，故其詩最爲難曉。觀諸儒之説至不一，惟毛、鄭一以爲用賢，一以爲脩身，兩者可合而論也。蓋古者非惟君擇臣，臣亦擇君。側批：賈、董名言。君不能脩身以格物，審好惡以表俗,暗室屋漏之際,或失一節,而賢者不爲之用。檜之君臣,逍遙遊宴,而大夫去之。昭公好奢,而君子去之。孔子之行,非謂燔肉也,爲女樂也。故詩人以"鶴鳴于九皋,聲聞于天"戒宣王,謂天下之理,側批:可作註疏。未有隱而不顯,微而不彰者。宫闈之秘,門掖之阻,而田野之間,無不聞知,此亦如"鼓鐘於宫,聲聞於外"之意。其下則言賢者之去就,視其君之賢否,故復以如魚之潛躍、園之有草木者以爲喻。至其終,則又以"他山之石,可以錯利器,可以攻玉"自况,則吾之言,豈不足爲君之誨乎?嘗觀《中庸》之書,側批:内聖外王學問。必始於謹獨之學。親親尊賢之道,自脩身始,然後知此詩脩身用賢之旨一也。

詩皆稽實待虚之詞。《鶴鳴》一詩,可以類萬物之性,可以悉天下之理。

詩人嘗以《嘉魚》喻賢者,以《伐檀》喻君子,毛、鄭之説,不爲無據。

讀祈父

讀詩至《庭燎》,未嘗不嘆古之君子,愛其君之至也。知其將失也,則就其美而箴之,箴之不可,則以沔水規之;規之不可,則以鶴鳴誨之;誨之不可,然後《祈父》刺之。然則刺其君者,豈詩人之心哉?蓋不得已也。夫有宣王之功,而不至於文、武,此詩人之所惜也。

或曰:此詩之意,正如魯人敗於狐駘,國人誦之曰:"臧之狐裘,敗我於狐駘。我君小子,侏儒是使。侏儒侏儒,使我敗於侏。"敗於侏而責臧紇,則此敗而責祈父明矣。按《國語》曰:"三十九年,宣王戰於千畝,敗於姜氏之墟。"先儒引此以證是詩。夫敗於姜氏之墟者,宣王之罪,詩人乃以責祈父者,蓋謂祈父不稱其職,固爲可罪,而任用祈父者,亦不能無罪。正如敗於侏者,侏儒之罪,而侏儒是使者,亦不能無罪。故詩人責祈父,而《序》以爲責宣王也。

不責宣王而責司馬,詩人之意微矣。

使王而自棄其爪牙,是不智也;使司馬而棄王之爪牙,是不忠也,其取敗宜哉!

讀我行其野

《我行其野》，《序》不言其刺之之由，故説者亦不同。鄭氏則以爲棄其舊姻相怨之詩。蘇氏則以爲甥舅諸侯，求爲卿士而不獲之詩。王氏則以爲民不安居，而適異邦，從其婚姻而不見恤之詩。然以詩中文意，反覆考之，鄭氏之説爲長。《詩》曰"不思舊姻，求爾新特"，則舍其舊而新是謀，其義明甚。大抵詩人之作，如文、武、成、康之時，有美詩而無刺詩；幽、厲之時，有刺詩而無美詩。惟宣王之時，側批：知此方可讀《詩》。美刺兼備，蓋其始勤終怠，一人之身，所爲若二人，故美刺之詩兼備焉。讀《六月》、《崧高》、《雲漢》之詩，觀其愛民之心，惟恐其不盡；用賢之志，惟恐其不及。雖未及文、武、成、康之盛，蓋亦庶幾焉。及其此心一怠，至於王化寢微，賢者退處，王師傷敗。如《兔爰》之詩，乃兔爰之時也，而宣王《祈父》之詩類之。賢能退處，如《遵大路》之詩，乃遵大路之時也，而宣王《白駒》、《黄鳥》之詩類之。室家相棄，如《谷風》之詩，乃谷風之時也，而宣王《我行其野》之詩類之。此皆衰世之所當然，而中興之主乃爾，側批：賢君且然，況乎中主！然後知人君之用心，不可一日而自懈自棄也。

或曰：《黄鳥》，刺不任不恤也。《我行其野》，刺不姻也。王教廢，民散矣，此《鴻雁》之反。

"美刺兼備"四字，足以盡宣王之詩。

讀節南山

家父，周大夫也。按《春秋·桓公十五年》，天王使家父來求車。桓公之十五年，上距幽王之卒七十五年，不知詩所謂"家父"者，乃《春秋》所謂"家父"乎？不可得而知也。然世禄之家，同號同字則有之，同名則不可。或謂《春秋》書其字，且求車非美事，不宜有書字之褒，而況是詩曰"家父作誦"，豈有作詩刺王，而以字自命耶？或曰：幽王之時，有兩家父，又曰"父子皆字家父"，俱未敢信。歐陽公不以此詩爲家父所作，爲序者之誤。然玩此詩末句，與《崧高》、《烝民》詩一例,分明是家父吉甫所作,無疑矣。

家父世臣,身視國爲安危,誦言作詩,自顯其名,不卹師尹之怨與王之怒,忠之至也。篇中言天者六,言民者六。蓋君之所畏者天,國之所恃者民,小人雖不平其心,而未始不知天之可畏,民之當恤,家父可謂善于立言矣,尹氏其聞而知懼乎？又按《春秋·隱公二年》,尹氏卒,《公羊》以爲譏世卿,蓋此詩刺尹氏。《十月之交》,刺皇甫卿士,則尹氏、皇甫,皆幽王時人。《大雅·江漢(常武)》,稱"太師皇甫","王謂尹氏",則皇甫、尹氏,皆宣王時人,世卿之説,誠爲有據。□[尹]氏、皇甫當宣王時皆賢,而其孫佐幽王者,皆不賢,□世卿之故耶？抑係于時王之政耶？

宣王在位十六年,《大雅》所美諸臣,皆初年輔佐中興者,幽王時未必存,蓋皆其子孫也。此《春秋》所爲譏世卿云。

《左傳》載韓宣子來聘,季武子賦《節》之卒章。或謂此詩古只名《節》,如《抑》之類。然《傳》所載孔子讀詩,亦曰《節南山》。

讀　正　月

夏之四月,謂之正陽者,正陽之月也。夏之十月,謂之陽月者,嫌於無陽也。正陽之月而隕霜,陽當盛而爲陰所侵也。無陽之月而日食,陰太盛而陽不能立也。陽君道也,夫道也；陰臣道也,妻道也。幽王臣則師尹、皇父之徒,妻則褒姒,天之譴告明矣。

或謂正月繁霜,無是道也,遂以繁霜比訛言,是疑四月不應有霜也。嘗考之漢、晉二史,漢武帝元光四年,四月隕霜殺草。晉武帝咸寧九年,四月隕霜傷宿麥。則幽王之時,日食地震,百川沸騰,天地變異多矣,四月繁霜,何疑之有？夫在天有繁霜之憂,在人有訛言之害。幽王君臣皆莫之憂,而正月之大夫獨憂之,側批：此所謂獨醒也。大夫其危矣。大夫曰"吾何爲而禄仕於此乎？'瞻烏(烏)爰止,于誰之屋'",自嘆己之不如烏也。側批：悲極。嗚呼！君子處於亂世,小人見其獨憂,則以爲矯激,見其小心,則以爲過計,而妄加排斥,所謂一國之人皆狂,而反以不狂者爲狂也。側批：可嘆。

上無止訛之君，下無辨訛之臣，此大夫之所以獨憂也。

《正月》之詩，猶《節南山》也。觀《節南山》而得尹氏，觀《正月》而得褒姒，有國者不可以不慎也。

讀小旻小宛

《小旻》、《小宛》，大夫刺幽王也。《小旻》，朱子以爲刺王惑於邪謀，不能斷以從善。以詩詞考之，深得其旨，如後世所謂"國是不定，無以爲治"者。但考幽王爲君，止是委任匪人，非如漢元、唐代，優懦不斷者，如此詩所陳，恐非幽王事也。吕氏又以《小旻》、《小宛》、《小弁》、《小明》，側批：此亦正解。皆以篇在《小雅》，故加"小"字以别於《大雅》，其説近是。但謂《大雅》無《大旻》等篇，疑其亡逸，蘇氏又以爲孔子删之，此皆無據，不敢强爲之説也。

《小宛》，朱子以爲兄弟相戒，今考詩中，既曰"有懷二人"，又曰"無忝所生"，似爲兄弟之詞，通篇皆是憂亂之深，亦未見其真爲刺幽王而作。

蓋此二詩，及《巧言》、《巷伯》、《谷風》諸篇，列於《十月》、《小弁》之間，故序《詩》者并以爲幽王詩耳。周自成、康以後，歷八世而及厲王，暴虐見逐，周祚幾亡。又二世而爲幽王，安知大夫憂亂之詩，非前此諸王時作耶？孔子削《詩》，豈盡去諸王之詩，側批：此説不易。乃獨存幽王之詩至三十餘篇，而一不之削耶？

刺詩三十餘篇，不盡屬幽王，亦是正論，非欲爲幽王平反也。

古質之中却有宕處，所以爲佳。

讀小弁

《白華》之詩，處夫婦之變；《小弁》之詩，處父子之變。聖人備録於經，所以著周室禍敗之由，又以見天理民彝之不容泯也。然嘗考《白華》之詩，其八章皆比；《小弁》之詩，前六章皆興。《白華》之詩，簡而莊，不無責之之意，處夫婦之間則然也。《小弁》之辭,婉而切,猶有望之之意,處父子之間則然也。《小弁》篇内,言心之憂矣,不一而足。曰"云如之何",其憂尚緩。曰"疢如疾首",則切于身矣。曰"不遑假寐",則晝夜無有休止。曰"寧莫之知",則無所控訴,而倉卒急廹,故終之以隕涕也。孟子曰:"惟順于父母,可以解憂。"《小弁》之憂,終身不能解矣。

或曰:此詩作于信讒之後,而"無易由言",尚作戒勉之説者,何也? 曰:"周宗既滅",側批:此二仗妙極。未然作已然語,臣之于君爲危言以激之也。"君子無易由言",已然作未然語,子之于親爲微言以諷之也。雖然,子之事父,與臣之事君,理本一也。《小弁》之終曰:"我躬不閲,遑恤我後。"《離騷》之辭曰:"國無人兮莫我知,又何懷乎故都。"蓋人之情,奮於自決者,其中有不決者在也。《小弁》、《離騷》惟其不忘情於君父,側批:可謂深得《詩》、《騷》之旨。所以爲是決絶之詞耶? 不然,視其君父,猶之途人然,又何必爲此言哉?

篇首以《白華》對照,末以《離騷》對照,比擬各極其至。

讀 何 人 斯

《小弁》、《巧言》、《何人斯》、《巷伯》四詩,皆被讒而作。《小弁》曰:"君子信讒,如或醻之。"《巧言》曰:"亂之又生,君子信讒。"《巷伯》曰:"彼譖人者,亦已太甚。"獨《何人斯》終篇,不及讒譖一字,而其意則多疑畏。如曰"不入我門","不入唁我","不見其身","還而不入",或取飄風以喻其暴迅,或取鬼蜮以喻其陰賊,至欲出三物"以詛爾斯",作好歌"以極反側",可謂迫切矣。

蓋《小弁》三詩,皆顯被讒譖,故詩人亦顯斥之。《何人斯》之譖,乃出於同列之暴公,陰被中傷,初不見其形迹,久乃知之,故蘇公作詩以絶之。不斥暴公也,側批:可見蘇公君子。言其從行而已;不著其譖也,示以所疑而已。蓋僚友之道,其絶之當如此也。古之君子,其處己也忠,其遇人也恕,使其由此悔悟,更以善意從我,側批:詩人肺腑如照。固所願也。惟其不能如此,我則不爲已甚者,豈若小丈夫然,一與人絶,則醜拒固拒,惟恐其復合者哉?

噫！此蘇公絶暴公之詩也，而曰"好歌"者，何也？蓋蘇公始終不忍絶暴公，所謂"好歌"也，與"歌以訊之"，"既作爾歌"同意，此詩人所以爲忠厚歟？

《小弁》，父子之讒也；《巧言》，君臣之讒也；《何人斯》，朋友之讒也，二詩可以並讀。

蘇公于暴公，若信若疑，可解不可解。雖不説暴公，暴公之心如芒刺矣。

讀谷風《小雅》

《谷風》凡二，陰雨，婦人也；風雨，朋友也。朋友之義，富貴貧賤，患難安危，其心當如一，無異乎夫婦也。若與之同安樂，而於患難之時，則不以爲念，非也，如耳、餘之凶終是也。與之同貧賤，而於富貴之時則忘之，亦非也，如公孫述是也。公孫述與馬援，同里闬相善，以爲既至，當握手歡若生平，而述盛陳陛衛，以延援入，立舊友之位，述鸞旗警蹕，就車磬折而入，所謂忘其貧賤之交矣。若光武則不然。嚴子陵與之共卧，足加帝腹，不以爲怒，則其居富貴之時，不棄如貧賤之時矣。《伐木》之詩，光武足以當之，側批：友誼關係至此。此其所以興也；《谷風》之詩，公孫述足以當之，此其所以不終也。蓋公孫述之待其舊友，如陳勝；光武待其故交，如廬（盧）綰。陳勝與張耳，始居約時，相結信友。及據國爭權，率相滅亡。高祖之於廬（盧）綰，與同里同星（日生），綰以太尉嘗出入帝卧内，衣被飲食，群臣無敢比。率之綰亡入匈奴，非高祖之過，乃綰自取之。陳勝不能取天下，側批：篇中俱從上面説起，極是。而高祖得之；公孫述不能服天下，而光武得之，但見其朋友之間已自有優劣矣，況其他大節乎！

詩人之詞，怨而不怒，所謂交絶不出惡聲者耶？《序》以爲刺幽，理或有之。

讀 四 月

此詩或以爲行役，或以爲憂亂。以詩考之，由夏而秋，由秋而冬，則見其經歷之久；由西周而南國，由豐、鎬而江漢，則見其跋涉之遠，此行役之證也。"父母先祖，故忍棄予"，則無所歸咎之辭。"亂離瘼矣，奚其適歸"，則無所逃避之辭，此憂亂之證也。專以爲行役，側批：辨得分明。則"先祖匪人"之怨，其辭過於深；專以爲憂亂，則"滔滔江漢"之詠，其辭過於遠。則是詩也，蓋大夫行役，而憂時之亂，懼及其禍之辭也。

然則"四月維夏，六月徂暑"，周時亦用夏正乎？曰：周時雖自有正朔，而夏之正朔亦不廢也。如《周官》言"正月之吉，始和"，是周之正月也。"正歲，則贊教法如初"，此夏之二月也。如"食齋視春時，羹齋視夏時，醬齋視秋時，飲齋視冬時"，此皆夏之時也。"食齋視春時"，食宜溫也，若用周之春，則是十一月、十二月也，豈得爲溫乎？羹宜熱也，若用周之夏，則是二月、三月也，豈得爲熱乎？以至秋也、冬也亦然。然則獨舉三時而不及春者何？蓋以春日暄妍，萬物和暢，與亂世景象不同，故不及春也。然則怨先祖者何？曰：此窮極呼天，疾痛呼父母之意也。曰："匪人"者何？以先祖非人而神矣。側批：解得是。孟子曰："說詩者不以文害辭，不以辭害意。以意逆志，是爲得之。"倘不以意求之，則是先祖匪人，乃是斥先祖也，亦猶所謂"不自我先，不自我後"，若以是求之，則必以謂貽禍於父母子孫。爲人而斥其先祖，與貽其禍於父母子孫，豈人也哉！豈夫子所取之詩哉！且也"民莫不穀，我獨何害"。幽王之時，天下莫不被其害，乃云"民莫不穀"，可乎？然則七章云"盡瘁以仕，寧莫我有"，即宜遠避深藏，惟恐不早。而我則人也，其能高飛遠舉，不在人間乎？淵明詩"望害慚高鳥，潛水媿遊魚"，即此意也。側批：結語風流得好。

鄧潛谷曰："周衰，楚最先叛，擅淫名，盡漢陽諸姬。"豈《四月》所由作與！

此亦東遷以後之詩，不斥王而托言先祖，所謂溫柔敦厚之教也。

讀北山

《大東》言賦之不均，《北山》言役之不均。《大東》之詩，則有"粲粲衣服"

者,有"葛屨履霜"者。《北山》之詩,則有"息偃在牀"者,有"不已於行"者。此風刺誹譖之所以不能免也。《北山》大夫,以不得歸養父母爲怨,其情至切,其言有理,君子得毋恕之乎? 昔晉周處以強毅爲朝廷所惡,及使隸夏侯駿西征,孫秀知其將死,謂之曰:"卿有老母,可以此辭也。"處曰:"忠孝之道,安得兩全? 既辭親事君,父母安得而子乎? 今日是吾死所也。"若周處者,可謂能盡事君之節矣。

嘗以謂《北山》之大矣,不如《北門》之忠臣,更不如《汝墳》、《殷其靁》之婦人。側批:此亦是公論。《汝墳》、《殷其靁》之婦人,能勉其夫以大義,而不以王事爲怨,可謂難矣。《北門》之臣,雖不及《汝墳》、《殷其靁》之婦人,然能歸之於天,而不以爲怨,若《北山》之大夫,則已爲怨矣。側批:《北山》大夫,何辭以對? 此其所以爲變風、變雅也。《北山》之大夫,不當怨而怨,夫子不删之者,蓋所以刺幽王也。

嗟乎!《小雅》自《節南山》以下,連篇累牘,皆是刺幽王,恐幽王雖淫亂,在位只十年,三年而納褒姒,七年間刺之者,亦未必如此之多也。中間如《節南山》、《正月》、《十月之交》、《小弁》、《白華》,此五詩,似爲幽王無疑,其餘皆無可考。竊謂周自成、康以後,雖宣王之賢,尚不免於諷刺,其諸王豈皆無可刺者,側批:此論亦是,非寬幽王也。而盡以爲刺幽王耶? 抑因西周之滅,遂爲衆惡所歸耶? 未可知也。

觀《大東》、《北山》二詩,則當時之政,無一得其平矣,此其所以可刺也。

《北山》大夫,自以爲賢矣,而未聞道也。然其説,亦足爲勞逸不均之戒。

讀 鼓 鐘

《鼓鐘》之詩,諸家多以爲作樂於淮水之上,歐陽公以爲不然。説者以史無幽王東巡之事,遂欲闕其疑。竊謂古人之事,不見于史者多矣,幸而見于六經,且經聖人之删取,豈不愈于史乎!側批:可見史不及經。張横渠以爲淮水爲害,幽王不恤,作樂不止,故詩人言"憂心且傷",作詩之人傷之也。此說得之。幽王飲酒于鎬,詩人以爲不能以自樂,謂其不能與民同樂也。鼓鐘于淮,詩人爲之憂心且傷,謂其不能憂民之憂也。方民當昏墊之時,幾不聊生,而幽王乃安然作樂,兹樂也,祇其所以爲憂也。

唐太宗嘗曰:"夫聲之所感,皆因人之憂樂。將亡之政,其民困,故聞以悲。今《玉樹後庭花·伴侣》之曲尚存,爲公奏之,知必不悲。"魏徵曰:"樂在人和,不在音也。"夫《玉樹後庭花·伴侣》之曲,側批:比擬一番,其義自見。非不悲也,然作于太宗之時,則未必悲。二《雅》、二《南》,非不美也,然作于幽王之時,則不足樂。以此見樂之作也,不繫于聲音之間,惟繫人心何如耳。

幽王之樂,亦古之樂也。聲音未嘗變,而聽之者自不樂耳,故曰"樂在人和"。

堯曰"洚水警予",幽王鼓鐘于淮,相去奚啻萬里!

讀楚茨信南山甫田大田

《楚茨》、《信南山》、《甫田》、《大田》四詩,皆叙力農奉祭之事,玩其詞意,與《周頌·載芟》、《良耜》諸篇,如出一時者。吕氏曰:"詳觀其威儀之盛,物品之豐,所以交神明,逮群下,至於受福無疆者,非德盛政脩,何以致之!"可謂善觀詩者矣。乃因列於《鼓鐘》之後,《序》遂概以爲刺幽王之作,豈不謬哉!

《楚茨》之詩,先言"我黍與與,我稷翼翼。我倉既盈,我庾維憶(億)",自是乃言祭祀之事,其後則繼之以"神嗜飲食,使君壽考"。《信南山》,先言"疆場(場)翼翼,黍稷彧彧",於是言祭祀之事,其終亦言"先祖是是(皇),報以介福,萬壽無疆"。以至《甫田》、《大田》,其始皆言曾孫勸農之道甚篤,其後則言祭祀之事,其終曰"報以景福,萬壽無疆"。是數詩,辭雖不同,其意一也,是皆言福禄之報,本於祭祀,而祭祀又本於黍稷也。側批:三語可盡四詩。朱子曰:"賴農夫之慶以致之,故歸美而祝之萬壽。"夫叙豐年所獲之多,農夫亦與其慶,然此皆曾孫所致，故願神報之以福壽耳。若曰"歸美農夫"，則"介福萬壽"，豈所以祝農夫者耶？

嗟乎！周家以農事興，雖克商之後，成王、周公拳拳不敢忘，厥後此意漸懈，側批：結局古宕異常。而治亦慚不如古，故知力農奉祭，必非康王以後詩也。若曰"變小雅"作於宣、幽，夫宣王之賢，已不籍千畝，況幽王乎？作序者求其說而不得，遂以爲傷今思古焉。

四詩辭不相屬，意實相貫，皆力農奉祭之事，其爲公劉、后稷以後之詩無疑。

詩言后王務農者，皆本之后稷，而謂之曾孫，然則孝孫亦曾孫之意也。

讀桑扈

幽王時，君臣舉措無禮，故詩人陳古之有禮文者以刺之，如《大田》、《甫田》、《瞻彼洛矣》等篇，皆是陳古以刺今也。然以此詩觀之，徒見稱美古人之德，安知其爲刺詩乎？蓋《序》之言美刺不一，有詩之詞雖善，側批：讀《詩》者不可不知此義。而以音雅推之，則知其爲刺詩。有詩之詞雖不善，而以音雅推之，則知其爲美詩。古之人，所爲審聲以知音，審音以知樂，審樂以知政也。不然，季札之觀周樂也，何以能知古人之盛衰，列國之興亡哉？

夫先王之世，禮教素行，如《湛露》之詩，燕同姓之詩也，而皆恭儉中禮。如曰"莫不令德"，則無有失德者矣。如曰"莫不令儀"，則無有失儀者矣。燕同姓如此，則宴群臣可知矣。觀幽王之世，《賓之初筵》之詩，見其君臣相與燕飲，未醉之先，則抑抑而謙下；既醉之後，則怭怭而媟嫚。至於"載呼（號）載呶，亂我籩豆"，則雖有罰爵，亦不勝其罰矣。是故以《湛露》觀之，則知《桑扈》之思古；以《賓之初筵》觀之，則知《桑扈》之傷今也。

《桑扈》之飛，若諸侯之有往來也，故以爲興。"萬邦之屏"，是諸侯見成事，非頌禱之詞。

戢者收斂之意，難者畏慎之意，此詩全重在此四字。

讀賓之初筵

《序》雖不言思古,而詩前二章,言飲酒終始,皆不失禮,非治古之世不能也。後二章言飲酒卒於亂,蓋以刺時也。作詩之體固不一,而是詩備言酒之所以成禮與所以生禍者,尤爲著明,足以爲萬世之戒。武公之賢,即此可見。《韓詩》以爲武公飲酒悔過,乃傳授之妄,安有能爲此言,而有酒過耶?況王朝有雅,侯國有風,諸侯飲酒自悔,宜與《衛風·淇澳》伍。今在雅,則王朝獻納之辭矣。篇内所陳,皆君臣上下,因射因祭而飲者,豈爲己設哉?昔《康誥》封衛,周公述武王之意作《酒誥》,此詩亦以申揚祖訓,欲幽王念武王思周公也,非思古而何?然則武公非特賢諸侯已也,固武王、康叔之賢子孫也。夫子删《詩》存此,與《書》存《酒誥》正同,所以爲《雅》也。

此詩言德者一,言威儀者五。《酒誥》言德者八,言威儀者一。兩篇詳略,互相表裏。

武公此詩真有得于武王、康叔之家法,宜其列于《雅》也。

讀魚藻

凡思古之詩,終篇皆陳古事。惟《下泉》思明王賢伯,上二章刺時,卒章乃有思古之言。《賓之初筵》,不言思古,而首二章陳古,後三章刺時。《大田》止言矜寡不能自存,《桑扈》止言君臣上下,動無禮文,未嘗言思古,而二詩皆陳古事。獨《魚藻序》言思古之武王,而其詩止言萬物失其性,王將不能自樂之意,與衆篇特異。先儒泥思古武王之説,遂以是詩爲武王之事。殊不知凡言思古,皆序《詩》者發明作詩之意,其間有詩所不及者甚多,未易悉舉。竊意周之鎬京,武王始都之,是時萬物得其性,故武王居之,則爲可樂。今幽王雖居鎬京,而萬物失其性,幽王豈能獨樂哉!故於詩人言所不及,側批:痴人面前勿説夢,正是此意。以思古武王一言,發明詩人言外之旨耳。

或曰:此天子燕諸侯,而諸侯美天子之詩也。"豈樂飲酒","飲酒豈樂(樂豈)",因易韻以反覆其詞,然其意亦微有異。上章樂而飲酒,樂四方和平,諸侯賓服也。下章飲酒而樂,樂禮儀既備,人情洽和也。

思古刺時,分晰頗明,讀者舉一以例其餘可也。

《賓之初筵》之詩,言幽王之飲酒也。此詩言武王之飲酒也,王指武王可,指幽王亦可。以魚之在藻,未可爲得性也。

讀思齊

《序》言文王所以聖,謂文王聖之事,備見于一篇之内也。説者謂非但天性,德有所由來,是謂文王之所由以成其聖者,以有内助也。且既曰"天性",豈假人力!使文王無賢内助,則無以成其聖,何其待聖人之淺也!是詩五章,皆聖人事也,説者所指内助,特以首章有姜姫、太姒之言耳。二章言文王事神治人,兩得其道。三章言文王盛德之容,自强不息。四章言文王德盛無間,從容中道。五章言文王化成,人才皆知自勉。與首章各有其義,不可皆謂由于内助也。

先儒謂此篇與《中庸》、《大學》之書,相爲表裏。《中庸》發明無聲無臭之義,而造端于夫婦。《大學》發明誠意慎獨之理,而終歸於治國、平天下。此詩言文王所以聖,而與《中庸》、《大學》相合,學者能深思而熟究之,則入德不難矣。

薛文清曰:"《思齊》一詩,修身、齊家、治國、平天下之道備焉,讀之有以遠想前王之盛。"

"性與天合"四字,是毛氏要旨。

讀抑

《抑》之一詩,《序》言刺厲王,亦以自警,學者疑焉。或曰:《史記》武公以宣王三十六年,始爲諸侯。至幽王時,始入爲卿士。厲王之世,武公特衛之公子耳,必無追刺厲王之理。或曰:刺厲王誤也,當作幽王。或曰:《國語》武公九十五歲,作《懿》之篇,其中有"匪我言耄"之詞,即《抑》詩也。或曰:《抑》之名篇,以"抑抑威儀"爲主,不當爲懿。或曰:呼之則曰"小子",責之則曰"旣耄",戲之則曰"亦旣抱子",臣之刺君,不應如是。或曰:一詩不應刺人又自警。或曰:經聖人之所删,《史記》、《國語》,皆傳也,學者不當舍經而信傳。

然則奈何?曰:盍亦論武公憂君責己之意,而他未暇焉可也。觀《抑》之詩,雖皋陶之所以告君,《中庸》、《大學》之所以立論者,不過是也。旣曰"朝厲王",又曰"亦以自儆",戒君而不忘於責己,愛君而無異於愛身,不以厲王望厲王,而以堯、舜、湯、文之所以修己治人者望厲王,侧批:此真所謂責難于君也。其諄諄之詞,至今使人讀之聳然,而況于當時聞之者乎!後之學者,能於此詩"白圭可磨"之言,而盡"南容三復"之意;於"尚不愧屋漏"之言,而盡"戒慎恐懼"之義;於"神之格思",而盡"誠不可揜"之説。堯、舜、文王、孔子之所以聖,顔子、子思、孟子之所以賢,皆由是而入焉可也。嗚呼!此武公二詩,所以得入二《雅》者與?

衛武公之事,當以經爲信史,傳異同不足證也。抑即是懿,終是疑義。

細讀《抑》詩,愛君如愛身,所謂刺王亦以自警,《序》説自不可易。

讀崧高烝民二篇

《崧高》、《烝民》二詩,皆尹吉甫所作。《崧高》首章曰:"維嶽降神,生申及甫,維周之翰。"申者宣王之舅申伯,甫者宣王之相太保兼冢宰仲山甫。二人左右宣王,如鳥之有羽翰於左右,以翼其身。故吉甫作詩美二人,而於《崧高》首章總言之。自《崧高》第二章至第八章,專美申伯,凡曰"申伯"者十有七,乃結之曰"吉甫作頌,其詩孔碩。其風肆好,以贈申伯"。自《烝民》第一章至第八章,專美仲山甫,凡曰"仲山甫"者十有二,乃結之曰:"吉甫作誦,穆如清風。仲山甫永懷,以慰其心。"唐吕和叔贊房玄齡、杜如晦二人,前篇專美房,後篇專美杜。於杜篇之末曰"萬有千古,永稱房杜,如周申甫",以總結之。蓋吉甫二詩,先總言而後分結;和叔二贊,先分言而後總結。可見唐人著作,多取裁於古詩人而變化之也。

黄山谷云："老杜作文,退之作文,無一字無來處。後人讀書少,便謂韓、杜自創此調耳。"或曰:《崧高》與《黍苗》,相爲表裏,《黍苗》不過述召伯營謝之功,《崧高》則尹吉甫送申伯,雖美申伯,多述王命,此《雅》有小大之不同也。《烝民篇》,天爲保天子生山甫,區區城齊,何足以役之!"式遄其歸"一語,借贈友以寓諷王之義,猶唐詩"暫到蜀城應計日,須知明主待持衡"句耳。噫!詩人之寓意深矣。

　　古詩俱有分合結束,讀者勿潦草混過。

　　尹吉甫大賢也,兩詩俱有學識,非泛泛贈行之作。

讀魯頌

魯何以有頌也?《序》曰:"季孫行父請於周,而史克作頌。"考季孫行父,以文公六年見於經,至襄公七年卒,凡五十四年。僖公乃文公父也,是時行父尚幼,豈能任請命之事!若史克之見於經,又後行父十年,以此推之,《序》說舛矣。《呂覽》曰"魯惠公請郊禮於周而史角往",則惠公以前,未敢郊也。迨僖公末年,始卜郊,孔子曰:"魯之郊非禮也。"然則僖公豈不爲僭禮者哉!側批:好抑揚。魯人習於僭禮,遂有《閟宮》之作。夫子删《詩》,仍其舊名,以次於《周頌》之後。其實《魯頌》四篇,與衛之《淇澳》,側批:確論。秦之《小戎》同體,即魯之風也。

或曰:魯詩之頌僖公盛矣,其威德所加,雖五霸不能及也。按《春秋》僖公在位三十三年,其自主兵,不過伐邾、莒、項三小國耳。且雖滅項,反見執於齊。至所伐大國,皆齊、晉主兵,魯特輔之耳。其有所救者,皆力不能勝,而輒敗。而淮夷戎狄,荆舒徐人之事,有見於《春秋》者,皆與頌不合,焉有如詩人所頌威武之功若斯者乎?夫詩之稱述如此,《春秋》之紀載如彼,學者將安取衷乎?或曰:《春秋》變事書,常事不書。或曰:頌主於襃,《春秋》專於貶,此皆不足深辨。孔子嘗言多聞闕疑矣,又言述而不作矣。《魯頌》之所有者,側批:《詩》、《春秋》異同,聖人不能强同之也。聖人不敢去之,以没其武功之盛。《春秋》之所無者,聖人不敢增之，而改其國史之舊。蓋《詩》與《春秋》，詳略互見，褒貶自章。

然則僖公將不得爲賢諸侯矣乎？側批：好抑揚。曰：不然。當齊、晉圖霸之日，常以得魯爲重，魯之向背，乃列國之所觀瞻。僖公一會不至，則齊、晉莫能自安。故桓、文之霸，僖公成之也。僖公在周襄惠時，遵伯禽法，養四種馬，牧于坰野，尊賢禄士，修泮宫，又修姜源之廟。公之將大有爲，側批：好抑揚。而不竟其志也，説《詩》者重有惜焉。然僖公圖治之年，皆季友執政之日，魯獲再造，友之勞也。友卒而公子遂用，公遂不能如昔矣。信乎天下不可無霸，而賢者有益人國哉！

《魯頌》之夸，删後猶滋人議如此，焉可以無辨！

不得《春秋》，無以析《魯頌》，畢竟《春秋》之説爲正。

【校記】

① 按：此文題"讀坎離二卦一"，其第二篇題缺。原本下接讀《詩》文，中縫魚尾下仍標"卷七"，然頁碼另起。此篇爲《易》上經之末，下經原排讀《詩》後，標"卷八"。本書依例《易》上、下不應斷開，而中插讀《詩》之作，顯然不妥，本卷量之多亦顯與全書不稱。今仍其舊，特此説明。

匏野文集卷八

讀

祭伯來隱公元年

凡《春秋》書來，其義有三：內女書來，例也；中國書來，貶也；戎狄書來，賂也。祭伯以畿內諸侯而書來，意者以私交而貶之乎？雖然，當時諸侯朝魯，聖人盡書其朝者與其朝也，王之卿士，固不應朝諸侯矣。祭伯無天子之命而外交，當降書名，此獨書字，猶然以天子之大夫尊之也。諱之也深，則罪之也切；尊之也至，則譏之也亟。召伯之出也，_{側批：純是先秦手筆。}四國望膏雨焉；祭伯之出也，其賤與介葛盧、白狄等。周之盛衰，皆於卿士見之矣。召伯伯也，祭伯亦伯也，班爵同而榮辱異，作經者豈有憎愛於其間哉！咸其自取之耳。

或曰：魯弱國也，祭伯何所慕而自來朝？其來也，必有王事，而史或闕之。_{側批：不可無此一疑。}桓八年，祭公來逆后。莊十三年，祭叔來聘。恐祭伯之來，亦猶是乎？抑又有疑焉。《春秋》既有祭伯，又有祭公、祭叔。杜氏於祭公，則曰"諸侯爲天子三公者"。徐邈注《穀梁》，又以祭叔爲祭公來聘，則意以祭叔爲祭公大夫也。范氏既以叔爲寰內諸侯，而又以叔爲名，《公羊疏》遂以公爲爵，伯爲字，而以爲一人，兩無所據。豈非伯者本爵，公者此時入爲三公，而叔者祭之大夫乎？此又不可以不辨也。

有不可朝而不與朝，祭伯是也。有不能朝而不與朝，介葛盧是也。

祭伯之來，必有公事，而史或闕之，此論較是。

鄭伯克段于鄢隱公元年

不言段奔者，乃夫子推鄭伯之志，在于殺也。若言奔，則但有逐弟之惡，側批：與秦伯之弟鍼不同。無殺弟之罪，不足以治鄭伯也。昭公元年夏，秦伯之弟鍼出奔晉。鍼之出奔，母所遣也，鍼亦無怨心，而安然去之，其賢勝于叔段母子。而秦景亦不追，雖曰"不能容其母弟"，方之鄭莊，相去遠矣。

段不稱弟，何也？謂之克則不可言弟，側批：克者，勝也，殺也，二義兼有。謂之弟則不可言克。蓋克非可用于弟，而弟亦非可克之人，二者固不得而並也。然則段得無責乎？曰：段之不弟明矣，而所以成段之惡者，側批：定論。莊也。莊之不友甚矣，而所以致莊之忍者，姜亦與有責也。以寤生之故而惡莊，以多才之故而昵段，長段傲而聚之殃焉，故曰"姜亦與有責也"。象之惡，非瞽瞍所由成乎？瞽終底豫，象終克諧，則舜之蒸蒸自艾，有以感之也，《詩》所稱"式相好矣，無相猶矣"。假令舜如莊焉，側批：罕譬得好。象日以殺舜為事，舜亦以殺象為事，不取其好而取其猶，民彝幾何而不泯亂乎？故曰"成段之惡者，莊也"。

莊之為人也，其心忍，其詞文。易田而曰假，襲紀而曰朝。伐許而欲有之，則使許叔居東偏，公孫獲居西偏，而曰"我無利于許"，內懷譓而外為恭，無之非偽也。逐其弟而愧糊口，離其母而賦大隧，家人骨肉之間，猶設詞以欺口實，何有于四方之交乎？故曰《春秋》為正人倫而作，首誅者必在鄭莊矣。

鄭伯養成叔段之惡，以納于誅，此千古第一殘忍之人。《春秋》誅心之論，故其書法特嚴。

鄭伯既忍于其母，何有于弟？不仁哉鄭伯也！

伯姬歸于紀隱公二年　叔姬歸于紀隱公七年　紀季姜歸于京師桓公九年　紀季以酅入于齊莊公三年　紀叔姬歸于酅莊公十二年

紀之為紀，微乎微者也。齊、晉兩大國，並驅而朝紀，欲以襲之，而不虞杞人之覺也，其志憯矣。齊謀弗遂，因是啓釁，且將大加兵于紀。紀睦于魯，郲之會，紀諧齊難。冬又來朝，欲請王命，求成于齊也。魯雖告不能，中心未能忘紀，因祭公之來，為紀納女，祭公專報，遂往迎焉。于是紀侯之女季姜，儼然為周桓王后矣,齐僖即志灭纪,岂容遽吞后家乎?

先是,伯姬尝归于纪矣,越五年,叔姬又归焉,皆惠公女也。伯姬爲嫡,叔姬爲媵,侧批:惠公未爲爱女。纪亦何幸而得此于鲁耶?鲁桓冀齐之能恕纪也,爲之求平,乃盟于黄。然方盟而即有奚之战,齐于鲁且寒盟焉,何有于纪?鲁桓卒,纪益无恃,齐师遂迁纪三邑。纪侯之弟季,惧先君之无嗣也,以酅入于齐曰:"请后五庙,以存姑姊妹。"纪至是竟爲齐附庸矣。

《春秋》恶齐之灭纪也,急欲存纪,曰"伯姬"、"叔姬",侧批:《春秋》不忍灭人之国。欲以鲁女存之也;曰"纪季姜",欲以王后存之也。诸侯之女,存之不得,则望之天王之后;宗国存之不得,则望之京师;两者俱不能存,介弟慕微子之义,庶姊矢共姜之节,齐之爲齐则已甚矣,而公羊氏乃以襄公能复九世之雠爲美,岂不谬哉!

纪亡矣,所存者惟酅;伯姬卒矣,所存者惟叔姬。酅者纪季之所守,即叔姬之所归。末幅悲痛之极,令人难读。

《春秋》忠厚之至情见乎辞。

杞侯来朝 入杞桓公二年 伯姬归于杞庄公二十五年 杞伯姬来朝其子僖公五年 杞叔姬来归成公五年

杞在《春秋》,烦诸侯者有二:一曰"城缘陵",一曰"城杞"。城缘陵者,淮彝病杞,齐桓公率会鹹诸侯,城缘陵而迁之,以存杞也。城杞者,晋平公固杞出,率诸国之大夫治杞也。然则杞之后亡也,恃有齐、晋耳,而奈何鲁之不若也。

鲁隐公四年,杞武公始见经。莒人伐杞,取牟娄,杞日以弱。既而朝鲁不敬,桓公入之。郕之会,曲池之盟,屡见书焉。鲁庄公二十五年,伯姬归于杞,盖杞惠公也。逾年经书公会杞伯姬于洮,又书杞伯姬来,杞伯姬来朝,杞之亲鲁,可谓勤矣。惠公卒,成公立;成公卒,桓公立。成、桓者何?侧批:字字分明。皆伯姬子也。鲁僖公时,杞伯姬来朝其子,子即杞成公也。伯姬归杞,方十三年,其子安能勝朝？魯人責禮，公子遂率師入杞，杞伯姬來朝而謝過。未幾，又來求婦，伯姬之望僖公迫矣。

《春秋》之記杞也詳，哀杞也切。側批：《春秋》忠厚之至。伯姬者莊公女，叔姬者僖公女，即伯姬爲杞桓所求婦也。獨怪伯姬歸杞，猶書于經，叔姬歸杞，經無書焉，意者歸禮有厚薄，故其書法有詳略與？不然，何叔姬既老而出也？伯姬歸杞，四來于魯，越境馳驅，夫豈好勞？念國小而求魯援，托子聘婦，綢繆自結，充其志，即許穆夫人之志也。杞世朝魯，又兩娶魯，兄弟之國，係以甥舅，禮當有加，而反兩書伐。既使伯姬不能善其後，側批：魯不能無過。又使叔姬不能安其身，魯先無親，遂忍絕杞，然則魯之不及齊、晉也遠矣。

杞、紀音同，伯姬、叔姬之歸又同，三傳幾無分別，鮑翁細細分疏出來，具見苦心。

紀之喫虧在齊，杞之喫虧在魯，小國之見絕于大國如此，令人嘆息。

考仲子之宮初獻六羽隱公五年

考仲子之宮，所以得書于經者，其義有二。始用六佾，一也。仲子雖貴，然桓未爲君，隱公能堅讓桓之志，故尊桓母。免喪而作宮，又謀于卿大夫，以定其樂舞之數，此亦稀有之事，二也。以此二者故書，蓋子爲君而尊其母，此爲常禮，在隱公則爲賢。側批：公道。然此事猶有可疑者。若以仲子爲嫡，則正當附廟，不應別立宮。若謂母以子貴，則魯十二君，非嫡出者尚多，皆未聞爲其母別立宮者。若謂母只有仲子，蓋是嘗以夫人禮娶之，故特異之也。又《禮記》稱："夫人之不命于天子者，自魯昭公始。"如此，則惠公之娶仲子，蓋已請命于周天子，周天子許之娶，所以後來天子歸其賵也。如此，則不惟惠公失禮，側批：可與論古。連周天子亦失禮矣。然在魯之臣子，則不當論也。

其曰"初獻六羽"者何？曰：獻者不宜獻也。書"初"以見八佾用于辟公之廟，書"獻"以見六羽不當用于仲子之宮，一言而盡魯僭禮之本末，非聖人莫能脩也。蓋隱公之心若曰：先公之廟，可循舊用天子所賜之禮；仲子別宮，祇當用諸侯之禮，亦自以爲心安而禮合矣。不知厥後成風、敬嬴、定姒、齊歸，側批：隱公亦無辭以對。皆以妾母用小君之禮，則隱公爲仲子立宮而獻六羽，有以啓之也。向使隱公奮然復古，連群公之廟而亦六羽焉，側批：不可無此快論。安知周公不欣然曰，此吾令孫也，吾亦藉以無憾于萬世矣，豈不爲周衰第一賢侯也哉！

　　諸侯無二嫡，惠公以仲子爲夫人；隱公成父過，而別立宮，皆不合禮。
　　聖人既譏其立宮，猶喜其改八爲六，所謂"美惡不嫌同辭"也。
　　以隱公爲全是固非，以隱公爲全不是亦非。

宋人執鄭祭仲突歸于鄭鄭忽出奔衛桓公十一年　鄭伯突出奔蔡鄭世子忽復歸于鄭鄭伯突入于櫟桓公十五年

　　國不可以無節義之臣，側批：開門見山之語。節義之臣，國之治亂係之。鄭之治亂，實係于祭仲。鄭莊死，而世子忽立，國之常經也。宋莊不義，以突之母爲己出，誘祭仲執之，求出忽而納突。仲于此，以義拒之可也，拒而不從，死之可也，仲死則宋謀阻而鄭亂息。聖人尤仲不死，故誅其魂于千百載之後，側批：大義凜然。以爲亂臣賊子之戒。然而經之書此，先後詳略之間，其意可見矣。于忽之出也，必先書突歸，而繼書忽奔者，明突不歸，則忽可不出也。于忽之歸也，必先書突奔，而繼書忽歸者，明突不奔，則忽亦不得歸也。説《春秋》者，至此未嘗不惡突之強，而痛忽之弱也。夫突非能自強也，不過倚宋之威力以竊國耳。及其既得國也，宋責以賂而不應，忘宋之恩，比魯以讐宋，故宋亦起而伐突，其意欲以服突，側批：如見其肺肝。而仍責其賂耳。不料忽之歸也，忽歸則將不利于宋，于是宋又以伐突者，轉而伐忽，且以納突。突之智，足以結四鄰之援。既入于櫟，日以強盛。《春秋》于其入也，必謹而書之，所以明其再謀篡也。

　　諸侯再入，不至于國，惟鄭突入櫟，衛侯衎入夷儀而已。衎書復歸于衛，而突不書復歸于鄭者何？衎當有衛，側批：鐵筆。而突不當有鄭也。尤可異者，忽奔于衛，而袤之會，則衛與焉；突奔于蔡，而曹之會，則蔡亦與焉。謂衛不應伐忽以納突，側批：《春秋》光景如此，可嘆，亦可笑。則蔡亦不應伐突以救忽。況魯方與突以伐宋，亦不當會宋以伐突。春秋之世，禮制既亡，列國以勢之強弱相上下，以賂之有非(無)爲恩怨。朝爲兄弟，暮爲讎敵，甚且以不正討正者，以不義伐義者，是非倒置，可勝道哉！側批：《春秋》安得不作！

或稱鄭伯，或稱世子者何？伯立于強援可廢，世子定于初生不可易也。稱世子愈于稱伯矣。

一部《春秋》爛熟胷中，故談之娓娓，不特宋、鄭二國也。

夏單伯逆王姬秋築王姬之舘于外莊公元年

《春秋》之難通者不一，如單伯逆王姬，經文與二傳俱不同，一以單伯爲周大夫，一以單伯爲魯大夫。其逆王姬也，一以爲送王姬，一以爲迎王姬。但左氏見國史，則魯實無單伯，乃是周大夫耳。然書單伯逆王姬在前，書築王姬之舘在後，却又似是單伯逆王姬爲是，逆而後築舘焉，于事亦爲順。

然此姑不論，論其大者。魯桓公見弑于齊，仇讎未復，天王遽使魯主王姬之婚，莊公當辭，期于得請而後已。是時非無同姓之諸侯，蓋莊公未之辭爾。辭之不力，與不辭同。徒知主婚之非，而築舘于外，以塞議者之口，孰若辭而不築之爲愈也。側批：一言而魯之君臣自服。莊公是時知畏齊之強，方欲結齊好以爲安，故自主王姬之後，今年會伐衛，明年同狩，又明年復會伐衛，毫無讎齊之意，則非畏王命而不敢辭，實乃畏齊強而不肯辭也。側批：誅心之論。明年秋七月齊王姬卒，莊公爲之服姊妹之服，尊周乎？媚齊乎？夫服稱情而爲之節者也，莊公于齊王姬厚矣，如不共戴天之念何！此所謂不能三年之喪，而緦小功之察者也。側批：恰湊。故《春秋》于此事，特書屢書，詞繁而不殺云。

《公羊》以築于外爲非禮，《左》、《穀》以築于外爲合禮，皆未就其大者言之。讎者無時可與通，況三年之内乎！

恒星不見星隕如雨莊公七年

《左氏》曰："恒星不見，夜明也。星隕如雨，與雨偕也。"臨川吳氏曰："恒星謂有名之經星，星謂無名之衆星。夜無日光，則暗而星見。晝有日光，則明而星不見。恒星不見者，夜明如晝故也。側批：此變之大者。大星之常見者不見，則小星之無名者亦無矣。"

"星隕如雨"者何？經書"星隕"、"隕石"、"隕霜"，於"隕"字有先後之異者，蓋星在天有象，先見星而後見其隕，若石與霜，則皆隕而後見者也。《左氏》以星與雨偕，非也。《穀梁》以"如"猶"而"，言星隕且雨，亦非也。《春秋》記星隕爲異耳，夜中而雨，何足異乎？又曰："著於上，見於下，謂之雨。"以言雨蟲，可也；以言雨雪，則何著於上之有？又曰："著於下，不見於上，謂之隕。"以言隕石，可也；以言星隕，則何不見於上之有？愚嘗按明嘉靖十二年十月七日，夜半衆星隕落，真如雨點，至曉不絶。始知《春秋》所書夜中星隕而雨，當作如似之義，而《左氏》所云"星與雨偕"，真揣度之言，不曾親見，而不敢云星之落真如雨也。然則學者未見其實跡，而以意度解書者，可以省矣。愚謂所隕者，側批：此論較是。星之光氣，星之體實未隕也。

采摭《三傳》，而斷以己意，文之班剥奇變，亦不讓《三傳》。

虞師晉師滅夏陽僖公二年

說《春秋》者曰："滅虢不書。"虢公天子三卿，夏陽其采地也。滅夏陽不言取，天子之地，非諸侯所得取，故變伐取書滅，使若國然也。滅虞不書，執虞公不言以歸，惡晉滅寰内諸侯，以偪天子，爲王室諱也。

或曰：滅夏陽者，晉主謀也，而以虞首惡，何哉？《春秋》誅惡，側批：可與讀《春秋》。皆罪其與之爲惡者，故以虞首晉，猶之以齊首石曼姑，以宋首州吁，以子家首子公，皆聖人之律令也。或又曰：夏陽之滅，晉據而有之，虢公奔京師，未嘗見執。經書其重而云"滅"，重在地也。晉雖滅虞，猶歸其職貢于王，虞公雖執，其國尚存。經書其重而云"執"，重在人也。然虞、虢自此不見于《春秋》矣，側批：可傷。其爲人國俱亡，無疑也。

獨怪虢公奔京師，周不能爲之聲討。晉獻滅虞，云修虞祀，歸職貢，亦名焉而已。齊桓方會首止，而天子三公執滅不聞，側批：齊桓無辭以對。則何以爲諸侯長也？

嗚呼！虢有一舟之僑，知虢不久，棄而適晉。虞有一宮之奇，強諫不聽，復以族行。而晉則士蒍、荀息、趙夙、畢萬，多輔而善謀，然則國之廢興，豈不以人哉！

聖人書鄭伯入于櫟，而不書入鄭；書虞、晉滅夏陽，而不書滅虢，觀物有要矣。

純是《左》、《國》體裁。

禘于太廟用致夫人僖公八年

先儒謂魯禘非禮，成王不當賜，伯禽不當受，固已。據《禮記》，夏、商諸侯，皆有禘祭。是時祭之名，周始廢諸侯禘祭，而獨魯周公得行此禮者，是以殷諸侯之盛祭與之，所以示不臣周公。側批：用殷禮以殊異周公，此論甚妙。用殷禮則於周不爲僭，此是成王斟酌禮意，所以殊異周公。然雖用殷禮，亦是五歲一脩，非常歲之祀。其後周室既衰，始僭用於群公之廟，所以孔子稱魯之郊禘，非禮也。

然則何以知魯周公廟禘祭之爲殷禮乎？曰：周公之牲，是白牡，故《魯頌》曰"白牡騂剛"。白牡是殷牲，側批：分別明白。周公用之；騂剛是周牲，伯禽用之。因此又知魯太廟祀周公，伯禽以下皆與，此即殷時諸侯禘祭之制。然雖是殷禘禮，而三歲一脩。或云魯三歲一祫，五歲一禘，但魯公以下，雖皆與祭，而禮秩視周公，則皆降，其後諸公，始皆僭用周天子之禮矣。

然則何以用致夫人也？《左傳》曰"禘而致哀姜焉，非禮也。凡夫人不薨於寢，不殯於廟，不赴於同，不祔於姑，則弗致也"。《公羊傳》曰："譏以妾爲妻。"《穀梁傳》曰："立妾之辭。"三傳所説不同，當以《左傳》爲是，二傳揣度，不足據也。按《左氏》哀姜私於共仲，共仲因此欲自立。及共仲弑閔公，故哀姜孫於邾，齊人殺之，而以其尸歸，故僖公立，而請其尸於齊以葬。此皆事之情實，見於經傳者，具有血脉。但夫人雖得以禮葬，然於禮典，不應入廟與享。及八年禘祭，遂以夫人與享於廟，因致之於莊宮，《左氏》譏其非禮者，爲其不當致而致，違周公之禮也。夫夫人之薨，未有不在寢者。不在寢，非奸則亂，故絕之，使不得配先君與祭享，此聖人所以正宗謹禮，側批：自是不易之解。垂訓於後。而僖公以區區之仁，違禮犯義，厚則厚矣，其如先君之禮法何？此黃楚望之言也，本末甚完，不可更從他説。

　　　禘已非禮，致哀姜尤非禮。所謂失禮之中，又失禮也。

　　　此題三傳多異同，當以《左氏》爲正。黃楚望本《左傳》，此文本楚望。

匏翁曰："吾無以易之矣。"

晉人執衛侯歸之于京師衛元咺自晉復歸于衛僖公二十八年
衛殺其大夫元咺及公子瑕衛侯鄭歸于衛僖公三十年

今夫衛之禍，側批：一語道破。晉文公爲之也。文公逐衛侯而立叔武，叔武迫于晉命，而攝衛政。踐土之會，上治之天子，下治之諸侯，以求反衛侯。衛侯得反，疑叔武之篡，元咺争之，曰："叔武無罪。"頺犬終殺叔武。

叔武之殺，由《左氏》言之，側批：三傳已不同矣。則衛侯爲不知；由《公羊》言之，則衛侯爲有意。誤耶，故耶，儒者莫能定也。元咺懼而奔晉以訴，夫君何可訴哉！側批：一句定元咺之罪。叔武之賢，衛侯不宜殺而殺之，元咺諫之可也；諫之不能，死之可也。死衛之難，其猶不失爲晉荀息，況叔武之賢，非奚齊可比乎！衛侯之殺叔武，固非所當殺，而元咺之訟君，豈所當訟哉！向使晉侯執元咺，而責衛侯，則兩得其罪。今反執衛侯，縱元咺于衛，則是長其臣而陵其君也。晉文之執衛侯，側批：晉文何辭以對？則爲失入，其歸元咺，則爲失出。失入則不得爲伯討，失出則不免于釀禍。故于晉書人，惡之也。

尤可異者，晉文執衛侯，歸之京師，既假天王以執之，及其釋也，又假天王以釋之，晉則自便矣，天王何負而得失刑謗哉！況乎公子瑕之立，元咺立之也；公子瑕之死，亦元咺死之也。公子瑕何罪，側批：千古同恨。而與元咺同死哉！君子傷衛之禍，惡晉之譎，曰："文公一舉，而使衛之兄弟不保，上下相賊。衛之亂，皆晉爲之也。"説者又謂："衛侯一身，有道無道，爲時不同。"抑考其世，惟晉文之伐，元咺之訟，紛紛者三年，其餘三十二年，則皆稱治焉。無道之日短，有道之日長。衛侯固叔季一令諸侯哉，側批：亦是公道。未可盡非也。

衛侯初歸則殺叔武，再歸則殺公子瑕，衛侯固殘忍之人也。《春秋》于其出不書名，于其入書名，以示深貶之意。

衛之禍，晉寔爲之。只此一句，便成鐵案。

伯姬歸于宋三國來媵成公八年至十年

禮不可略，亦不可過，惟其稱而已矣。宋公之請伯姬，魯侯之嫁其女，前後詞皆美，而亦有譏焉者。如納幣致女之必以卿行，則非禮也。然則宋公親逆乎？曰：諸侯逆女而不書者，君自逆也。自逆則常事，不書矣。王姬歸于齊，齊侯實來，而不見于經，此其明驗也。然則三國來媵，誇乎？亦譏乎？曰：古者天子一娶十二女，諸侯一娶九女，同姓媵之，異姓則否。今三國來媵于宋，其合于九女之數，與溢于九女之數，側批：在韓、柳之間。皆不可考。若溢于九女之數，則是與天子同也，宋必不敢。況三國來媵，晉、衛已先，而齊獨後，齊大國也，而又異姓，乃甘以其女媵于宋，且居後乎？雖曰慕共姬之賢，而共姬之嫁，則已久矣，此不可解也。側批：通篇故爲若解若不解之局，筆法自奇。且夫共姬之賢，豈不以其嫠居三十有四年，火延其宮，必待傅姆而後避，固守婦節，以及于死，而後知其賢也哉？當其在閨閣之中，無可表見，三國諸侯何由知其賢，而愛之敬之如此乎？此又不可解也。

説《春秋》者既賢共姬，且追而賢共公焉。意婦人之賢者，亦能勉其夫，以同至于賢與？是故天下之爲夫者，側批：語堪解頤。莫不幸于魯桓，莫幸于宋共也。

既誇其賢，又譏其踰制，褒貶抑揚之間，具有深意。

公孫于齊　公如晉昭公十五年至三十二年

昭公與臧、郈諸臣，共伐季氏不克，而出奔。《春秋》記魯事宜詳，今但言公孫，何與？此仲尼削之也。公信群小之言，不度德量力，怒螳螂之臂，以當車轍，自陷於難，仲尼諱之，故但以孫爲文，與文姜同辭，所謂微詞以著其實也。亡何，而公居鄆矣,齊侯取鄆,令公自居之。使公善撫鄆,則鄆之民,安知非太康一旅哉!乃今日役其民以圍城,明日役其民以會鄆陵;今日役其民以如齊,明日役其民以如乾侯,彈丸之邑,何以堪命!鄆之潰也,側批:公亦不能無過。直公自潰耳。鄆潰,而公不得不如晉矣。《春秋》書公兩朝晉而一見止,五如晉而四不得入,晉之於公,亦甚矣哉!夫以周公之裔,千乘之君,執幣帛以修兩國之好,且見拒焉,況失勢而奔,其肯納乎!夫如齊,冀齊之援己也,然僅得野井高張之唁而已。側批:情景堪憐。如晉,冀晉之援己也,然僅得荀躒(躒)之唁而已。《詩》曰"歸唁衛侯",婦人之事也。齊、晉大國,不能討意如,以申大義於天下,而其惰僅止於唁,此所謂婦人之仁也。名爲唁公,其實誚公耳。側批:令人痛恨。況乎意如逐公,其始未嘗不懼齊、晉之見討也。迨乎梁丘據受意如之賂,而荀躒又與意如爲適歷之會,則意如益無忌矣,公尚得還乎?公居於鄆,尚有魯也。公在乾侯,則無魯矣。公雖無魯,魯不可以無公。側批:《春秋》歲首必書"公在"。曰居曰在,不一書,存公也,此聖人之忠厚也。

雖然,公之不得還,天也。以人事言之,五乘請亡,公決宜許,許之則公在内,季在外,此上流之勢也。側批:昭公庸懦,安能曉此!否則反客爲主,兵之勝筭已爲人操,雖十子家,亦只籌第二着矣,況一人而不用乎!此公所以可惜也。

昭公不能自强而去國,齊、晉不能聲罪而正魯,此千古恨事。

齊、晉之唁,季氏之賂,章也。不然,舍意如而弗問,何與?

宋衛陳鄭災昭公十八年

外異不書,此何以書?爲天下紀異也。曷爲天下紀異?四國同日而災,此天下之大異也。四國維何?宋、衛、陳、鄭,同時附楚而火興,天之示罰也。何以附楚而火興?楚爲祝融之後,火之虐人者,火之欲也,能使人近之而自焚也。或曰:周以火德王,故其衰而諸侯皆火,火不安其位,而流炎布虐,此數之不可逃者也。申繻求其徵,梓慎詳其應,古人象緯之精如此。

然裨竈之言,前應而後不應,子產概不信者,非子產之倖免,正天道之不測耳。且既云宋、衛、陳、鄭皆火矣,鄭獨可免乎?衛爲顓頊之墟,星爲大水,水爲火牡,火猶及之,況鄭爲祝融之墟,實爲火房,又主火者乎!禳主而遷客,側批:妙論解頤。不能也。宋、衛、陳、鄭災,而鄭獨以德消變者,以子產臨事而懼也。陳獨先亡者,以遇災而又不脩救也。許無火災,而以不吊亡,是許之無災,甚於鄭之有災也。國貴有令政耳,奚必天災之禍人國哉!不獨此也。鄭大水,龍闘洧淵,國人謀禜,子產亦不許,鎮物定紛,是何等識力。然則子產非特能弭火也,側批:子產真能回天者。兼能弭水。

　　吉凶禍福,固有可移之理,古人所以必先人事,而後言命也。鄭之災而不患,宜哉!

有鸜鵒來巢昭公二十四年

　　按鸜鵒,南方之鳥,故曰"不踰濟",言濟北所無也。魯始有之,故《左傳》以爲書所無是也,《公》、《穀》皆以鸜鵒爲穴處。夫禽鳥而穴處者,惟海燕與鳥鼠同穴。然皆南方所産,胡《傳》遂謂穴處而來巢,乃陰居陽位,季氏出昭公之象。《左氏》亦云,童謠已在文、成之世,今始見耳。蓋文、成時,季氏專恣,已君臣不相下,至昭不忍一時之憤,而欲逐之,君無三穴之固,臣有憑巢之謀,鳥爲之應矣。漢景帝時,白鸜鳥與黑鸜鳥闘,而有七國之變。昭帝時,烏與鵲闘,而有燕王之變。天人之應也。然漢時,臣謀君而臣不勝,昭公君謀臣而君不勝者,以大權久落也。

　　或曰:《召南》之詩,不曰"惟鵲有巢,惟鳩居之"乎,説者以鳩爲鸜鵒。蓋鸜鵒多借鵲巢而居,作是詩者,乃汝墳、江漢間所見如此。若以鳩爲剡子所言之五鳩,則安有居鵲之巢者!此不可不辨也。

　　或又曰:周之盛衰,側批:此論尤奇。禽鳥先示以象。詩之《關雎》,《春秋》之鸜鵒,二鳥皆能鳴者,聖人謹而書之於經,有國者其可忽諸!

　　禽鳥之類,得氣之先者。鸜鵒不踰濟而至魯,乃氣自南而北之驗,不特應在昭公出奔而已也。

叔孫州仇帥師墮郈季孫斯仲孫何忌帥師墮費
公圍成公至自圍成定公十二年

謂孔子言于定公，而使季氏宰仲由墮三都，此《史記》、《家語》之言也。謂孔子行乎季孫，三月不違，于是墮郈、墮費，此公羊氏之言也。謂仲由爲季氏宰，將墮三都，叔孫自墮郈，季氏將墮費，費人襲魯，仲尼命伐之，遂墮費，此左氏之言也。諸家之言不同如此。

或又謂："三家以三都爲窟，今家臣各據以叛，苟非墮之，禍何由息！故墮三都者，三家之意也，于聖人無與。"然昭十三年，南蒯以費叛，前此十年，侯犯以費叛，曷不以此時墮之，側批：辨得倒。而必待聖人之用于魯，而後墮之耶？況孔子方柄用之日，三家雖各自墮其私邑，亦無不請于孔子，而自往之理。既請矣，孔子亦無阻其墮之理，則夫郈、費之墮，孔子特因其機而利導之，亦必有不怒而威者，見于行事之表。謂三家非假孔子之力以去之，不可也。是故以墮三都出孔子之命，固不可；以墮三都非孔子之意，亦不可。孔子目擊家臣之叛，或自有潛消默奪之妙用，而不以煩吾君相也。彼三家者，急于一墮，故有克有不克耳。而談者猶以此爲孔子之過化，則謬矣。且夫叔孫武叔，毀聖人者也；孟懿子，學于聖人者也。孔子用于魯，而叔孫首墮郈，孟氏終不墮成，則是聖人之道，乃不行于平日受教之孟氏，側批：可以解頤。而反行于平日不受教之叔孫，有是理乎？

或曰：成不必墮，定公輕于一出，故《春秋》危辭以警之。夫如《公》、《穀》說，則圍成不出于孔子；如朱子說，則孔子未必不知之也。不知圍而不克，無損聖人之大；圍而不再伐，安知非舜、禹班師之意！側批：真得聖人心事。故凡說《春秋》者，以墮郈、費爲孔子功，與以圍成不克爲孔子諱者，皆不知聖人之大。欲以尊孔子，側批：如此方是真知聖人。而反以辱孔子，使後世疑聖人爲謀而無成，爲無權變者，皆左氏數子之罪也。

孔子在魯，無聽倍臣據邑以叛之理，自有潛消□奪妙用在。後三家急于墮，故有克有不克耳。此論甚正，足破諸之疑疑。

通篇辨論叠出不窮，足以豁人心目。

於越入吴定公五年 於越入吴哀公十三年

說《春秋》者曰："闔廬争入郢之利，而於越入吴；夫差取盟晉之功，而於越又入吴。吴之意有所逐，而憂有所忘。"是矣。余謂闔廬時，越雖入吴，能病吴，而不至大害吴。吴入郢，則吴强，不得顧越而不入郢也。郢之功大，越之害小耳。側批：兩仗較量，極是。夫差時，越復入吴，屢曰："吴而遂欲亡吴。"吴盟晉，又不增强，不得盟晉而不患越也。晉之利迂，越之害速耳。

或曰：夫差痛父讎而入越，又惑宰嚭而赦越。在位二十餘年，伐陳伐魯，伐齊救陳，國數興師，未嘗一矢臨越，豈惟不讎，反親暱之。孔子書越入吴者再，而吴入越，不見于經，非特爲其不告，亦深痛其身得之，身亡之，與不入同也。或曰：吴赦越，未爲大失，但"而忘越王之殺而父乎"一語，覺此時無歸著耳。且其意不出于哀矜，側批：吴之肺腑已見。而出于驕盈，其致敗在此，不在乎赦越也。若赦越之後，脩備治國，桓、文之業也，越其如吴何！楚子西曰："闔廬恤民，故敗我。夫差勞民，將自敗。"彼時識者已知有泓上之師矣，豈在越之赦不赦哉！雖然，以餘祭中衰之日，反脩宗國聘問之禮，季札之賢，忽來于魯，吴亦未可少也。

越有殺闔廬之罪，吴有赦勾踐之德。天之相報，固如此乎？

公會齊侯于夾谷公至自夾谷齊人來歸鄆讙龜陰田定公十年

按夾谷之會，齊人自知偪魯之過，歸魯侵疆，胡《傳》謂"書來歸，見齊人之以誠輸地也"，是矣。然謂"孔子自叙其績，以天自處"，則恐不然矣。《春秋》紀事而已，曷嘗知有績之可嘉乎？葉石林曰："夾谷之事，匹夫之勇，孔子豈爲之！"夫孔子特以大義責齊，而齊即心服，正見聖人之德，足以服人之心，豈若曹沫之劫盟者乎！當時若非孔子，則魯侯將爲蔡獻舞、楚懷王矣。苟不以大義責之，不知更有何術以退齊人也。

至于歸四邑之田,説者必謂夫子嘗爲大夫于魯,側批:淺之乎觀聖人矣。必有其功。夫子雖暫爲大夫,遭定公之屠懦,三家之專肆。未幾,齊饋女樂,即致政而去,歸田之事,于聖人何與? 不知此自當時諸侯,喜怒無常,與之隙,則横見侵奪;與之好,則侵地攸歸。比年魯與齊有隙,齊國夏伐我者再,公亦兩加兵于齊。逮是年及齊平,齊人以魯服己,故鄆、讙、龜陰之侵地,復歸于我。亦如宣公之時,齊人嘗取我濟西田。及宣公事齊,經則書齊人歸我濟西田,哀公之時,齊嘗取我讙及鄆。逮魯睦于齊,經則書齊人歸讙及闡。若以此歸田之功自夫子,側批:辨得倒。則濟西之歸,讙、闡之歸,誰之力乎? 故歸田之事,即齊人果爲孔子而歸,亦不足爲大聖人誇也。側批:此三句可以息紛。

　　犁彌之奸,萊彝之劫,非大聖人之容貌辭氣,不足以格其强暴。甚矣,爲國不以禮不可也。

　　世人眼孔小,輒以歸田爲孔子功,此真井底蛙也,賴此文一洗之。

讀咸艮二卦

　　《易》六十四卦不言心,惟《坎》言心;《彖》不言心,惟《復》與《咸》言心。三百八十四爻,言心不少,惟《艮》之言心,乃因身而及心。心無動静者也。其静也者,以言其體也;其動也者,以言其用也。静其體也,而復求静根焉,是撓其體也。動其用也,而懼其易動焉,是廢其用也。故求静之心,即動也;惡動之心,非静也。是之謂動亦動,静亦動也。側批:四語精極。君子之學,無間於動静。其静也,常覺而未嘗無也,故常應。其動也,常定而未嘗有也,故常寂。常應常寂,動静無間,所謂"動亦定,静亦定"也。

　　《咸》主於感,六爻每戒其妄動。《艮》主於止,六爻每戒其過静。咸一身,拇腓股脢,皆不能咸,則能咸者何物? 艮一身,趾限輔,皆非所止,則所止者何在?《咸》、《艮》君子,其有以處此矣。故一則曰"以虚受人",一則曰"思不出位"。思之與虚,是一是二。虚則非有,思則非無,有無之間,神明之位,昭然心目,在人善自體會耳。且夫《咸》之四,與《艮》之四,皆適當心位,《咸》四不言心,而言思者,責其廢心而任思也。以思窮物,適以物窮思,其去無思之體遠矣。《艮》四不言心而言身者,艮爲聖學,身可艮,心不可艮也。艮其身,則內不見己,外不見人,此吾儒之止也。艮其心,則枯槁寂滅,非吾儒之止,而二氏之止也。

然則《艮》之思不出位,與《咸》之何思何慮,有異乎？曰：無異也。繫言可思何慮,是言所思所慮,只是一個天理。更無別思別慮耳,非謂無思無慮也。心之本體,即是天理,天理原自寂然不動,原自感而遂通。學者用功,雖千思萬慮,只是要復他本來體用而已。但在聖人分上,便是自然的；在學者分上,便是勉然的。伊川却是把作效驗看了,所以有"發得太早"之說。既而云"却好用功",則已自覺其前言之有未盡矣。先儒謂："看一部《楞嚴經》,不如看一《艮》卦。"余謂："徒看《艮》卦,亦不可。當與《咸》卦參看,方無弊耳。"側批：妙極。

《咸》《艮》爲千古聖學,沈文恭此題文可稱絕唱。匏翁其無媿前修乎！

"《咸》戒妄動,《艮》戒過靜",二語已稱中肯。末云"徒看《艮》卦,亦不可。當參看《咸》卦,方無弊",此句先儒未發。

讀咸卦一

乾坤,一大男女也；側批：開門見山之句。男女,一小天地也。天地定位於上下,不能不假山澤以通氣,聖人乃以艮上兌下之卦,名之爲《咸》。咸者感也,物之相感,莫如男女之少者。故《下經》以二少首篇,側批：恰極。猶之《上經》以二老首篇也。雖然,文王於二體,重在三上兩畫,以男女之正,取婚姻之義。周公於六爻,又自以人身取象,與艮相類,雖解咸感,而實以艮止爲義。兩聖人之《易》,其不同如此。是故初言"咸其拇",二言"咸其腓",三言"咸其股",五言"咸其脢",上言"咸其輔頰舌",而九四一爻,由一身觀之,則心是也。獨不言心者,側批：伐毛洗髓。不有其心也。并不言咸者,不有其感也。蓋有心以感物,則其感必狹；惟無心而待物之感,故能無所不應焉。夫心猶鏡也,居其所而物自以形來，則所鑒者廣矣。若執鏡隨物以應其形，其照幾何哉？先儒云："人言無心，只可言無私心，不可言無心。""憧憧往來，朋從爾思"，是私心不可有也。"精義入神，利用安身"，是心不可無也。雖然，諸爻象拇象腓，象股象心，皆戒其感於物而動。五象脢，不動矣，而又不能感物。諸爻動而無靜，側批：《通書》奧義。五靜而無動，皆非心之正也。周子所爲（謂）物，則不通也。

嗟乎！聖人於《咸》六爻，皆無全吉之詞。初與上，亦不明言凶咎。惟九三一爻，獨以爲往吝者，何也？世之君子，側批：一收迫真歐、曾。位居人上，所守不正，感不以道，而反狥夫贊御臣僕在下者之私情，至於多行可媿者，皆執其隨者之所爲也。噫！此聖人之所羞也。

聖人言感不言應，以感于此，即應于彼，彼此一機。此卦艮爲感主，而兌已是應體，知道者默而觀之可也。

乾言性與情，而不言心；咸言情與心，而不言性。可見咸則性，而感則情也。

讀咸卦二

咸者感也，所以感者心也，無心者不能感，側批：情切。故咸加心而爲感。有心於感者，亦不能咸感，故感去心而爲咸。咸者皆也，非兩不成咸也。《傳》言"天地萬物之情可見"者三，《咸》也，《恒》也，《萃》也。言"天地之情"者一，《大壯》也。於乾坤見天地之體，於復見天地之心，於咸、恒見天地之情。程子曰："仁者以天地萬物爲一體。"咸即仁也，側批：至言。仁者人也，故爻象取諸人身焉。今夫道之可名言者，皆非其至。咸之可分別者，皆其粗也。是故在卦者，咸之全；側批：卦爻分別在此二句。在爻者，咸之一節也。人之一身，自拇而上至於口，當其處者有其德，側批：妙。妙。德有優劣，而吉凶生焉。合而用之，則拇履腓行，心慮口言，六職並舉，而我不知，此其爲卦也。離而觀之，則拇能履而不能捉，口能言而不能聽，此其爲爻也。方其爲卦也，側批：析理如繭絲牛毛。見其咸，而不見其所以咸，猶其爲人也，見其人，而不見其體也。六體各見，非全人也。

見其所以咸,非全德也。是故六爻未有不相應者,而皆病焉,不凶則吝,其善者免於悔而已。

吾蓋於咸而悟動靜寂感之理矣。君子之學,無間於動靜,無分於寂感。有事而感通,側批:如讀《太極圖說解》。固可以言動矣,然而寂然者,未始增也。無事而寂然,固可以言靜矣,然而感通者,未始減也。動而無動,靜而無靜,周子所爲(謂)"神妙萬物"也。六經不言虛無,惟孔子之《易》言虛無不一而足。孔子之所謂"虛無",非二氏之所謂"虛無"也。二氏何曾不言實,畢竟事事歸虛;儒者何嘗不言虛,畢竟事事歸實。橫渠曰:"虛者仁之原。"何等識見,彼二氏者烏知虛無之義乎。側批:二氏不知虛無爲何義。

咸心學也,先正謂《咸》六爻,古今之學術具焉。周、程二子,生平得力,全在《咸》卦。

卦言其全,爻言其偏,此本蘇子之言。末幅洞見儒、釋源委,尤爲精確。

讀恒卦一

恒受咸,何也?曰:咸者皆也,無心之感,人皆有之,即恒心也。事變交引,皆有者不能恒有。故雷風反山澤,恒失其咸也。側批:《感》、《恒》反復之卦,參看方得。變如雷風,心如山澤,則咸可恒矣。萬古此天,即萬古此雷風。觀恒者自萬古觀,不自一日觀,故象曰:"君子以立不易方。"苟立不易方,而不能如雷風,所謂"恒"者,亦固執而不變者耳,豈可久之道乎?

今夫恒之理難言矣。初居巽下,以深入爲恒;上居震極,以震動爲恒。在始而求深,在上而好動,皆凶也。孔子教人,說下學處極多,側批:妙義出人意表。說上達處極少,謂夫求之不可以深也。況始求深乎?若九二剛而居中,則無此患矣。居中,故無深。剛而無求,故悔亡。然《咸》之九四曰:"貞吉,悔亡。"九居四,非貞也;必貞,然後悔亡。《恒》九二亦非貞也,但曰"悔亡",而不勉以貞,何也?《咸》九四不正又不中,《恒》九二不正而得中,是爲久於中者也,所謂"中重於正"者此也。側批:四字甚奧。至於三,不憂其不正,但憂其不恒。不恒之患,周公著之，南人闡之，孔子占之，蓋不恒若斯之可畏也。古者農、軒、重、黎之徒，側批：理致紛披。妙，妙。以巫醫之一藝，而通之乎聖賢精微之學。今之學者，日從事於聖賢精微之學，而反巫醫之不如，不亦可羞乎！且夫《師》之六五，曰"田有禽"，五柔中而所應者剛，剛實，故曰"有禽"。《恒》之九四，以剛居不中，而所應者柔，柔虛，故曰"無禽"。若此者，中不中之辨也。六五中矣，然剛而中，可恒也；柔而中，不可恒也。五君位，不以君道言，而曰"婦人吉，夫子凶"，何也？曰：此爲占者言也。側批：此說不易。六五有"恒其德貞"之象，占者若婦人則吉，夫子則凶，豈可以戒占者之詞，爲勉六五之詞乎？是以伯夷之清，孟子謂之隘；伯姬守禮而不去，孔子能其恭，言徒貞之不可也。然則上六"振恒"，何以凶也？恒以一德，恒無振也。《詩》曰："民之質矣，日用飲食。"天下本無事，庸人擾之，是之謂矣。

甚矣！恒之難言也。恒不可，不恒不可；不貞不可，徒貞亦不可；振不可，復亦不可。然則如何？亦曰"恒久而不已"焉耳。

恒有二義：有不易之恒，有不已之恒。利貞，不易之恒也；利往，不已之恒也。

咸以無感爲感，則其感速；恒以無常爲常，則其常久。得其所爲咸感，而恒久在其中矣。

讀恒卦二

《上經》多言天、地、水、火，故首《乾》、《坤》；《下經》多言風、雷、山、澤，故首《咸》、《恒》。水火即天地之中，風雷即天地之氣。側批：俱是奧妙之理。《坤》即《乾》之闔，《恒》即《咸》之久。《咸》主於感，天地人物之始；《恒》主於久，天地人物之終。故《彖傳》曰："終則有始也。"先儒謂："《咸》、《恒》，體用也。體用合一。"又謂："《咸》、《恒》反覆，而其道同也。"故爻象亦相因。初自《咸》上來，爲巧令，所以爲"浚恒"。二自《咸》五來，無悔，故"悔亡"。《傳》曰："能久中，言往來皆中也。"側批：妙。三自《咸》四來，"憧憧往來"，所以承羞。四自《咸》

三來，咸主艮而止爲股，恒主震而動爲禽，故《傳》曰："非其位也。"側批：妙。五自《咸》二來，在《咸》不能爲感，故在《恒》亦不能爲通。得其所爲咸感，而恒久在其中也。苟以爲所感自有所感之情，側批：《咸》、《恒》二卦析看不得。所恒自有所恒之情，則不惟不知恒，並不知感矣。

且夫天下之物，未有窮而不變者，故恒非能執一而不通，能及其未窮而變耳。側批：大見識，大作用。窮而後變，則有變之形；及其未窮而變，則無變之名，此其所以爲恒也。是故不能體常者，不可與盡變；不能盡變者，不可以體常。天地所以能常久者，以其能盡變也。《傳》曰："易窮則變，變則通，通則久。"久而無弊者，其變之謂乎？知柔上剛下者爲變，則知剛上柔下者爲常矣。知震雷暴風者爲變，則知雷風相與爲常矣。他日夫子序卦至《恒》，曰："恒者久也，物不可以久居其所。"然則恒固有所可居乎？蓋恒本美稱，而亦有不可用者焉。盛名之下，勿久居得意之處，勿再往也。側批：醒世名言。語其大，雖堯、舜之道，亦有不可以久居其所者。二典、三謨，萬世之規矩準繩也，事事宜學，而獨一禪受大事不可學，遂爲萬古絕德，即禹不敢再，而況後世乎？後世之禪受者，毋論其假，即不假如嚳，而猶爲罪人，宜禹之不復爲堯、舜，忘塗山之泣，側批：千古聖賢，此心此理同也。而私九鼎之傳，不慮夫尹之議其後也。抑尹也讀揖讓之書，而造牧宮之事，又不慮夫太公之躡其後，皆是也，皆不可以久居其所也。

朱子云："能常而後能變，能常而不已，所以能變。及其變也，常亦只在變中。"此說更爲精密。

雷風之變者，暫也；其不變者，恒也。凡人見其暫，聖人獨見其恒，故曰："立不易方。"

讀遯卦

陰盛於《否》，以至於《剝》，君子未嘗不居其間。側批：妙論解頤。《遯》以二陰伏四陽之下，陰猶未足以勝陽，而君子遂至於遯，何也？曰：不去而待其至，則爲否爲觀爲剝；未至而先去，則爲遯。遯者，猶可以住而不住之名。《傳》曰：

"君子見幾而作,不俟終日。"小人初盛,猶可遯也。若陰極與陽相抗,毋論君子不得遯,側批:上下千古以立言。即小人欲遯於君子,而亦不能矣。"遯"字從豚從走,豕見人則逸去,羊見人則觸來。故《遯》取豕,以象退;《大壯》取羊,以象進也。《遯》之六爻,下三爻殊有眷眷不欲去之意,上三爻快然無復廻顧,似兩截人,何也?下卦艮止,有執留之象。上卦乾行,有引決之象。處遯之時,利於往,故下卦不如上卦之吉。遯不厭遠,側批:所謂遯以最深爲美也。愈上愈吉,此上九所以稱肥遯也。知上之肥,則知下三爻者之瘦矣。

然則《雨無正》之詩,非與?曰:《雨無正》爲救遯者也。或爲親臣,則義無所之也。然則召公非與?曰:召公則未爲好遯也。側批:將周、召說遯,奇極。鳴鳥方聞,天休滋至,微周公,則召公亦未有遯心。然則周公非與?曰:成王幼,豈能容周公遯,而周公亦何能遯,何可遯哉!三年徂東,未爲退也。七年制作,未爲進也。側批:真得周公心事。《書》曰:"明我俊民在讓,後人於丕時。"是則二公之志也,是則二公之遯也。嗚呼!人知君子處亂世則有遯,豈知處治朝亦有遯者乎!

《歸去來辭》中惟有"世與我而相遺"一語,更無纖毫忿疾,此所謂"靖節"也。

韓魏公曰:"三家村亦有小人,知其爲小人,但當淺與之接耳。"此亦所爲遯也。

讀遯上九爻象

昔揚子雲以范蠡遺文種書,而曰:"至蠡策種,肥哉!"蓋嘗論之,夫爲人謀而不忠乎,莫若蠡之策種也,而謂之肥,可乎?且以蠡之身,既遯於五湖之上,其姓名既遯而爲鴟夷子皮,又遯而爲陶朱公矣,三徙成名,貨累鉅萬,散而復積,是遯也,可謂肥矣,可謂無不利矣。然而文種今日得書,明日復得賜劍,而不得爲子皮、朱公之肥者,蓋教人疑人,側批:使人不敢讀。是乃所以促人之死也。蠡遺種之書曰:"蜚鳥盡,良弓藏。狡兔死,走狗烹。越王爲人長頸烏喙,可與共患難,不可與共安樂。子何不去?"此教人疑人也。夫蠡教種疑勾踐,是乃教勾踐疑種也。側批:不易之論。種之日得書,明日復得賜劍,又何怪乎《遯》上九之象曰:"肥遯無不利,無所疑也。"則以蠡策蠡可也,所謂"無所疑也";以蠡策種不可也,所謂"教種疑勾踐"也。夫教種疑勾踐,是乃教勾踐疑種也,豈得謂之"無所疑也"乎!吾故曰:"爲人謀而不忠者,莫若蠡之策種也。"子雲身居亂世,竊祿苟容,欲爲遯去之計,如大夫蠡而不可得,日懼文種之禍至,故其取舍貿亂,側批:子雲何辭以對。方寸不寧,無惑乎有是云也,然亦可哀也哉!

然則五爻皆遯,而上獨云"無所疑"者,何也?曰:五應二,四應初,三比二,雖吉凶不同,皆有所疑者,而上獨否矣。

五有位而遯,子房是也。上無位而遯,伯夷是也。

教種疑勾踐,是乃教勾踐疑種,豈獨君臣之際爲然哉!處世之道,亦猶是也。

讀大壯九二爻象

《易》、《春秋》美惡不嫌同辭。《大壯》九二,因中得正,曰"貞吉",許之也。九四不中不正,曰"貞吉",戒之也。然則九二之爻無辭焉,而獨言"貞吉",何也?曰:是天地之情也。情得其正,明得其中,上下之貞吉,皆於此會也。故《上經》之貞吉一十有三,《下經》之貞吉一十有二,而《大壯》爲之中主。中主者,上下貞吉之所取中也。《需》兩"貞吉",《象》之"涉川",五之"酒食",緩而得其正。《比》兩"貞吉",自內不失,自外從上,順而去其私。《履》以幽人得其道,《否》以拔茅從其類。《謙》、《豫》兩"二",以契中德。《隨》、《臨》兩"初",以符正業。此十者天地之正令也,而澤雷得一焉。《咸》之悔亡,《遯》之正志,此猶在《壯》之前者也。《壯》之九二而得"貞吉",與《恒》之九二而得"悔亡",二者天地之所貴也。《壯》之"貞吉,悔亡",與《咸》之"貞吉,悔亡",二者南北兩正之所分治也。故貞吉者,天地之所貴也。天地之託於《下經》,側批:極奇之論。不過八卦,而《遯》、《大壯》、《晉》、《姤》、《升》得八"貞吉"焉。澤雷之取於

《上經》，得一而已。《家人》之"中饋"，《解》之"獲狐"，《損》之"無家"，《巽》之"有終"，《未濟》之"曳輪濡光"，六者六子之所媚於天地也。故道至於貞吉而德合矣。《坤》與《訟》之"安貞吉"，側批：妙論滾滾不窮。則必有所未安者也。《頤》與《革》之"居貞吉"，則必有所未居者也。《賁》與《益》之"永貞吉"，則必有所未永者也。居之而安，安之而永，聖賢以屬其志，鬼神以輔其命，盈眩寒暑之所不能奪也。

然則《師》之執言，《隨》之明道，未爲失也。而與"苦節"、"翰音"，並稱"貞凶"者，何也？曰：《師》之五非長子也，嗜功而前進。《隨》之四非明時也，有獲而慕功，亦與"苦節"、"翰登"，同敝而已矣。然則所謂"貞吝"者，何也？曰：是《泰》之《大畜》，與《晉》之《豫》也。時極而且過，位過而且下，治其私邑，不及其它，而猶有"豐亨豫大"之心，則下人必有私議其上者。然則《屯》之"小貞吉，大貞凶"，何也？曰：是《屯》之《復》也。爲德而不弘，有施而未光，惠不惠，懋不懋，又何怪焉！

卦詞言"利貞"，指九二也。九二之"貞吉"，與九四之"貞吉"，則不同矣。篇中把《上》、《下經》之"貞吉"，以及"貞凶"、"貞吝"、"小貞吉"、"大貞凶"一一勾出，綜核融貫，可謂胸有智珠。

讀大壯九三爻象

九三以剛處剛，此雖正也，而過乎中，剛之過也。夫他卦以剛過而居多凶之地，皆不免於危厲，況大壯陽盛之時乎？故以小人目之，而曰"小人用壯"。君子知危知懼，而不以壯爲用者也，故曰"君子用罔"。罔無也，謂無所用也，猶之曰罔有所用云爾。其所以罔有所用之者，居剛正之位，而當以危厲自警故也，故曰"貞厲"。苟不知此，則用壯之過，而有"羝羊觸藩"之象矣。夫九四居前，間在二卦之間，而爲二體之限，此藩象也。藩之爲物也，不純乎柔，亦不純乎剛，九四是也。而三用壯以觸之，其能全其壯銳矣乎？故有"羸其角"之戒。

程曰："凡物莫不用其壯，齒者齧，蹄者踶，角者觸。羊壯於首，羝爲喜觸，故取爲象。"夫兌爲羊,九三乾也,乃取羝羊爲象。六五、上六震也,而亦取象於羊。坤爲大輿,而九四震也,則曰"壯於大輿之腹"。《易》之取象,大率類此。故坤非馬也,側批:知此方可讀《易》。而曰"牝馬";離非牛也,而曰"牝牛"。《頤》之初九震也,而有取於龜。六四艮也,而有取於虎。凡此類者,豈泥諸爻象以求之乎?求之不得,則卦變、動爻、伏象、互體無所不取,而聖人之意愈失矣,此學《易》之大戒也。

嗟乎!聖人於九三一爻,設君子、小人兩義,側批:不可不知此義。亦如《恒》六五"婦人吉,夫子凶",《大有》九三"公用享于天子,小人弗克",《否》六三"小人吉,大人否亨",《遯》九四"君子吉,小人否"之類,非謂九三既爲君子,又爲小人也。

"小人用壯,君子罔也",意與"君子好遯,小人否也"句法相類。《詩》、《書》中"罔"字與"弗"字、"勿"字、"毋"字通用,皆禁止之義也。

朱夫子曰:"此卦似《兌》,故稱羊焉。"蓋以六爻合而爲三,則是《兌》卦也。

讀　晉　卦

《彖》言侯者三:《屯》、《豫》"建侯",震也;《晉》"康侯",坤也。坤有土有民有安之象。"錫馬蕃庶",坤爲牝馬爲衆之象。"晝日三接",爲日爲中虛之象。《離》配卦十有六象,最美者莫如《晉》、《大有》。《大有》明在天上,其明最盛;《晉》明出地上,其明方新,均有進義。進者,君子之所難也,側批:妙。凡進退皆不可以自必。初有應,宜可進也,而有欲進見摧(摧)之象。二無應,若可愁也,而有受福王母之占。聖人皆戒之曰"貞吉",蓋不以應之有無爲吉凶,側批:全《易》之義,皆舉矣。而惟以不失在我之正者爲吉也。

然則三何以"衆允,悔亡"也?初"罔孚",衆未允也。二"愁如",猶有悔也。三居順之極,而衆皆相信,可以進而受三接之禮矣。未信而進,其悔在後;衆允而進,其悔乃亡。然則四何以云"鼫鼠貞厲"也?《晉》之言"鼫鼠",猶《解》之言"三狐"。《易》以陰爲狐爲鼠也,狐性疑,《解》當去其疑;鼠性貪,

《晉》當去其食，取象各有攸當也。然則五何言"悔亡"，言"勿恤"，又言"往吉"也？彖惟《升》言"勿恤"，《豐》言"勿憂"，爻則《泰》九三、《家人》九五、《萃》初六，皆言"勿恤"。事有不必憂者勿恤，側批：兼此二義方得。寬之之辭也；有不當憂者勿恤，戒之之詞也。《晉》六五曰"得失（失得）勿恤"，戒辭明矣。或曰："得失（失得）"云者，他卦以陰陽相應，《晉》獨取順而應，明三陰皆進而順從，於五爲得；九四以陽而抑衆陰之進，於五爲失。若上九剛進之極，而以伐私邑，危矣，而曰"吉無咎"，許之也；又曰"貞吝"，抑之也。《謙》六五言伐不言邑，其伐也大。《晉》上九伐其內地之邑，則爲私矣。《既濟》九三伐鬼方，其伐也大。《晉》上九僅能伐其私邑，則爲小矣。《春秋》墮郈、墮費克，墮郕不克，然則上九亦豈可貶哉！

下三爻皆柔順而坤體，故初、二吉，三悔亡。四、上以陽不當位，故厲且吝。惟五以柔明居尊位，故"往吉，無不利"也。

《晉》惟彖辭全美，然亦不言吉亨。六爻皆忽予忽奪，無全吉者。可見《晉》者，聖人之所喜，亦衆人之所忌也，故多着戒勉之詞。

讀明夷卦

讀《明夷》而嘆聖人蒙難之不同也。雖曰人事，豈非天意哉！韓退之爲《文王拘幽操》，曰"臣罪當誅兮，天王聖明"，此語近諛近愚，而君子稱之，予其保身乎？保身乃中人事，側批：爲後世駕言保身者說法。聖人不爾。聖人不曰"安其身而後動"乎？則未嘗不保身，而但保身，不爲聖人。內文明而外柔順，以蒙大難，豈惟保身，抑感移人主，側批：文王心事如見。而保天下，至忠也。卒之力窮於天下，而未嘗不保其身，又《大雅》所稱"明哲"也。

然則文王非艱貞乎？曰：文王之艱貞，側批：補得好。與箕子同；而箕子之艱尤甚。蓋箕子爲同姓之卿，內難比大難更難處也，此一時也。文王因而發伏羲《河圖》之秘，側批：可見聖人處大難，乃是天意。箕子因而闡大禹《洛書》之奧，聖賢之處患難，自關斯文之會，蓋有天意存焉。蘇子曰："明夷之主在上六。二與五,皆其用事之地。而九三勢均於其主,力足以正之,此三者皆有責於明夷之世者也。夫君子有責於斯世,力能救則救之,六二之'用拯'是也;力能正則正之,九三之'南狩'是也。既不能救,又不能正,則君子不敢辭其辱,以私便其身,六五之'箕子'是也。君子居明夷之世,有責必有以塞之,無責必有以全其身,而不失其正。初九、六四,無責於斯世,故近者則入腹獲心,'於出門庭',而遠者則行不及食也。"五爻之不同如此。

嗟乎!《明夷》五爻,一爻一聖人也。侧批:此卦豈可輕易讀!初爲伯夷、太公之避,二爲文王之囚,三爲武王之伐,四爲微子之去,五爲箕子之奴,上其紂乎?《易》無以上爻爲君者,此變例也,言其不當居君位也。然而不及比干者何?曰:明夷之時貴艱貞以自全,義不及比干也。

文王得全卦二體之義,箕子得六五一爻之義,其貞則同,其艱與順則稍別也。

上爻傷人之明者,下五爻受人之傷者,而傷有遠近淺深之不同。大象用晦而明,雖晦而明自存,故曰明不可息。

讀明夷大象

用晦而明,是蒙難之道,非所以涖衆也,而涖衆以之,何也?昔者嘗即"三不欺"優劣之論,以論涖衆之道矣。西門豹治鄴,民不敢欺。子產治鄭,民不能欺。子賤治單父,民不忍欺。魏文帝問群臣"三不欺",於君德孰優?鍾繇、華歆、王朗對曰:"臣以爲君任刑,則下畏罪而不敢欺。君任察,則下畏覺而不能欺。君任德,則下感義而不忍欺。優劣之縣,在於權衡,非徒低昂之差,乃鈞銖之較也。"夫任刑固非涖衆之道,而任察尤非涖衆之道矣。涖衆之道,在於有寬厚含容之德,而不任察以爲明也。夫苟無寬厚含洪之德,而徒任察以爲明,則以人不能欺之爲得計也,而不知人情由此觝虘而不安,疑懼以生變,而群起以軋我矣,此又非計之得也。由是觀之,則莫明於用晦,而莫不明於任察也。昔有問安邊之策於班超者,超告之曰:"凡居邊者,類有忠臣孝子,察見淵魚不祥。"問策者笑曰："此但平平耳。"忽其言不用，而邊果以叛聞，豈非莫明於用晦，莫不明於任察乎？故明入地中，用晦之象也。《詩》曰"帝度其心，貊其德音"，明夷之艱貞也。雖不涖衆，以之涖衆，可矣。

《明夷》、《晉》大象並看。晉之世，君子以自昭其明，明夷之世，君子以自晦其明，時使然也。

讀明夷六五爻象

彖言"利艱貞"，爻言"利貞"，不言艱，蓋言箕子，則可知其艱矣。士大夫處平時易，處明夷之時難；處明夷之時爲微子、比干猶易，爲箕子難。微子已去，不可復去；比干已死，不可復死。内難而能正其志，箕子以之。此殷有三仁，而爻獨以箕子言之也。

或曰：箕子有君道而在臣位,側批：此豈經生常談！商所以亡也。聖人謂使如箕子立而獲主商祀，周焉得有天下？故以箕子居明夷五位，示微意焉。箕子後爲武王陳《洪範》，武躬行之，爲天下後世利，是爲明夷之正。嗚呼！箕子有志於明道，無志於愛身，道不傳，箕子憂也。夫正道而息於天下，非天地心，君子之貞參天地，故文王以晦明爲正，箕子以不死爲正，至矣哉！故曰"箕子之貞，明不可息"云。嗚呼！武王之未盡善，吾於此見之矣。武王有虞帝心,側批：匪夷所思。豈不北面事箕子耶？箕子不以商祀殄絕爲恨，而傳道於武王，若箕子則心同虞帝矣。側批：千古獨闢。

武王不得爲虞帝，箕子心同虞帝，及箕子有志于明道，無志于愛身，句句俱極頂之言，世儒那能曉此！

箕子有君道，而在臣位，使箕子立而主商祀，周安得有天下！奇極，創極，却是至理。

讀家人卦

周之盛也，以文王爲君，以太姒爲妃，以王季爲父，以太任爲母，以武王爲子,以邑姜爲婦。周之一家,父子、夫婦、兄弟,皆聖人也。側批:此真難得。《詩》詠文王,首列《關雎》;文王彖《家人》,首曰"利女貞",此又詩人與文王歸德后妃之意也。蓋正不難天下,而難一家;不難一家,而難一婦。側批:如妺喜、妲己是也。一婦正,一家正矣;一家正,天下正矣。魯公問於仲尼曰:"冕而親迎,不已重乎?"仲尼曰:"夫婦之義,以承宗祀,以續祖妣,何爲其重也!"《春秋》公會齊侯於嬴,成婚也。公子翬如齊逆女,卿行也。齊侯送姜氏於讙,僖公送女出境也,公會齊侯於讙,爲齊侯來,逆而會之也。夫人姜氏至自齊,公親受之於齊侯也。齊侯使其弟年來聘,致夫人也。説《春秋》者曰:大婚,萬世之始也。桓成約於齊,非謀而婚,合不以正也。以婚越境,會不以正也。使私人往逆,逆不以正也。爲齊侯親送至讙而親迎,迎不以正也。始不以正,終焉得正,其隕於齊固宜。《詩·齊風》一十一篇,《南山》、《敝笱》、《載驅》、《倚(猗)嗟》,則皆《魯風》也。以《魯風》而著於齊,側批:此真妙眼。明乎女歸之自齊也。女未嫁則責父,已嫁則責夫,夫不在則責子。哀姜一婦人,側批:千古同恨。而使齊、魯之父子、兄弟、夫婦,皆不能逃其責。文王之首致戒於女貞也,豈不信哉!

卦雖曰"利女貞",所以貞者,非男乎?此彖之必兼男女也。

風自火出,有自内及外之意。《中庸》知風之自,亦即此義。

讀蹇卦

嘗觀卦體不吉,諸爻雖得位,以剛中正之君,幾濟之不足,《蹇》之九五是也。卦體既吉,諸爻雖不當位,以柔不中正之主,亦處之有餘,《解》之六五是也。以是知卦有小大,實係卦體,而不專係六爻,側批:可與讀《易》。於此可見矣。《蹇》上下體易,則爲《蒙》。《蒙》曰"險而止",止於外也。《蹇》曰"見險而止",止於内也。内險莫能安,外止莫能進,所以爲蒙。見外之險,而内能止,所以爲知。知者,蒙之反也。《易》凡言往來,皆以外卦爲往,内卦爲來;外爻爲往,内爻爲來。上六之往,猶初六之來也。上六本無所往,側批:可以解頤。特以不來爲往耳。初六本無所來,特以不往爲來耳。凡往皆坎,凡來皆艮也。《蹇》

諸爻，皆不許其往，往則入於《蹇》，惟二五不然。聖人慮天下之人皆不往，則蹇終無出日，二、五君臣復不往，誰當往哉！故於二曰"蹇蹇"，於五曰"大蹇"。夫當大蹇之時，豈六二之柔所能濟！然而不敢不往者，分不可逃也。勞不言瘁，役不言憝，成敗之故，豈臣子所敢計哉！《詩》曰："坎坎伐輻兮，寘之河之側兮，河水清且直兮。"夫王臣之心，侧批：如見王臣之心。則已告之河水矣，然則曷言乎朋來也？曰：《蹇》之三反，即為《解》之四。彼於四為朋至，故此於三為朋來也。公子重耳，十九年於外，不得一士，一旦齊翟、齊楚，聞聲相附，卒有其國，非大蹇朋來，其孰能之乎？

雖然，《剝》之上爻言碩，此亦言碩者，何也？君子用世不及虞、夏，致身不及臯、伊，則亦已矣，而濩落膚髮，以殉乎人，是大人所不取也。故《遯》之稱肥，《蹇》之稱碩，侧批：得道之言。古人所為致澤於性命也。然則何言乎"利見大人"也？曰：連反之往來，蹇碩如環。侧批：妙解。夫必以險難為必不可往者，則亦過於用智者矣。故《蹇》之"利見大人"，亦猶《屯》之"利建侯"，均之乎以從貴也，此聖人濟難之心也。

"來往"二字，惟《程傳》上"進則為往，不進則為來"，此解最確，餘皆不及。

反身取蹇之背，脩德取坎之心。水之蹇也，止而不流。君子之蹇也，止而自脩。

讀蹇六二爻象

坎又互坎，"蹇蹇"之象。"匪躬"，"艮其背，不獲其身"之象。凡二皆王臣，而蹇獨稱之者，平時未足以見臣節，蹇之時方見之。五位險中，王之蹇也，主憂臣辱，亦二之蹇也。但爻戒其往蹇，二應五，故稱其"蹇蹇"，事君能致其身者也。然而不言吉者，何也？孔明之言曰："鞠躬盡瘁，死而後已。成敗利鈍，則非所論。"若論成敗，便不能致身矣。天下事，固當論是非，不當論成敗也。

雖然，事君致身之說，亦不一矣。朱子以為行之盡誠，漢註則曰："不過能致身而已。"若甚易易。漢去古未遠，人皆知道，看得君臣之義重，死生之際輕，且以事君言致身，本非極至事。古云身名俱全者，上也；名可法而身死者，次也。夫子謂"殷有三仁"，謂武子"愚不可及"，縱一死，豈遽完得！故能致身，不過人臣之常；若不致身，便是不臣之極，其流弊可勝道哉！由宋儒而言，侧批：二伏分晰極明妥。欲看得死難，即人之舍生宜真。由漢儒而言，欲看得死易，即人之偷生更可媿。《蹇》之諸爻，聖人皆不許其往，惟二、五獨許其往。君臣處多難之時，二、五不往，更誰往乎？二、五皆無吉辭，蓋以濟難爲急，吉非所計也。

漢儒看得死易，宋儒看得死難，二語千古定案。

讀蹇九三爻象

九三艮之主爻，二陰之所依也。爲人所依者，其可輕于往乎？蘇子曰："夫勢不可往者，非徒往而無獲，亦將來而失其故也。何則？險難在前，不慮可否。而輕以身赴之，苟前不得進，則必有議于後者矣。九三往蹇，而其來也得反其位，則內喜之也。內之二陰，不能自立于險難之際，待我而爲捍蔽，是故完位以復我，我之所以得反者幸也。其喜慰之心，宜何如哉！"《春秋》書季子來歸，側批：此篇全是《公》、《穀》文字。穀梁子曰："其曰'季子'，貴之也。其曰'來歸'，喜之也。"蓋當莊公死，子般弒，慶父主兵，季友力不能支，固嘗避難而出奔矣。當是時也，魯國方危，內難未定，國人思得季友，以安宗社。故閔公即位之元年，書公及齊侯盟于落姑。盟，納季子也。而公羊子亦曰："其言'來歸'，何喜之也！"何休釋之曰："季子來歸，側批：引証甚確。則國安，故喜之。"此則《蹇》之九三，所謂"往蹇來反，內喜之也"之謂也。

九三來就二陰者，以下二陰喜得其陽而依之也。依人固喜，爲人依亦喜。

《易》凡言往來，皆以外卦爲往，內卦爲來；外爻爲往，內爻爲來。否、泰以二體言，餘皆以成卦之主言。

讀解卦

《蹇》二往五爲《坤》之中爻，側批：起手明晰之極。故曰："蹇利西南，往得中也。"《解》初往四爲《坤》之初爻,坤爲衆,故曰:"解利西南,往得衆也。"《蹇》五稱"朋來",《解》四稱"朋至",蓋取諸此。

或曰:往謂往外卦也,來謂來内卦也。當解之時,不正者無所往;可往,勢必來復於下。六五退而居二,乃得黄矢。故曰:"其來復吉,乃得中也。"正者若有所往,事必夙成。上六動而不括,出而有獲,故曰:"有攸往夙吉,往有功也。"是故《解》"利西南",以初與四言之也。"無所往,其來復吉",以二與五言之也。"有攸往,夙吉",以三與上言之也。九四解其位,與初六相易,而初六欣然從之,故曰:"解而拇,朋至斯孚。"九二解其位,與六五相易,而六五亦欣然從之,故曰:"君子維有解吉,有孚於小人。"《解》之諸爻,惟六三之辭最醜,以其獨無解也;惟上六之辭最美,以其獨正也。

今夫人主,側批:末段發出大議論來,力大而氣厚。日闢國百里,不如得一善人之爲愈也;威加四海,不如去一不善人之爲快也。得一善人,愈於治萬民之功;去一不善人,勝於得百善人之助。是故種苗無别策,鋤其害苗者,而苗生矣;治國無奇謀,去其蠹國者,而國理矣。然則解小人,烏可忽乎?

《解》之諸爻,凡陽爻皆稱解,凡陰爻皆稱孚。上六多陰爻,亦稱解者,諸爻皆不正,惟上爻獨正耳。

讀損益二卦一

《乾》、《坤》後,歷十卦而天地交,爲《否》、《泰》;《咸》、《恒》後,歷十卦而山澤風雷交,爲《損》、《益》。否泰者,側批:奇。天地之男女;損益者,男女之否泰。否泰,天地相交;咸損,少男女相交;恒益,長男女相交。損男莫如女,而損則女悦,而男止之,山澤之象,而懲窒之義也。益女莫如男,而益則男服事,而女助之,風雷之象,而遷改之義也。然則損未嘗不益,益未嘗不損。損下以益上,君子以爲自損;損上以益下,君子以爲自益也。今夫《損》之六三,《益》之六四,皆以損己者益人,而《損》之九二,《益》之九五,皆以無損于己者益人。夫以損己者益人,則其益止於所損;而以無損於己者益人,則其益無方。龜之益人也,豈嘗有以予人,而人亦豈有以取之哉?亦效其智而已。是故《損》之六五,《益》之六二,皆受其益而弗克違也。

夫其所以弗克違者,何也?六五虛中居尊,樂取天下之善者也,雖天且祐之,況于人乎?六二虛中任事,樂受天下之善者也,雖天且通之矣,況其他者乎!且夫人之所以自損,側批:如夏雲奇峰。而專以益我者,豈以利我哉?將以厚責我也,我必有以塞之,故《損》之上九,"利有攸往",而《益》之初九,"利用爲大作"。上之有爲也,其勢易。有功,則其利倍;有罪,則其責薄。故上九僅能無咎而已,正且吉矣。下之有爲也,其勢難。有功,則利歸于上;有罪,則先受其責。故初九至于元吉,然後無咎。何者?其所居者,非厚事之地也。

或曰:《雜卦》易《否》、《泰》於《咸》、《恒》之後,易《損》、《益》於《乾》、《坤》十卦之後,損上益下,損下益上。乾坤之往來,否泰之乘除,盛衰之始也。人而不知盛衰之始者,不知其起止也,《損》、《益》之所以次《震》、《艮》也。

人皆知損,而不知損益;人皆知益,而不知益損。《序卦》無損後益,聖人之意微矣。

無數烟波騰湧空際,廼真古文樂事。

讀損六五爻象

六五損之主,而以虛中受天下之益者也,未嘗有求益之心,而天下群然輸之,不知其所自來。且所輸爲十朋之龜,龜非賄也,而效其靈智,以禆國家之大計,所謂"格人元龜"是也。以是爲益,而又弗克違,則畢致人間之福矣。若此者何也?國家舉事以公共爲心者,側批:如讀名臣奏議。人必樂而趨之;以私奉爲心者,人必咈而叛之。天子之貴,豈當憂貧!是乃散其小儲,而成其大儲也;損其小寶,而固其大寶也。側批:此語本陸宣公。象曰"六五元吉,自上祐也",言人力不至於此,天也。

請觀之《詩》。詩人之咏《卷阿》,言求賢用吉士而作也。其首章曰:"有卷者阿,凱風自南。豈弟君子,來游來歌,以矢其音。"詩人之意,側批:委婉得詩人之意。蓋曰一人虛中無我,我自損以逮下,若卷阿,然則凱風可得而入矣,故"來游來歌"者,於此得"以矢其音"焉。其七章曰:"藹藹王多吉士,維君子使,媚于天子。"其八章曰:"藹藹王多吉人,維君子命,媚于庶人。"則益之不一,其勢蓋如此也。然於其四章,乃曰:"庶受命長矣,苃禄爾康矣。豈弟君子,俾爾彌爾性,純嘏爾常矣。"則六五上吉,自上祐也,又可知已。然則成王之能爲持盈守成之主者,側批:古淡之筆。蓋有得於《損》之六五也歟?

上半篇《陸宣公奏疏》,下半篇歐陽公《詩本義》。

讀益初九爻象

陰爲小,陽爲大,初陰在下,本小也,損乾之陽以益之,則大矣。在下而受上之益,非大有作爲,以效報稱,不可也。古之君子,側批:神氣飛動,讀之欲舞。其治職也,不恥有所不能,而所能恥其不盡;不恥有所不效,而所效恥其不弘。王良之不能御,良不恥也;車不正,馬不馴,則良恥之矣。羿之不能射,羿不恥也;射而不能及遠,則羿恥之矣。《益》之諸爻,用享帝,用凶事,用遷國,皆大有作爲之卦,故曰"益以興利"是也。且夫上之所以自損,側批:夏雲奇峰。而專以益我者,豈以利我哉?將以厚責我也,我必有以塞之,故《益》之初九,至於元吉,然後無咎。何者?其所居者,非厚事之地也。

彼衛之忠臣,不得其志,詩人爲之賦《北門》。其二章曰:"王事適我,政事一埤益我。我入自外,室人交徧讁我。"其三章曰:"王事敦我,政事一埤遺我。我入自外,室人交徧催(摧)我。"夫所以適我、益我、敦我、遺我者,側批:淋漓痛快極矣。若是其厚也,疑若得我之志,而展我之才矣。然我入自外,而讁我、催(摧)我者,又若是其衆,而無有我知而我信者,則我之志,亦安能得,而我之才,亦安能展耶?欲如《益》初九"元吉,無咎",難矣。然則君子於此,當如之何?曰:亦歸之天命而已矣。故詩人爲之三嘆,曰:"已焉哉!天實爲之,謂之何哉!"

據初九的心事，因以大作爲報禮之重。據初九的職分，則大作非其任也。此是自家討來做的，故必盡善而後可。

古氣噴薄，兼有風雅遺意。

讀益六三爻象

六二，"或益之十朋之龜"，此非常之福也，象曰："自外來也。"聖人於非常之福，側批：二伏見聖人大本領、大學問。直外視之，而不以爲内，若曰此不期而自至者，吾何容心焉。六三，"益之用凶事"，此非常之災也，象曰："固有之也。"聖人於非常之災，直内視之，而不以爲外，若曰此我生之必有也，吾何用却焉。況六二柔居下之中，不求益而或益之。上九剛居上之極，求益不已，人莫益之，而或擊之。且六爻惟三、上言凶，上之凶，自取之也；三之凶，人益之也。欲其困心衡慮，而固守之，乃益之大者。

或曰：二之弗違，三、四之告，五之問，皆主卜筮言之乎？曰：凡卜筮而得辭曰告，如"初筮告"是也。筮遷國，告公曰"從"，許其遷也，即"龜從"、"筮從"也。筮凶事，告公曰"用圭"，許其事君也。公之朝王，用圭以爲信。古之封國者，必錫以圭。至其入覲，則執而來，以合於王之冒圭，所謂"輯瑞"也。凶事，若伊、周、桓、文之事，非有誠心以事君者，神其許之乎？故"有孚中行"而後告之。公者，命筮之主人也。側批：似《白虎通》諸書。三與四皆公位，故稱公享帝者，天子之事也。故稱王，二非王也，故用兩"吉"字，在二爲"永貞吉"，在王則"享帝吉"也。《易》不可以占險。凶事、遷國，皆非常事，必中行而後告之。然則三可爲中行乎？曰：二體以二、五爲中，全體以三、四爲中。側批：非深于《易》學，不能道。故三、四皆稱"中行"。"中孚"之"中"，亦取三、四也。

"益之以十朋"，則曰"外來"；"益之以凶事"，則曰"固有"。聖人之立言，與人異，異故有弘益也。

《無妄》不宜災而有災，《益》宜用吉事而用凶事。《孟子》"故天將降大任於是人"一節書，最宜熟玩。

讀益六四爻象

《易》多言用，《益》六爻之言用者有四焉。初"利用大作，無咎"，是用之於大事也。二"王用亨於帝，吉"，是用之於大禮也。三"益用凶事"，是用之於大災也。四"利用爲依遷國"，是用之於大遷也。三、四皆非中。三而中，則告公而可以用圭矣；四而中，則告公而見從矣。皆戒辭也。於四復許之曰"利用爲依遷國"，何也？莫重乎遷國也，聖人擇其重而許之，以見中行之無不可也。

然則古之遷國，皆冒大險，亦皆告圭歟？亦猶造次而遷之耶？曰："相其陰陽，觀其流泉"，側批：此篇純是《左》、《國》文字。公劉之智也。"爰始爰謀，爰契我龜"，太王之治也。"匪棘其欲，聿追來孝"，文王之仁也。"貽厥孫謀，以燕翼子"，武王之誼也。《易》之大事有六：建侯、禦寇、用刑、行師、遷國、肆覲，而取女不與焉。故遷國者，聖人之大慇也。見善而遷，見過而改，雖卜宅建兆，亦有所不得已也。雖然，凡遷國者必有依。周之遷也依晉、鄭，邢、衛之遷也依齊，得其所依也；許之遷也依楚，蔡之遷也依吳，失其所依也。然則春秋遷國有九，聖人皆無一取焉，何也？曰：是不獲已也。迫於強鄰，而依遷以自存，聖人亦垂憫焉，則何中行之有？故無公劉、古公之智，側批：古健異常。文王、武王之仁，而欲依《盤庚》、《洛誥》之事者，亦寶龜所不告，聖人所不憫也。

盤庚遷亳而民從，太王遷岐而歸市。凡以益民也，故曰益志。

變乾爲無妄，變無妄動而合天，正是"中行告公從"之本。

讀夬九四爻象

《夬》之九四，近受傷於上六，故象臀於上體之下。《姤》之九三，近受傷於初六，故象臀於下體之上。《困》之初六，以其自傷，故即其處而象臀。四曷爲而傷？以陽居陰，而與上六同體，妄夬以受傷也。臀傷則行礙矣，故教之曰，盍牽羊乎？夫羊牽之固難前，縱之使前而隨其後，隨所觸而觸之，不勞而收功，無能自任，亦善任人而已。顧四也意氣摧折之後，寧無前却於其間，雖聞此言，安能信乎？是以君子貴善養氣，側批：此是正意。而防助長之害也。

然則夬之需，奚取乎？曰：夬，決也；需，不進也。君子之居德也，爲兑而説，爲需而待。説而獨行，待而能斷，故以謀則寡失，以動則無悔。若濡有愠，聞言不信，則猶未失斷也。周公出師於畢，側批：放膽言之，乃是正理，非强説也。龜焦而棄龜；陳師於牧，雨至而決戰，周公之獨行也。文王伐密而密下，伐崇而崇降。然且七年，大勳未集，是文王之次且也。文王次且，不以爲怯；周公獨行，不以爲壯，夫亦曰時而已。《詩》曰"孔惠孔時，維其盡之。子子孫孫，勿替引之"，文王、周公之謂也。

既曰"位不當"，又曰"聰不明"者何？曰：惟其不明，是以不安，安行不進耳。

《易》不可爲典要。末以周公、文王言，膽識非常。

讀姤彖辭

夫姤之所以爲姤者，前乎此則夬矣。夬以一陰乘五陽，作《易》者日夜持嚴，不敢忘戒備者，蓋以上六一陰之故也。一陰既決，而一陰復出乎五陽之下，若不期而會焉。嗚呼！此豈吉徵也邪？聖人於姤，又安得不以"女壯，勿用取女"爲戒乎？姤，遇也，柔遇剛也。姤之所以爲遇者，何也？蓋古者有遇禮，謂不期而會也。而春秋亂世之君，私相會約，簡略慢易，無兩君相見之禮，則多自托於不期而會。故《春秋》書遇者七，側批：以《春秋》講《易》，膽識非常。而書内之遇者三，而皆書及。如隱公四年夏，公及宋公遇於清之類是也。書外之遇者四，而皆書爵。於隱公八年春，宋公、衛侯遇於垂之類是也。夫既簡略慢易，無兩君相見之禮，則莫適爲主也。然《春秋》之所譏者，譏其無禮云爾，未有大變也。姤，遇也，柔遇剛也，此豈特無禮而已哉！顧雖若不期而會，然陰長於内，陽消於外，陰爲主而陽爲客，爲主者日勝，爲客者日負，則亦理勢之必然者。嗚呼！此豈偶然小變也邪？故又戒之曰："勿用取女，不可與長也。"此指初六之一陰，有消陽之漸，以爲姤之戒也。夫初六一陰，至微小也，聖人以爲能消陽，以爲女壯，何也？曰：聖人即微以見著，故以初六爲女壯。過此以往，則爲遘爲否爲觀爲剥，以至於爲坤，此皆初六之爲也，非女壯而何？側批：齊之文姜，年七十而不悛，不特女壯矣。呼！女壯如此，豈可與之長久也哉？故聖人不得不爲之戒，曰：此勿用取之女也，與齊之文姜一也。

雖然，當乾剛極盛之時，一陰始來，天地初相見，爲五月之卦，品物咸章，郁然可觀。當此之時，人不知其爲姤也。且自《遘》至《復》，爲六二者六；自《剥》至《大壯》，爲六五者六。六二則無其臣矣，六五則無其君矣。若夫二、五皆九，側批：如此說，方有着落。惟《乾》與《夬》與《姤》而已，未易得之時也。夬稱剛長乃終矣，姤尚有君臣，而席全盛之後，故告之曰"剛遇中正，天下大行也"。又曰"姤之時義大矣哉"，聖人之心皇皇矣。

一許敬宗在文館，唐爲武氏矣；一楊畏居言路，元祐爲紹聖矣，誰謂一陰可忽耶？

借《春秋》來講《易》，思路宏闊，如江如河，使讀者吐舌三尺。

讀姤六二九四兩爻象

東坡曰："姤者，主求民之時，非民求主之時也。故近而先者得之，遠而後者不得也，不論其應與否也。"側批：透極。河南曰："在他卦則初正應於四，在姤則以遇爲重。"此二之於初，則曰"包有魚"。四之於初，則曰"包無魚"。夫魚陰物也，貪餌而善逝，民之象也，初六是也，賓群陽也。《春秋》之法，亂臣賊子，人人得而討之，推此義也，小人之姤，側批：可以解頤。人人得而包之矣。當姤之世，而不爭以制陰爲事，至於躑躅而後圖，可乎？故二之與初，毋曰此四之民而弗包，弗包而令其見賓，側批：妙。義之所不可者也。然則二之包有魚，亦其勢之不得不有之也。何者？己亂之道，無出乎此也。四不中正，有民而不能包之，以縱其惡。然則凶不在他起，而在四起也。蓋魚在外而失之，猶可言也；魚在包而失之，側批：妙。不可言也。己則遠民，又誰尤焉？

小人而名之爲民，何也？蓋以位，民則小人也；以德，猶之爲小人也。民無遠識，柄用之即小人耳。《易》諱小人於明時，側批：妙論層出不窮。而姑稱民焉。曰之爲民，可引而親之，以爲已包；曰之爲小人，則有棄之而已矣。

初見凶謂既係於二，而復往見四則凶。四凶謂"包無魚"，則亦已矣。起而爭之，則凶矣。

見解機軸，全是子瞻《易解》。

讀姤九五爻象

《姤》之三爻皆稱包，凡稱包者，皆以陽包陰也，《蒙》之"包蒙"，《泰》之"包荒"，《否》之"包承"、"包羞"，皆是也。二包魚，所包者專，其象小。五包瓜，所包者廣，其象大。臣主之別，而德亦殊也。

夫瓜之潰也，必自内始。初六之陰，自内卦而長之象也。五當陰長之時，處高而强盛，必當有以芘乎下，而豫防乎民之潰，故有"以杞包瓜"之象，張子厚所謂"厚下以防中潰"是也。夫九五居中而正者也，當陰長之時，有中正之美，含之以俟天命，何所容其心哉？故一陰浸長，陽道消剝者，天也；厚下以防中潰者，人也。在我者未中歟？未正歟？吾之憂矣。在我者既中矣，既正矣，雖或不遇而至於隕越者，則皆天之命也，吾獨奈之何哉？故含章以俟天命者，九五之志也，子厚所謂"盡人謀而聽天命"者是也。

雖然，命天理也，在天謂之命，在人則中正之德是也。中正之德，蘊蓄於内，則在我之外，無別有天矣。故人謀既盡，天命在是，天人之理，相合而不相舍，則天命之脩短，又在我而不在天矣，何隕越之有哉？昔召公作《召誥》一書，以誥成王，專以天命告之也。然一書之旨，側批：歷落全是古文。則在於"祈天永命"之一語而已爾。及吾求其所以"祈天永命"云者，則又不過於敬吾之德焉。觀其悉數夏、商而告之曰："我不敢知曰，有夏服天命，惟有歷年；我不敢知曰，不其延。惟不敬厥德，乃早墜厥命。我不敢知曰，有殷受天命，惟有歷年；我不敢知曰，不其延。惟不敬厥德，乃早墜厥命。"古人於天命，不敢以爲必有，側批：妙論疊出不窮。不敢以爲必無，故召公於"歷年"、"不其延"，皆不敢知者，疑之也。至於敬德則有歷年，不敬德則早墜厥命，蓋無可疑者。故曰："肆惟王其疾敬德。王其德之用，祈天永命。"嗚呼！吾以是知九五有中正之德，志不舍命，其能祈天永命必矣。"有隕自天"，疑之之詞，幸之之詞也。

將《伊訓(召誥)》"我不敢知"一段暢敘一番，正見"有隕自天"，若信若疑的光景，如在眼前。文之善于寫景者。

段落開闔，純是北宋手筆。

讀萃卦

易之義，隨時而已矣。聖人見損之時，"二簋可用亨"，則萃之時，必"用大牲"乃吉。渙之時，且"利涉大川"，則萃之時，必"利有攸往"也。以六爻言之，《萃》與《比》相似，側批：二伏屹如山立。亦相反。《比》初六，"有孚盈缶"。《萃》之初六，則"有孚不終"。比初無應，而孚信充實，其終也"有他吉"。萃初與四應，而惑於二陰，不免於號與笑，惟勿恤乃吉。萃與升相似，亦相反。六二求萃於上，九二亦求升於上，其義同。然有小異者，《萃》之六二，自下萃上，上喜而引之，固已吉而無咎矣。《升》之九二，自下升上，非上之所樂，必如二五之孚，有喜而無忌，乃可用情於五而無咎也。孚者五，用情於二；禴者二，用情於五也。若夫四，必大吉而後無咎。五"萃有位"而"無咎"，此君臣之分也。況比以一陽統五陰，一陽爲之主也。側批：比、萃兩相夾發，無剩義矣。一則專，專則衆陰順從，唯五之歸，故五有"顯比"之吉。萃以二陽統四陰，二陽爲之主也。二則分，分則衆陰有萃四者，有萃五者，而五不得以專，其萃故在五有"匪孚"，"永貞"之戒。然則《萃》之九四，在上而受下之萃，與五之有位而受下之萃，其義正相發明也。且夫六三之"嗟如"，與上六之"齎咨涕洟"相應。六三志欲求萃，而方值上六之"咨嗟"，兩俱無應，無所利也。不若往此於四與之相萃，又四爲卦主，衆所當萃，以三附四，可成互巽，上巽下順，何咎之有？夫上六以無應之故，至於齎咨涕洟，若可羞矣，而聖人不以爲咎者，蓋當萃之時，所喜在聚，故六爻皆不嫌於求萃也。

大抵萃聚之道,陽以溥爲貴,側批:收局更見精透。陰以專爲美。四之志亂,乃得無吉;五中不變,反爲未光,皆貴其溥也。初六求四,雖號無咎;六二從五,以引爲吉,皆美其專也。故曰:"觀其所聚,而天地萬物之情可見矣。"

古今禍福相倚伏,而盛滿難居。故大象有不虞之戒,而六爻皆言無咎者,必能補過而後無咎也。

咸之情通,恒之情久,萃之情一,而皆不出乎貞,故在卦爲貞,在爻爲孚。

匏野文集卷九

讀

讀升卦

《升》自《臨》變，六三降而爲初九。凡升者，皆自初始，初六爲成卦之爻，故曰"允升，大吉"。《萃》自《觀》變，上九降而爲四。凡萃者，皆自四始，九四爲成卦之爻，故曰"大吉，無咎"。萃與升，皆剛中而應。萃剛中在上，其衆必聚；升剛中在下，其勢必升。故《萃》以五爲大人，側批：分明。《升》以二爲大人。聚者下之所樂，故"利見大人"；升者上之所忌，故勸以"用見大人，勿恤，吉"。上三陰勿以陽升爲憂，側批：此一卦之大義。陽來朋陰，乃陰類之慶也。"用見大人，勿恤"，戒陰也；側批：妙。"南征吉"，勉陽也。側批：妙。是故欲明升之義者，參觀之《晉》與《萃》可矣。《晉》三"衆允"，下爲二陰所信也；《升》初"允升"，上爲二陽所信也。以陰信陰，不過"悔亡"；以陽信陽，故云"大吉"。且《萃》與《升》相連，亦相反。《萃》六二，求萃於上；《升》九二，求升乎上，故其義同。《萃》六二以柔而應九五之剛，《升》九二以陽而應六五之柔，其以至誠感應，則一也，故爻辭同，而《象傳》剛中而應之辭亦同。

或曰：《升》之諸爻，大抵皆文王之事。文王得百里之地而君之，不敢曰國，而曰"虛邑"，謙之至也。《易》爻言邑，如"告自邑"、"自邑告命"，皆謙遜之詞也。至於以順而升，登祭岐山，"厥德不回，以受方國"，文王之事順而志亦得矣。然必先以"貞吉"者何？蓋不貞則雖當升，而未能遂其升也。然則何以言"冥升"也？古之聖賢，側批：奇論天開。未有以冥爲升者，其惟文王處紂之時乎？《詩》曰"於乎不顯"，冥升也。文王之德之純，不息之貞也。三代以上聖人，側批：大頭腦。如箕子、文王，學問最爲精微。《明夷》之六五曰："箕子之貞，明不可息也。"《升》之上六曰："利不息之貞。"蓋必如箕子、文王而後可以言貞，可以言不息。貞復爲元，故不息也，此常升之道也。側批：千古聖人的衣鉢。

位極人臣，不宜復有升。上升，其君之道。下升，天下之賢人，分雖當止，而德則升也，如此方爲大臣之升。

《升》之諸爻，大抵皆文王之事。就文王説，本先儒之解，非故立異者。"冥升"説得奇。

讀升九三六四六五三爻象

夫當柔升之時，而九三之升，乃獨以剛過之才升焉，如涉無人之墟，故有"升虛邑"之象，如此又何疑沮之有哉？宋儒龔深甫，以此爻爲湯、武之升，而以六五爲舜、禹之升。蓋六四"王用亨於岐山"，既爲文王之升矣，則以九三爲湯、武之升，側批：此論自是的確。而以六五爲舜、禹之升，亦無不可者。況初與二，臣之升也；過乎二，則非純臣之象。是以九三之升，惟湯、武足以當之。六四以柔順之德，居謙虛之位，順之至也。文王有君民之大德，側批：語語俱經典。又有事君之小心，故自處謙順，而其德則升，其道則亨也。蓋文王嘗用此至順之道，而享乎岐山，以是爲享，則吉於享矣，側批：挑剔得好。其誰咎之乎？以六五言之，凡爲君者，皆升乎天位，而所以升則不同。有去民之害，順乎天而升，若湯、武者矣。有功德被乎天下，薦乎天而升，若舜、禹者矣。六五貞吉而後升階，蓋言乎正既吉，升而有序，堯、舜、禹是也。故以階象之謂賓主以揖遜而升者也。

耿希道曰："舜、禹之事，聖人所欲也。湯、武之事，豈聖人所欲哉！"象曰"大得志"，爲舜、禹言也。若夫《明夷》之九三，其所以"大得志"者，乃南狩之志耳，側批：殷、周兩聖人知己。非聖人之本心也。

九三湯、武之升，六四文王之升，六五舜、禹之升。此論發自先儒。文之典古奇峭，彷彿《越絕》、《汲冢》諸書。

讀困井二卦

二卦俱以德言，《象傳》曰"剛中"是也。剛中在困，則困而不失其所亨，二之所謂"享祀"，五之所謂"利用祭祀"者也。在井則井不窮，五之所謂"泉"者也。互卦《困》有《未濟》，《井》有《既濟》，困塞而井通，明矣。

昔有蜀君子謂人曰："《易》有性命二卦，亦識之否？"人曰："《易》皆性命之理，何獨二卦也！"蜀君子曰："余自玩《易》以來，每見《易》之卦，皆兩兩相對以變。故兩卦之義，或相反，或相須，或相類，其義無不相關者。至讀《困》、《井》二卦，未見相關之義，余疑之久矣。疑之久，故思之深；思之深，故渙然而悟。所謂性命二卦，其在是乎？夫困之爲困，謂剛爲柔所揜，有言而不信也。人之困也，豈其所自爲哉！側批：只是家常話。皆命也。故《大象》曰：'君子以致命遂志。'志之爲言，知其不可求之於性。井言'改邑不改井，無喪無得'，蓋言性也。考之於象，澤無水爲困，此命也。澤雖無水，而井則有水焉，此性也。君子之澤或涸，而井則不涸，是以致命而盡性。盡性者，不可一日而不用其力也。譬之井雖有水，若'汔至'而'未繘井'，乃'羸其瓶'，則井非我有矣。人雖有性，若所習有作輟之異，所存有人欲之私，則性非我有矣。二卦相爲表裏，學者未之識也。"蜀君子之言如此。□合《渙》、《節》觀之，渙木在水上，有舟楫之象，與井木入水而上水者異矣；節水在澤上，止而有限，與困水下漏而澤上枯者異矣。此又四卦貞悔之及也。

　　困以知命，而取舍有辨；井以定性，而動靜不改，此九卦之所不可無也。
　　句句入理，却句句入情，所以可傳。

讀困卦

升之後爲困，言不常升也。升者木升也，上澤下水，木將安托？側批：《易》當兼卦氣而言。木之爲君子也，仁也，其濟川才也。今水下漏則木枯，水下泛則木腐，本氣盡矣。故困之爲義，木見囚也。兌正秋，坎正冬，困在西北之交，金氣尅木，而冬益嚴焉。故木不得氣而衰，君子不得氣而困，困之於人甚矣哉！

雖然，卦名困，以剛爲柔所困也。爻論困義，非特剛困，柔亦困矣。柔之困也，困於株木，於石，於葛藟。所困者，槎枿之木，纏繞之草，困於石，則又甚焉。剛之困也，困於飲食，於金車，於赤紱。夫飲食、車服，皆美物也，而亦言困者，美物之困人，甚於木、石、葛藟也。昔夫子讀《易》，至"亢龍有悔"，喟然嘆曰："知進退存亡而不失其正者，其惟聖人乎！"至《困》亦喟然嘆曰："困而不失其所亨，其惟君子乎！"若是者，何也？一則得意之極而知失，故常得也；一則失意之極而知得，故無失也。側批：知道之言。得意之極而不回首，則有傾墜之虞；失意之極而不自適，則有憂傷之變。蓋窮通得失，境也。其正者，其所亨者，不爲境遷者也。若夫有言不信，是在困以言而求通也。在困以言而求通，小人之情也，異乎君子之立言矣。故知有言不信，爲小人戒也。不然，孔、孟之垂訓萬世，而亦有弗信者與？

美物之困人，甚于木、石、葛藟，讀之令人驚醒汗下。

君子無斯臾不學。黃霸之受《尚書》，趙岐之注《孟子》，皆從患難顛沛中得之，故曰："困而不失其所亨。"

讀革卦

《易》自《乾》至《革》，歷四十九卦，大衍之用數也。乾、坤至此，數極當革。故《乾》由詞曰："元亨利貞。"《革》亦曰："元亨利貞。"《乾》之六爻，由潛而見、而惕、而躍、而飛、而亢，皆有初終淺深之序焉，側批：知此四字，可讀□卦。不可紊也。《革》之六爻亦然。革乾道也，惟知乾道者方可與言革乎？

嘗觀《革》之六爻，周室之事具矣，於三分有二，以服事殷，而見固志焉。於《秦誓》三篇，而見巳日之革，與三就之孚焉。於《牧誓》，而見改命焉。於《武成》，而見虎變焉。未占有孚，故稱順應之師。然取天下不易，而安天下尤難，則豹變之爻，所以係也。夫以商亡之後，微、箕皆革，側批：妙論，得未曾有。而殷人士之心不革，《大誥》、《康誥》、《酒誥》、《梓材》、《召誥》、《洛誥》、《多士》、《多方》八篇，大抵皆爲是作。至於康后三紀之餘，猶惓惓稱道治政治一語，豈願以力征哉！"征凶，居貞吉"，聖人之戒，不亦宜乎？抑非獨衰世然也。禹曰："苗頑弗即工，帝其念哉！"帝曰："皋陶祗厥叙，方施象刑，惟明。"然則始未嘗不威苗以刑，而頑如故，則咨禹徂征，又如故，則益贊禹班師，而帝乃敷文德，舞干羽，七旬而始格之。夫干羽何以愈於兵刑哉？帝之搏苗，猶搏狐豚耳，而猶與之並生，夫然後苗知其侮慢自賢之爲非，而如天好生之爲大，安得不心服也。夫舜、禹之難如此，而況商、周乎？故《革》之六爻，周公自以其所以取殷治殷者，側批：真論世手眼。著之於爻耳。

《革》之六爻，與《乾》之六爻參看，有初終淺深之序，故曰"乾道乃革"。

凡革而不當，非明也；革而或驟，非説也。革之爲義，惟不妄革，不驟革而已，必兼二義方全。

讀 鼎 卦

《易》六十四卦，取象凡三，頤、井、鼎是也。頤則象在卦先，井、鼎則制器必在卦後。卦，伏羲所作。凡天下之器，側批：妙論。無先於卦者，是故形而上者謂之卦，側批：迫真至理。形而下者謂之器，其理一也。井、鼎二者，以前民用，然而井不如鼎之貴也，故聖人之治家國，則必自鼎始矣。下巽而上明，剛柔交而通，變熟而薦新。以舉百物，不失其任；以和百物，不失其節。非鼎之爲而誰爲乎？全體一鼎，分上下體爲二鼎。上體之鼎，有兩耳而無足，故九四之鼎折足。側批：奇極。下體之鼎，有足而無耳，故九三之鼎耳革。然四曰足，初亦曰趾者，以四應乎初，而四之足，即初之趾也。五曰耳，而三曰耳革者，以三無應乎五，而五之耳，不可爲三之耳也。且夫鉉一也，五取金，上取玉者，何也？金剛而玉和。五體柔，故貴剛；上體剛，故貴和。離爲火，而鉉居之，金畏火，而玉不畏火，故成鼎之功，以玉爲貴也，以此贊鼎，至矣。

嗟乎！從來有志凝鼎之君，國家將有大事，側批：大議論，大感慨。如郊祀上帝，一二典禮，則極其隆盛，以祈歆饗。至於聖賢之養，常若不給焉，此《秦風·權輿》

之所爲嘆也。何其不敢於慢上帝，而敢於慢聖賢也！噫！亦未觀象於鼎矣。

卦器未知孰先孰後，但《繫辭》云"以制器者，尚其象"，則象在卦先無疑矣。

聖人各卦必以道，獨井、鼎以器。道、器一也，由道可以見器，由器可以悟道。

讀震卦

《震》之爲卦，介於《鼎》、《艮》之間。鼎以正位凝命，定而靜也。側批：聖學淵源畢見。艮以思不出位，安而慮也。由鼎出震，靜而之動；由震反艮，動而得靜。程伯子曰："靜亦定，動亦定。"斯知震矣。震有二義：有自畏而震者，有震而使人畏者，二者皆足以致亨。"震來虩虩，笑言啞啞"，此以自震而致亨者也。"震驚百里，不喪匕鬯"，此以能震人而致亨者也。震以陽爲主，下卦之震者，初九也；上卦之震者，九四也。初九之震，在己爲恐懼，二乘之爲厲，三稍遠，則其聲蘇蘇而漸緩矣。九四之震，陷於坎中，雖在己爲未光，五乘之亦爲厲，上稍遠，遂索索而無聲矣。且重震自臨變，九二往四而成上卦，六四來二而乘下卦。二居下震之上，故稱"來"；五居重震之上，故稱"往來"。二之所謂"來"者，自取之也，故二之自省，在其所懷之資，爲有所喪。昔之九二，今爲六二矣，故曰"喪貝"，言喪其資也。躋於九陵，升於四也。五之所謂"往來"者，二往而四來，五無與焉。故五之自省，在其身爲無所喪，二雖喪資，仍得中位，故戒以勿逐，逐之則資與位俱喪矣。五雖無喪不當，側批：辨析入微。但已必有事焉，所以示脩省之義也。勿逐者，守其中也；有事者，行其中也。六二爲正中，六五爲大中，故象之於五曰"其事在中"，於上則曰"中未得也"。蓋天下之理，中常重於正，中則不違於正，正不必中。側批：此義最妙。《中庸》戒懼以致中，即震之義也。

二陽同震四陰，而初爲盛；四陰同爲二陽所震，而二爲盛。

震、艮爲聖學之終始。讀匏翁《震》、《艮》二卦，其于聖人內外動靜之學，思過半矣。

讀艮卦一

人身皆可見，惟背無見；人身皆有欲，惟背無欲。側批：四句盡艮背之義。蓋五官內，何官不逐境。一有所向即欲，一有所見即妄，故聖人教人"艮其背"。背者，耳目所不載也，視以不見，聽以不聞。人能"不睹不聞"，"天下何思何慮"，是謂"艮其背"。艮，止也。艮其背，則止之極矣。內不見己，外不見人，程子所謂"內外兩忘"是也。孔子發文王未竟之蘊，正以艮止之妙，豈惟一止哉？亦時焉而已。時止固止，時行亦止也。"何思何慮"固止，"思不出位"，亦止也。

今夫咸艮，心學也，皆以人身取象。咸言人前，側批：奇妙。艮言人背，此其大概也，而亦有不同者。艮言趾，咸則言拇，拇與趾一，皆在前之義也。艮言腓，咸亦言腓，腓雖在後，而前亦可見也。咸言輔，艮亦言輔，輔雖在前，而後亦可見也。此前後之可互見也。咸得兼艮之腓，而不得兼艮之限夤；艮得兼咸之輔，而不得兼咸之頰舌。此又前後之不能兼也。然而六二之柔，而爲剛所制，不能上極乎三之隨，故其心不快。九三之剛，而爲柔所陷，不肯下聽乎二之極，故至於"厲薰心"。四當心位，而言身不言心，心不可艮，側批：艮心則二氏之學矣。艮其身即以艮其心矣。五當口位，而言輔不言口，口不可艮，艮其輔即以艮其口矣。

且夫震之所主在下，初九，側批：□□□□。下之最下者也。九四雖亦震主，而下連二陰，爲互艮之體，失其所以爲震矣，故不如初之吉。艮之所主在上，上九，上之最上者也。九三雖亦艮主，而上連二陰，爲互震之體，失其所以爲艮矣，故不如上之吉。凡上爻，除《井》、《鼎》外，鮮有吉者。惟《艮》之在上體者，凡八而皆吉。《蒙》之上九，雖小不利，象亦予以上下順也，其去吉幾何哉！或曰：蒙，學者之事，始之之事也，故不言吉。艮，成德之事，終之之事也，故言吉。此其微不同也與？

人之耳目口鼻，皆有欲，惟背無欲。周子"無欲故靜"四字，從"艮背"二字悟得。

孔子言動靜，言時言時行，固發文王未發之旨，其實文王卦詞未□□言行也,一于止而不行,則二氏之學也。

讀艮六二爻象

《咸》六二與《艮》六二,皆象腓。咸下體即艮也,艮以三爲主,咸於二言腓,三言隨,隨二而動者也。三爲下卦之主,不能自守,而下隨於二,故往吝。艮於二言腓,又言隨,隨三而止者也。三列寅,不得止之宜,而二陰柔,不能救其所隨,故其心不快。雖然,視咸之執其隨者,有間矣。夫以六居二,中且正者也。以中且正之人,又當艮止之時,而其所止,不自夫己,而自夫人,曾不能自救其隨人之失,則其心宜如何。想其退聽以隨夫人也,殊非其本心也。如王曰"好色",孟子亦曰"太王好色";王曰"好貨",孟子亦曰"公劉好貨",孟子豈不拯其隨哉!側批:題晦而義顯,快心之論。孟子之心,則不快者也。況以九三而躐居六二之上,力不能拯,不得已而隨之,又豈其心之所快!然亦未肯退而聽其上之輕動也。君子於艮之六二,亦可以察其迹而哀其心矣。

古之人,側批:如夏雲之多奇峰。或不幸而類乎此者,如西京之揚子雲是也。吾讀班孟堅《漢書》,見其嘗以"清淨無爲,少嗜慾"稱之矣,又嘗以"不汲汲於富貴,不戚戚於貧賤"稱之矣,又嘗以"非其意,雖富貴不事"也,與"三世不徙官,恬於勢利"稱之矣。而子雲亦有"知玄知默,爰靜爰清"等語以自稱述。吾竊意當有漢之季,守中蹈正者,莫子雲若也夫,何新室既建,子雲乃受止而不辭?及《法言》之作,乃有"明哲保身"之語,又有"龍以不制爲龍"之語,又有"鴻飛冥冥,弋人何慕"之語。吾竊謂,此豈子雲快於其心,而爲是言耶?側批:子雲千古知己。蓋亦聊攄其憤懣耳。然則能爲中正之累者,子雲有焉。

二不能拯乎三,故心不快;三不肯下聽乎二,故厲薰心。

議論透快極矣,文亦蜿蛇如龍,此太史公、蘇東坡第二身也。

讀漸卦

漸次艮敕止而甚者也。側批:起手古崛。止而辨於物,非濟世之仁也。是以救也，艮在下，内也；巽在上，外也。内止静，女之德也；外潔齊，女之行也。内止以待時也，外巽以成禮也，是以女歸吉也。女從夫者也，必有歸也；臣從君者也，必有進也。進得位，爻也。陰陽當位，進得其正，是以有功也。止而巽，卦也。内止外巽，剛上柔下，而巽之柔，得進而附剛，是以不窮也。以六爻觀之，《漸》之六爻，皆以鴻取象，而三至四互坎，又有水涯之象，鴻水鳥而乘風。下卦艮止而有坎水，故下三爻之象，曰干、曰盤、曰陸，皆鴻之漸進，而止於水際者也。上卦巽爲風爲高，故上三爻之象，曰木、曰陵、曰逵，皆鴻之漸進，而飛於風中者也。下卦以一奇率二耦，上卦以一偶隨二奇，蓋鴻飛大者先而小者隨。陽大陰小，長幼之節，唱隨之禮，夫婦之道也。故卦言取女，爻言夫婦。三與五皆言婦，五以二爲婦，正也；三以四爲婦，非正也。三四相比而爲夫婦，婦雖孕而不敢育，女歸之不以漸者也，故凶。二五相應而爲夫婦，婦雖不孕而三四莫能勝，女歸之以其漸者也，故吉。

然則孕不孕，有異乎？九三互坎，坎爲血卦而中實，故孕。九五互離，離爲大腹而中虚，故不孕。然則上九高而無位，爻象皆吉，又何也？曰：太公造周之略，側批：古勁異常。不偉於二餓夫。漢興，諸將重漢之功，不宏於一客星。子房安劉，資於四老，無用之用，其用乃大。噫！此難與俗人言也。

　　卦以兩體論，巽四有歸艮男之義；爻以應否論，四爻無歸三男之理。此卦但言女歸，不言取女，不得與《咸》例論。

　　　奇崛，是一則子書。

讀歸妹卦詞

彖辭惟《臨》與《井》言凶，非《臨》與《井》之凶也，反乎《臨》與《井》之道則凶耳。側批：意解妙絶。《否》與《剥》言不利，在君子不利，小人則利矣。且言凶者，未嘗言不利；言不利者，未嘗言凶。《歸妹》既曰"征凶"，又曰"無攸利"，何其絶之甚也！以説而動，非情之正，恣情肆欲，何所不至。故六十四卦中其言凶，未有若是之甚者，聖人著之以爲世戒也。然《隨》亦動而説者，而曰"元亨利貞",何也?《易》以內卦爲貞,隨貞震,此動而彼說,歸妹貞兌,女說而男動,故不同也。

嘗觀自古帝王之善教其女者,側批:奇想天開。莫如堯與湯。堯試舜,觀厥刑於二女,釐降二女於嬀汭,嬪於虞。以堯之女,其淵源非不善也,尚曰"舜能以義理下其心",是無聖人爲之耦,則不克使其行婦道也。湯嫁女之辭曰:"無以天子之尊而乘諸侯,無以天子之富而驕諸侯,往事爾夫,必以禮義。"《周禮》內宰以陰禮教六宮。陰禮,婦人之禮;六宮,謂后也。又以陰禮教九嬪,不言教夫人、世婦,舉中以見上下,側批:妙解。省文也。后雖尊,不敢不受教;九御雖卑,而教亦及之。凡在王宮者,不可不知禮也,況士庶之家乎?故曰:"歸妹,天地之大義也。"又曰:"歸妹,人之終始也。"凡此皆一卦之大義,而象以爻位推之,則二四以陽居陰,有男以不正從女之象;三五以陰居陽,有女以不正從男之象。行皆失正,故爲"征凶"。上卦以六五乘九四,下卦以六三乘九二,有夫屈於婦,婦制其夫之象,故爲"無攸利"。

凡嫁皆女之少時,故古之言嫁者,例曰歸妹,《易》"帝乙歸妹",《詩》"倪天之妹"是也。歷代帝呼后爲妹,蓋相沿久矣。

女子之嫁,子道終於此,母道始於此,故曰"人之終始"。

讀歸妹六爻象

蘇子曰:"歸妹以陰爲君,在《兌》則六三是也,而初與二,其娣也。在《震》則六五是也,而四,其娣也。所以爲兌者,三也,故權在君;所以爲震者,四也,故權在娣。"權之在君也,側批:全得《公》、《穀》之神。則君雖不才,而娣常爲之用;權之在娣也,則娣雖無能爲損益,猶要其君。六三不中而居非其位,跛、眇者也。其所以能履且視者,以初與二屈而爲之娣也。"初與二,已有能履能視之才,不以自行,各致其能於三,使跛者得之以征,眇者得之以視,豈非上下之常分,有不可易者耶?然而六三不知也,自以爲能視能履,而忘其爲初與二之力,至於棄娣而用須,卒之須不可用,反而復思娣,不已晚乎?若夫九四、六五之娣也,以爲權在己，故愆期不行，以要其君，君猶待之有時焉而後歸。《詩》曰"招招舟子，人涉卬否"，四可謂能自重矣。君子讀五爻，至帝乙歸妹，其君之袂，不如其娣之袂良，而知君待娣之禮之隆也。月幾望，待之之至也。蓋古之賢臣，侧批：上下今古以立言。其得君也，臣常不得而主之；古之賢君，其得臣也，君常不得而主之。相須甚慇，而相合甚難者，往往然也。若夫上與三爲夫婦，三變爲四，上遂無夫而謂之女，四亦無妻而謂之士，女無陽以爲實，士無陰以爲血，此在君臣之際，則李德裕之喪武宗，周世宗之失王朴是已。

　　下卦屬兑陰，故初二皆陽爻，又皆以女取象。上卦本屬震陽，而四又陽爻，乃亦以女取象。蓋統一卦六爻，皆爲歸妹言也。

　　磊落錯綜，得先秦遺意。

讀歸妹六五爻象

　　史謂湯爲帝乙，陽虎謂帝乙爲微子之父。子夏曰："歸妹，湯之歸妹也。"京房載湯嫁女之辭曰："無以天子之尊而乘諸侯，無以天子之富而驕諸侯。陰之從陽，女之順夫，天地之義也。往事爾夫，必以禮義。"案《書·酒誥》言"畏敬"，《多士》言"明德恤祀"，皆云自成湯至於帝乙。蓋舉始終以言之，則帝乙乃紂父也，子夏《傳》非卜商之書，未可深據。

　　大抵五爲君位，適以六居之者，必托之以后妃、帝子、帝女，以默寓居位之象。《坤》之"黄裳"，《歸妹》"其君之袂"，后、夫人也。《剝》之"宫人"，妃御也。《明夷》之"箕子"，帝子也。《泰》與《歸妹》之"妹"，帝女也。聖人雖欲明交泰之義，猶必象以帝女，拳拳於君位之辨。

　　或曰：帝乙歸妹，未必有是事，特託辭以明義。然他高宗伐鬼方，箕子之明夷，與岐山、西山，皆指事實，況歸妹凡兩言之，恐古書有是事，今或不傳耳。或又曰：《易》言"帝乙歸妹"、"箕子明夷"、"高宗伐鬼方"之類，疑當時帝乙、高宗、箕子，曾占此爻，後人因而記之，聖人取以入爻，亦未可知。侧批：此議尤妙。二説俱有理，並存之可也。

"月幾望"在《小畜》、《中孚》以位言,陰盛而與陽亢也;在《歸妹》以德言,陰盛而可與陽對也。《易》之取義不一如此。

讀豐卦

讀《易》至《豐》而有感也。六十四卦,無義不有盈虛消息,惟《剝》與《豐》言之。剝則君子之道,已消而虛,故有息之幾。豐則天下之勢,已息而盈,故有消之幾。天地鬼神,《乾》卦後惟《謙》與《豐》言之。謙則有虛可以持盈,豐則持盈必至於虛,天地鬼神之常理也。豐有憂道焉而云勿憂者,側批:惟不憂方能憂。蓋惟智者為能憂,而空憂不如勿憂也。聖人於此,不勉以日進,而勉以日中者,宜日之中,而不宜其既中也。既中者,至足之詞也。足則溢,溢則餘,聖人處之以不足,而安所求餘。故聖人無豐,側批:可補《本義》。豐非聖人之事也。初不言豐,初未至豐也。五不言豐者,陰虛歉然,方賴在下之助,不知有其豐也。

凡卦爻取剛柔相應,豐則取明動相應。初當離體之初,四在震體之初。初之剛,與四之剛,同德而相遇。雖兩陽之勢相敵,往而從之,非特無咎,且有尚矣。然初之往上而從四也,初以陽居陽,而四又陽,故往有尚。二之往上而從五也,二以陰居陰,而五又陰,故往得疑疾。無他,六二、六五,皆陰也。六二以五為蔀,在上而暗也;六五以二為章,在下而明也。二自往五,則得疑疾;五能來二,則有慶譽。夫五暗主也,慶譽豈五之所能致哉?其喜與福特因六二之來而得之爾。

六十四卦,上爻多凶而少吉,而《豐》與《明夷》,其凶不一而足。夫《豐》與《明夷》其相去遠矣,側批:真善讀《易》者。而其占則同,豈不可懼哉?嗚呼!"豐其蔀,日中見斗","豐其沛,日中見沬","豐其屋,蔀其家,闚其戶,闃其無人",是所豐愈大,則所蔽愈多也,側批:妙。妙。豐其可恃乎哉?

聖人憂治世而危,明主見一"豐"字便生煩惱,康節先生所謂"怕處其盛"也。

勿憂非不憂也,於此有道焉,可不必憂也,故曰:"不憂之憂,深于憂。"

讀旅卦

旅之爲義，固取山止於下，火炎於上，爲去其所止而不處。然不盡此也。艮上一陽，本宜歸乾，僑居於坤；離中一陰，本宜歸坤，僑居於乾，斯其所爲旅也。山火賁，何以不言旅？旅先艮，尊陽也。離陰艮陽，先艮以爲尊陽，何也？旅取孤焉。離孤陰，艮孤陽，義各有當焉耳。兑一陰，坎一陽，各僑居異位，而不敢以言旅，何也？兑一陰見乎外，不勝喜悦焉，旅無是也。坎一陽陷於中，不勝困鬱焉，旅無是也。側批：令人解頤。旅何以小亨？何以貞吉？旅自有旅之亨，側批：可見旅之"亨吉"，與他卦不同。旅自有旅之貞，旅自有旅之吉。旅之亨雖小，而其時義則大也。

蓋天下之道，側批：説出大道理來。雖在旅，當處如在家；處旅之道，雖在上，當處如在下，則得矣。初六以陰柔居下，是旅之卑賤而不得志者。《詩》曰"瑣兮尾兮，流離之子"，初六有焉。六二居中且正，爲即次。上承九三之實，爲懷資。下役初九，爲得僮僕之貞，此旅之最善者。九三爻辭全與二反，二即次而三焚，二得僮僕而三喪，二之貞無尤而三之貞則厲者，二柔順得中，而三過剛不中故也。九四非過剛者，又居上之下，愈於九三遠矣。雖即次懷資，與二相同，然二則曰"終無尤"，四則曰"心不快"，以四之才，所至僅得資斧，側批：況不得資斧乎？非四之心也。如孟子之歷聘，或受兼金，或受幣交，豈好爲之哉？

吾聞天子無客禮，故旅五非君位，《大易》微其詞焉。側批：《春秋》便不然。射雉矢亡，雖亡一矢，而得文明之雉。所失者小，所得者大。天下之顯名，必歸之矣。是故論旅道之亨，則二不及五之大；論旅道之窮，側批：妙。則三不及上之甚。三焚其次，則巢尚在也。喪其僮僕，則牛尚存也。巢在則有可歸之舍，牛存則有可行之資。上九乃巢焚牛喪，側批：可爲痛哭。欲歸則無其所，欲行則無其資，此天下之至苦人也。仲尼曰："丘也，東西南北之人也。"蓋自傷也。

　　以旅與下，其義喪也；以旅在上，其義焚也。傷哉旅也，上與下無一可者矣。

備寫六爻處旅情景，多少牢騷，多少感慨，鮑翁其自寫塊壘耶？

讀巽九二上九兩爻象

九二以陽居陰，因權之在初六也。而巽以下之，猶恐其未喻也，而丁寧煩悉其辭，以道達其誠意，而祈其我諒。夫恭近於禮，遠恥辱也。巽在牀下，不亦恥辱乎？非也。初六民也，民不可無下也。側批：妙論。孝子不諛其親，忠臣不諛其君，諛則人以爲罪。苟其與民同是非，同好惡，則人弗謂之諛，而群然以父母之名奉之矣。讀書至《盤庚》三篇，側批：如夏雲奇峰。與周《多方》、《多士》諸誥，其時之君，所以勸諭其百姓者，何其謙卑而遜順也。二之得吉，宜已。

雖然，二與上，皆以剛居柔，二吉而上凶，二用史巫，而上喪資斧，何也？二得中，而上失中故也。夫二之巽在牀下，巽於初，巽於民也；側批：妙。上之巽在牀下，巽於五，巽於君也。側批：妙。巽於民，不失爲仁愛；巽於君，則爲道諛，爲從欲。於上下之分，則爲正；於弼違之道，則爲凶也。然則巽與諛，有異乎？曰：巽以善入爲心，諛以希合爲心。因巽獻諛，側批：奇思湧出。是謂假公濟私；惡諛忘巽，不且因饐廢飱乎？

巽之爲卦，以居中得位爲善。二得中而無位，三得位而失中，初、上則位與中皆失，皆不得盡巽之道。惟九五位乎中正，此所以貞吉而爲申命之主也。

古健奇矯，先秦文字。

讀兌卦

嘗考三女之卦，側批：豎義如山。聖人多以貞戒之。《離》曰"利亨貞"，《巽》曰"利貞"，《兌》曰"亨利貞"，皆以正言也。三男之卦，則不言貞。《震》曰"亨"，《坎》曰"心亨"，《艮》曰"艮其背"，蓋陰柔之質，多病於不正，而陽剛能有立也。《兌》之"亨利貞"，自是三德，非利在於貞也。側批：看得分明。故曰"説以利貞"，言以利與貞而得説也。側批：妙極。利者説之情，貞者説之理。柔在外爲利,利者萬物之所説也;剛在内爲貞,貞則天人之理得矣。順乎天,兑上也;應乎人,兑下也。

《兑》以六三爲主。凡諸爻稱兑者,皆謂三也。初九與之同體,爲和兑。九二與之相比,爲孚兑。六三來而成兑,爲來兑。九四當三五往來之衝,爲商兑。上六與三相應,爲引兑。九五不稱兑而稱剥者,卦中獨此一爻與三非同非比非應,捨三而去,自與上比也。陰來比陽爲兑,側批:剖釋細入秋毫。陽往比陰爲剥。陽爻曰和、曰孚、曰介,皆剛辭也;陰爻曰來、曰引,皆柔辭也。然則兑之引,與萃之引,有異乎?曰:《萃》之六二引吉,下爲上所引也。《兑》之上六引兑,上爲下所引也。上可引下,下不可引上,故引同而占異也。或曰:兑爲口舌,六爻之詞簡,抑以滕口説爲戒與?

卦内四陽皆君子,二柔皆小人。五雖孚剥,只曰"有厲"。三則凶,而上則未光矣。

讀兑九五上六二爻象

嘗謂"都俞吁咈",未足以見唐、虞之盛,盛安在哉?"稽於衆,舍己從人","予違汝弼,汝無面從",以叢脞惰墮相戒飭,此其盛也。猶未也。疇咨歷試,"惇德久(允)元","知人則哲","惟帝其難之",此其盛也。若君曰都,而臣曰俞;君曰吁,而臣曰咈,此孚耳,未及所以孚也。後之人主,孰不各以其所孚爲賢,側批:古今同。而往往孚於剥,則不如勿孚也。

蘇子曰:"六三、上六,皆兑之小人,以陰爲質,以説爲事者,均也。六三履非其位,而處於二陽之間,以求説爲兑者,故曰'來兑',言初與二,不招而自來也,其心易知,其爲害淺,故二陽皆吉,而六三凶。上六超然於外,不累於物,此小人之託於無求以爲兑者也,側批:如見其肺肝。故曰'引兑',言九五引之而後至也,其心難知,其爲害深。故九五'孚於剥',剥者,五陰而消一陽也。"上六之害,何至於此?曰:九五以正當之位,而孚於難知之小人,其至於剥,豈足怪哉!雖然,其心蓋不知而賢之,非説其小人之實也,使知其實,則去之矣。故有厲而不凶。然則上六之所以不光,何也?曰:難進者,君子之事也;使上六引而不兑,則其道光矣。

兑天地之柔氣也,故象戒夫貞,而爻每喜夫剛。兑未有不以剛善者也,而剛者之于貞,未易言也。

讀兑九五爻象

説之感人,最爲可懼,感之者,將以剥之也,側批:令人毛骨俱竦。況爲君者,易狃於所説,故雖聖人,且畏巧言令色,況凡爲君子者乎!兑秋之中,九月爲剥,他爻皆稱兑,五不稱兑而稱剥,深爲君子戒也。

或曰:九五居兑而言剥者,以卦氣當之也。兑爲正秋,下二爻七月爲否,中二爻八月爲觀,上二爻九月爲剥。九五當剥之時,而説比小人,是助剥也,故以是戒之。象曰"位正當也",言雖兑爻,側批:析義極精。正當剥位也。《履》二卦皆成於乾、兑,故《履》之九五稱夬。小象辭與此同,亦言其在履而當夬位也。《中孚》九五曰"有孚攣如",即用《小畜》九五之辭,故其象亦曰"位正當也",言巽體居上,四五以正相孚,皆與《小畜》相當也。《否》九五曰"大人吉",其象亦曰"位正當也",言此爻正當《乾》卦九五大人之位也。《易》中小象,言位正當也,凡四爻,皆兼取兩卦相當之義,側批:不可不曉。此外得位之爻,或稱正,或稱當,無兼稱者。

以一"剥"字當小人,何等詞嚴義正。説不可爲訓,聖人于五爻,深致戒焉。

《兑》之九五,雖兑爻而當剥位;《履》之九五,雖履爻而當夬位,解"位正當"三字至精至確。

讀節卦

節中其節之義,在學爲不凌節,側批:"節"字有許多妙解。在禮爲節文,在財爲撙節,在物爲符節,在臣爲名節,在君帥爲節制,惟其時物耳。聖人立法教人,一本天理之自然，不使之過與不及，雖若出於人事，要其本體，有均調而無偏枯，側批：甘而不苦。是乃所以爲節也。

《節》六爻，大率以當位爲善，不當位爲不善。初九、六四、九五，當位者也，故五吉、四亨、初無咎。九二、六三，不當位者也，故二凶而三嗟。上雖當位而亦凶者，則以其當節之極，居上之窮，故其取義又不同也。若以兩爻相比者觀之，則爻各相比而相反。初與二比，初不出戶庭則無咎，二不出戶庭則凶，二反乎初者也。三與四比，四柔得正則爲安節，三柔不正則爲不節，三反乎四者也。五與上比，五得中則爲節之甘，上過中則爲節之苦，上反乎五者也。聖人於爻義，用意之精如此。

雖然，此以理而論也，若乃舉其人而實之，閉門而不納，側批：痛快極矣。如泄柳、申詳，則是節之過於守矣。下車而伏謁，如子擊之於田子方，則是節之過於禮矣。結纓而蹈孔悝之難，如仲由，則是節之過於義矣。惟天道亦然。九年之水過於溢，七年之旱過於乾，皆氣之亢而匪中者也。故天人之節，莫大乎中和。

聖天子不可無甘節之化，賢公卿不可無安節之度，士君子不可無苦節之心。

《易》以道義配禍福，而道義重于禍福。《習坎》上六曰"過涉滅頂，凶"矣，又必曰"無咎"。《節》上六曰"苦節貞凶"矣，又必曰"悔凶"。理之得失，尤重于事之吉凶也。

讀中孚卦

中孚，兼中實、中虛二義，在二體則中實，在全體則中虛。中實爲孚，謂實理充乎其內，而外邪不得入之，此中孚之體。中虛爲孚，謂外邪不得入，故中性有虛明道理，此中孚之用。《中庸》言誠，又言明誠，實明虛也，其即此義乎？孚之爲字，從爪從子，取鳥以爪抱卵之象，故乳亦從孚。橫渠曰"子而孚化之"，惟中孚故能化其子，惟中孚乃能應其母，此義精矣。豚躁魚冥，而可以感者，孚故也。忠信可以蹈水，故利涉大川，必利於貞者。孚而不正，無取乎孚，如盜賊相群，男女相私，士夫死黨，小人出肺肝相示，雖孚非正也。

中孚，人之本心。初"虞吉"，未失其本心。四"馬匹亡"，能絕其非心。三信非人而失心，上信非道而惑心，惟二五中正。"孚攣如"，如雌鳥伏子，靡好爵，如鳴鶴母子，即心一天矣。然而有爾有我有它，中孚之藩籬也；或鼓或罷，或泣或歌，中孚之變態也。九二澤體，故有在陰之象；上九風體，故有于天之象。非所信而信之，君子以爲偽也；非所進而進之，君子以爲退也。然則豚魚知風，鶴知夜半，雞知旦，皆物之有信者，中孚之取象博矣。而又有取乎月與馬，何也？曰：此又爲大臣言之也。月幾望，不處盈也；馬匹亡，不爲黨也。禹之不伐，周公之不驕，月幾望也。晏子不入崔、陳之黨，韓退之不污牛、李之朋，馬匹亡也。然而大象又取議獄緩死者，何也？曰：苟非中孚，則議獄爲故入，緩死爲故出，此《尚書》所以重"明允"也。

《中孚》取象於孚卵，《小過》取象於飛鳥，法象自然，豈能強作！

人心中實、中虛，非二時，亦非二體，合此卦象，益見至理。

讀　小　過

《小過》之次《中孚》者，何也？《中孚》有卵之象，《小過》中二畫，是鳥腹背；下四陰，爲鳥翼之象，此《小過》所以次《中孚》也。陰自外入，據用事之地，而陽不振於内，謂之小過。小過可小事，不可大事，大則凶矣。如飛鳥宜下不宜上，上則逆矣。鳥之用在翼，故於初、上言之。然初、二、五、上皆翼也，獨初、上言之，何也？鳥飛不在翼，而在翰，初、上其翰也，飛於初已凶，側批：初、上兩爻之義已盡。飛於上可知矣。

雖然，鳥有飛，必有過；人有行，亦必有過。有過必有遇，聖人於初、上言飛矣，於二、三、四，或言過，或言遇，或言及；於上又言過與遇，然則過與遇與及，有異乎？曰：相過之謂過，過是有心；邂逅之謂遇，遇是無心。《春秋》"公及宋公遇於清"，側批：此段文字極奇。我所欲曰及，不期而會曰遇。及是有心，遇是無心，遇與及相反，過與不及相反。二之陰，本過於陽，今進則過而遇其妣，不進則不及而遇其臣,皆過而不過者也。故君子有過祖之行,側批:妙句,不可多得。斯成遇妣之孝;有遇妣之孝,斯成遇君之忠。古之人求忠臣於孝子之門,即此義乎?

夫過而不過者,或過而反遇,或不及而適遇,非他爻之所能比也。他爻弗過而從者有之,弗過而遇者有之,弗遇而過者有之,豈能如二之過而又遇者乎?弗過而從者,九三是也,其失在從;弗過而遇者,九四是也,其失在往;弗遇而過者,上六是也,其失在離。於斯時也,五以陰柔居尊位,雖欲起而與天下之士圖之,無奈密雲不雨,天道使然。孔子讀《詩》至《正月》之六章,側批:忽作此想,奇妙,奇妙。懼然曰:"不逢時之君子,豈不殆哉?"然而猶言"可小事,不可大事"者,何也?救得一分是一分,側批:如見聖人熱腸。此聖人望人之至意也。

陽之過宜上,陰之過宜下,聖人扶抑之微意也。

事因有待,過而後能亨者,只宜分大小、上下耳。

讀既濟未濟二卦一

後天以坎離居先天乾坤之位,故上經首《乾》、《坤》,終《坎》、《離》,下經亦以《坎》、《離》之交不交終焉。上經《乾》、《坤》之後,《坎》上《坎》下凡六卦,下經亦以《坎》上《坎》下終焉。卦名《既濟》、《未濟》,亦且取義於坎。五行坎中之水最先,天下坎險之事亦最多也。夫濟美詞也,亦危詞也,今曰"既",則濟已畢矣,濟已畢,側批:妙。勢必復爲不濟。六十四卦,六爻皆得其位,惟《既濟》耳,而猶不免于終亂,惡其既也。既濟之末,未濟之初也,天人交懼之會,《易》所最重,而聖人所不敢必也,側批:妙。是以未之未之云者,將然猶未然之辭也。然六爻雖皆失位,而剛柔皆應,則亨必有日,慎勿爲小狐可耳。側批:妙。

或曰:狐爲坎,坎尚未濟,至離乃濟,故傳以"未濟亨"爲"柔得中"。《易》重貞。《既濟》象言貞,《未濟》爻言貞,而《未濟》之言貞在離者多,貞天之命也,人生而靜之性也,誠知貞而謹持之,更有何事不濟乎?聖人取《既濟》之初詞,而分見于《未濟》之初二兩爻,以見可爲之中,側批:透二卦之義。有不可爲者存,而不可爲之中,有可爲者存也。今夫一伐鬼方也,在《既濟》,則宜勿用小人,而防三年之憊;在《未濟》,則宜震用君子,而獲三年之賞。此其故何也。未濟者,未出于難也,其時上下一心,譬如胡越同舟而遇風,雖厲民以犯難可也。及其既濟,已出于難,則上之用其民也,易以致怨,而下之爲其上用也易以致疑。故《未濟》之九四,有賞于大國,而《既濟》之九三,則憊也。且也坎以陽陷陰中,內塞而外暗,反爲離,則中虛而外明。《既濟》之九五,有事幽之禮焉,暗也;《未濟》之六五,有光輝之象焉,明也。

不特此也。文王係《未濟》之象,既取象濡尾矣,周公係二卦之爻,不特以初爲尾,且以上爲首焉,故於《既濟》之終,以"濡其首",爲時事之失;於《未濟》之終,以"濡其首",爲人事之失。然而《既濟》之濡首者,水也;《未濟》之濡首者,非水也,酒也。水之溺人,溺其一身;酒之溺人,溺其一心,以及天下國家。故洚水之害,小于儀翟之酒,禹惡旨酒之功,大於洚水之平。

高宗伐鬼方,《既》、《未濟》俱有之。《既濟》乘富強之餘也,《未濟》承陵替之積也,故一憂其憊,一慶其賞。

《既濟》之"濡尾",將登岸而濡也。

《未濟》之"濡尾",將涉淵而濡也。

讀未濟上九爻象

《未濟》至上九,濟道既成,此武王在鎬飲酒樂豈之時也。夫武王在鎬之樂,至幽王之時,君子猶思之,而爲之賦《魚藻》焉。夫豈有不見信於人,而容有非咎之者,此上九所以"有孚於飲酒,無咎"也。若夫濟道既成,而無思患預防之念,如幽王之荒廢無度,而興衛武公"初筵"之刺焉,則沉湎淫佚,而有濡首之失矣。故威儀一也,而有反反幡幡、抑抑怭怭,前後之異焉,豈不失是孚也哉?故其《詩》曰"不知其秩",又曰"不知其郵",此象所謂"飲酒濡首",亦不知節也。

然則飲酒亦一也,側批:風流掩映,文之生乎情者。爲武王則君子思之,爲幽王則武公刺之,無他,有是孚與失是孚之異故也。夫《易》有三百八十四爻而成書,其半陰也,其半陽也。然《易》爲君子謀,故以《乾》之初九始焉,而《未濟》之上九終焉者,貴陽道也。是以聖人於《乾》之初九也,則戒之以"潛龍勿用";於《未濟》之上九也,則戒之以"飲酒濡首"。嗚呼!吾以是益知《易》之始終爲君子謀也。

"是"字最大。《易》六十四卦三百八十四爻,不過教人成就一個"是"而已。

武王在鎬飲酒則君子思之,幽王則武公刺之。兩兩比對,文情宛絕,可以怡人。

讀儀禮禮記一

《六藝論》云:"漢興,高堂生得古禮十七篇。後于孔壁中,得五十七篇,其十七篇,即今《儀篇》。"可見古禮之存者,僅十七篇,亦千百中之什一耳。吉禮之存者,《特牲饋食》、《少牢饋食》、《有司徹》,凡三篇。凶禮之存者,《喪服》、《士喪禮》、《既夕》、《士虞禮》,凡四篇。賓禮之存者,《士相見禮》、《聘禮》、《覲禮》,凡三篇。嘉禮之存者,《士冠禮》、《士婚禮》、《燕禮》、《鄉射》、《大射禮》、《公食大夫禮》,凡七篇。惟軍禮無一存焉。愚謂十一(七)篇,行于士,行于鄉者居多,而天子、諸侯、公卿之禮,十亡其九。可見當時廢禮者,皆自上始,故曰"諸侯惡其害己,而去其籍",豈無謂哉!魯秉周禮,孔子魯人也,乃不得見古禮之全,從老聃問焉,況列國乎!然則古禮之亡也久矣,非秦火之故也。若夫四十篇,乃周、秦儒生,誦習古禮,各以意解釋其義。焚書之後,記錄成篇。其後書禁既解,漢人高年者,尚能記憶其詞。如伏生受《書》于晁錯,皆足以傳,故受者率多訛舛。今《禮記》一經,皆錯綜其文,互見雜出,先後謬戾,或一章而兼及五禮,或一詞而兼該數義。後雖有大儒者,起而更定類析之,勢固未易,亦徒三嘆息耳。側批:真可嘆。

大抵秦、漢諸儒,所學有淺深,側批:漢儒亦應心。則其所言,亦不能無純駁。其純者,可以補聖人之缺遺;而其駁者,可以待後人之釐正。君子生千載之後而明禮，亦惟求之心與理而已。苟求之心與理而有未安，則雖其言之出于聖人，吾未敢以爲是，況其不出于聖人者乎！苟求之心與理而安，則雖其言之不出于聖人，吾未敢以爲非，況其有功于聖人者乎！然則今日之《戴記》，固周公之孝子也。學宮之頒，豈獨以見漢儒之有補于周公，側批：千古定論。亦以見周公之有賴于漢儒也。子貢欲去告朔之羊，孔子不許，存羊即以有禮也。《戴記》之不廢，亦存羊之意歟？

《禮經》殘缺之後，漢儒補葺不爲無助。匏翁不貶漢儒，極是。漢儒者，《禮經》之功臣；匏翁者，漢儒之功臣也。

羽翼經儒之文，可與日月爭光。

讀儀禮禮記二

《儀禮》爲經，側批：鐵案。《禮記》爲傳，先儒不易之論。蓋《儀禮》真聖人之作，升降揖讓、拜興旋辟之節，無一字少得，皆天理也。孔子曰"吾學周禮"，非特今之《周官》，但周之禮皆是，如《儀禮》其最著者。《儀禮》其先必多。五禮，君臣、父子、夫婦、長幼、朋友，必各有相接之禮。故《書》云："天秩有禮，自我五禮有庸哉！"凡經中五禮，當爲五倫之禮。蓋禮者，所以行五倫之道者也。今《儀禮》不全，止存士禮十七篇。而《禮記》其傳也，記中多有記君臣、父子、夫婦、長幼、朋友之禮者。但其經已不存，《禮記》無經可繫，後人即目之爲經，誤矣。

蓋有有經而無傳者，如《公食大夫》、《士相見禮》二篇是也。有有傳而無經者，如《郊特牲》、《諸侯釁廟》、《遷廟》，及《公符》等篇是也。吳草廬欲以《諸侯釁廟》、《諸侯遷廟》、《公符》等篇爲經，不知此數篇，與《投壺》等篇，皆逸經傳也。又如天子喪禮、諸侯喪禮，亦必有儀禮經，此特其傳耳。草廬取二戴記，或全篇，或章句，以補《儀禮》之缺，是以傳補經也。愚謂讀二禮，與講《春秋》一般，側批：善讀《春秋》、《禮記》者。宜經自爲經，而傳自爲傳。《春秋》不屈經以就傳，二《禮》不借傳以補經，則庶乎兩得之矣。

《儀禮》自是經，《戴記》自是傳。吳文正欲以經補傳，差矣，此文分晰極明。

讀月令

昔吕不韋著《春秋十二紀》，漢儒述以爲《月令》。世之儒者，以其出於不韋也，多訾議之，固已。但《月令》所紀者，非盡不韋之說，其合於唐、虞、三代行事之迹者，十有五六，未可盡廢也。彼世之訾《月令》者，則曰：孟春之月，天子以元日祈穀於上帝，天子親載耒耜，措之參保介之御間，帥三公九卿、諸侯大夫，躬耕帝藉。按保介御者之間，乃天子所立之處，而乃置耒耜於此，可乎？聘名士，禮賢者，何時不可，獨於季春之月，何居？令奄尹，申宫令，謹房室，必重閉，省婦事，勿得淫，四時皆不可不謹者，何獨於仲秋之月行之？季夏之月，不可以令諸侯起兵動衆，時有亂民敵國之變，將止而不舉耶？孟冬之月，命太史釁龜，筮占兆，審卦吉凶，使他時有大疑大事，將不得占耶？又如春止獄訟，省囹圄，秋始善囹圄，具桎梏，則夏月即有殺人斬關者，亦不桎梏囹圄耶？世之訾《月令》者如此。

愚曰：不然。古之人君，以順時爲義，不得違時而妄動，非故樂爲拘拘也。蓋欲法天道之常，凜然提撕警覺，而不至有廢時失事之憂。其或大政大令，所當急行，而不容於俟時者，則又未嘗不變通宜民而無所待，初亦何害其爲承天道而順時宜乎？譬之飲湯飲水者，冬、夏之常然，豈謂天下之人，冬而不必飲水，夏而不必飲湯哉！或又執災異之說，類於瞽史，以爲《月令》病者，不知亦不然也。昔箕子衍《洪範》，以恒雨恒暘、恒燠恒寒恒風，爲貌、言、視、聽思之咎徵，若如或者之見，則謂箕子爲瞽史，亦可乎？漢儒劉向作《五行志》，推《麟經》所書，據徵比合，必欲相當。雖未必數中，然其大較，亦不甚誣矣，必盡以爲怪妄而去之，則後世所謂"天變不足畏"者，可深罪耶？《傳》曰"君子不以人廢言"，《月令》之謂也。

《月令》一書，多爲秦而諱也。然則何以傳？曰：以其猶能道先王之故也。

秦既焚書，《月令》獨行於世。既坑儒，不韋尚立其朝。

讀明堂位

漢儒記禮，不敢盡誣以爲非，亦不敢盡信以爲是，是故莫若求之於經。側批：公道。《戴記》之不可信者，莫如周公踐阼一事，請有以明之。

《文王世子篇》，始言"成王幼，不能涖阼，周公相其踐阼而治"。既又言"周公踐阼"，則周公直居天子之位，與安漢公無異矣。《明堂位》又言"周公朝諸侯於明堂之位，天子負斧扆，南面而立"，鄭氏遂以天子爲周公，是又已即真，不特安漢公而已。《戴記》之謬如此，惟經可以析之。《尚書·蔡仲之命》，"惟周公位冢宰，正百官"，是以冢宰而攝踐阼之事，未嘗直言踐天子之阼也。周公位冢宰之先，司徒、宗伯、司馬、司寇、司空之屬，有事，周公兼而行之。周官既建，雖有之才之美，未嘗越俎焉。越俎且不敢，側批：好証佐。況踐阼乎！成王元年，周公攝政二年，周公居東，秋天大雷電以風，王迎公東歸，七年歸政，中更羣叔流言，武庚繼叛，淮夷、徐戎並興，東征西討，歲無寧晷，周公岌岌不自安者六七年，其敢晏然朝諸侯於明堂之上乎！及周公既歸於鎬，因毖殷之使，致宗功之禮，"以秬鬯二卣，曰明禋，拜手稽首休享"。蓋以周公遏亂之功，爵禄不足以加，土田不足以庸，而惟一片精享，側批：好証佐。庶報答于萬一耳。周公猶不敢當，而禋於文王、武王，觀此則知成王之所賜，周公之所受，止於如此，又安有所爲天子之禮樂，與夫郊祀之禮者耶？縱使有之，周公生不敢受，没不敢享，果其受之享之而不辭，則是周公制禮，而自壞禮者也，是固便於天下之爲篡者也。

吾讀《明堂位》諸篇，未嘗不嘆周公之不幸，而有此誣也。乃又以爲天下資禮樂焉，此或仲尼門人，侈魯而大之，聖人之本心，吾恐其不若是也。他日，仲尼又曰"吾舍魯何適"，言欲逃之而不可得也，可以見其悲矣。

《明堂位》諸篇，漢末劉歆、揚雄之徒，附會其説，以爲王莽地者。後世猶尊信，以爲聖經，真可慨也。

將《尚書·蔡仲之命》來作証佐，極好。

匏野文集卷十

讀

讀太極圖説

學者聞太極之名，則歎爲神奇；聞無極之説，益驚爲渺茫。其實無極與太極非有二也，以無聲無臭而言，側批：何等了捷。謂之無極；以極至之理而言，謂之太極。無聲無臭而至理存焉，故曰無極而太極，此在學者之善會耳。

何以言之？孔子讀《易》，韋編三絶，一番憤，一番樂，一番樂，又一番憤，始悟畫前有《易》，無可名，而名之曰太極。側批：描寫三絶意思妙極。從古聖人，別白性理之名，側批：太極是性理總名。未有若此之奧者也，此孔子獨見也。自孔子而下，歷千五百年，大賢輩出，側批：妙。無人言太極者，或以其理秘，不肯言，亦未可知。舂陵周子獨取太極而圖之説之，且加"無極"於"太極"之上，此其膽誠壯，側批：所謂開人不敢開之口。而其思亦渺矣。

或曰："無極"二字，非始於周子，邵子先言之矣，曰："無極之前，陰含陽也。"但邵子尚以氣言，周子尚以理言，此其微不同耳。且夫世之言理氣者多矣，或先或後，迄無定論，然而有此理，方有此氣，似乎理先而氣後。今以兩儀、四象、八卦視太極，則太極是理，而兩儀、四象、八卦是氣；若以無極視太極，則太極不且爲氣矣乎？曰：太極不可以氣言也。側批：千古斷案。程復心《大學章句圖》，首畫太極圈，中間著一"氣"字，其説曰："太極未有象，惟一氣耳。"識者非之，蓋以氣中有太極則可，以氣言太極則不可。以氣言太極，猶之乎以氣言性也。程子曰："人生而静以上不容説。"朱子解之曰"'不容説'者，未有性之可言"，則周子之所謂"無極"也。側批：妙。太極只是性，到陰陽、五行上方是氣。

侧批：分明之甚。程子後來"氣質"之言，即圖説陰陽、五行之變，而推言之也。然則謂程子親受《太極圖》於周子，終身不以語人者，亦未深思及此耳。

周子又曰"聖人定之以中正、仁義而主静"，先儒謂"主静之静，侧批：妙。不對動而言"，此深得周子之意者。蓋主静即太極，侧批：妙。是從無極來的，非謂静之境界也。然《圖説》終篇又引《易》"原始反終，故知死生之説"，何也？《易》言"死生"，《中庸》言"終始"，此又篇首"動極而静，静極復動"之意，所謂"貞元間太極"也。侧批：亦邵子之太極。由斯以觀，伏羲《先天》、文王《後天》，孔子其太極乎？學者欲學孔子，必先法周子；先法周子，而後可以承當太極，侧批：真善讀《圖説》者。透盡太極，而後可以認得周子。周子地分胸襟，彷彿一孔子，其太極之孝子乎？

周子彷彿孔子，此論甚奇。又曰"孔子，其太極乎"，周子，"其太極孝子乎"，畢竟孔子是師，周子是弟子。

讀周子通書

《易》書一字一義，侧批：四語高凝之極。皆自《先天圖》出。《通書》一字一義，皆自《太極圖》出。此《先天》、《太極》二圖所以爲萬世文字之祖，理義之宗也。《通書》曰"誠者，聖人之本"。誠即圖之太極也。其曰道、曰善、曰德、曰仁、曰義、曰一、曰靈、曰中、曰王道、曰王法、曰精藴，則誠之別名，亦即圖之太極也。其曰誠源、曰繼善、曰誠通、曰動有、曰感而遂通、曰動直，即圖之陽動也。其曰誠立、曰成性、曰誠復、曰静無、曰寂然不動、曰静虛，即圖之陰静也。其曰仁、義、禮、智、信，曰動、静，言、貌、視、聽，曰禮樂、曰明通公溥、曰動變化，即圖之五性陰陽、五行太極也。其曰乾、曰復、曰無妄，即圖之太極也。曰時中，則圖之中。曰艮止，則圖之主静也。若夫幾有兼善惡言者，侧批："幾"字、"神"字、"思"字，另抽講，極是。有尚以善言者，則圖之太極，在陰陽動静之間也。神與思，則圖之太極，在動中也。三者尤周子喫緊爲人處，故一書之中，三致意焉。

全乎圖之太極者，爲聖爲賢，爲神爲師，爲公爲明，爲孔子，爲伊尹，爲顏子、仲由；違乎圖之太極者，爲過爲陋，爲僞爲妄。凡爲圖所已及者，書則闡而繹之；爲圖所未及者，書則伸而長之。圖與書，相表裡如此。故夫誠也者，千古聖學之第一義也，學苟得第一義，侧批：理學真傳。則雖懲忿窒慾、改過遷義，皆第一善也。苟落第二義，則雖無思無爲、寂然不動，猶爲第二義也。此與專求之文藝之末者，雖稍不同，其爲未得太極之旨，則一也。

然則誠者如何？曰"不勉而中，不思而得"，此真消息也；終日如愚，終日忘食，此真工夫也。誠豈易言哉！嗚呼！周子於圖，發無極二五之妙；於書，闡一實萬分之秘。昔也，太極自爲太極，今而知誠即太極矣；昔也，圖自爲圖，今而知書即圖矣。然則讀周子之書者，侧批：韓、歐手筆。不徒有以考乎其書，而又當考周子之圖，一一與書相合，而後可也。

先儒云"《通書》與《太極圖》表裡"，又云"《通書》只一個'誠'字括盡"。此文發明兩句之義，無毫髮遺憾矣。

朱子評《通書》，文雖高簡，意實淵懿。余以"淵懿"評此文，可乎？

讀西銘

《西銘》認天地爲父母，認天地之塞之帥，爲其體其性；認天下人，爲同父母之兄弟，認物爲同類。從上以來，曾見有人胸襟如此大者乎？尹和靖曰"人本與天地一般大，只爲人自小了。若能以天地之心爲心，便是與天地同體"，可謂知《西銘》者矣。

《西銘》一書，規模宏大，而條理精密，非片言之所能盡。然其教人做工夫，侧批：《西銘》喫緊爲人處。只在敬與恐懼。故曰"於時保之子之翼"也。又曰"不愧屋漏爲無忝，存心養性爲匪懈"，謂之畏天可，謂之敬親亦可。今夫身體膚髮，子之所受於父母者也；心性，亦子之所受於父母者也。身體膚髮，猶不敢毀傷，而況心性乎？故存心養性，孝之至也，天在其中矣。古之仁人，事親如事天，事天如事親，事親、事天無二理也。

嗚呼！世之讀《西銘》者，以爲《西銘》言孝，不言仁耳，豈知其借孝以明仁者乎？昔孟子時，有楊子、墨子者，起而言仁義，孟子闢之，一以爲爲我，一以爲兼愛。夫自常情而論，孰不曰兼愛厚，而爲我薄。然而孟子之攻墨子，甚於攻楊子者，何也？蓋爲我之害，人知之，而兼愛之弊，則始也以愛父母者愛他人，而其終也至以待他人者待父母，此其尤不可者也。

善乎伊川之言曰："《西銘》明理一而分殊。"蓋爲龜山氏言也。若《西銘》，但言理一，不言分殊。而龜山又曰："知其理一，所以爲仁；知其分殊，所以爲義。"噫！龜山殆爲下學者言乎？大抵世人學問，識義者多，側批：説透學人病根。識仁者少；識分殊者多，識理一者少。蓋仁統四德，仁之理一，貫乎分殊之中；義之分殊，不在理一之外。《西銘》之作，意蓋如此。嗟乎！世之藉口兼愛不可爲，側批：收局古宕。視人飢寒疾苦，漠然不動其心，甚至視同氣如路人者，使遇橫渠先生，必且以此非天地之肖子，而斥之不少恕者也。

《西銘》將孝來形容仁，事親底道理，便是事天底樣子，悟此兩句，方可讀《西銘》，方可讀此文。

言仁，則義在其中；言理一，則分殊在其中，全文發此意。説理之文，難得此跌宕之筆，至矣妙矣。

讀 小 學

湛元明先生曰："王者之風熄而教弛，教弛而後二學亡。《小學》亡，而王宮黨遂之教無傳焉。《大學》亡，而辟雍泮宮之教無傳焉。夫二學未嘗亡也，二教弛而皆逸于《戴記》也。《大學》之逸也，其篇全，而程氏表之。《小學》之逸也，其篇散，未有會而聚之以復古者。若今之《小學》，則朱子所輯之書，雜以後代之文，側批：的確之論，與陽明貶朱子不同。而非盡古之文也；參以大人之事，而非盡小子之職也。此未定之書也。"元明此言，蓋亦有見。愚則謂：凡朱子之言，多本于程子。程子曰："古之人，自能食能言而教之。是故，小學之法，以豫爲先。蓋人之幼也，知思未有所主，則當以格言至論，自陳于前，使盈耳充腹，久自安習，若固有之者，後雖有讒説搖惑，不能入也。"朱子曰："古人自入小學時，已自知許多事耳。至入大學時，只要做此工夫。"又曰："古人小學中，禮、樂、射、御、書、數，都學了。及長，只理會窮理致知工夫。"程、朱之言主于合，元明之言主于分，其不同如此。

嗟乎！古小學之教，弟子自八歲以上，無貴賤皆入焉。其所習藝業，則有近代士大夫所未學者，側批：射、御、書、數是也。而近代士大夫所學，側批：章句記誦是也。則又有非古人弟子所當務者。一二好古之士，每咨嗟嘆息于年歲之已邁，而小學之不可復，以爲憂者。然而毋庸也，今之讀書作文寫字，以及應事接物，則皆灑掃、應對、進退之類，一念敬則念念皆敬也，側批：性理名言。一念肆則念念皆肆也。先儒欲以"敬"之一字，補《小學》之缺，此論最精。元明不云乎，"程子作字甚敬"，即此是學。蓋敬是徹上徹下工夫，自初學以至聖人，只有一事，更無二事。孟子曰："學問之道無他，求其放心而已矣。"此合《小學》、《大學》而一於敬之謂也。側批：不易之論。

"古人雖胎教、保傅之教，猶勝後代庠序鄉黨之教"，程子此言，真令人慚愧。

朱子《或問》以《小學》、《大學》之功，全歸"敬"之一字，陽明先生則曰"合之以敬而益離"，不知何解。

校 點 後 記

《匏野文集》二十卷，今存十卷，清張汝瑚著。

張汝瑚，生卒年不詳，字夏鍾，號虛巖，福建晉江人。由府學生員中崇禎十五年(一六四二)舉人，順治十二年(一六五五)參加會試，中乙榜，歷任山西清源知縣、湖廣安陸府通判。今集中《誥封淑人蔣母七裒壽序》作於康熙三十七年(一六九八)，則其享年應在八十以上。汝瑚平生嗜學，凡經史子集，靡不熟復玩味。"爲文春和大雅，泉中自王遵巖後，罕有其匹"(光緒《金門志》卷十)。著有《匏野初集》、《匏野二集》、《賢賞堂文集》，編有《明八大家文選》、《明十二名家文選》、《皇明四家集選》等。道光《晉江縣志》卷四十五《人物志》、《典籍志》，光緒重刊《江夏縣志·雜志》，光緒《金門志》卷十《宦績》有傳。

張汝瑚爲官清廉，頗有經濟之才。據光緒重刊《山西通志》記載，張汝瑚在康熙五年(一六六六)至十一年(道光《晉江縣志》載爲"順治初"，光緒《金門志》載爲順治乙未會試後不久)任清源知縣，前後長達七年。在這七年期間，張汝瑚多有善政。比如，清源縣賦役過重，且分攤嚴重不均，胥吏上下其手，百姓苦不堪言。張汝瑚上任後，稽查賦册，大力進行清查整頓，百姓得沾其惠。永濟渠逶迤三十餘里，年久淤塞，被當地權勢之家掠爲耕地，侵占達百餘年。張汝瑚稽查地方志乘，請於上官，僱民力加以疏浚，使得荒地變成膏田。

張汝瑚又頗留心地方文教事業，注重人文化成。在他上任之前，清源縣已經連續多年沒有人考中舉人和進士。上任後，不僅創建了梗陽書院，而且增加了生員名額，禮遇士子，獎掖優雋，尊師重道，此後清源縣科第不絕。張汝瑚最爲賞識和獎掖的生員劉基振，在康熙十七年戊午科山西鄉試中拔得頭籌，督撫大加敬重，特贈予"兩省循良第一"、"三晉儀型"的匾額。

康熙十一年，因盜案詿誤，報罷，清源百姓遮道號泣挽留，甚至鄰邑百姓亦爲其墜淚。起補安陸府通判，卻例金以千計。後因事去官，流寓會城講學，致力於編選前人文集的工作。曾購求明代遺文三百餘家，評隲選刻，膾炙海内。如編選李夢陽、王慎中、唐順之、茅坤、李攀龍、王世貞、汪道昆、歸有光等八人文集爲《明八大家文選》（一説爲《明八大家集》）七十五卷，有清康熙二十一年溫陵書林刻本；編選李攀龍、李夢陽、宋濂、王慎中四人文集爲《皇明四家集選》三十三卷，有清康熙二十一年刻本。

《匏野文集》，又稱《匏野二集》（孫殿起《販書偶記》卷十四），卷首有康熙朝名宦與張汝瑚的親朋、門人所撰序六篇，依次爲康熙三十年翁叔元序、康熙三十年辛未高士奇序、康熙三十四年乙亥臧眉錫序、錢澄之序（序末未署時間）、康熙三十年鄭重序、康熙三十年高聯璧序。刻本卷首目録列有二十卷類目：卷一至卷三爲序，卷四爲論，卷五至卷十爲讀，卷十一、卷十二爲原，卷十三、卷十四爲答問，卷十五爲雜著，卷十六爲記，卷十七爲傳，卷十八爲辨，卷十九爲書牘，卷二十爲行狀、墓誌銘、祭文等。今存前十卷。文風多有八股氣，經學論文尤爲帖括體，但"文氣盤旋磅礴，起承轉合，得心應手，固亦爲文場老斲輪也"（李夢生語）。除了小部分爲應酬文字之外，大多爲研究儒家經典的論文，涉及《易經》、《尚書》、《詩經》、《春秋》等，尤其以研究《易經》的論文偏多。内容或爲駁斥舊説，或爲考證作者，或爲推衍舊説，持論大體上遵循程、朱理學之樊籬，對陸、王心學及釋、道外學多有批評。可見，《匏野文集》既是研究張汝瑚個人生平學行的第一手資料，也是研究清代福建程、朱理學發展和貢獻的重要史料。

《匏野文集》今見有康熙年間視古堂刻本，藏於泉州市文物管理委員會，邊欄有"視古堂"字樣。該刻本的正文行間多有批註，少則一字，多則十餘字，篇末又有點評，未知出於誰手。此本當爲用舊板重印，缺板甚多，中縫魚尾下卷次、頁序多有挖改、鏟除，故分卷不均，類別混亂，顯非原刻規模。所存十卷，第十卷篇幅頗少，似乎也不完整。卷一、卷二、卷三、卷四、卷六、卷九、卷十這七卷的卷首均列有校者姓名字號，而卷五、卷七、卷八這三卷均未見其卷首，只能依邊欄上所列卷數來判斷。另外，卷七之後部分文章較爲混亂，如邊欄所列爲卷九的，被列入卷八之中；邊欄所列爲卷五、卷七的，誤入卷九之中。

此次點校即以泉州市文物管理委員會所藏本爲底本，同時參校中華書局版《十三經注疏》、《新編諸子集成》等相關文獻，體例遵循《泉州文庫》叢書的有關規定。對於上述著録混亂等情形，均予以適當調整。

編　者
二〇一八年十二月

圖書在版編目(CIP)數據

匏野文集/(清)張汝瑚著;閻海文點校. —北京:商務印書館,2019
(泉州文庫)
ISBN 978－7－100－17436－7

Ⅰ.①匏… Ⅱ.①張… ②閻… Ⅲ.①儒家－文集 Ⅳ.①B222.05－53

中國版本圖書館 CIP 數據核字(2019)第 082644 號

權利保留,侵權必究。

責任編輯　陳明曉
特約審讀　李夢生

匏野文集
(清)張汝瑚　著

商 務 印 書 館 出 版
(北京王府井大街36號　郵政編碼100710)
商 務 印 書 館 發 行
山東鴻君傑文化發展有限公司印刷
ISBN 978－7－100－17436－7

2019年6月第1版　　開本 705×960　1/16
2019年6月第1次印刷　印張 20.5　插頁 2
定價:88.00 元